RETRATO DE FAMILIA
CON FIDEL

CARLOS FRANQUI

RETRATO DE FAMILIA
CON FIDEL

BIBLIOTECA BREVE
EDITORIAL SEIX BARRAL, S. A.
BARCELONA - CARACAS - MÉXICO

Héctor R. Orozco D
OCT /81

Cubierta: Fotografías
aparecidas en *Revolución* (1962) y *Granma* (1973)

Primera edición: marzo de 1981

© 1981: Carlos Franqui

Derechos exclusivos de edición
reservados para todos los países de habla española:
© 1981: Editorial Seix Barral, S. A.
Tambor del Bruc, 10 - Sant Joan Despí (Barcelona)

ISBN: 84 322 0371 8
Depósito legal: B. 2.266 - 1981

Printed in Spain

1

DE PALMA A SANTIAGO

Las lomas de la Sierra desaparecen.
La luz de Santiago cortante redescubre la ciudad.
Es casi noche y los barbudos que bajábamos parecíamos santones.
La gente subía enloquecida.
Tocaban.
Abrazaban.
Besaban las barbas sucias.
Batista había huido en la madrugada.
Qué fiesta.
El 59 comenzaba bien.
La rebelde Santiago libre.
Siete años de tiranía.
Qué día maravilloso de libertad.
Rebeldes, en alegría colectiva, se arrancan barbas, abrazados de gente.
Alguien con nostalgia, como si quedara-dejara, allá en sus montañas serranas, aquello que más lo tocaba.
Era Fidel Castro.[1]

Quizás si a los guerreros asuste la paz y no la guerra.
Se pensaban tantas cosas.

1. "Tengo la sensación de que todo concluirá pronto y en medio de la alegría por las victorias que son la culminación de tantos sacrificios y esfuerzos, me siento triste" (Fidel a Celia Sánchez [30 julio 1958] *Diario de la Revolución Cubana*, Ruedo Ibérico-R. Torres, París-Barcelona, 1976, p. 544). Las citas textuales las encontrará el lector en el Apéndice final del libro, agrupadas por materias.

En los muertos.

La familia.

Qué iría a pasar.

Las reflexiones desaparecían al abrazo colectivo de Santiago.

Veía a mis compañeros disfrutar aquel primer baño de multitudes.

Me besaban la barba y era una violación.

Me sentía raro de héroe.

Creo en el heroísmo colectivo.

En esta ciudad han sido torturados, asesinados, miles de jóvenes.

La lucha clandestina los oponía, casi sin armas, poniendo la cabeza en un tiro al blanco, al enemigo.

Sus muertos multiplican los nuestros.

La Sierra tenía armas. Una naturaleza protectora.

Aquí nada.

Libertad de luchar y morir.

Los años de clandestinidad aparecían como un mundo de crimen y horror.

Lucha anónima que arrastra a los cubanos a la resistencia activa.

La Sierra: sensación de libertad, victoria, que no se sentía en la ciudad enemiga.

Casi unas vacaciones revolucionarias.

Ahora éramos nosotros héroes.

No ellos los del llano.

Aun Santiago: donde la gente mira a los grandes de tú por tú.

Y en la alegría miraba una sensación de sombra.

Intuía un peligro.

Las barbas, que me hacían diferente a los otros, comenzaban a serme extrañas.

La pregunta que tantas veces me hacía, nos hacíamos:
¿qué cosa es esta revolución?
Volvía a mi cabeza.
¿Qué es?
Una nueva época comenzaba.
Un mundo desconocido.
Santiago de fiesta.
¿Qué iba a pasar?

El 26 era un estado de ánimo. Movimiento anónimo, más que organizado y definido.
Eran todos y era nada.
El pueblo identificaba 26: Sierra, Llano, clandestinidad, Resistencia Cívica, Segundo Frente Frank País, sindicatos revolucionarios, milicias, acción y sabotaje, exilio, ejército rebelde, Radio Rebelde, *Revolución*, columnas invasoras. Santiago. Habana. Che, Camilo, Huber Matos, Almeida, Amejeiras, Celia, Haydée, Raúl Castro, Aníbal, Fajardo, Universo, Faustino, Hart, David Salvador, Aldo Vera, Vilma, Urrutia, Crescencio, Raúl Chibás, Oltuski, Ray.
Creador, comandante y héroe máximo Fidel Castro.
Otra dimensión.
El Directorio Revolucionario había jugado un papel decisivo en La Habana.
Abierto el frente del Escambray, iniciado la guerra en el centro de Cuba.
Acompañaba al Che en la fulminante campaña de Las Villas.
Chomón y Cubelas eran sus jefes.
Era la segunda fuerza de la revolución.
Su fuerza el estudiantado. La Habana. Una organización de

cuadros. Sus mejores hombres habían dejado la vida en el combate.

José Antonio Echevarría, su líder magnético, antiimperialista y cristiano, como Frank País, había muerto el 13 de marzo.

Los viejos partidos políticos se habían suicidado.

La Ortodoxia, único popular, se trasmutó con Raúl Chibás, Fidel y Abel, en 26.

A los auténticos pasó aquello de Chacumbele, "que él mismito se mató".

Los grupos salidos de sus filas convergieron con las luchas del Directorio.

Los comunistas, bien organizados, pagaban su miopía histórica de viejos batistianos y pro soviéticos.

Combatieron la lucha clandestina, El Moncada y La Sierra. "Unidad, lucha de masas."

Sin ver el formidable movimiento de lucha popular que tenían ante sus narices.

No servían entonces las cortas barbas de Carlos Rafael Rodríguez, llegado a la Sierra, a última hora: "Llegó CRR, Batista se cae", se bromeaba.

Carlos Rafael no era popular desde que su retrato apareció junto al de Batista, cuando era su ministro de entonces.

Burguesía, políticos. Iglesia, ejército, la benemérita embajada norteamericana, el Departamento de Estado por cinismo, miopía e incapacidad desaparecían de la escena política.

Con soberbia y sobreestimación pensaron resolver el problema de Batista, cuando éste estaba derrotado por el pueblo, con la clásica conspiracioncita de última hora, dirigida por el general Cantillo.

Que precipitó nuestra victoria.

Los burgueses más iluminados, la pequeña burguesía, una clase decisiva en el país, veían en Fidel a uno de los suyos.

Lo viejo moría con Batista.
¿Qué era lo nuevo?
Fidel Castro y su ejército rebelde.
(Militarismo y caudillismo populistas y liberadores.)
Mi preocupación mayor.
Qué pensaba Fidel.
Nadie lo sabía.

"Haremos la revolución.
La revolución que no se hizo en el 98 ni en el 33.
Esta vez se hará de verdad."
Revolución y Fidel se identifican así en estas sus primeras pa-
labras públicas en Santiago.
Su estilo no cambia.
No acepta una reunión para discutir qué hacer.
Al menos para saber qué se hacía.
Improvisa. No comparte.
Cuando más, unas palabras entre pasillos, gentes y jeepes.
Moviéndose de un lugar a otro.
Fidel se concede sólo en la multitud.
Fidel prepara su marcha sobre La Habana.
Durante una semana pasearía la isla de Oriente a Occidente:
ciudades, pueblos, cuarteles. Discursos. Entrevistas de prensa.
Multitudes.
Fidel, buen conocedor de historia y de guerras, no olvida las
marchas triunfales.
Cuarteles rendidos y tomados por el 26.
Fidel los tomará de nuevo.
Su llegada a La Habana será apoteósica.
Pero y el gobierno:
¿Ah? ¿Ah?
Qué entelequia para no decir la palabra que pensaba.

(El poder soy yo —pensaba Fidel, y era verdad—, qué me importa el gobierno.)

—Sí. Sí. Sí.

—Ocúpate tú —me dice— con Faustino y los otros.

—Habla con Urrutia. Que sea lo más discreto posible. En Educación, Agricultura, Obras Públicas, Gobernación, yo nombraré los ministros.

—Dejen Defensa a un hombre de Raúl.

—Nos vemos antes de que me vaya.

Y tomando el jeep Fidel pone en movimiento la calle y se va a recorrer Santiago que no duerme.

La junta de Cantillo dura menos que el merengue en la puerta del colegio.

La huelga general unánime. El ejército se rinde.

El 26 toma la calle, ocupa cuarteles.

Al general Cantillo sucede el coronel Barquín, que en avión llegó a Columbia de Isla de Pinos. Barquín tiene prestigio. Él y su grupo de los puros estaban presos desde el 56.

Antes de comunicar con nosotros nombra nuevos mandos militares y policíacos que le obedecen.

Preocupan sus antecedentes: oficial de carrera, agregado militar en Washington, formación norteamericana.

Su llegada ayudó a liquidar a Cantillo. Pero su presencia en Columbia es un nuevo peligro.

Hart, preso en Isla de Pinos, comete el error de acompañar a Barquín a Columbia, avalando como dirigente del 26 sus actos.

Creían que el poder estaba en La Habana. La Habana no era más la cabeza del país.

El poder estaba en la calle.

En Oriente.

El poder era Fidel.

14

Acentuando la situación, Fidel proclama en su primer discurso:

Santiago capital.

Y ordena a las columnas rebeldes ocupar ciudades y cuarteles.

Las milicias clandestinas, que con brazaletes rojos y negros y apoyo popular tomaron estaciones de policía y cuarteles, edificios públicos, prensa, CTC, bancos e instituciones, que cuidan el orden en la calle y no permiten saqueos ni venganzas, son ignoradas.

El 26 desaparece por arte de magia.

Fidel, el ejército rebelde y sus comandantes son el nuevo poder.

Desaparece también el Directorio.

Y el Segundo Frente del Escambray.

El Che que termina la brillante campaña de Las Villas con la toma de Santa Clara.

Segunda figura de la Revolución, el más próximo a La Habana, no es mandado a tomar Columbia.

Es la más fuerte interrogación del día.

¿Por qué?

Las tropas del Directorio, que han combatido juntas con las del Che en el centro de la Isla, por orden militar de Fidel, no acompañan al Che y Camilo.

¿Por qué?

Faure Chomón y Cubelas, comandantes del Directorio, quedan solos y aislados. Y sólo pueden ocupar simbólicamente Universidad y Palacio.

Que se harán aparecer como actos ilegales.

Camilo Cienfuegos, segundo del Che, en Las Villas, cien kilómetros atrás, va a Columbia.

El Che es mandado a un punto marginal, la Cabaña.

Pasan tantas cosas. No hay tiempo de pensar.

15

(Pensar con los pies es mi forma de caminar.)

En el tumulto interrogo las piedras de Santiago.

Ah. Ah.

(Fidel quiere tomar La Habana.)

No ha tenido suerte al precipitarse los acontecimientos.

Su gran final, la batalla de Santiago, que durante meses prepara, no ocurrirá.

Opacado y en sordina, con el Che héroe del centro y Raúl tomando el norte de Oriente, la huelga general, el 26 en la calle.

Fidel reacciona en seguida: Santiago capital.

Marcha sobre La Habana.

El poder no le escapa. Ni lo comparte.

A medianoche cae Columbia por radio.

—Hart que salga de allí, si quiere comunicar conmigo —dice Fidel en la CMKC, y agrega—: Barquín, que hable contigo.

Pienso. Me río. Tomó Columbia por radio.

Comunico a Barquín:

—La orden es entregar Columbia a las columnas rebeldes de Camilo y Che que avanzan.

Responde el coronel fastidiado.

—Le entrego Columbia ahora mismo a Hart si quieren.

Hart asustado, con las palabras de Fidel, y sin humor sale corriendo del campamento.

Son momentos de confusión.

En la Universidad de Santiago los estudiantes chiflan al coronel Aza, ratificado de Raúl Castro como jefe de la policía y fusilado tres días después.

Urrutia, que no sabe nada, protesta.

Un prisionero. Un hombre fuera de la realidad.

Quiere mantener dos ejércitos: el viejo y el rebelde.

No quiere nombrar a Fidel delegado suyo, cuando éste, en un prurito legal que me sorprende, pide al Presidente el papelito que lo autoriza a nombrar comisionados en su marcha sobre La Habana.

Fidel entra con la pata mala como estadista.

Iba nombrando una trinidad de alcaldes.

Y fue la guerrita de los alcaldes.

Razón tenía Raúl Chibás que Fidel quería nombrar presidente.

No se podía ser Presidente con Fidel.

Ni siquiera ministro.

Y aun nada.

Y entonces.

Asaltado de dudas. Los acontecimientos se sucedían a velocidad. Las cosas no se veían claras.

Me iba bien con la Radio Rebelde, voz de la revolución, donde al conocer la fuga de Batista y en ausencia de Fidel, me tocó dar las primeras instrucciones: Huelga general, avance de columnas rebeldes y de milicias, no aceptación del golpe de Cantillo, ratificadas más tarde en la proclama de Fidel.

Ahora Fidel dice que sea ministro de Trabajo.

—Tú sabes bien cómo pienso yo, ¿no?

(No conocía sus ideas. Él sí las mías, que no ocultaba.)

En broma respondí:

—Si se trata de socializar las fábricas. De crear la autogestión obrera. Cuenta conmigo.

Fidel me miró de arriba a abajo y como insistiera repliqué:

—No sirvo para conciliar patronos y obreros.

Fidel me habla de Hacienda, que Raúl Chibás no acepta. Me parecía una coña.

—No sé nada de eso.

—Aquí nadie sabe nada de nada —me responde.

(Era verdad.)

—Haz entonces lo que te parezca. Lo que más te guste. Arregla las cosas con Urrutia. Yo no puedo esperar el nombramiento del nuevo gobierno.

(No quería responsabilizarse ni avalarlo con su presencia.)

Entonces digo:

—Quisiera animar una revolución cultural. Conoces mis relaciones y amistades con escritores y artistas europeos y latinoamericanos. Pintores. Músicos. Directores de cine. Arquitectos, escultores. Poetas.

Fidel me mira con asombro.

—Científicos, investigadores, artesanos. Filósofos, profesores. Abriríamos la Isla a todos. Invitaciones. ¿Imaginas cuántos libros? Museos. Películas. Universidades. Cuadros. Cátedras. Edificios. Nuestros artistas impulsados por su presencia producirían mucho y bueno. Una cultura libre. Sin Ministerios ni dinero. Sólo apoyo moral. Hay que cambiar la vida. Y sólo la cultura puede cambiarla, Fidel.

—No. No. No, Franqui. Estás loco.

Eso sí que no. Lo que quieras, menos eso.

Y con una gran zancada y cara de disgusto, Fidel saltó al jeep, con un:

—Nos vemos en La Habana.

Me puse a caminar por las calles de Santiago, como en los tiempos de la clandestinidad, cuando iba a buscar a Frank, a discutir programas que Fidel no leía.

Me voy pal carajo.

(El mismo dilema la segunda vez: para luchar contra Batista, tuve que aceptar a Fidel.)

Debí hacerlo.

O no.

No lo sé.

(Y ahora. No es tan claro: Dejar el campo. Luchar y perder.)

Difícil alternativa.

Y si tuviera razón Lezama Lima, cuando me decía:

—Éste es un país frustrado en lo esencial político.

Coño.

Contestaba:

Aun si fuera así me rebelaría. Un mundo así no se puede aceptar.

Y no lo acepto.

(Cierto que no me fascina el poder. Me joden los palacios. Me río de los grados de Comandante. De las poltronas y Ministerios y cargos. Del heroísmo. De las barbas y de la popularidad.)

Me encanta lo anónimo y colectivo.

En esta lucha he creado dos instituciones importantes: Radio Rebelde y *Revolución*.

La lógica de mi pensamiento me dice que éste es el momento de irme. Pero sé que no lo haré. ¿Y por qué? Vivo una contradicción: desde niño he luchado con enemigos poderosos: he visto a mi padre obrero morir en la miseria, como mi tío abuelo mambí asesinado, conozco la guardia rural. Los privilegios de los ricos. Sé cómo viven los negros de mi país. Son muchos años. Resistiendo en los periódicos, rechazado por los poderosos, combatido por los comunistas.

No me mueve el odio al enemigo ni las torturas sufridas. Tengo ganas de hacer cosas y quizá sí de demostrarme a mí mismo que valgo cualquier cosa.

No me oculto la ambigüedad.

¿Conozco yo las razones de mis actos?

No. No.

Puede ver sin justos o no.

No por qué los hago.

Voy a estar y a no estar.

Y lo que sea será.

Y me fui a nombrar el primer gobierno radial de la historia de Cuba.

Impuse a quienes creía mejores en el primer gobierno Urrutia.

Creé un Ministerio de Recuperación de Bienes Malversados, y escribí en el papel que leía el locutor de la radio:

Faustino Pérez, la más representativa figura de la clandestinidad.

Santiago saludó con aplauso tremendo a Ministerio y ministro.

A Raúl Cepero Bonilla, brillante economista azucarero, enemigo de Julio Lobo,[2] para Comercio Interior. A Regino Boti, coautor de la tesis económica del 26, en Economía. Al ingeniero Enrique Oltuski, joven miembro de la dirección nacional, para Comunicaciones (pensaba en las compañías norteamericanas: Teléfonos, Electricidad).

A Manolo Fernández, viejo guiterista, para el ministerio de Trabajo. Adivinaba que aquél sería punto crucial de encuentro con los comunistas en la lucha sindical.

Días después arrancaría de la mano de Jules Dubois, el famoso periodista norteamericano, el manuscrito de Fidel, que daba fin a la huelga general, agregando el nombre de David Salvador, nuestro líder obrero, que salía de la prisión y que Fidel olvidaba.

En cuanto a mí, decidí estar dentro y fuera.

Aceptar a Fidel.

Y tomar distancia.

Renunciaría a Radio Rebelde.

2. Julio Lobo, propietario de diez ingenios azucareros.

Haría *Revolución.*

Pensaba. Pienso:

Un periódico es una buena manera de luchar en circunstancias difíciles.

Escamado por el no de Fidel a la cultura, fui más guerrillero.

No diría nada.

Dije a Euclides Vázquez Candela de ir al diario de Santiago y hacer el primer *Revolución.*

Esa misma noche Raúl Castro tomaría militarmente el periódico y nombraría a su fiel Causse en lugar de Euclides.

Comenzaban los golpes.

Los decisivos se darían en La Habana.

Y allí Vicente Báez había ocupado los periódicos batistianos.

Nuestra vieja sección de propaganda seguía funcionando.

Y tomando un avión partí para Columbia.

En Holguín nos cruzamos con la caravana de Fidel.

Sitiado de fotógrafos, reporteros, cámaras de cine y televisión.

Ir y venir de multitudes.

Fidel estallaba de alegría.

En un rincón esperaban apartados Raúl Chibás, símbolo de la ortodoxia, que había dado su prestigio al 26, Herbert Matthews, el famoso periodista del *New York Times*, que hizo la primera entrevista a Fidel en la Sierra y dio a conocer al mundo la guerrilla.

Jules Dubois, el influyente columnista del *Herald* y hombre poderoso en Washington, acaparaba a Fidel. Parecían amigos de siempre.

Raúl y Matthews ignorados. Me fui en su compañía.

El ambiente cambiaba. Cortesanos y empujadores se abrían paso a codo limpio.

Allí estaba el poder y su orgasmo.

Algunos colegas de la prensa habanera servidores del régimen de turno, me miraban con sorna.

—Nos veremos en la capital —les dije—, ¿sabían ustedes que hemos ocupado las listas de subvenciones de Batista a la prensa?

Pálidos e incrédulos se miraban, comentando:

—No irán a publicarla.

Tomé el avión que aterriza en Columbia.

Qué espectáculo. Miles de soldados oficiales.

Cuando ven un barbudo raro como yo, cuadrándose, saludan militarmente.

El mismo campamento. Los mismos soldados. Cuando entrábamos detenidos nos golpeaban y pateaban.

Gritando:

—Carne fresca.

Haciendo doble fila por la que tenía que pasar el prisionero que golpeaban de ambos lados.

Arrogancia de la fuerza en victoria.

Ahora ridícula humildad en la derrota.

Vi a Camilo divertido.

Al Che preocupado.

Chomón y Cubelas se niegan a entregar Palacio. No lo reciben.

Che comprendía el estado de ánimo del Directorio.

Hacía unas horas nomás que le acompañaban al ataque de Santa Clara.

Cubelas herido allí de un balazo enemigo.

Ahora Fidel les prohibía entrar en La Habana con las fuerzas rebeldes.

Camilo se reía y hablaba de disparar dos cañonazos al Palacio.

—Es tan feo que lo mejor sería un gobierno en la calle y sin

Palacio —respondo.

Che, recriminándonos:

—Son cosas serias. Hay que tratarlas con más responsabilidad. No estamos en La Sierra. Estamos en La Habana. El pueblo observa.

—No te cabrees argentino —bromea Camilo, y yo:— Tienes razón, Che.

(Tiempo después recordando aquel momento, el Che me aclara "yo sabía que tú ignorabas que a las fuerzas del Directorio le habían prohibido entrar conmigo y Camilo a La Habana".) Era verdad.

Cuántas cosas ocurren cerca de uno que no se entera de lo que pasa.

Sí. Las revoluciones son así. Confusión. Pasión.

Ignorar no significa que no se comparta la responsabilidad de los errores, injusticias. Y pasiones.

De Columbia salí para Carlos III. Allí en los talleres y redacción de *Alerta* haríamos *Revolución*.

Me criticaron que abandonara la caravana de Fidel.

Que no entrara en el famoso jeep de los comandantes, el 7 de enero en La Habana.

Algún inocente compañero pensaba: Cerca de Fidel. Se le influye. Se evitan las malas "influencias".

—Fidel es muy cranqueable.

—Sí. Cuando quiere y le conviene.

Otros me decían:

—Fidel te oye.

—Mira lo que pasó con el gobierno.

Me reía.

—No conocen a Fidel.

—El gobierno no interesa a Fidel. No quiere responsabilizarse.

23

Tomó Ministerios fundamentales: Sorí Marín, nuestro enemigo, en Agricultura; Luis Orlando, con su boloñismo, en Gobernación; Hart en Educación; por carambola: ni Celia ni Haydée aceptaron. Ray, en Obras Públicas, lo cree capaz y le cae bien.

Y su maestro Miró Cardona, Primer Ministro.

—Neutraliza a Urrutia con un hombre brillante.

(No comprendía el por qué de este nombramiento: Miró era el Decano de los Abogados, el hombre del Departamento de Estado, el secretario del Frente Cívico, un conservador. Qué biografía: defensor del ex presidente Grau, por la causa del robo de los ochenta y cuatro millones, del coronel Casillas, asesino del líder azucarero comunista Jesús Menéndez, este Casillas fusilado en Santa Clara. Después se vio que el nombramiento era una obra maestra de inteligencia y de cinismo. Fidel confundió una vez más a políticos, burgueses y norteamericanos. El cargo es fantasmal y dura 45 días. El pragmatismo de Fidel enseña la oreja: era un insulto nombrar Primer Ministro a un defensor del robo y de los asesinos de los líderes obreros.)

Mucha gente confunde estar cerca del poder con el poder mismo.

Apariencias. El poder es solitario. No se comparte.

Es una violación. Orgasmo. Desnudo. Que no sentía.

Ni lo tenía ni me hacía ilusiones.

Creía y creo en otro poder: colectivo. No vertical. Que niegue la política vieja y la nueva. Que no se ejerza desde arriba. Creado abajo: sostenido por la conciencia. No por vanguardias, organizaciones ni partidos.

La llegada de Fidel a La Habana fue apoteósica.

Desde el balcón del Palacio pidió a la descomunal multitud:

—Abran un camino; el pueblo es mi escolta.

Y como Moisés separando las aguas, atravesó el mar de gente de avenida de las Misiones a la bahía.

Un héroe griego en orgasmo colectivo.

Columbia: el siniestro campamento será una escuela.

Y allí fue de pedagogo.

Y en su primer mitin en el cuartel, con Camilo, magnífico, joven Cristo rumbero, a su izquierda, y la paloma cristiana a su derecha, dice palabras sensacionales:

—Voy bien, Camilo.

—Vas bien, Fidel.

y

—Armas, ¿para qué?

Aplausos. Delirio:

—Fidel. Fidel. Fidel. Fidel. Fidel. Fidel. Fidel. Fidel. Fidel. Fidel.

(La paloma volando se posa en su hombro y fue como si Dios indicara con su dedo: he ahí el nuevo hombre.

Algunos, con humor, dirían después, rehabilitando la paloma: fue la primera que se cagó en Fidel.)

BARBAS

LAS BARBAS símbolo de la Revolución.

¿Cuántos barbudos?

Unos dos mil.

Fidel usa sus parábolas bíblicas.

Los Doce.

El número mítico bien contado en conversaciones televisivas, tiene algo de la épica del oeste norteamericano y de la antigua Biblia.

Doce hombres y un Cristo-Fidel, subiendo a la montaña, nos habían liberado del mal de la tiranía.

Doce barbudos y el héroe bueno, bajando de la Sierra nos ofrecían la salvación.

Mágicamente desaparecen clandestinidad, 26, huelgas, la toma de Cienfuegos, el asalto a Palacio, Frank, José Antonio Echevarría, los frentes guerrilleros. Los sabotajes. Santiago.

El Directorio, acusado injustamente de ocupar armas en San Antonio, es presentado como un grupo ambicioso que quiere dividir la revolución.

Liquidado.

El pueblo, protagonista verdadero de la victoria, debe agradecer la libertad a los héroes.

(Pensaba: la lucha, la guerra, se hicieron y se ganaron con la verdad. El poder se hace con la mentira.)

¿Por qué cuando éramos débiles, la verdad,

y ahora que somos fuertes, la mentira?

¿Endiosamiento?

¿Sobreestimación?

¿Caudillismo?

Algo más.

Poder paternal. No poder popular.

Fidel es la Trinidad: el 26, rojo y negro, el verde olivo del ejército rebelde, la revolución en persona.

Como Dios, está en todas partes.

Y como en el principio fue el verbo, Fidel pronuncia maravillosos discursos y conversaciones de seis o siete horas diarias.

Se vivía de televisión. De palabras y de esperanzas.

Casi no se vendían más cuchillas de afeitar.

Nuevas barbas aparecían rápidas.

No me sentía bien de santón.

En la Sierra precisé bien mi condición civil. De miembro de la dirección del 26.

No soy militar.

Sí al peligro. No al uniforme, disciplina y grados.

Pienso lo mismo: un director de periódico no debe ser militar ni barbudo.

Me corto las barbas y el pelo.

No soy más ni barbudo ni peludo.

Si no fui el primero, sí el segundo. Y uno de los raros en desbarbarme.

Camilo se burlaba de mí: tuvo que darme un pase.

Y si antes no me paraban, ahora no podía entrar en ningún sitio.

Encuentro a Fidel en un consejo de ministros en Palacio.

Al verme sin barbas se irrita:

—¿Cómo te cortaste las barbas?

—Con el barbero.

—No podías cortarte las barbas. Son el símbolo de la Revolución. No te pertenecen. Son de la Revolución.

—Había mucho calor. Mi hijo no me reconoció; hacer el

amor con barbas no me gusta, —y agrego—: Mi función es civil. No militar.

—No podías cortarte las barbas. Tú siempre con tu cabeza dura. No sé cómo pudiste.

—Pudiendo. Como el mexicano del cuento (quería suavizar la discusión). Mira, Fidel, yo creo que las barbas eran mías, ¿no?

—No. No. Aquí nadie se puede cortar las barbas.

—¿Te puedo hacer una profecía? Verás que quedarán unas solas barbas: las tuyas. ¿Queremos verlo?

Fidel corta la discusión entrando en el despacho presidencial. Faustino Pérez, ministro de Recuperación de Bienes Malversados, se cortó también sus rubias barbas.

—No quiero que me confundan con Barbarroja, el comandante Piñeyro, que iniciaba su leyenda raulista, fusilando por la libre en Oriente.

Eran muy pocos los que querían desbarbarse y Fidel no tuvo mayores preocupaciones.

Los problemas eran las jóvenes barbas de la capital. Era la moda.

Innumerables chistes se contaban:

En cines, guaguas y otros lugares los barbudos no pagaban; todavía los rebeldes no tenían sueldos.

Un lampiño sube a una ruta 32.

El conductor viene a cobrarle.

—Barbudo —responde el lampiño.

—¿De dónde? —le dice el guagüero.

—Servicio secreto —afirma el tipo, con gesto porno, entre las risas de los pasajeros.

REVOLUCIÓN

ME PARECIÓ que la única forma de luchar, de influir los acontecimientos era el periódico.

Tomar distancia y estar.

Sabía que hacer el periódico sería registrar el fenómeno Fidel.

Un fenómeno de popularidad real.

No artificial.

Era la *Revolución*.

Difícil sería mantener un cierto equilibrio.

La contradicción: decir sí a Fidel, diciendo no a muchas cosas.

Informar al pueblo.

Del pueblo dependería todo.

Pensaban que seguiría en la Radio Rebelde, que seguía en audiencia y popularidad a Fidel.

Pero una cosa es la guerra y otra la paz.

Y como nada se discutía, decidí por mi cuenta hacer *Revolución*.

Fidel no visitó el periódico a su llegada.

Fue a *Bohemia* y allí se retrató con sus viejos amigos Quevedo y de la Osa.

No le gustó que hiciera el periódico. No lo avaló.

La larga mano de Raúl y de los comunistas se vio en alguna inútil maniobra.

Nadie tenía la fuerza moral de prohibirme lo que había fundado en la clandestinidad.

Despectivamente, comentaron: "Será un periodiquito".

(Mucho mejor ser subestimado.)

Pensaba en un periódico distinto.

Primera página, de grandes fotos y cintillos —la revolución fuente de noticias—.

Para mirar. Impactar y reflexionar. Cubano.

Un afiche de arte moderno y la alegría de los grandes carteles de nuestras fiestas populares.

El rojo y negro, libertario del 26, símbolo gráfico.

(Sería el órgano oficial del 26 que lo identificó como cosa suya.)

Ithiel León, que inicia una renovación gráfica en revistas de arte, sería el creador de la nueva imagen.

El escritor Guillermo Cabrera Infante, de la cultura.

Jesse Fernández, extraordinario fotógrafo cubano que trabajaba en *Life*, vino a echarnos la mano, estimulando a sus colegas del patio.

Algunos periodistas, que estimaba por capacidad y honestidad, se nos unen.

Jóvenes poetas y escritores hacían sus primeras armas: Severo Sarduy.

De la difícil tarea económica y administrativa se ocuparía Vicente Báez, o Mateo, el de la clandestinidad.

Convocamos una asamblea general de los periodistas, obreros y empleados de *Alerta,* unos mil.

Discutimos. Depuramos diez personas por colaboración a Batista. Y establecimos un principio: discusión colectiva, igualdad: ni viejos ni nuevos. Iguales.

El salario mayor de la redacción, incluía director y jefes, sería de quinientos pesos. Menor que el de algunos maquinistas y tipógrafos.

Revolución fue agradable sorpresa para la calle.

(Informar. Polemizar. Hacer pensar. Criticar.)

El mundo oficial se reservaba.

Che y Camilo nos conceden algún saludo.
Fidel siguió ausente.
La clandestinidad se identificaba.
Los periódicos oficiales y de partido son malos. No se leen.
Y si nosotros no éramos ni lo uno ni lo otro, éramos el periódico de la Revolución.
Un desafío.

FUSILAMIENTOS

LA DOMINANTE de aquellos días de enero es el fusilamiento de los criminales de guerra.

Raúl Castro fusiló en Santiago a un grupo de esbirros sin juicio. Protestamos del método.

Al comandante René Rodríguez, un cretino, no se le ocurre nada mejor que fusilar, en Santa Clara, al criminal coronel García Olayón ante cámaras de cine y televisión.

La masa encefálica del fusilado vuela por el aire.

El impacto del fusilamiento es enorme en todo el mundo.

Fidel había dicho: No habrá venganza. Se hará justicia.

Los crímenes y torturas de Batista y su régimen habían sido muchos.

La experiencia de la frustrada revolución del Treinta, traumatizante.

No se juzgó a los criminales machadistas. Y siguieron asesinando, con Batista, del 34 al 39. Otra vez con Batista del 52 al 58.

La falta de justicia produjo venganzas y arreglos de cuenta.

Da lugar a grupos de acción que a su vez se vuelven gangsters. Estas pandillas se declaran guerra. Centenares de atentados, una de las causas de que el ejército apoyara el golpe militar de Batista.

Todos los días se descubrían cementerios clandestinos.

Se revivía violentamente en cada lugar de Cuba la sangre asesinada.

Los desaparecidos.

No era un clima de histeria.

Era un clima de justicia.

A escala cubana sucedía lo que ocurrió a la opinión pública mundial con los crímenes nazistas.

No afirmo que Batista equivalga a Hitler.

Digo que los crímenes y las torturas, miles o millones, crean el mismo sentimiento de repulsa y de necesidad de justicia en cualquier época y lugar de la tierra.

La pacífica conciencia cubana, aun en su horror a la sangre, sentía y reclamaba justicia.

Fidel convoca al pueblo a Palacio.

Y pregunta —inaugurando un estilo, que él llamaría democracia directa— a la gigantesca multitud reunida si estaba de acuerdo con el fusilamiento de los criminales de guerra.

—Paredón. Paredón. Paredón —gritaban algunos.

Un descomunal sí unánime contestó la pregunta de Fidel. Un *survey* nacional privado daba un 93 por ciento de sí a los juicios y fusilamientos.

También pensaba así. Había vivido una lucha clandestina, donde el primer valor era la vida, y una guerra humanista en la montaña.

Vivido los asesinatos y torturas de los compañeros.

De los amigos.

Sufrido en mi cuerpo.

No sentía odio. Ni venganza.

Pensaba entonces que por economía de sangre había que fusilar a los asesinos y terminar con el crimen.

Y así pensaba todo el mundo.

(Hoy no pienso así. Y asumo mi responsabilidad de entonces.)

No por compasión.

Ni porque piense que los criminales de guerra de Batista o de cualquiera otro lugar fueran inocentes.

Ni que merecieran vivir.

No.

El problema no es el fusilado.

El problema es el fusilador.

Cuando se dispara en frío a un ser humano indefenso —criminal o no— se aprende a matar.

Terrible oficio.

Se crea una máquina de matar.

Y esa máquina represiva nadie la para más.

Necesita una materia prima. Un combustible. Y cuando no lo tiene, lo inventa.

De aquella necesaria decisión de ahorrar sangre, fusilando a los criminales, surgió un nuevo y tremendo poder represivo implacable.

En enero de 1959 nadie pensaba así.

Y una campaña internacional de prensa que partía de los periódicos y agencias norteamericanos vino a complicar más las cosas.

Era ambigua por su procedencia.

Apoyada de los intereses creados.

Excepto la minoría liberal de esa misma prensa, *New York Times*, CBS, *Newsweek, Herald,* que denunciaron los crímenes de Batista, la mayoría se había callado.

Batista. Trujillo. Somoza. Pérez Jiménez. Castillo Armas. Rojas Pinilla.

No se entendía la sordera oficial norteamericana con los dictadores.

Y era oscuro su grito defendiendo a viejos amigos.

En nombre de la justicia.

La campaña y la polémica arrecian.

Y a más cementerios descubiertos se respondía con nuevos cementerios.

Un ciclo infernal.

VERDADES

Revolución comienza a decir verdades. A polemizar.

Publica las subvenciones mensuales que recibían de Batista, periódicos y muchos periodistas.

Un escándalo. Excepciones: *Bohemia, Prensa Libre.*

Esta desmoralización de la prensa no agradó a Fidel, que por aquellos días la utilizaba, y que deseaba que la sola voz con prestigio fuese la suya.

El periódico aumentaba su tirada. Era expresión de la nueva Cuba.

Metía cierta furia en la polémica con los intereses creados. Muchas cosas me pasaban por la cabeza: Nací en Sitio Grande, en un latifundio cañero del central Unidad. Mi padre cortaba y tiraba caña. Sus compañeros eran los negros de los barracones. La miseria lo había asesinado joven. En la iglesia de Cifuentes bendecían a los españoles que disparaban a los mambises. Allí tiraron descuartizado a mi tío abuelo Eligio. Había sufrido desde la niñez miseria de aquellos terratenientes criollos y dueños de centrales azucareras norteamericanos. Y los palos de su guardia rural.

El país era su colonia azucarera.

Y estaba en guerra con ellos.

Podía intervenir unos y otros, acusándolos de relaciones con Batista.

Pensé más de una fiesta imaginaria de despedida de estos ricos en sus grandes caballos, saliendo por la única calle del pueblo, rodeados de comparsas y congas. Al son de los tambores que odiaban. Y para mi hambre de libros y de música, pensé intervenir las grandes bibliodiscotecas de algunos ilustres intelectuales batistianos que conocía.

Pero la mía no era una venganza individual.

Era un proyecto de cambio colectivo.

No creía. No creo. Que los fines justifiquen los medios.

Ni éstos aquéllos.

Una mentira en nombre de la justicia es un método peligroso.

No sentía odio.

Sentía la necesidad de grandes cambios.

Era aún muy pronto. Teníamos un gobierno que no lo era.

No había que desesperarse.

Éramos muchos los intranquilos.

Algunos rebeldes comenzaban a ocupar automóviles batistianos.

A profanar casas de ricos.

—Qué simpático —decía Raúl Castro—: Los barbudos en las grandes residencias de los ricos.

—Simpático sí, pero peligroso —respondía—. "El hombre piensa como vive", ¿te recuerda algo eso, Raúl?

No me equivocaba.

No me equivocaba.

Casi todos pensaban como yo.

Faustino Pérez, el intransigente ministro de Recuperación, que se ocupaba de las casas intervenidas, prohibió las ocupaciones personales o por la libre.

Che Guevara que me escribió una carta pública a *Revolución*.

Faure Chomón. Almeida, Amejeiras.

Casi todos fuimos a vivir en nuestros mismos apartamentos de antes.

Cada uno se autosalarió: el más austero Che. 250 pesos. Ministros, 750. Otros, mil.

Fidel resolvía su problema de forma salomónica.

Famoso por sus picazos que olvidaba de pagar.

Celia pagaba todo con fondos de los impuestos pagados al final de la guerra al Ejército Rebelde.

Fidel vivía en el pequeño apartamento de Celia, en la calle Once, en el Vedado.

Tenía una suite clandestina en el Habana Libre-Hilton.

Y alquiló por un dólar al mes la residencia de Cojimar de su amigo ortodoxo Agustín Cruz.

Mi austeridad de entonces: fui a vivir con mi familia en un pequeño apartamento en Carmen. Santos Suárez.

Allí fue a visitarme el chinito Joaquín. Un bodeguero de mi pueblo que fiaba a mi padre cuando no tenía trabajo.

Por años Joaquín hacía miles de gestiones infructuosas para que su compañera, que vivía en Cantón, se reuniera con él. Cuba no tenía relaciones con China.

Envié un telegrama a Mao Tse-tung a Pekín como director de *Revolución*.

Una semana después llegaba a La Habana la compañera de Joaquín. Imagino la sorpresa que causaría aquel telegrama raro en Pekín.

La eficacia del método me convenció a usarlo más tarde.

Joaquín no salía de su asombro.

Y viendo que en mi apartamento no había casi nada, se me apareció con un refrigerador.

Me indigné: "Esto no es como antes, Joaquín. Llévate ese refrigerador si no quieres que lo tire a la calle".

El pobre Joaquín se moría de vergüenza y casi llorando se disculpaba.

Y yo salomónicamente le dije que podía regalarme uno de los conciertos brandemburgueses de Juan Sebastián Bach.

Estas cosas nos ocurrían a todos.

Qué austeros éramos entonces.

QUÉ PENSABA FIDEL

QUÉ ERA Fidel, todos lo sabíamos. El caudillo indiscutido de la revolución.

Qué pensaba Fidel, nadie lo sabía.

Nuestras viejas discrepancias esfumadas subsistían.

Era una vieja lucha entre nosotros: oponerle instituciones.

Equilibrar su poder. Su popularidad. Su militarismo.

La terrible lucha clandestina nos desgastó.

El Directorio perdió sus mejores cuadros y su líder José A. Echevarría en el ataque a Palacio. La caída de Batista los sorprende en fase de recuperación.

La legendaria llegada del Che y su fulminante campaña de Las Villas, anula el frente del Escambray y la orden de Fidel, prohibiéndole compartir la victoria de La Habana, después de pelear juntos en Placetas y Santa Clara, aísla las fuerzas de Chomón y Cubelas, acusadas ante el pueblo de robar armas en el primer discurso de Fidel, liquida al Directorio como fuerza política.

Parecida historia es la del 26 clandestino. Frank y Daniel y los mejores militantes, muertos. Santiago y La Habana no son más centros de la lucha. El fracaso de la huelga de abril permite a Fidel intervenir la clandestinidad, con el comandante Ochoa.

Meterla en sordina y desaparecerla al final.

La opinión pública ignora estas interioridades. Hay un solo 26.

En ciudades y montañas. Su símbolo y creador, Fidel.

El núcleo del Granma intacto es el nuevo poder.

Las excepciones mínimas: Che Guevara, Huber Matos.

Moncada, Granma y Sierra son la misma cosa.

El Llano y la Sierra salen lacerados de la lucha.

Son dos realidades distintas.

Nos separan más cosas que la que nos unía frente al enemigo.

El rebelde conoce sólo la experiencia de su mundo serrano.

La guerrilla como victoria. La ciudad un fracaso.

La ciudad cuenta sus miles de muertos. Torturas. Su heroísmo anónimo. Sus huelgas. Sabotajes. Acciones. Su combate de quince *rounds* de campana a campana. Y es como si con la victoria desapareciese.

Fidel. Su Sierra, ganan por *knock-out*.

En términos ideológicos, nada es claro.

Fidel, un enigma para todos.

Raúl no es héroe ni popular. Es importante. Controla el ejército y Oriente. Se casa con Vilma Espín, símbolo de Santiago, y conocida antifidelista. Raúl se procura la simpatía y el apoyo de los santiagueros.

Raúl es comunista ortodoxo. Y por educación y temperamento militar. En la Sierra le decían "el casquito". Es nuestro enemigo declarado. Y la punta de penetración del PCC.

El Che, segunda figura de la revolución, es marxista por la libre. (Entonces pro soviético y pro comunista cubano.)

Pero en estos primeros su influencia es sólo potencial.

Camilo es el nuevo héroe.

Es el más joven. El más bello. Tiene barbas de Cristo y cintura rumbera. Es fidelista. De inclinaciones guevaristas y marxistas.

Huber Matos es el héroe de Santiago.

Raúl Chibás, un hombre popularísimo, con su discreción de siempre se aparta.

Almeida, Celia y Haydée son fidelistas.

Forman parte de la magia de Fidel.

Almeida es el negrito de la virgen del Cobre.

Haydée y Melba son las mujeres del Moncada.

Celia, la heroína guerrillera de la Sierra.

Misteriosa mujer que está con Fidel en todas partes.

Fidel identifica a todos. Por encima de las tendencias.

La más fuerte y de más poder es la de los comandantes pro soviéticos y pro comunistas: Raúl, Che, Ramiro Valdés.

La más popular es la de la CTC, *Revolución* y el 26: David Salvador, Faustino, Marcelo Fernández, Carlos Franqui.

Lo que divide a los dos grupos no es la profundidad y radicalización, el radical antiimperialismo y anticapitalismo: es el comunismo.

El tercer grupo importante es el democrático: Almeida, Raúl Chibás, Huber Matos, Manuel Ray y numerosos comandantes y dirigentes de la clandestinidad de origen ortodoxo.

El grupo conservador está formado por dirigentes de las instituciones cívicas, colegios profesionales y representantes de la alta clase media, vinculados a Resistencia Cívica.

Es una fuerza marginal pero importante.

En guardia frente a nosotros una enorme red de periódicos, estaciones de radio, televisión.

Los hacendados azucareros, terratenientes y latifundistas vinculados a Estados Unidos.

La burguesía industrial es más nacionalista: Bacardí, Gravi, Crusellas, Trinidad. (Tabaco, alimentación, industria ligera.)

Hacendados, latifundistas, compañías extranjeras.

Las más peligrosas: Electricidad, Teléfonos, de Petróleo, Mineras, y la Banca.

Estas compañías tienen un peso extraordinario en el gobierno norteamericano, presidido por el general Eisenhower y Nixon, enemigo declarado de América Latina, cuyos pueblos le propinan formidable rechifla en su reciente gira por el continente.

Cuatro grandes corrientes se disputan el país:

Una radical-antiimperialista.

Una democrática-reformista.

Una conservadora y pro norteamericana.

Una marxista y pro soviética.

En la primera, la clase obrera organizada y consciente: un millón entre ciudad y campo.

Y una juventud radicalizada por la lucha y por las dificultades económicas.

En la segunda, una gran pequeña burguesía.

Y el campesinado medio y pequeño.

En la tercera, los intereses creados antes mencionados.

En la cuarta, Raúl Castro, Che, algunos comandantes, los viejos comunistas y los compañeros de viaje.

CABALLO, CABALLO

FIDEL va a Venezuela. Su primer viaje cambia el protocolo americano, que establecía la primera visita a Washington.
Caracas le hace el gran recibimiento.
Los dos pueblos se habían liberado recién de las tiranías de Pérez Jiménez y Batista.
Fidel es el poder.
Urrutia, Presidente de un gobierno que no gobierna.
Cincuenta días. La calle se inquieta.
Miró Cardona, primer ministro, de acuerdo con Fidel, renuncia.
Tal habían pactado.
Fidel nombrado Primer Ministro. Al gobierno por necesidad.
Aparenta no ser un ambicioso.
Revolución publica a grandes cintillos el nuevo programa de gobierno.
Palo periodístico de gran impacto, disgusto de Fidel. En su concepción, noticia, periódico deben ser sólo su voz.
Pensaba: la noticia no tiene propiedad, función de la prensa decirla.
Fidel critica a *Revolución*, a mí personalmente.
Respondimos con un entrefilet salomónico a su crítica pública.
Una noche Benny More, el fantástico cantante negro, a quien decían el bárbaro, sintió un tumulto fuera, e interrumpe la fiesta.
Benny grita:
—Ahí va el Caballo.

¡Caballo! ¡Caballo! ¡Caballo! ¡Caballo!

Grita la gente y Fidel, amoscado, parte a velocidad.

La calle deja de llamarle Comandante, le llama Caballo.

(Caballo: mágico número uno de la charada china cubana. Uno en todo.)

A Fidel, ese tú por tú de la gente, de la negrada, ese Caballo-Caballo, lo mortifica mucho, aunque su coranzoncito se enternecía.

Se dictan leyes populares que reparan injusticias.

Los alquileres son rebajados al 50 por ciento. Tremendo.

Siguen rebajas de la carne, medicinas, tarifas eléctricas, telefónicas.

Se decretan aumentos de salarios.

El acabóse.

El entusiasmo popular llega a las nubes.

Y el consumo también.

Todos nos divertíamos.

Era creencia general que el Estado, la economía, eran un Dios. Fidel, que todo lo podía.

El nivel de vida aumenta al cien por cien.

Los capitalistas y sus voceros se alarman.

Aun a *sottovoce*.

Revolución es vanguardia en la campaña por quitarle algo al mucho de los ricos y darlo al poco del pueblo.

No sabía adónde íbamos.

Y no tenía ningún interés en conservar el capitalismo.

Y si hubiese sabido que íbamos hacia el socialismo, hubiera sido lo mismo: pensaba que la plusvalía y el Estado son dos infinitos.

Era deber nuestro reparar las injusticias de la sociedad cubana.

Una noche.

Todo se hacía de noche entonces. Y aun de madrugada. Después de oír las maravillosas conversaciones televisivas de Fidel, que duraban cuatro o cinco horas, estuvimos a punto de establecer un nuevo turno en la industria azucarera, que resolvería el desempleo. La CTC era de acuerdo con nosotros; Che, Raúl, también.

La industria azucarera en tiempo de zafra trabaja las veinticuatro horas.

En tres turnos de ocho horas.

Se reducía a seis la jornada de trabajo y teníamos cuatro turnos y cien mil desempleados con trabajo.

Era costeable. ¿Difícilmente?

Y Fidel se opuso públicamente ganando el aplauso de los bien pensantes y de los hacendados.

Tenía razón.

(Más tarde el mismo Fidel resolvería el desempleo de forma asistencial, llenando sus ingenios de gentes y haciéndolos incosteables.)

Yo formaba parte de una tradición cubana en guerra a muerte con la caña y el azúcar: locos, pensaban algunos.

No.

Desde que Colón llevó la caña —esa extranjera— a Cuba, fue una desgracia.

Arruinó ganadería, tabaco, agricultura diversificada y de autoconsumo.

La caña se identificó con la colonia y la esclavitud.

Los esclavos negros fueron traídos para las plantaciones azucareras que necesitaban una gran mano de obra para un trabajo bestial e improductivo.

Los propietarios de las grandes haciendas azucareras impiden a principio del siglo xix que Cuba se incorpore a las guerras de independencia americanas.

La experiencia de Haití los aterroriza.

El miedo a los negros esclavos que se rebelan los paraliza.

Mejor España. Sus esclavos. Sus ingenios.

Cuando en 1868 burguesía e intelectualidad criollas ilumina-
das, formadas en el pensamiento de las revoluciones francesas
y norteamericanas, y en contraste profundo con España, que
niega reformas, deciden que ha llegado el momento de la independencia, recurren a sus esclavos como soldados. Igualdad
de la guerra.

Necesidad e ideales se confunden en la cubanía naciente.

El gesto de Céspedes no convence a los hacendados azucareros.

La guerra de los diez años se pierde.

Y la burguesía suicidada y casi desaparecida no sostiene más
la Independencia.

En 1895, José Martí convoca a la guerra. Une a veteranos y
nueva generación. Intelectuales, campesinos, tabaqueros, generales, inician el combate en la última colonia española de
América.

Los hacendados se oponen y el ejército mambí decide quemar
las cañas:

La libertad es más importante que la riqueza.

La sangre cubana vale más que el azúcar, les grita ante su
protesta, Máximo Gómez, general en jefe de los ejércitos
mambises.

En 1898 con España desgastada por la guerra, intervienen
las tropas norteamericanas.

Hay que proteger la azucarera de Estados Unidos.

La neo-república nace deformada y en función de producir
azúcar y riquezas a los inversionistas norteamericanos.

El azúcar es el cáncer de Cuba.

La caña de azúcar requiere para su cultivo un millón quinientas mil hectáreas de tierra. Casi la mitad de las mejores tierras del país para producir entre cinco y seis millones de toneladas de azúcar.

Una instalación industrial gigantesca para moler las cañas: ciento cincuenta grandes fábricas —llamadas ingenios— de una parte a la otra de la Isla.

Su valor es de alrededor de mil millones de dólares.

Una red nacional de transportes, carretas o camiones, para llevar la caña del cañaveral al chucho, trenes del chucho al ingenio, camiones o trenes del central al puerto y barcos de allí al país de destinación del azúcar.

Esa red exige caminos, líneas ferroviarias especiales, carreteras, almacenes, muelles, puertos.

El costo mayor del azúcar es humano: la mano de obra barata.

Entre obreros agrícolas —cortadores, carreteros, guataqueadores, para un trabajo bestial al sol del trópico, y mal pagado—, más de seiscientos mil, y cerca de cuatrocientos mil más en la industria, transporte, almacenaje y puertos.

Un millón de trabajadores.

Todavía el azúcar molido, azúcar prieta, no sirve para el comercio.

Hay que refinarlo en otras fábricas. De las que el país carece.

Se refina casi todo en el extranjero.

El enorme volumen de azúcar producido exige un gran mercado comprador: España, Estados Unidos, Unión Soviética. "País que compra manda.

Pueblo que vende obedece" (José Martí, 1880, *Descubriendo el imperialismo*).

El azúcar es un típico producto del mundo pobre. Banana, café, algodón.

En dos siglos de desarrollo azucarero cubano, el precio ha sido alto pocas zafras, y desastroso casi siempre.

A las pocas divisas recibidas hay que descontar el enorme costo del petróleo gastado en los ingenios y transportes, en un país que carece del oro negro.

Se importan envases y piezas de repuestos y de mantención de la industria.

No existe en el mundo una industria que produzca durante cuatro meses del año —tiempo de duración de la zafra— y esté parada ocho, es decir el doble.

La incosteabilidad se paga con miseria.

Y tiempo muerto.

El trabajo agrícola de la caña es de seis meses.

Y seis meses de tiempo muerto.

El esfuerzo humano, industrial, económico, la necesidad de tierras obliga al país a importar casi todo lo que consume y que podía producir en sus tierras.

Monomercado.

Monopolio.

Monocultivo.

Gigantesco latifundio cañero.

Una economía monocultora, monoexportadora, monodependiente, feudal, a pesar de la industria y de los obreros industriales —que simula un desarrollo capitalista—, madre y aliada de militarismo, caudillismo, falta de instituciones, miseria y tiranía.

La caña de azúcar condiciona la historia de Cuba.

Sin azúcar no hay país, decían los esclavistas, justificando la trata de negros africanos.

Sin azúcar no hay país, decían los hacendados, cuando la enmienda Platt. Cuando los inversionistas norteños compraban por nada las tierras cubanas y sus gobiernos títeres.

Sin azúcar no hay país, decían Batista y Casanova, presidente de los hacendados.

Sin azúcar no hay país, se sigue diciendo.

Todas las revoluciones cubanas fueron contra la caña y el azúcar.

Caña y azúcar son los ricos, el poder, dependencia extranjera.

La clase dominante.

Cuando España, en la República, con Batista.

La caña se mimetiza y es siempre el nuevo poder que asfixia la revolución.

Si caña y libertad son términos contradictorios, caña y socialismo son antagónicos.

Excepto que se entienda por socialismo una cura de caballos o la sociedad de "consumación" de la miseria y el terror.

Si la revolución se hizo quemando caña del 95 al 58, ¿cómo ahora la caña se va a volver revolucionaria?

No. No.

Alguien se preguntará:

¿Cuba puede subsistir sin azúcar?

Sí.

Y entonces, ¿por qué ha dependido siempre del azúcar?

¿Por qué los intereses azucareros extranjeros y cubanos dominaron la azucarera del mundo?

¿Es posible otra política económica?

Sí.

Una agricultura diversificada y autosuficiente.

Una exportación de níquel, y otros minerales, que darían más divisas al país que el azúcar.

Una política turística: Cuba tiene mares maravillosos, paisajes, música, instalación hotelera y residencial a noventa millas del territorio norteamericano, una de las poblaciones más turísticas del mundo.

Vecina de México. Venezuela, el Caribe.

Agricultura diversificada:

La ganadería cubana abasteció casi normalmente de carne y leche el consumo nacional.

A más tierras, más leche y más carne.

Cuba importa cuarenta millones de dólares en grasas.

Cuando en su suelo se dan el maní, el maíz, el girasol, la higuereta.

Puede producir cuantos granos, papas, plátanos y otras viandas necesite.

Frutas y vegetales.

Puede aumentar su producción arrocera y algodonera.

Exportar café, tabaco.

Isla rodeada de mares, puede autoabastecerse de pescado.

Bastaría ir disminuyendo paulatinamente el cultivo de la caña y la producción de azúcar, y empleando los hombres y las tierras liberadas para el resto de la agricultura.

El níquel.

Cuba es la tercera reserva de níquel del mundo.

Con una inversión menor que la de la industria azucarera y unos cincuenta mil obreros, Cuba produciría y exportaría suficiente níquel como para recibir más divisas que las recibidas por el azúcar.

Otros minerales, lateritas, cobre, cobalto, podrían desarrollarse.

En los primeros tiempos de la revolución hay una conciencia antiazucarera.

Antilatifundiaria.

Será la reforma agraria la primera gran batalla económica por la liberación y transformación del país.

Todas las corrientes de la revolución coinciden en una reforma agraria radical.

La reforma agraria está en la cabeza de Fidel.

El tiempo pasa, la gente se inquieta.

Che Guevara, Raúl Castro y algunas asociaciones campesinas orientales del segundo frente, dominadas del comunista Pepe Ramírez, ocupan tierras por la libre.

Fidel se insulta.

Y públicamente ordena devolver las tierras.

Asegurando que la reforma agraria se hará. Bien y con orden.

REUNIÓN EN EL TRIBUNAL
DE CUENTAS

La guerra había terminado hacía meses. No nos reuníamos nunca.

Ver a Fidel, difícil. Golpes y más golpes de teléfonos a Celia y si se tenía suerte y Fidel quería, se le encontraba. Y aun entonces dependía de la suerte o de que él quisiera ir al concreto: se le encontraba en público, rodeado de gente y era Fidel el que hablaba.

Los problemas eran muchos. No había dónde tratarlos.

Fidel, como Dios, estaba en todas partes y en ningún sitio fijo.

Alguna vez, en el Consejo de Ministros, cuando quería liberarse de la gente, se metía en el gran baño de Batista y allí despachaba.

No había punto de contacto.

El 26 de julio, al que se identificaban el 90 por ciento de la población, era un fantasma.

Había desaparecido por arte de magia.

El gobierno era una pequeña cosa. El ejército otra mayor. Y Fidel todas.

El 26 nada. Los militantes de la clandestinidad con paciencia espartana trataban de vencer la indiferencia oficial.

Yo era uno de los seis o siete miembros nominales del Ejecutivo del 26, nombrado por Fidel en la Sierra.

Nunca supe por qué éste no existía más.

Ni fui convocado a ninguna reunión.

Insistíamos con Fidel todos:

—Tenemos que reunirnos.

—Necesitamos vernos.

—Hay que discutir muchas cosas.

—Quisiéramos conversar contigo.

—Sí, sí, sí, sí. Ya nos veremos —respondía. Y buenas noches.

Después de meses y meses de presión, Fidel convocó a una reunión nacional y nos dijo que sería la primera de un contacto fijo y permanente.

Y un día al Tribunal de Cuentas, en la Plaza de la Revolución, fuimos convocados.

Y a la gran sala fueron llegando comandantes, ministros, dirigentes, personalidades y altos funcionarios.

Más bien una asamblea pública.

Imposible hablar allí de cosas serias.

No pintaba bien.

Pero algo es algo, pensábamos.

Y la reunión comenzó con Fidel y algunos problemas de ordinaria administración.

Julio Duarte, presidente del Tribunal de Cuentas, actuaba de secretario y de acuerdo con Sorí Marín, auditor del Ejército y ministro de Agricultura, y con Camilo Cienfuegos, jefe del Ejército, eran parte de la comisión jurídica.

Se debatía el lento proceso y la ilegalidad de ciertos juicios contra los criminales de guerra batistianos.

La mayoría era por terminar los fusilamientos y por un mínimo procedimiento legal de garantía para los acusados.

El Che habló de las dificultades burocráticas, por falta de personal que supiera escribir bien en los tribunales.

Fue aprobado y encargado a Duarte, Sorí y Camilo de enviar un telegrama oficial a todo el Ejército terminando los fusilamientos.

Raúl Castro estaba furioso.

Fidel hablaba.

Sus palabras entraban en temas que le habíamos planteado.

Raúl era de pésimo humor en aquellos días.

Se sentía abandonado de Fidel y hablaba de irse a hacer la guerrilla en Santo Domingo.

De pronto, Raúl se levantó y sin pedir la palabra le gritó a Fidel.

—Esto es una mierda.

Se hizo un hielo.

Fidel con aire amenazante le respondió:

—Pida perdón a la asamblea y retire sus palabras.

A la inesperada reacción anterior de Raúl, sucedió otra no menos sorprendente.

Raúl se echó a llorar.

De la casi tragedia al sainete.

Nadie intervenía.

Era un problema serio entre los hermanos Castro.

Y yo, con ese fondo de humor cubano que a veces me sale, me dije:

Voy a tirarle una toalla a Raulito.

A ver si salvo la reunión.

Y entonces, con aquello de donde dije digo dije diego y lo que dice no es lo que quería decir, digo lo que Raúl dijo sin decir, y en perfecto cantinflismo afirmé que en buen cubano es una expresión usual más fuerte de tono que de intención.

Raúl, amoscado, se disculpó.

Y la reunión continuó.

Pero ya cortada y sin ir a lo fundamental.

De otra parte, la presencia de gente extraña impedía plantear los problemas fundamentales: es decir, la falta de dirección colectiva y aun de información y de contactos.

El fidelismo en fin.

Aquella fue la primera reunión y la última.

Nunca más.

Y el recuerdo fue la famosa palabra de Raúl y, según supe después, su respuesta al telegrama oficial sobre los juicios y fusilamientos fue: "Llegó tarde. Anoche se fusilaron los últimos detenidos".

VIAJE A ESTADOS UNIDOS

El viaje de Fidel a Estados Unidos fue un acto de inteligencia.

No pide ni acepta la clásica invitación oficial a Washington. Se hace invitar por la prensa, el Press Club, por gestiones de un hombre de irreprochable confianza para el *establishment* americano: Jules Dubois, presidente de la SIP, opositor de Batista y de la censura de los dictadores latinoamericanos, corresponsal en Cuba, del *Herald Tribune*, ex-coronel y voz oída en el State Department.

Fidel contrató, mediante la OPLA, una de las mejores agencias de publicidad norteamericana que asesoró y cuidó sus relaciones públicas durante el viaje.

"Sonrisas, muchas sonrisas", aconsejan.

Pocas veces, decían —con razón—, hemos tenido un actor tan formidable.

Inglish, aun si con fuerte acento fidelista y un poco primitivo. Un fidelinglish.

No complejos. Responder con calma a preguntas impertinentes.

No ponerse bravo. Humour. Visitas a universidades progresistas y sectores liberales. Al Zoo. Al Yankee Stadium, hamberger, perros calientes. Flores. Monumentos. Mucha prensa, TV.

Cenas, encuentros privados con senadores, gobernantes, hombres políticos y de negocios.

Traje verde olivo, ligeramente descuidado, el Comandante iba bien. Barbas y corte de pelo a la medida, para acentuar el orden y dar impresión de mayor edad y madurez.

Fidel Castro tenía entonces 33 años.

Parece un antiguo héroe romano, decían los publicistas.

No olvidar una Delegación respetable. El Comandante no lo olvidó: Pepín Bosh, Daniel Bacardí, símbolos de cubanía y de industria cubana Bacardí se vendía bien. Underrock.

La independencia comenzó con el Daiquiri: ron y miel.

La República con el Cuba Libre —que libre no era—, ron y coca cola.

(Ahora se llama Mentirita.)

El Cuba Libre-Mentirita es con habano, guitarra, maracas, y mulata, imagen de buen turismo.

No para los cubanos que beben ron puro, daiquiri, mojito.

(Ni Cuba Libre ni Mentiritas.)

No fue un Fidel-folk el que se presentó al mundo norteamericano.

Un Fidel digno, calmo, serio.

No pedía dinero. Pedía amistad.

Jules Dubois, garantía de anticomunismo, presentó la Delegación al Press Club, a bombos y platillos.

Para no faltar a la objetividad cara a la maravillosa ingenuidad norteamericana, un solo sospechoso de marxismo, el director de *Revolución*, más o menos absuelto.

Sonreí. Yo, que estaba en la mirilla de Raúl y los comunistas del patio.

La primera impresión de Fidel fue buena.

Zoo o Picasso

Una vez más perdía mis batallas culturales con Fidel. Quise llevarle al Museo de Arte Contemporáneo. Visitar el *Guer-*

nica, la *Jungla*, el cuadro del cubano Lam, allí en permanencia frente a *Les demoiselles d'Avignon*, de Picasso. Iniciar así el movimiento cultural, la búsqueda de cuadros. El apoyo de Picasso.

Nada.

Fidel me respondió:

—Tú y tu pintura. Queriéndome alfabetizar. No voy y no voy.

Y no valieron las tentaciones de publicidad que la visita implicaría.

Un jefe de Gobierno visitando *Guernica*. Segura entrada a Europa.

—Me voy al Zoológico. Me meto, si es necesario, en la jaula de los leones —riéndose.

—Los Picasso no muerden, Fidel —contesté, riéndome también.

Nada.

Ni en Nueva York ni en Washington. Quise llevarlo al Metropolitano.

Si no los modernos, al menos los clásicos.

Nada.

No tuve apoyo para llevar a Cuba la famosa colección Cintas, el millonario y embajador cubano, muerto en Estados Unidos.

Una extraordinaria colección de obras de arte.

Nada de nada.

Fidel prefería leones, caballos, toros y texanos.

Irse a Texas y Canadá.

Y yo para aquel lugar.

El viaje era un empuje-empuje.

La Delegación económica: Rufo López Fresquet, ministro de Hacienda, el prestigioso economista y presidente de la Banca

Nacional, Felipe Pazos, y los otros, hicieron gestiones de créditos, contactos y negociaciones.

Que no llegaron a nada.

A Fidel no interesaban.

A Eisenhower y Nixon menos que menos.

Fidel decía sí a todo y no concretaba nada.

El encuentro Nixon-Fidel fue un desastre. Reforzaría una enemistad que duraría largo.

La estrategia de Fidel era parecer amigo.

Tender la mano y que se la dejasen en el aire.

La atmósfera de Washington era de puro desprecio.

No soportaban la nueva Cuba.

Un incidente en una presentación oficial da el clima de aquellos días.

—Míster ..., encargado de los asuntos de Cuba, en el Departamento de Estado.

Fidel:

—Yo creía que el encargado de los asuntos de Cuba era yo.

CAMISAS AZULES

El primero de mayo desfilaron por calles y pueblos de Cuba las milicias.

Un nuevo instrumento de la Revolución. Camisas y pantalones azules: uniforme de trabajo convertido en símbolo del nuevo revolucionario. Voluntario. Trabajador. Entre militar y civil. Espontaneidad y organización.

El miliciano era el tercer héroe del 59.

El héroe colectivo. El partido de la Revolución.

Hombres, mujeres, jóvenes, viejos, blancos, negros, mulatos, obreros, campesinos, estudiantes, profesionales, intelectuales, clase media, marginados. Viejos y nuevos luchadores.

Igualitario, libertario.

El miliciano era la nueva revolución que identificaba todos sin algún prejuicio.

Trabajo voluntario, preparación militar, cuidado de los centros de trabajo, conciencia política y humana.

Democracia armada.

El partido de la milicia llegó a tener un millón de miembros.

¿De quién fue la idea?

Estaba en el aire.

Fueron los sindicatos y el 26 quienes la impulsaron.

Rápidamente instrumentalizada por quienes, dado su aspecto militar, estaban en condiciones de controlarlas: el Ejército, detrás Raúl y los comunistas.

Entre su espíritu obrero, libertario y la disciplina y orientación que venía de arriba, hubo desde el primer momento un conflicto.

No es lo mismo pueblo armado que Ejército.

Su carácter popular y vivo fue fundamental en el corte de cañas y trabajos agrícolas, en la alfabetización y en las luchas en el Escambray.

Las milicias no tuvieron el carácter represivo de la Seguridad, comités de Defensa. Ni la confianza política y técnica a éstos y al Ejército concedidas.

Fueron un instrumento de democracia revolucionaria.

Las camisas azules representan la etapa libertaria de la Revolución cubana.

Se las utilizó. No se confió en ellas. Hubiese sido compartir el poder con una institución revolucionaria a nivel de pueblo.

Era la segunda vez que la Revolución cubana "perdía" la oportunidad de tener una organización de pueblo.

Primero el 26.

Después la milicia.

La concepción castro-rusa que comenzaba a fundirse e influirse, concebía un instrumento de poder elitario: partido de cuadros, Seguridad, Ejército, burocracia. Jefe único. Estado total y fuerte.

Trabajo y fusil, sí.

Pensamiento, trabajo y fusil, no.

Las milicias eran mínima disciplina y máxima libertad.

Una o dos horas de instrucción y preparación militar, marchas, aprendizaje de armas y tácticas defensivas.

Un contacto civil permanente, de viva discusión, una democracia de base, armada además, que hermanaba a todos en los centros de trabajo, escuelas, campos y calles.

Reflejo de los tiempos que vivíamos: esperanza, romanticismo, libertades, creaciones populares.

El pueblo adivinó que eran su cosa y se apropió de ellas.

El rojo y negro del 26, primer símbolo, se volvió azul y miliciano.

Y por segunda vez desde las alturas no se aceptó la participación del pueblo en el gobierno de la Revolución a paridad.

El poder desde arriba.

No desde abajo.

REFORMA AGRARIA

EL LATIFUNDIO es uno de los enemigos clásicos de Cuba. Se dice latifundio y se piensa en caña. A los grandes potreros de ganado se mira de otra forma: leche y carne eran baratas, de relativa abundancia para el nivel económico del país, veinte centavos el litro, medio peso la libra de carne primera, trabajo menos duro, grandes extensiones de cultivo intensivo, unos pocos *cowboys* criollos que los atendían.

La caña de azúcar es: trabajo de esclavos. Concentraciones obreras, barracones, miseria, dependencia. Nadie quiere la caña.

La caña identifica para el cubano el mal.

Enormidad de cañaverales de grandes latifundios, ciento cincuenta y tres ingenios azucareros, medio año trabajando, medio parados.

Unos pocos "grandes", un millón de pequeños. Un pueblo que depende del azúcar, y el azúcar que iba rumbo norte. Los obreros del azúcar y sus sindicatos eran vanguardia de las luchas sociales y cubanas.

En 1959 la ciudad se siente culpable del campo.

El campesino es símbolo de relajo y desprecio.

Valores norteamericanos caracterizaban la República: dinero, riqueza, poder. Rascacielos. Grandes casas. Confort.

Lo grande.

Aquello más cubano vivía sumergido.

Poesía, arte, literatura, música, inteligencia, ciencia, cosas de relajo. Discriminados ideales de la independencia y sus protagonistas: campesino, esclavo, negro, intelectual, poeta, tabaquero, cortador de cañas.

La Revolución del 95 fue sumergida en un mar de cañas, de yankis, de autonomistas y de comerciantes españoles, enemigos de la cubanía.

Proverbio indio: la tierra, el sol, el aire no son de nadie.

Los conquistadores, por gracia de sus reyes, repartieron tierras, indios y negros a los encomenderos.

Palos para unos y riquezas para otros.

Nacieron así los grandes latifundios y los célebres realengos, tierra de nadie entre los latifundios. Sus pobladores ilegales, cubanos sin tierras, llamados precaristas.

Famosos eran los desalojos campesinos.

La guardia rural expulsaba a campesinos y sus familias: precaristas, aparceros, arrendatarios, colonos, que no podían pagar la renta o las deudas por malas cosechas o baja del precio del azúcar, el café, el tabaco.

Como un viejo film, la memoria proyectaba de mi infancia el desalojo.

El camino real —camino del rey, que de reyes no era— pasaba al lado del bohío, que mi padre con palmas y guano había construido, y por allí los campesinos cazados de la tierra y sus familias, jolongo al hombro.

La familia Acosta-Domínguez, nuestros vecinos, que no pudieron un año pagar la cuenta al gallego Pereiras, el bodeguero de Cifuentes, desalojados de sus tierras.

Arrancados de la tierra, casas y animales, bultos al aire, en fila india, los amarillos del cabo Felipe, a caballo, convoyándolos.

La imagen se paraba en mi memoria.

Margarito muerto de la patada de una yegua; Estelo, el joven, mi amigo, un tiro al corazón, disparando la vieja escopeta una orqueta de guayabo; Rafael, el viejo, tuberculoso, guindado del árbol que más quería, golpeando sus pies la cabeza de Marcial que, de madrugada, pasaba por el camino: aquellos zapatos de ahorcado, que le venían a los ojos, lo enloquecían. Panchita, curadora de empachos, estirando el pellejo de la espalda: aceite de carbón y un fósforo, quemada, una llama humana.

Aquella gente vivía en la memoria colectiva. Reencarnados, no muertos. Fantasmas de la noche: salían, se oían, se veían, eran el grito de la lechuza, ojos del cocuyo, sombras misteriosas de los árboles.

Cazados los vivos y los muertos por la guardia rural y los latifundistas.

De reforma agraria se hablaba y se hablaba y nunca se hacía. La Revolución, con su aire liberador, la puso de nuevo de moda, en los primeros meses del 59.

Parecía venir de la Sierra.

Los barbudos venían mimetizados de montaña y de campo.

La Revolución eran el Comandante y los Doce, no la ciudad, la clandestinidad, el Movimiento, las huelgas obreras, el sabotaje, la abstención del pueblo en las elecciones de Batista.

La Revolución eran los héroes.

No el pueblo.

El Ejército de Batista rendido, intacto, desmoronado. Derrotado psicológicamente. No físicamente.

Era Fidel bajando de la montaña:

—Voy bien Camilo.

—Vas bien Fidel.

La Revolución de la ciudad se volvió, así, campesina. Y campesina no era. La población de la montaña, gente perseguida, vida dura y difícil, era mínima y aislada.

Por magia fidelista se identifica sierra y campo.

Sierra e interior. Sierra y victoria. Ejército Rebelde y liberación. Símbolo concreto: el comandante Fidel.

Dios que bajaba de la montaña y nos regalaba la libertad.

Las montañas de Cuba son pocas y de escasa población. El llano, los campos, son otra cosa.

La cubana no es la Revolución china.

Son gente de la ciudad que va a la montaña. Mírese el origen de los comandantes y se verá. La guerrilla es la vanguardia.

Importante. El Movimiento es la ciudad. El pueblo el protagonista.

Seis meses antes de la victoria, éramos en la Sierra trescientos guerrilleros; si unimos Escambray y Segundo Frente, no llegamos a mil.

Tres meses después éramos dos mil. Tres mil a la victoria.

Cincuenta mil el Ejército de Batista que se nos rinde.

La montaña fue importante. No decisiva.

Decisiva fue la oposición total del pueblo cubano.

Y de todas sus clases sociales contra Batista.

Clase media, obrera, campesina, burguesa, estudiantado.

Instituciones cívicas, Iglesia, partidos políticos, prensa, ricos, al final del 58 y de la dura lucha comenzada por la juventud estudiantil en el 52, continuada en las montañas y ciudades del 56 al 58, respaldada por huelgas y resistencia cívica, se oponen a Batista, abandonado de Estados Unidos, y con un Ejército que se niega a combatir, huye el primero de enero del 59.

Por razones justas, naturales, y por otras inteligentes, interesadas y fidelistas, el primer héroe del 59 es el barbudo-guerrillero.

El hombre que venía-descendía de la montaña.

El segundo, que era casi el mismo y ya no lo era: el campesino.

La mirilla telescópica se vuelve un mar de machetes. De mochas.

La Habana *snob*, como su numerosa clase media, limpia sus pecados campesinos.

El guajiro se vuelve hacha.

El 26, el Directorio, *Revolución*, comandantes, Fidel, aprovechamos el complejo social para convertirlo en simpatía y conciencia agraria.

La reforma agraria se pone de moda. Se hace conciencia.

Pícaros y experimentados ganaderos, comerciantes y ricos la apoyan, por aquello de "sálvese quien pueda". Y por lo tantas veces pasado: en Cuba la palabra era muy revolucionaria. Se vivía de palabras y entre palabras. Nadie creía en las palabras.

Pensaban los bien pensantes: daremos unos consejitos a estos buenos muchachos.

Y se pusieron ellos también a gritar: Viva la reforma agraria.

Pasaban días, semanas, meses.

Ya Fidel era Primer Ministro. El Che, Raúl, los comunistas y otros, se inquietaban con la calma de Fidel.

Querían entrarle manga al codo a Estados Unidos, a capitalistas, políticos, latifundistas. A todo el mundo. Y Fidel callado.

Pensaban: si se pierde la oportunidad, el clima revolucionario, no se hará reformas.

Fidel no les decía nada y se inquietaban más.

Pensábamos que era importante hacer conciencia popular, agraria, obrera, cultural.

Revolución demolía, una a una, las voces poderosas del conservadurismo, la reacción, la cautela, el *status quo*: la Marina, Información, CMQ,

Hoy. Nos parecía importante la batalla de ideas.

Contra la derecha colonial, el centro neocolonial, y la falsa izquierda pro comunista y pro soviética, apoyada por Raúl y su grupo.

Qué hacer.

Crear conciencia e instituciones. No políticas. No era posible. Sindicales, estudiantiles, culturales.

Fidel era un muro de pueblo.

Su popularidad rayaba en la locura.

Informar, convencer, radicalizar al pueblo, darle conciencia, era, me parecía, nuestra única posibilidad.

Casi por señas, entre gestos y medias palabras, Fidel, que confidencias no hacía, ante mi apoyo a la creación de los cuatro turnos en los ingenios, cada uno de seis horas, incorporando miles de desempleados, en vez de los tres de ocho horas existentes, su reproche: "Tú también quieres arruinar la industria azucarera", y mi franca respuesta: "Y qué me importa a mí la industria azucarera y sus capitalistas yankis o criollos".

(Estaba, y estoy, no sólo contra la propiedad latifundiaria y privada de la caña y el azúcar. Estaba, y estoy, radicalmente contra el azúcar: monocultivo, monomercado, miseria, militarismo, caudillismo, dependencia extranjera. Que sea de capitalistas, que sea del Estado aun si fuera mañana de los obreros y el pueblo. Creía, y creo, que si con azúcar no hay capitalismo, con azúcar no habrá jamás socialismo.

Y más aún, con azúcar no hubo, no hay, ni habrá, independencia.

Con caña no es posible industrialización, autoabastecimiento, autoconsumo. Azúcar es esclavitud.)

Deben tener calma, sugería con razón Fidel, hay que ganar tiempo.

El Che y Raúl se equivocan. No se puede afrontar a Estados Unidos antes de tiempo. Ni unir a todos los enemigos internos en bloque contra nosotros.

"Tengan confianza en mí", y Celia repetía: "Fidel nunca se equivoca".

Y Fidel ganando tiempo fue a Venezuela.

Y Fidel ganando tiempo fue a Estados Unidos.

Y fue a Canadá.

Y fue a Buenos Aires, Río de Janeiro, Montevideo.

Y allí lanzó un *slogan* que enloqueció a la gente:

"Pan con libertad.

Pan sin terror."

"Ni dictaduras de derechas ni dictaduras de izquierdas.

Ni capitalismo ni socialismo.

Humanismo revolucionario."

Radical, bíblico, nacionalista:

"Una revolución de los humildes y para los humildes.

Una revolución tan cubana como las palmas.

No una revolución roja.

Una revolución verde-olivo".

Y en la Conferencia de los 21, un Fidel ecuánime y moderado:

Reclamó, de Estados Unidos, treinta mil millones de dólares, sin garrote, para América Latina.

(Casi una Alianza para el Progreso futura y kennedyana.)

Ganaba así el respeto de los bien pensantes y sabía que no había el más mínimo peligro de que Estados Unidos realizase tal cosa.

Raúl y los comunistas se impacientaban.

Las tierras comenzaron a ser ocupadas individualmente por la libre.

Los gritos de UNIDAD, UNIDAD, UNIDAD, eran respondidos por

el pueblo y los obreros con:

Fidel-Veintiséis.

Veintiséis-Fidel.

Pan con libertad. Humanismo. Pan sin terror.

Fidel paró en seco por TV las ocupaciones de tierra: "La reforma agraria se hará. Profunda. Organizada y legal. No se permitirán ocupaciones de tierra por la libre".

Sorí Marín, ministro de Agricultura, abogado, comandante auditor de la Sierra, y amigo de Fidel, trabajaba en un proyecto de reforma agraria moderada.

Che Guevara y los otros, con asesoría de Dorticós, ministro de Leyes Revolucionarias, vice-decano del Colegio de Abogados, amigo de Miró Cardona, y representante de los bufetes azucareros de Cienfuegos y Las Villas, vocero de las Instituciones Cívicas, hábil político que intuía los tiempos que corrían, ligado al grupo de México y a Carlos Rafael Rodríguez y la Buchaca, cienfuegueros como él, trabaja en otro proyecto de reforma agraria, mucho más radical.

Fidel participa de los dos.

Uno, el de Sorí, le servía para ganar tiempo y para suavizar a los poderosos; el otro, el del Che, le era más afín, colmaba impaciencias y podía ser utilizado en el momento oportuno.

El proyecto de Sorí daba la tierra, acentuando el reparto individual y cooperativo, sin asustar al propietario medio ni arruinar la producción y dejando al latifundio bien cultivado un margen de seguridad.

El proyecto del Che golpeaba a muerte al latifundio y buscaba desencadenar la lucha de clases, el conflicto con Estados Unidos y el capitalismo criollo. Eliminaba el reparto individual de tierras y propendía por la nacionalización estatal.

Ambos eran secretos.

Se gestaban en las alturas.

La red del Che y Raúl iba a los comunistas y se cerraba allí.

La de Sorí iba al ala moderada de sus amigos.

Nosotros, los del 26, no éramos informados ni por unos ni por otros.

Mi único aporte a la ley fue sugerir que se firmase el día 17 de mayo, aniversario de la muerte de un campesino antiimperialista y libertario, Niceto Pérez, asesinado por luchar contra desalojos campesinos.

Raúl quería sectarizarla con el nombre de un mártir comunista de Oriente.

Fidel para firmar la histórica ley escogió su escenario mejor: el campamento de La Plata, en la Sierra Maestra.

Allí un Consejo de Ministros, no muy apto a subir montañas, firmó la trascendental ley que ponía fin al latifundio.

Marciales comandantes se comían las alturas para asombro de fotógrafos y admiración de ministros.

Una sola ausencia: Sorí Marín.

Después de una dura discusión con Fidel, le había dicho, la noche del accidente y operación de Fidelito, el hijo de Fidel:
—Renuncio. No conozco bien, como ministro de Agricultura, la ley.

Ni comparto su extremismo peligroso. No la firmo, no voy a la Sierra.

(Y no fue. Protesta entonces secreta. No aceptada. Y el fiel Sorí caería en desgracia. Más tarde intentaría una oposición. Y en 1961, al regreso clandestino de un viaje a Estados Unidos, sorprendido conspirando, sería fusilado.)

Al final, el verdadero autor de la ley y de su aplicación fue Fidel, y no el Che y los otros.

Crearía el INRA y sería su jefe real, el nominal, Ñico Cuevitas, el geógrafo incorporado la última semana de la guerra a la columna del Che, el capitán Antonio Núñez Jiménez.

Fidel mantuvo el *suspense* del límite del latifundio hasta el final. Que si cien. Que si cincuenta. Que si treinta.
Que si más. Que si menos.
Misterio fidelista.
Para mí, que preparaba una edición extraordinaria de la ley, y de los problemas y realidades agrarios de Cuba, en *Revolución* y *Lunes*, con Pino Santos, nuestro redactor económico, que pronto perderíamos, Fidel se lo llevaría para el INRA, buen periodista económico, no tan bueno como economista ni como agrario, no tenía alguna experiencia. Lo más, un paseo al campo.
El problema era el límite de caballerías del latifundio.
Tenía la ley completa. Pero faltaba lo más importante.
Fidel no quería decirlo. Decía que pensaba. Que no la había decidido. Tenía una lucha consigo mismo.
Quería la sorpresa.
A mi insistencia, un compromiso.
"Ven conmigo a La Plata. Haremos una trasmisión histórica por Radio Rebelde —yo era el director cuando la guerra— y desde allí la trasmites por radio al periódico."
Y agregaba:
—Formidable, Franqui. Formidable. Como en los viejos tiempos.
Fidel, su memoria electrónica, me recordó mi protesta, cuando se hizo la primera ley de reforma agraria en la Sierra, y no se tocó el latifundio. Diciéndome: "No tenías confianza. Ves que ahora se termina el latifundio. No tenías razón de inquietarte entonces".
Y yo.
—No era, no soy adivino. —Y devolviéndole la pelota:
—¿Qué harías tú, qué dirías tú, en mi caso, si pertenecieras a una dirección y no te enteraras de las cosas?

Y Fidel, tirándome el brazo por encima:

—Prepara una buena edición de la Radio Rebelde y un buen periódico.

—La Radio Rebelde no me necesita Fidel. Allí estás tú. El periódico sí. Lo siento, te agradezco la invitación, pero no puedo ir.

Y ante la cara de disgusto del Comandante:

—¿No crees que es muy importante hacer un periódico y un *Lunes* extraordinarios, con la primera ley revolucionaria del 59, y de la República?

—Nos comunicamos por radio.

Fidel se fue mirándome, pensando que me perdía el momento histórico.

(No creía —no creo— en los baños históricos. Ni en las fotos de compañía. Fotos de familia: Fotos-Fidel.)

Me equivocaba. No. No me equivocaba.

La expectación subía.

El teléfono sonaba y sonaba. Raras visitas. Caras raras en *Revolución*; la tensión, la ansiedad de los poderosos era mucha.

Y yo mudo, calmo y sonriente.

Aconsejaba calma y escondía la noticia.

No iba a tener tiempo de imprimir toda la sensacional edición.

Ordené que la rotativa comenzase a imprimir. Al taller no se podía entrar. Nuestra propia milicia cuidaba que no hubiese filtración de noticias.

Mi compañero de clandestinidad, jefe heroico de Acción y Sabotaje del 26, el comandante Aldo Vera, ahora jefe de un cuerpo policíaco, me llamó por teléfono.

—¿Qué periodista de *Revolución* redactó la noticia de que Felo, el caricaturista, fue torturado?

73

Felo era un viejo amigo, persona seria. El día anterior había venido a la redacción, lo habían detenido unas horas, y en el Buró de Investigaciones, que ahora tenía otro nombre, le habían practicado la tortura del caballo.

A él y otro detenidos.

Inventor de la tortura, el capitán Mario Gil, militante de la clandestinidad, incorporado a la guerra en Camagüey, y primer jefe de la escolta de Fidel, que rápidamente lo había enviado a la policía y era segundo jefe del Dier.`

Ponían al preso en cuatro patas, lo hacían caminar como un caballo, después lo montaban y obligaban a bajar y subir las escaleras montado por un policía o dos.

Más humillante que física, era un precedente peligroso, y me había apresurado a publicar una nota de protesta, diciendo que la Revolución no podía golpear a nadie.

Respondí sorprendido.

—Aldo, es verdad o no, lo del caballo.

—Dime el nombre del periodista, que voy ahora mismo a buscarlo preso.

—Cálmate, Aldo. Aquí el responsable soy yo. Y no veo qué tienes tú que ver con esto. Tienes que prender al que se monta en el preso. No te olvides que tú, como yo, fuiste torturado ahí por Faget.

—Montarse en un hp es un juego. No lo vas a comparar con las torturas del Buró.

—No es lo mismo Aldo, y es igual, así se empieza.

—Dime el nombre del periodista.

—En *Revolución*, el responsable soy yo Aldo.

—Pues voy a buscarte a ti ahora mismo.

—Oye, Aldo, ¿te imaginas el escándalo, el banquete que se darán los periódicos mañana?: "Preso el director de *Revolución* por denunciar torturas". El día de la firma de la reforma agraria. Aldo, somos viejos compañeros.

—Éramos.

—Piensa en las consecuencias de tu acto. Te costará el cargo.

—Y no me importa. Voy para allá.

—Oye, Aldo. Si a ti no te importa, a mí sí. Voy para mi apartamento en la calle Carmen, allí te espero.

Y salí para mi casa a esperar a Aldo, pensando no en la detención, que no me preocupaba, sino en el escándalo y las consecuencias.

Fidel, con razón, no perdonaría que la reforma agraria fuera compartida con el escándalo del incidente. Y sospeché que detrás estaría la larga mano de Raúl, enemigo de *Revolución* y de Aldo. Y Aldo, con un perseguidor, me fue a buscar y me llevó preso.

Entré por segunda vez en mi vida en el Buró de Investigaciones, que tan siniestros recuerdos me traía.

Y allí, en la carpeta, estaba todavía el sargento Bocanegra. Que de mi pueblo era, sargento allí con Piedra y Faget. No era de los malos entonces y seguía con los buenos ahora.

—Tú por aquí otra vez —asombrado, me dijo saludándome.

—Y tú siempre por aquí —respondí riéndome.

Era un oficinista y en lo que pudo, que era poco, me ayudó en el 57.

Aldo amenazaba con mandarme para La Cabaña. Estaba enloquecido.

Yo había dicho a Margot de llamar por teléfono con mucha discreción a los amigos. Evitar el escándalo era lo importante.

—Cálmate, Aldo, cómo crees tú que si Faget no me asustó me vas a meter miedo tú.

Imaginaba Aldo que la nota era una conspiración para hacerlo saltar de la policía. Y yo ni siquiera sabía que él era el jefe de aquel cuerpo. Cada cuerpo tenía un nombre nuevo y raro.

El teléfono de Aldo sonaba. No me decía nada. Pero sabía que eran los compañeros que habían quedado en La Habana. Dos horas después apareció mi amigo Efigenio Amejeiras, jefe de la Policía, asombrado.

Y después Raúl, irónico. Que resolvió todo, riéndose, con su humor vitriólico, diciendo:

—Estas cosas no debían ocurrir entre compañeros de la clandestinidad.

—Franqui, no tenías que publicar la nota en *Revolución*.

—Aldo, bastaba que lo hubieses llamado aquí y discutido.

—Calabaza, calabaza, cada uno a su casa.

—Raúl, ésta no era ni es mi casa. Voy a proponer a Fidel que destruya este siniestro edificio, que tan tristes recuerdos trae al pueblo y a los revolucionarios.

—Exageras, Franqui, exageras.

—Creía que la montadura de Felo —mirando a Raúl—, que es un viejo comunista, era una locura de Mario, que la lucha y el sabotaje dejaron mal. Ignoraba que Aldo era el jefe del Dier.

—Debiste de averiguarlo, Franqui.

—No. No. Raúl. Galleta que suene aquí o en cualquier parte, galleta que publico. Es un problema de principios. Siempre se empieza así.

Amejeiras, jefe de la Policía Revolucionaria:

—Tienes razón. He dado orden que el que suene una galleta en una estación de policía a un detenido sea arrestado en seguida.

Raúl se fue a conversar con Aldo y yo me quedé con Efigenio.

La actitud de Raúl me confirmaba que estaba enterado de la cosa.

Fidel no estaba en La Habana, y si se hubiese producido el escándalo, y la prensa enemiga destacado el incidente y robado el gran impacto de la ley a Fidel, Raúl siempre podía decir: "yo dije de llamarlo para conversar". Eliminaba a dos enemigos de un tiro.

Aldo tenía el gran prestigio de la clandestinidad y *Revolución* era para Raúl el adversario peligroso.

No era la primera vez, ni sería la última, que vería la mano de Raúl contra el periódico y mi persona.

Más tarde, Fidel me reprocharía no estar a la hora de la trasmisión, y de cometer un error de cifras en la publicación de la ley.

—No se puede estar en dos partes a la misma vez Fidel.

—¿Cómo?

—Sí. Preso en el Buró y en el periódico.

Y conté el episodio que Fidel atribuyó a la locura de Mario.

—Y menos mal que evitaste el escándalo.

Asegurando "que no permitiría torturas" y prometiendo que convertiría muy pronto al Buró en un parque.

Así fue.

Mejor parque que Buró. Yo, por si acaso, ni por el parque fui.

Al otro día, mayo 18, Cuba era una fiesta.

Y una tragedia para algunas caras ricas.

El pueblo vivió intensamente su primera ley revolucionaria, cantando aquello de:

Con novilla
o sin novilla
le partimos
la siquitrilla.

La ciudad se volvió campesina. La clase media apoyó la ley. Latifundistas y sus amigos se quedaron solos. La Habana respondió:

> *Al 26*
> *con Fidel.*
> *Habanero:*
> *un campesino*
> *en tu casa.*

El encuentro a fondo con los intereses creados comenzó de parte y parte.

La producción fue abandonada. Y el Ejército rebelde comenzó a ocupar fincas, a detener propietarios, a divertirse matando los mejores ejemplares de toros padres.

Los campesinos medios se vieron amenazados.

Los campos se volvieron una guerra de clases.

Latifundistas saboteando la producción.

Rebeldes ocupando tierras por la libre, deteniendo y amenazando.

El éxodo del campo a la ciudad y de la ciudad al extranjero, se intensificó.

En la confusión del momento, y en la dureza entre las viejas injusticias y la nuevas arbitrariedades, se hizo tabla rasa de todo.

No quedó títere con cabeza.

La justicia, que justamente recuperaba las tierras, destrozaba la producción, identificando propiedad, riqueza y cultivos.

Por aquello de que tanta culpa tiene el que mató la vaca como el que aguantó la pata.

Todos eran enemigos: latifundistas, mayorales, encargados, inspectores, técnicos, vacas, toros, cañaverales, arrozales, haciendas, casas, maquinarias.

Un ciclón dando golpes a diestra y siniestra.

URRUTIA,
AL BORDE DE LA TRAICIÓN

UNA TARDE de junio Celia me llama. Fidel quería verme. Su residencia de entonces era la casa de Cojímar, que el ortodoxo Agustín Cruz le alquiló por un dólar simbólico.

Encontré a Fidel caminando por las calles de Cojímar. Pidió permiso y entró en una casa, se puso a escribir, diciéndome de esperarlo.

Cuando terminó, me dio el manuscrito y me dijo: "léelo". Leí con asombro: Fidel renunciaba como Primer Ministro.

—Ésta es una bomba Fidel —y le demandé los motivos de decisión tan grave.

—Problemas con el Presidente. No voy a darle un cuartelazo, como se acostumbra en América Latina. Me dirijo al pueblo, el pueblo sabrá qué hacer —me contestó—. Eres el único que conoce mi renuncia. Quiero una sorpresa absoluta. Por la madrugada cierras el periódico con la milicia, vas tú mismo a la imprenta y hasta que el periódico no esté en la calle, no dejas salir ni telefonear a nadie.

Y agregó:

—Tira un millón. Haz una primera página impresionante, a gran cintillo, de ésas que te gustan a ti.

—Hombre, Fidel —dije bromeando—, tu renuncia no cabe en una página.

—Verás que me acusan de contrarrevolucionario.

—¡Cómo! Tu comunicado es misterioso. No dices el porqué renuncias.

—No me quieras dar el palo, Franqui. El porqué lo diré yo

mismo por televisión. Tú eres responsable de que nadie sepa de mi renuncia.

—Fidel, no olvides avisar al Che, Camilo, Raúl y los demás. Mira que esta noticia es muy grave. No quiero que me rompan el periódico.

—Ésos son problemas míos, Franqui, no te preocupes.

De madrugada, cuando *Revolución* salió a la calle y los vendedores empezaron a pregonar: "¡Renuncia Fidel! ¡Renuncia Fidel! ¡Renuncia Fidel!", se formó el tumulto.

Conmoción enorme.

El país se paralizó. Las manifestaciones por la calle, algunas a Palacio.

Raúl quiso tomarme el periódico, acusándome de un acto contrarrevolucionario. Un incidente con la milicia. Camilo, que estaba en Las Villas, telefoneó insultándome. Era su amigo y compañero y no le avisé.

Entonces lo calmé contándole lo dicho a Fidel la tarde anterior, su respuesta, y pedí que se comunicase con Celia y Raúl y que dijese a éste, de parte mía, que por qué en vez de querer tomar el periódico no tomaba la casa de Fidel.

—Este Fidel es del carajo —fue el comentario de Camilo.

(Que por qué no avisaba de algo tan importante, no sólo esta vez, siempre. Su concepción del poder exigía confianza total. Y por no compartir, no compartía aun las noticias enormes.)

La calle era un reguero de manifestaciones y rumores.

Instintivamente, el pueblo apoyó a Fidel.

La inquietud y la espectacularidad eran tremendas.

Días después haría su violento discurso, acusando al Presidente Urrutia de "estar al borde de la traición", de prepararse a renunciar, denunciando la penetración comunista en el gobierno, como había hecho el "Comandante" Díaz Lanz, jefe de la Fuerza Aérea, días antes desertando y testimoniando ante el Congreso de Estados Unidos, acusando al Primer Ministro de comunista, de favorecer la infiltración comunista en el Ejército...

El Palacio cercado por las multitudes.

Urrutia se cayó de la mata. Con su proverbial ingenuidad, se había sentado frente al televisor, creyendo ver a Fidel acusar a Raúl de comunista. Ante las tremendas acusaciones de Fidel, llamó a CMQ, televisión y renunció.

Fidel manda a Dorticós a convocar a Miró Cardona, para nombrarlo Presidente. Raúl, el Che, avisado por teléfono, Ramiro, y otros comandantes, le dijeron que lo pensara bien. "Que Miró era un conservador, pro yanki", a lo que respondía Fidel, que "Miró era capaz de todo, hasta de volverse comunista por ser Presidente". Finalmente cambia idea.

Carlos Rafael Rodríguez, Ordoquí y Edith García Buchaca, a nombre del partido, sugirieron a Raúl con apoyo del Che que propusieran a Dorticós.

El partido jugaba una buena carta palaciega.

Dorticós era un viejo *routier* de los comunistas.

Y como abogado de los hacendados azucareros de Las Villas, tenía pecados que hacerse perdonar.

Che, que lo había conocido cuando llegó al Escambray —Dorticós era, con Ray, de Resistencia Cívica antes de ser "asilado" hacia México—, lo estimaba por su redacción de la ley de reforma agraria. Dorticós era ministro de Leyes Revolucionarias y un buen abogado.

Tenía las cartas en regla con todo el mundo.

A Miró, para compensarlo de la desilusión, le fue ofrecida por Fidel la embajada de Washington, pero él prefirió la de España, quizás porque su padre había sido catalán y general mambí.

Días después llegaría la foto de Miró con Franco y su

guardia mora.

La destitución de Urrutia nos planteó a algunos de nosotros el primer problema de conciencia.

La contradicción entre razón colectiva e injusticia individual.

La situación de Urrutia era insostenible. No había sido nunca Presidente. El poder era Fidel.

La oportunidad histórica menor, que tuvo en los primeros días del 59, la perdió con su mentalidad de juez municipal.

Muchas veces durante aquellos meses quiso irse en puntas de pie.

Sin crear problemas. Fidel no se lo permitió.

Renuncias, aun discretas, no.

Éramos nosotros, Fidel, quienes metimos a Urrutia en el lío de la Presidencia, cuando nadie la quería porque no creían en nosotros.

Lo justo hubiera sido así como lo metimos sacarlo.

La figura de delito principal era increíble.

"Al borde de la traición."

Era no sólo una injusticia, sino un peligroso precedente.

Cogidos por sorpresa, no protestamos.

Fidel metió a todo el mundo ante el hecho cumplido.

Recurrir al pueblo, como me dijo Fidel la tarde de la renuncia, parecía correcto.

Oír a Urrutia, dejarlo defenderse al menos, renunciar sin destruirlo, correcto.

El pobre Urrutia tuvo que fugarse, disfrazado de lechero, asilarse. Único elemento de acusación: el "informe" de unas palabras suyas, contadas a su manera, por su secretario Olivares; clásica intriga palaciega.

Aquella farsa alternativa: Con Fidel y la Revolución, o contra: con Urrutia, traidor.

No era el fondo del problema.

Era terrible el método usado por Fidel.
Que nos dejó un sabor amargo en la boca.
Y una mala conciencia.
El primer sapo que nos comimos, no sería el último.

VIAJES

DE LAS COSTAS de la Isla, larga y estrecha, se oyen y miran tierras cercanas: Jamaica, Haití, Santo Domingo, La Florida, Yucatán.

México nos fascina.

América del Sur está como cortada. Venezuela y Colombia nos son más próximas.

El Caribe es no sólo un mar, una costa periférica, es un mundo que nos identifica.

Brasil atrae como un imposible.

África está tan dentro de nosotros y tan ignorada, que es como si no existiese.

Pienso que la cubanía será inmortal cuando redescubra su otra raíz: la madre África. Las "Españas" son nuestras a partir de la República, que nos descubrió un pueblo que conocíamos sólo por el imperio. La integración con el paisaje cubano, nuestra manera de ser, avanza en lo humano, es distante en cuanto a la naturaleza tropical, y espera todavía reconocerse en la cultura: poesía, arte, literatura: Martí, Ortiz, Lam, Lezama, Porro, Caturla, Cabrera Infante, Piñeyra, Arenas, Cárdenas, Camacho, Lydia Cabrera, y otros, están en la frontera del mundo cubano y la época contemporánea.

Nos reconocemos en ellos, pero la anticultura machista dominante impide todavía que sean espejo de cubanías.

Estados Unidos. La Florida son vecinos. Ejercen mucha atracción.

Europa está lejana y presente.

Italia es la Europa clásica. Francia, la contemporánea.

Las islas son inquietas.

El mar es un límite incitante.

La Isla un barco. Un puente. Un sueño. Un pez.

Una prisión.

Durante mi juventud, la falta de dinero me impedía viajar.

En 1947, una de las razones de mi incorporación a la expedición de Cayo Confites, contra Trujillo, fue la de romper ese tierra a tierra.

No sabía yo entonces que en "el partido" se puede entrar. No salir. Nadie te lo advierte, pero es así. Como la muerte, no perdona.

Mi familia era el partido. Pero el acto de libertad que era salir, aunque fuera en silencio y descubriendo trágicamente que era una falsa alternativa, no era permitido. Y me declararon apestado.

El partido tenía los sindicatos.

Y los ricos dueños de periódicos para darte trabajo te exigían una venta. Un anticomunismo.

No se me había olvidado que si el remedio no servía, la enfermedad eran ellos.

Me quedé solo. Un indigente. A veinticinco años, todas las puertas cerradas. Sólo la generosa familia Cabrera Infante compartió su miseria conmigo.

No había mucho que hacer: Venderse. Volverse gangster. La indigencia.

Era la única solución inteligente.

Cayo Confites me ofrecía una solución. Era una aventura. Una causa justa, la de luchar contra Trujillo. Una manera de conocer la guerra y de conocerme a mí mismo. Y una forma de sobrevivir a una crisis total.

Una oportunidad de hacer periodismo y de viajar.

Quizás si de llegar a la lejana Europa.

Y si moría, al menos era en mano de los enemigos.

Las cosas son como son y no como uno las piensa.

Terminé como todos. Preso en Columbia. Y la primera crónica del desastre me hizo perder el trabajo en el periódico *Luz*.

El mar era entonces mi enemigo.

En 1954, pude hacer de pura casualidad mi primer viaje. Hubo que revelar un corto cinematográfico y los laboratorios de color estaban en Estados Unidos.

Pensaba que no me darían la visa. Pero me la dieron y sin preguntarme nada. La anonimidad de mi militancia comunista y antiimperialista, para suerte mía, no había llegado a la burocracia.

Volé a Miami, y allí tomé un autobús que, atravesando el sur, iba a Washington y Nueva York.

El sur, su paisaje desolado. Sus cipreses. Negros de pie en el ómnibus, sin derecho a ocupar los asientos vacíos de los blancos. Sin cubrirse de las grandes lluvias faulknerianas, las estaciones tenían sólo zonas blancas.

Fuerte impresión que no compensó la tranquilidad, la arquitectura y los famosos almendros en flor de Washington.

Nueva York era otra cosa.

Ciudad disparada al cielo. Pirámide humana.

Ciudad del siglo.

Vi pintura como un loco. Picasso ante mis ojos. El arte contemporáneo. Calder. Miró. Matisse. Klee. Kandinsky. Arte negro y oceánico. Asiático. Precolombino. Renacimiento. Goya. Impresionismo.

Y la *Jungla* de Lam, en *tête-à-tête* sostenido, frente a frente, a *Les demoiselles d'Avignon* de Picasso.

Qué lectura al paisaje, al mundo cubano.

Dos años después conocería México. Viviría brevemente en Yucatán. Atravesaría Centroamérica. De Costa Rica a Guatemala.

Y pasaría por Nueva York y Miami, camino de la Sierra. Impresionante el redescubrimiento del mundo indio, congelado por siglos, y miserable, un fósil aprisionado, resistente. Eran otras mis preocupaciones de entonces. Miraba. No pensaba en otra cosa que en la lucha contra Batista. Me conmovió la solidaridad de aquellos pueblos. Sus viejas culturas.

En marzo de 1959, acompañando a Fidel, descubrí los Estados Unidos liberales. Universidades. Cultura. Harlem. Mi sueño era Europa.

Y en septiembre del 59, pudimos hacer, Margot y yo, nuestro primer viaje a Europa. Vacaciones. Contactos. Trabajo. Y otras cosas.

Mi proyecto guerrillero de revolución cultural continuaba. Sin ilusiones.

Revolución invitaría a Picasso, Sartre, Breton, Le Corbusier y otros artistas, escritores y pensadores europeos a Cuba. Y a Neruda, latinoamericanos y españoles.

Fui a pedirles que nos echaran una mano en el intento de cambiar la vida. Colaboraciones. Visitas. Relaciones. A discutir con ellos lo que estaba ocurriendo en la Isla.

A Jean Paul Sartre lo encontré en el pasillo de un teatro de París, en el ensayo de una de sus obras. Me concedió unos minutos, que se convirtieron en horas de discusión: revolución, materialismo, marxismo, existencialismo, socialismo, estalinismo, teatro, literatura, Cuba y otras cosas.

De allí salió el primer viaje suyo y de Simone de Beauvoir a Cuba.

Y, con los años, una relación más bien conflictiva.

Quizás si Sartre me viese como el fantasma cubano de uno de sus errores.

Y yo a él, al escritor formidable, que ha conmovido al siglo, sin superar todavía marxismo, freudismo, filosofía, en una nueva síntesis revolucionaria y socialista. Como si ello hubiese sido posible y yo, con cierta ingenuidad, se lo demandaba.

Al filósofo de una dialéctica fascinante, que es como la lógica de una gran catedral barroca y bachiana.

De Saint-Germain de Pres pasamos a Pigalle.

A encontrar a André Breton.

Poeta de la revolución y del surrealismo. Intuición racional. Sólo un poeta como Breton podía presentir, descubrir, oír, viajando en una guagua habanera, caminando por las calles y barrios, sintiendo en la entretierra de la gente, en 1947, en su breve exilio cubano, ésta su profecía: En este país se siente venir una revolución. Natural era que descubriese nuestro surrealismo vivo. Nuestra pintura. Ese mundo negro, vivo, que éramos nosotros, vivía en su casa de París. El apartamento de Sartre era la sobriedad. Casi nada. Y la Nada. Un sofá. Una ventana. La plaza de Saint-Germain de Pres.

El apartamento de Breton era un sitio de maravillas. Cuánto arte tropical. Contemporáneo. Cuántos objetos anónimos eran allí puro arte, como si su mirada mágica los hubiese parido.

La simpatía fue mutua. Pero no era fácil romper el muro vivido por quien, como antes Rimbaud, quiso cambiar la vida, acomunando poesía y revolución. Esas enemigas.

André no estaba bien. Colaboraría con *Lunes*, no me prometía su visita.

De Breton a Le Corbusier.

Quería nos hiciera el nuevo edificio de *Revolución*. No amaba la arquitectura americanizada de La Habana.

Buscaba a Le Corbusier como ruptura. Pensaba que había que dar gran impacto a la revolución artística, dialogando en vivo con sus grandes creadores.

Hablamos de materiales tropicales. De la ciudad como naturaleza idealizada. De edificios como viejas calles y plazas, con espacios alternos. De una arquitectura humana, tropical, sensual y viva.

Pensábamos, una de las cosas a cambiar es el "donde se vive".

Imposibles y posibles. Por qué una ciudad tropical, de sol violento, de luz cortante, carece de parques, naturaleza, flores, árboles. Fuentes. Cafés al aire libre. Lugares de reposo, arte, distracción. Por qué un malecón-muro, donde casi el mar no puede mirarse.

Sin un sitio de reposo. Algún sueño lo realizaría nuestro compatriota Ricardo Porro en sus escuelas de arte. Catedrales de música, explosión, lirismo, arquitectura que danza como las nalgas de una mulata en una noche caliente. Instante de reencuentro, entre arte y revolución. Arquitectura de la libertad. Utopía concreta del instante creador de la revolución.

Le Corbusier estuvo de acuerdo. Cobraría en pesos cubanos y a la tarifa de nuestros arquitectos. Me habló de sus escasas construcciones europeas. De que en su vida había ganado un solo concurso. Pero de esquí. De la dificultad de construir en países inestables.

—Espero que no me corten los cojones en tu país —me dijo riéndose. Y como adivinando—: Una sola condición. No quiero murales de Picasso en mi edificio. ¿Sabes, no? Soy pintor.

Lefebvre, punta de diamante del progresismo de entonces, nos prometió su colaboración dialéctica.

El *Express* me hizo una calurosa acogida. Surgieron contactos. Amistades.

Giselle Halimi. Claude Faux. Michel Leiris. Eduard Pignon. Helene Parmelin.

Una noche me invitaron a una comida en una casa elegante del todo París.

Parecía allí el mono sabio.

Un guerrillero que conocía Picasso, Schoenberg, Matisse, Miró, el surrealismo, era un bicho raro en París, acostumbrado a los funcionarios del realismo socialista.

Mis valores subían.

El mono, se sabe, mono es.

Y a la hora de comer decepcioné a mis anfitriones.

Se leía en sus caras la desilusión.

Yo también era un bárbaro.

Un desastre. Mi cultura de la pobreza no resistía el elegante manierismo.

Naufragué en un *mare de bichieri*.

De los conocidos del *Express* nacieron relaciones: Jean Daniel, Siné, Françoise Giroud, Juan Goytisolo y K. S. Karol, dos amigos de siempre. Picasso.

Lam se iba para Albisola Mare. Miró y Calder no estaban en París.

Y me fui en busca de Picasso.

Que de tanta gente conocida es el que más me ha impresionado.

Picasso, el hombre.

Picasso, el pintor, ya sabía que era la revolución del siglo. Cuba es un país como pintor.

Y para mí, cambiar la vida es aun cambiar la pintura.

Y la poesía. Y el arte. Y la literatura.

—Un barbudo sin barbas. ¿Dónde están tus barbas? —dijo sonriendo Picasso.

—Ésta es una operación clandestina. Sé que no viajas. Pensamos secuestrarte a ti y tus cuadros y embarcarlos en Niza para Cuba. ¿Estás de acuerdo? —contestamos.

Picasso era la gracia. Qué simpatía. Ágil. Moreno. Soleado. Parecía un toro. Tenía ese don, esa gracia andaluza, a chorros.

En seguida nos dimos del tú.

La fijeza de sus ojos era impresionante.

Cuba le traía muchos recuerdos.

Nos contó que adolescente conoció muchos cubanos exilados. Eran independentistas.

Recordaba sus décimas. Y nos las cantó.

Nos habló de su abuela cubana. (Si en Cuba todos tenemos un abuelo africano, en España todos tienen una abuela cubana. Picasso, Picabia.)

Conocía la Isla mejor que nosotros. Sus bailes. Fiestas. Comidas.

Costumbres. Hizo chistes. Jaraneó con el culo cubista de las mulatas.

Hablamos de tantas cosas.

Y de mis proyectos.

Pedí su ayuda para la revolución cultural que iniciábamos en Cuba.

Le conte la historia simbólica del monumento al "Maine". El barco de guerra norteamericano que estalló, o fue estallado, en la bahía de La Habana, y que sirvió de origen y pretexto para que Estados Unidos declarase la guerra a España en el momento en que estábamos por vencer nuestra guerra de Independencia, después de casi treinta años de lucha.

De allí nació el tratado de París entre España y Estados Unidos.

De cuya paz fuimos excluidos los cubanos.

Y allí en el malecón, mirando al norte, sobre la gran columna, se alzaba el águila imperial.

Le dije cómo cuando la clandestinidad intentamos volar el monumento.

Imposible. Se necesitaba más dinamita que para tumbar a Batista.

Y después le entregué un acuerdo que, muy a la guerrillera, había arrancado en un Consejo de ministros —pero esto no se lo dije—, que sancionaba la profanación y derrumbe del "Maine", y su sustitución por una obra de Picasso, inspirada en una paloma agresiva.

Un símbolo picassiano de libertad sobre la columna descabezada del viejo "Maine".

El proyecto interesó muchísimo a Picasso. Me demandó detalles técnicos.

Fotografías del ambiente. Y habló de una gigantesca figura cubista.

Una especie de animal libertario. Edificio-escultura.

Un Picasso mirando hacia todas partes.

Al mediodía Picasso y Jacqueline nos llevaron a almorzar a un restaurant de la Costa Azul, a Margot y a mí.

En mi confusa memoria recuerdo aquella casa que se parecía a un cuadro suyo.

Fue un día maravilloso que pasó volando.

Sus ojos clavaban.

Te fusilaban.

Cierta irreverencia tropical no me hace humilde entre los grandes.

Ante la obra sí.

Se puede saltar. Gritar. Ser niño. Enamorado. Enloquecer. Un amor.

El autor es un hombre.

Y si creo en la obra, no creo en el poder.

He conocido algunos de los grandes del siglo. Y otros que si no grandes, eran por tales tenidos. Al menos por su poder.

Con algunos de esos señores he polemizado. El cubano es capaz de cualquier cosa. Y yo también.

Me fascinó en Picasso el artista sobrehumano.

Era un hombre humano.

La gente que encontramos en el camino lo saludaba con naturalidad, y él correspondía con sencillez.

Dos artistas grandes y diferentes: Calder y Miró, mis amigos, se asemejaban, en su manera de sentirse iguales a los otros.

Mi amor por la pintura, la literatura y el arte no es cosa mítica.

Eran parte de un proyecto martiano: Ser cultos para ser libres.

BOITEL

LÍDER estudiantil del 26, de tanto prestigio por sus luchas contra Batista, como por sus esfuerzos en el 59, por una verdadera reforma universitaria, que incluía autonomía y elecciones libres. Su figura fue creciendo en la Universidad.

Cuando Fidel y Raúl quieren oponerle al Comandante Cubelas, héroe del Directorio, que usaron contra Chomón a comienzos de aquel año, y lo "renuncian" de vice de Gobernación, para que presida la Universidad, los estudiantes por gran mayoría rechazan la maniobra y respaldan a Boitel, Heredia y a los dirigentes del Frente Estudiantil Nacional, rojinegros.

La Universidad es punto clave: casa y madre de la Revolución. Apoya radicalmente las transformaciones sociales y políticas, pero exige autonomía y elecciones que están en su tradición de siempre. Chocan con Fidel Castro que no quiere elecciones de ningún tipo, que no está dispuesto a dar autonomías ni a conceder poder propio a ninguna institución y menos a los estudiantes.

Dos grandes batallas del 59 son la Universidad y los Sindicatos.

Ambos apoyan al 26 y se alínean en las palabras de Fidel Castro, en Montevideo: "Una revolución nueva, humanista, latinoamericana. Pan con libertad, pan sin terror".

Abril no es septiembre para Fidel Castro, que ya ha ganado el tiempo suficiente y dado un viraje de noventa grados.

Ahora exige "unidad" y obediencia estudiantil, sindical y popular.

El pueblo tiene que ser un ejército. La Revolución que Fidel identifica con su persona exige confianza total, control por arriba de las instituciones.

Desaparecidos el 26 y el Directorio, alineados por lo bajo los comunistas, no permitirá que Universidad y Sindicatos se independicen.

Ambos serán intervenidos.

Boitel, obligado, renuncia, pero es el vencedor moral en la Universidad.

Comienza allí una difícil oposición. Antes de que termine el 60 irá a prisión y será el único líder del 26, que morirá en huelga de hambre en 1974, en las cárceles castristas.

LIBERTAD CON PAN.
PAN SIN TERROR

Regresamos a La Habana a fines de octubre.

La polémica de *Revolución* con los comunistas estaba al rojo vivo.

Raúl avanzaba. La actitud de Fidel no era clara todavía.

Se agudizaba la situación interna. La reforma agraria había dado un golpe mortal a los terratenientes y a las compañías latifundiarias norteamericanas: caña, ganadería, arroz.

El café y el tabaco eran minifundios criollos.

El *Diario de la Marina* clamaba: Melones, Melones.

(Verdes por fuera. Rojos por dentro.)

La derecha, apoyada por los Estados Unidos y los hacendados, atacaba. Los comunistas, con la larga mano de Raúl detrás, se volvían más agresivos. *Revolución* recibía tiros de ambos lados.

El poeta Baragaño, redactor de *Revolución*, fue calumniado por una conferencia pronunciada años antes en Cultura. Acusado un redactor obrero.

Repliqué duro: en la primera página del periódico publiqué la dedicatoria manuscrita de Juan Marinello, presidente del Partido Comunista, a Santiago Rey, ministro de Batista a quien el Directorio había disparado en uno de los momentos más duros de la represión de la tiranía.

La opinión pública nos apoyaba abiertamente. Los comunistas estaban rabiosos. Perdían todas las elecciones, sindicato por sindicato, para el primer congreso libre de la CTC.

Los dirigentes obreros del 26 obtuvieron el 95 por ciento de los votos. Los comunistas, el 5 por ciento. Fue un referéndum.

Raúl, Ramiro Valdés y toda la tendencia que los apoyaba estaban violentos y agresivos.

Preparaban algo.

No se sabía qué.

Se oía cada vez más el grito de "unidad, unidad" y sacudir la mata hasta las raíces, y la no menos amenazante: "Paredón, paredón, paredón".

"Revolución. 26. Pan sin terror. Libertad con pan", replicaban los nuestros. Secundados por el pueblo.

Una mañana fui convidado a la CTC, para un cambio de opiniones.

Encontré allí a casi todo el mundo: comandantes, ministros, dirigentes obreros, del Estado, el Movimiento. La clandestinidad casi completa.

No estaban los comandantes de la Sierra. Raúl, Che, Ramiro.

Motivo de la reunión: infiltración comunista, que se metía por todas partes.

Era evidente.

El problema era cómo pararla.

Que tenían apoyo de Raúl, Che y Ramiro, no lo ignoraba nadie.

Que era grave.

Aquellos dos grupos han sido etiquetados después como la derecha y la izquierda.

En realidad eran el 26 y la Sierra.

Y ni uno ni otro eran homogéneos: el Che no era Raúl. Incondicional de Moscú. Camilo, Almeida, Amejeiras no eran Ramiro Valdés ni Guillermo García.

Entre nosotros lo mismo: si Manuel Ray y algún otro —Menoyo, el Segundo Frente, algún ministro— eran partidarios de reformas democráticas y de negociar con Estados Unidos y mantener la propiedad privada, la inmensa mayoría de nosotros lo era por una revolución radical: antiimperialista, anticapitalista y socialista.

Rechazábamos el modelo ruso, el desprestigiado PC cubano, que era su caballo de Troya, y el militarismo policíaco raulista y ramirista. Acontecimientos posteriores probaron que la discrepancia esencial no era sobre el capitalismo neocolonial, que casi unánimemente destruimos, sino que era sobre socialismo ruso o socialismo cubano: humanista y libertario.

La reunión pasó de la toma de contacto y de la coincidencia de opiniones al qué hacer.

Se propuso ir a ver a Fidel y decirle que no podía permitir a Raúl seguir introduciendo comunistas en el Ejército y la Revolución.

La mayoría estaba de acuerdo.

Quise saber más. Usando las señas y las mediopalabras. Un lenguaje casi clandestino y gestual.

Mi naturaleza campesina y mi mejor conocimiento de Fidel, así como la experiencia de mi vieja militancia comunista, me hacían desconfiar.

Me gustan las cosas claras. Pero aun la claridad era un peligro.

Quién podía asegurarme que entre tanta gente distinta no había algún infiltrado que iría a contar lo allí sucedido, a su manera.

No parecía una conspiración, y no lo era.

¿Qué era entonces?

¿La formación de un bloque?

No era claro.

Una sola cosa evidente en los allí reunidos: la total confianza en Fidel.

Se trataba de ir a hablar con Fidel del problema comunista.
De oponerse a su penetración, apoyados por Raúl y los otros.
¿Era que algunos de los allí reunidos irían a hablar con Fidel,
mientras la mayoría volvería a sus lugares de trabajo, ministe-
rios, unidades militares, sindicatos?
No. No. No. Me respondieron.
Iremos todos.
La ingenuidad de mis compañeros me pareció peligrosa. Estaban locos. No conocían a Fidel.
Pensaban todavía como en la clandestinidad. Una conversa-
ción polémica con el jefe de la Revolución. Y buenos días.
¿Creen que Fidel va a admitir que un bloque mayoritario del
26, el Ejército rebelde, el gobierno y el movimiento obrero,
vaya a ponerle condiciones?
A partir de entonces Fidel pensará: Tengo que compartir el
poder con esta gente.
Y si no lo aceptó en la clandestinidad, menos lo hará ahora
que es poder. Que tiene una inmensa popularidad. El apoyo
popular que lo identifica con la Revolución.
¿Ignoraba Fidel las infiltraciones comunistas?
No era probable.
El problema comunista había quemado a Urrutia, acusado
por Fidel de una extraña figura legal "al borde de la trai-
ción".
Hay que luchar con inteligencia, dije.
Ganaremos el Congreso Obrero casi unánimemente. Con-
serve cada uno su prestigio. El buen trabajo. Su influencia.
En el pueblo. La fábrica . En el Ejército. La universidad. La
escuela. En la calle. El gobierno.
Respondamos a la ofensiva comunista sin darles aliados po-
derosos.
Revolución lleva el debate al rojo, desde posiciones revo-

lucionarias.

Por una revolución profunda y humanista.

Los acusaremos de antirrevolucionarios y continuaremos publicando pruebas de su pasado batistiano.

Resistir abajo. En todas partes.

Mantener cada uno su lugar. Nuestro momento puede llegar.

Debemos vernos individualmente. Informalmente. El periódico es un buen punto de contacto. Allí pasan todos.

No dar lugar a provocaciones. A sustituciones.

Resistir y esperar.

Alguien habló de renuncias entonces.

No. No. No.

Nadie debe renunciar por las mismas razones expuestas antes.

Si se renuncia se expone uno a ser acusado de traición.

Mis razones fueron aceptadas sin convencimiento. Comprendieron que era imposible ir a ver a Fidel en tales condiciones.

La ingenuidad de casi todos mis compañeros me golpeó una vez más.

Magníficos luchadores. Habían resistido torturas, prisiones, combates, pero ignoraban qué era el poder. La política. Quién era Fidel.

No había allí ni la sombra de una conspiración.

Aquella gente adoraba casi unánimemente a Fidel.

Querían hablarle de viejos compañeros y amigos. Ya en la clandestinidad muchas cosas como éstas habían resultado negativas.

Se pensaba siempre en convencer a Fidel.

Cuando Fidel estaba convencido de lo contrario.

No se daban cuenta que había que hacerle su mismo juego guerrillero. Crear instituciones. Conciencia popular. Equilibrar su poder. Actos y no palabras.

Sólo Frank y Daniel intentaron, sin decirlo, agrandar el Movimiento y otras instituciones obreras, estudiantiles, milicias. No se convence a un caudillo.

Si no queda más remedio que aceptarlo, y tal era nuestro caso dada la popularidad y la inteligencia de Fidel, había que intentar equilibrarlo con la conciencia del pueblo y la creación de instituciones.

Las milicias era una de las nuevas fuerzas del pueblo.

Con un pueblo armado y consciente se puede luchar a diestra y siniestra.

Mucho tiempo he pensado —pienso— que mi responsabilidad entonces fue grande. Acaso con aquellas palabras, yo por ser más viejo y tener alguna influencia sobre aquellos compañeros, evité una acción de grandes consecuencias.

Pese a la duda sigo sin creerlo, y los acontecimientos posteriores, desgraciadamente, me dieron la razón.

(Años más tarde caería en mis manos un raro documento de la época: era el informe de la Seguridad sobre aquella conspiración, en la que yo era el jefe intelectual y Huber Matos el jefe político.)

HUBER MATOS

Antes de salir para Europa, pasó a verme el Comandante Huber Matos.

Me expresó sus preocupaciones sobre la infiltración comunista en el Ejército, los problemas del Movimiento y la Revolución.

Era jefe de Camagüey, donde había realizado una eficiente labor y disfrutaba de un enorme prestigio.

Su aterrizaje en la Sierra en el primer avión con armas y hombres, que allí llegó de Costa Rica; sus combates cuando la ofensiva; y el cerco de Santiago de Cuba, cuando con su columna Guiteras, y no más de un centenar de hombres, impidió que las fuerzas del Ejército entraran o salieran de la ciudad.

Por meses la tuvo en estado de sitio.

Audazmente penetraba con sus hombres por las calles de la ciudad.

Huber devino un héroe legendario para la rebelde Santiago.

Profesor del instituto de Manzanillo, ortodoxo como Fidel, y con una pequeña finca arrocera, Huber se definía en el nacionalismo de Antonio Guiteras: antiimperialismo, libertad, democracia y justicia social.

Camagüey era la provincia más señorial de Cuba. La más blanca. Y castellana.

Rica ganadería. Grandes ingenios azucareros. Naranjales y frutales.

Casi sin obreros negros y escaso campesinado.

La mano de obra azucarera la importaba de otras provincias

y de Haití y Jamaica.

Su ganadería extensiva abastecía de carne a casi todo el país.

Eran famosos el Rancho King y otras haciendas de ganado.

Provincia de grandes latifundios y señores de a caballo.

Con el orgullo de sus Agramonte, Cisneros y otros grandes patriotas de la Independencia.

Huber la había metido en cintura.

La reforma agraria y la producción funcionaban.

La larga mano de Fidel no entraba allí.

Era tierra de Huber.

Y los celos estaban en el aire.

Huber no era del Moncada ni del "Granma".

Tenía una personalidad y una popularidad igual a los otros héroes de la Revolución.

Las intrigas eran alimentadas por Raúl, y aun por Fidel, y se veían organizadas desde alto para golpear al hombre peligroso del Ejército Rebelde.

Raúl, que era el jefe del Ejército, no lo veía. Le saboteaba todo.

A Fidel no podía encontrarlo.

Huber, viejo compañero, me dijo que en la práctica le era casi imposible continuar así, sin tener con quién resolver los problemas de la administración, los asuntos militares y políticos.

La situación le parecía sin salida. Se sentía rodeado.

Veía el avance de los comunistas. La mano de Raúl.

Y me dijo que su intención, si no encontraba a Fidel, era renunciar.

Traté de convencerle por todos los medios de que no renunciara.

Comprendía su situación. Casi la misma de todos.

Me parecía que había que tener paciencia. Insistía.

—No te aceptarán la renuncia. Corres el riesgo de que la presenten como una rebelión. Una conspiración. Mira el caso de Urrutia. (Se habló de una conversación de Urrutia, con su secretario Olivares, sobre el comunismo, y de una posible renuncia suya, que éste le presentó a Fidel, una intriga palaciega que sirvió de pretexto para su desgracia.) Eres hombre de gran prestigio. Fidel no acepta renuncias. Ni siquiera en la Sierra las admitía. Espera tu oportunidad.

La decisión de Huber estaba tomada.

No lo convencí.

Intuía que el suyo era un acto peligrosísimo.

Pienso que quizás Huber intuía que ésa era la única forma de hacer oposición.

De contener a Fidel. Confiaba en su fuerza moral. En su resistencia y su prestigio.

Pero su acto no tenía un carácter público. No estaba dirigido al pueblo.

No era el planteamiento del dilema comunistas sí o comunistas no.

Huber no quería dividir la Revolución.

Quería irse casi sin hacer ruido.

A mi parecer, subestimaba a sus enemigos. Ignoraba a Fidel. En el fondo de sí mismo quizás si presentía su misión histórica.

Y así, calladamente y sin ruido, emprendía solo la más difícil batalla que un hombre podía hacer en una situación como aquella.

No estaba, y no estoy, de acuerdo con su manera casi cristiana de proceder.

Rindo a su coraje histórico el mérito de su valor y de su gran acto.

Días más tarde, Huber, me telefoneó.

Había hablado con otros compañeros de los problemas que

conocía.

Revolución estaba vigilado ya por esa época.

Habían ocurrido cosas sospechosas.

Un atentado contra el periódico, seguido por la Seguridad del Estado (G-2) se les había escapado.

Un día habíamos sorprendido a un hombre de la escolta de Raúl en los talleres. Y hasta Raúl había venido a excusarse con los obreros del taller.

No olvidaba yo mi detención, con el acuerdo de Raúl, el día de la firma de la reforma agraria, por denunciar una tortura de un cuerpo de Seguridad. Y su aparición en el momento de liberárseme, con una crítica tanto al jefe policíaco que me detuvo como a mí por publicarlo. Pese a mi protesta.

Sentía el clap típico de mis teléfonos tomados, recordando a mi oreja los viejos tiempos de la clandestinidad.

Estábamos infiltrados de gente de Raúl, Ramiro y el partido.

Y ellos de gente nuestra.

Una vez más y con todo cuidado insistí con Huber en que no renunciara.

—Sé que quieres resolver un problema. Temo que te quieran interpretar mal. Sé que el tuyo es un acto privado. Entre viejos compañeros.

Mi palabras no sólo iban dirigidas a Huber. Iban a la oreja telefónica.

Huber insistía.

Me habló de otros compañeros. Y le contesté lo mismo.

(Si no participo en una cosa, no me gusta verme mezclado en ella. Y si no estoy convencido de la eficacia de algo y de sus fines últimos, prefiero estar fuera.)

A mi regreso de Europa la polémica con los comunistas era violenta.

Una tarde sonó el teléfono de mi despacho.

Era la voz de Fidel. Me puse en guardia:

—Franqui, ¿qué piensas tú de la renuncia de Huber Matos?

Silencio de mi parte. Instintivamente me reí.

Y Fidel, sorprendido y con voz de pocos amigos, volvía a insistir:

—¿Qué tiene de risa esto que te pregunto?

—No. No. No es por eso, Fidel.

—¿Y por qué, entonces?

—Es que me sorprendió oír tu voz directamente. Como te oigo tan poco y esperaba otra llamada, estuve a punto de responderte creyendo que era otra persona. Y esto me provocó la risa.

(En realidad, la pregunta de Fidel tenía dinamita. Sospechaba que Fidel estaba informado de las conversaciones con Huber y otros compañeros. No quería negar que lo sabía. Ni era seguro que lo supiera. Ganaba tiempo para evitar responder.)

—Y tú, ¿que piensas? —contesté, devolviéndole la bola y ya en serio.

—Pienso aceptársela —me dijo—. Ha dejado una carta... Lo interrumpí.

—Si ésa es tu opinión, me parece muy bien —contesté.

Y Fidel colgó el teléfono.

Unas horas después ya no se hablaba de renuncia.

Era una conspiración.

Y Camilo Cienfuegos partía a Camagüey para detener a Huber Matos y a los oficiales de su famosa columna guerrillera Antonio Guiteras.

Huber desarmado y sereno no hizo resistencia.

Ni sus oficiales tampoco.

Esa noche en la radio de Camagüey y en la televisión Camilo acusaba a Huber.

Y como cuando Urrutia, las afirmaciones eran gravísimas, pero el tejido de las acusaciones vago.

El intrigante Jorge Enrique Mendoza, locutor de la Radio Rebelde, conocido yiesmen, camagüeyano famoso por su politiquería, había militado en uno de los más viejos y desprestigiados partidos políticos de Cuba; llegado a la lucha al último momento, popularizando con voz engolada y guataquería. Estaba en Camagüey y recogía pruebas.

Que si los oficiales estaban de acuerdo en la conspiración renuncia.

Que si había un manifiesto.

Que nunca apareció.

Que si se preparaba una declaración a un periódico local.

Que si el coordinador del 26 en Camagüey, Joaquín Agramonte, estaba en la conspiración.

Que si la prensa exaltaba a Huber. Que si *Revolución*, se dejaba entrever, lo contraponía a los otros comandantes rebeldes y a Fidel.

Y esto y lo otro y lo de más allá.

Si Huber hubiese querido, bastaba convocar a toda la prensa que en esa época existía.

Hubiese podido dirigirse al pueblo por televisión.

Tomar la provincia.

Rebelar el cuartel Agramonte con una guarnición que le era absolutamente fiel.

Y Huber no había hecho ni una cosa ni la otra.

Creo que Huber intuía en su protesta pasiva quizás el único método. No ignoraba la inmensa popularidad de Fidel.

Que la mayoría de los comandantes y del Ejército Rebelde lo seguían.

Que ante el pueblo no se podía disputar su jefatura revolucionaria.

Y no había pruebas concretas todavía de que apoyase, por vía de Raúl, a los comunistas cubanos y su modelo soviético.

De otra parte, estaban los intereses creados y los Estados Unidos.

Y Huber no quería jugar esa carta.

No era un contrarrevolucionario.

Como todos nosotros, estaba metido en una contradicción insoluble.

Yo pensaba que sería más eficaz resistir desde el interior y esperar la oportunidad.

¿Y si cuando ésta llegase no estuviera ninguno de nosotros en posiciones que nos permitieran afrontar la lucha?

Como ocurrió.

Los acontecimientos estaban precipitándose.

Lo trágico es que la alternativa se iba a presentar así:

· Fidel

o

Huber.

Cuando ni el mismo Huber lo planteaba así.

En una reunión del Consejo de ministros, Faustino Pérez pidió la palabra:

—Yo creo que el Comandante Huber Matos es inocente y debe ser puesto en libertad en seguida.

—Huber Matos es un traidor a la Revolución y hay que fusilarlo —contestó Raúl Castro.

Los ministros Ray y Oltuski, replicaron.

—Pensamos que Huber es inocente.

El Che Guevara replicó con su ácida ironía argentina.

—Vamos a tener que fusilarlos a todos —y en un momento tan dramático se rió. No se entendía si era una broma o si hablaba en serio.

Fidel, violento, cortó la discusión: "O Huber Matos es un

traidor o yo soy un mentiroso".

Eso es terror batistiano, replicó Faustino Pérez.

—No, terror revolucionario —gritó Fidel Castro.

—La Revolución no puede fusilar a Huber Matos ni a ningún compañero —me limité a decir.

Y mirando a Fidel recordé unas palabras suyas: "Esta revolución no devorará a sus hijos...".

El Che, y esta vez no había dudas que hablaba en serio:

—Gente que tienen el valor de sostener sus opiniones como Faustino, Ray y Oltuski, a riesgo de la vida, no sólo no pueden ser fusilados. Deben de seguir de ministros.

Fidel dijo las palabras definitivas.

—No. No lo vamos a fusilar. No lo haremos un héroe. Basta con la justicia revolucionaria.

Y agregó:

—En cuanto a Faustino y los otros, no pueden seguir siendo ministros. No tienen la confianza de la Revolución.

Faustino, que había hecho un magnífico trabajo en Recuperación, fue sustituido por un oportunista: Díaz Astaraín.

Ray por Osmani Cienfuegos, hermano de Camilo y hombre del PC.

Manolo Fernández, ministro de trabajo días antes, por Augusto Martínez Sánchez, secretario de Raúl.

Cuatro ministerios claves a gente de Raúl.

El más importante, el de trabajo.

Ahora Raúl y el partido tendrían manos libres para perseguir al movimiento sindical libre.

Huber Matos, en un juicio en que Fidel no dejó que hablara, fue condenado con casi todos sus capitanes de la Sierra, de la columna Antonio Guiteras, a veinte años de prisión.

El conflicto entre injusticia individual y lo colectivo fue dramático.

Lacerante.

La duda era compartir el destino de Huber, dado que lo creíamos inocente, aun si discrepábamos de su acto o resistir, sin entregar posiciones importantes a Raúl y los pro soviéticos.

Admiraba a Huber. No compartía su acto.

Asumí entonces la posición que me pareció más eficaz.

A mala conciencia.

Seguir luchando contra lo que representaban los enemigos de una revolución humanista como la quería Huber y muchos de nosostros.

¿Me equivoqué?

No lo sé.

Era aquélla una situación sin salida.

Pienso fríamente que haría lo mismo que entonces.

La parte de injusticia que uno asume en situaciones semejantes sólo puede mirarse a partir de los actos posteriores.

Creo que *Revolución* hizo más en los dos años siguientes, combatiendo el sectarismo y los comunistas cubanos, y más tarde a la Unión Soviética.

Fue más leal a las ideas de Huber, Daniel, Frank y Echevarría, que renunciando entonces.

Era lo que pensaba y lo que pienso.

Otros que coincidían con Huber y que vivieron el mismo conflicto, cuyos nombres fueron usados por Fidel contra Huber, no tardarían en sufrir suerte parecida a la de él.

Me refiero, sobre todo, a los dirigentes obreros.

Que después de una larga batalla terminaron en prisión.

Muchos años después, cuando trabajaba en el archivo de la Revolución, después de una larga y permanente "desgracia socialista", recibí del propio Fidel Castro una serie de documentos.

Uno de ellos era el sobre relativo a Huber Matos.

Había allí cartas de cierta violencia cruzadas entre Fidel y Huber en la Sierra.

La famosa carta renuncia de Huber.

Y el informe de la Seguridad del Estado (G-2), firmado por el Comandante Piñeyro, sobre la conspiración de Huber Matos.

Figuraban allí, aparte de Huber, Faustino Pérez, David Salvador, otros dirigentes del 26 y de la CTC.

Según la policía, el jefe intelectual de la conspiración era yo.

Fidel me dijo: "Puedes tirarle una ojeada".

Pero yo no me di por enterado.

CAMILO

CAMILO con sus barbas de Cristo y su aire de rumbero lindo tenía loca a La Habana.

Camilo era el más simpático y cubano de los barbudos.

Era el joven héroe.

Tenía la bendición de Fidel con el:

—Voy bien Camilo.

Qué pensaba Camilo. Difícil decirlo. Era mi amigo. Y creo que su maestro era el Che.

Lo había sido en la guerra cuando Camilo, a paso de bravura, se hizo tomar en consideración. Y quien descubrió su inventiva guerrillera fue el Che.

Efigenio Amejeiras. Otro de los Doce y el mismo guerrero y personaje de leyenda, decía: "Camilo no conoce el miedo".

"Camilo, que a diferencia de los otros no tenía sentido de la muerte, no fue nunca ostentoso. Ni hacía alarde de su bravura."

Era natural.

Una sola hazaña suya gustaba de contar.

Cuando la batalla de las Mercedes, Che y Camilo perseguían un centenar de soldados que huían por el camino de Vegas de Jibacoa.

Las montañas de la Sierra se van volviendo lomas y colinas.

El río y el camino de farallones se alternan y cruzan.

Un terreno magnífico para emboscadas.

Era una carrera y no se sabía quién corría más. Si los guardias huyendo, si la gente de Camilo y el Che persiguiéndolos.

En una de esas escaramuzas con muchos soldados prisioneros

y pequeños grupos que huían, Camilo y su gente se emboscó. Y la gente del Che que venía detrás cayó bajo el fuego de Camilo, que no los veía.

El Che ofreció a los soldados prisioneros la libertad si salían con una tela blanca en plan de rendición.

Y los guardias le respondieron: mejor presos que muertos. La barranca del río los cubría. Pero no podían moverse porque la ametralladora de Camilo no perdonaba.

Entonces el Che inventó una de sus estratagemas:

Rompió una camisa blanca. La puso en la punta de un palo, y apuntándola como bandera de rendición la alzó y salió detrás.

Camilo se moría de risa. Gritando:

—El Che prisionero. Argentino, te rendiste. Pendejo.

El humor del Che no era menos del de Camilo.

Y su valor humano contaba sus miedos. Sus fugas. Más que sus victorias.

La batalla de Santa Clara, una obra maestra que dio el puntillazo a Batista, no la contó más que fragmentariamente.

No era el Che celoso.

Y además, sabía bien que no era responsabilidad de Camilo tomar Columbia, el 2 de enero, cuando la fuga de Batista. Ni venir de Yaguajay, cien kilómetros atrás. Mientras el Che, a dos horas menos de distancia iba a La Cabaña.

Aquéllas eran órdenes de Fidel.

Y Camilo compartía con el Che cuando hablaba la rendición del gran campamento enemigo.

Eran planes de Fidel entonces dejar a Raúl en sordina. Al Che casi en reposo y exaltar la cubanía de Camilo.

¿Cómo pensaba Camilo?

Por la libre.

Con simpatía por el socialismo. Se identificaba con el Che.

Pero era menos explícito.

Tenía prejuicios contra la clandestinidad como todos los comandantes rebeldes. Porque era un ambiente serrano creado por Fidel y sostenido por dificultades, incomunicación y planos de luchas diferentes.

Como el Che, favoreció a última hora la entrada de los comunistas en la victoria. Nombrando comandante a Félix Torres, un escopetero de Yaguajay y quizás si menos auténtico y el más siniestro de los comunistas cubanos después de la victoria.

Un mayoral.

Que alzó media provincia de Las Villas por sus abusos e injusticias.

Camilo introdujo en el Ejército a su hermano Osmani. Militante comunista que, a su vez, con Alfredo Guevara y el grupo mexicano: Ordoqui, Edith García Buchaca, Dorticós, fueron después con Raúl el caballo de Troya del partido y de la embajada soviética y la punta de lanza de la destrucción del Movimiento y de la persecución de la clandestinidad.

Pero como la del Che, la posición de Camilo era sobria.

No sé por qué intuía una breve vida.

Al irse de la Sierra, en agosto del 58, me hizo depositario secreto de todos los manuscritos que conservaba. Suyos y de otros guerrilleros.

Con estas palabras.

—Es responsabilidad tuya publicar un día la historia verdadera de la Revolución.

Su humor no respetaba.

Un día en la Ciénaga de Zapatas, paseando con Fidel y Celia, bromeaba:

—Fidel, hay que escribir la historia.

Y ante la callada de éste por respuesta:

—Mira que un día tú serás muy viejecito y dirás muchas mentiras.

Y ante la sorpresa de Fidel, agregó:

—Y ya no estará aquí Camilo para decirte: "Vas mal, Fidel".

Camilo no era raulista.

Cuando Huber renuncia, Camilo Cienfuegos detiene a Huber, que no ofrece resistencia. Habla en un mitin y lo acusa de traición a la Revolución.

Y de conspiración. Avala con su prestigio de héroe aquel acto.

Y las cámaras de televisión registran sus palabras y sus actos.

Se puede pensar que Camilo cumplió una orden.

La versión oficial no registró ninguna protesta. Pero las hubo.

Al contrario, ante el público el apoyo a Fidel fue unánime.

Yo, personalmente, no me creí la conspiración.

Vi la renuncia de Huber como un acto político y presentí que Fidel, que no iba a permitir oposición legal, liquidaría la proyección del acto futuro.

No vivíamos de legalidad.

Vivíamos de "fidelidad".

Ésa era la contradicción.

Pensaba que la única manera de enfrentarla era a la guerrillera.

Creo que así como Raúl y Ramiro Valdés y Piñeyro, haciendo el juego de Fidel, inventaron la conspiración, el Che, Camilo, Almeida, Amejeiras y otros compañeros la creyeron verdadera.

Venían de la guerra.

Y entonces Fidel tenía una historia de verdades. No era fácil distinguir las primeras mentiras.

Al pueblo ocurrió lo mismo.

Camilo parte de noche de Camagüey, en un pequeño avión Cesna y con un piloto no experimentado.

Y desaparece.

En la noche. En el aire. En el agua.

Nunca más.

Ni Camilo ni sus restos.

Desde entonces, la tesis de asesinato y accidente o sabotaje se alternan y contradicen.

Fue su destino morir joven y algo tenía de héroe griego.

La muerte violenta de los grandes tiene una estela de misterio.

Y la de Camilo no es menos.

Se dicen cosas raras. Desapariciones. Otras muertes. Ciertas.

Pero aparte de las pruebas, falta el móvil.

Si Camilo detuvo a Huber y avaló con su fama, acusándolo, aquel acto: si estaba de acuerdo, como estaba, con la política de Fidel; si había, sin duda con la mejor intención, apoyado la penetración comunista en el Ejército, ¿por qué matarlo, desaparecerlo?

La búsqueda de Camilo fue un acontecimiento que duró una semana y que conmovió a Cuba.

Hizo olvidar la detención de Huber.

Sirvió indirectamente a Fidel para acusar a Huber de su pérdida.

Pero Camiló no apareció.

Ni vivo ni muerto.

CAMBIO DE MINISTROS
Y DE POLÍTICA

Oficialmente en noviembre hay un cambio de política. Che Guevara sustituye a Felipe Pazos, como presidente de la Banca Nacional.

El marxista radical a dirigir la economía. A sustituir al técnico moderado.

Cambia el Ministerio de Trabajo.

Otro cambio clave.

Los comunistas están perdiendo, uno a uno, todos los sindicatos del país en las primeras elecciones libres convocadas por la Revolución. El 26 y sus líderes obreros tienen el 90 por ciento de los votos; los comunistas, el 5 por ciento; los auténticos, otro 5 por ciento. Raúl está furioso.

Estamos en vísperas del primer gran congreso obrero, de la creación de la nueva CTC revolucionaria.

Es la vieja táctica comunista: controlar el Ministerio de Trabajo para intervenir el movimiento obrero. Así ganaron a las mayorías auténticas, pactando con Batista, en el 39-40, burocratizando el movimiento sindical, con el control desde arriba, iniciando el gansterismo sindical y las intervenciones, que más tarde Mujal usaría contra comunistas y opositores.

Ahora, por vía Raúl, metían allí a su incondicional, Augusto Martínez Sánchez, y esta vez no era un moderado el sustituido, era un guiterista, antiimperialista radical, Manuel Fernández, maestro de Hart y Faustino Pérez.

Augusto sería el verdugo del movimiento obrero libre y democrático, el fin de los sindicatos.

Abogado y, como Dorticós, con pecados. Secretario de un batistiano, refugiado en el Segundo Frente, Raúl lo hace comandante, y su diente envenenado.

Primero ministro de Defensa.

Sustituye a Fidel, como Primer Ministro, durante sus viajes de abril y mayo.

Ahora a Trabajo.

Raúl Castro pasa a ser ministro de Defensa. Faustino y Ray son sustituidos por Díaz Astaraín y Osmani Cienfuegos, Recuperación y Obras Públicas.

Viraje de noventa grados, piensan algunos.

No.

El cambio se oficializa ahora. Funciona en la práctica desde junio.

De cuando la Presidencia Dorticós.

Con Raúl, Che, Ramiro, la infiltración comunista crece en todas partes.

Ejército, Seguridad, Inra, Estado.

Éstos eran los mismos hombres que públicamente Fidel criticaba con violencia hacía poco tiempo.

Ahora oficializaba su poder.

El juego era claro.

Aunque abajo, en la calle, no se veía.

Estos comandantes eran tenidos por dirigentes del 26.

No detestados viejos comunistas.

Verdeolivos. Aunque se sentía el grito de: "Melones, melones".

Verdes por fuera, rojos por dentro.

EL CONGRESO OBRERO LIBRE

El 18 de noviembre del 59, se reunió en el viejo palacio de la Confederación de Trabajadores Cubanos, el nuevo Congreso obrero nacional.

Por voto directo, secreto y libre —en las primeras y últimas elecciones celebradas bajo el castrismo— electos 3.200 delegados de todos los sindicatos y sectores del país.

Tres mil son del 26 de Julio, 200 comunistas y de otros grupos.

El proletariado cubano de grandes tradiciones de lucha sociales y de libertad, renacía después de una dura oposición a la Dictadura, con mártires y huelgas formidables: la azucarera del 56, la Bancaria y Eléctrica del 57, la de agosto por el asesinato de Frank País, la frustrada y ahogada en sangre, de abril del 58. La huelga decisiva y triunfante de enero del 59, que liquida el intento del general Cantillo, el ejército intacto, y las maniobras de la "Embajada" y las fuerzas conservadoras.

El movimiento obrero cubano: independentista, antiimperialista y libertario, en sus orígenes. Socialista, antimilitarista, antibatistiano, como la mayoría del pueblo se identifica con el 26.

Rojinegro y fidelista.

El rechazo a los comunistas se agudiza en los años de la tiranía.

La pasividad comunista, su incomprensión del proceso, hace perder al partido la fuerte influencia de los años 40.

Radical, se siente protagonista de una revolución profunda,

cubana, americana y nueva.

Su rebeldía nació en las plantaciones y barracones de esclavos negros.

En los cañaverales. En las tabaquerías. Las manos torcían el habano, el oído atento a la lectura social, informativa, de cultura. Los tabaqueros se pagaban sus lectores. Los elegían por votación, discutían los textos; novelas, ensayos, prensa. Las manos al tabaco, la cabeza en la lectura.

En aquellas tabaquerías recaudó José Martí, fondos y hombres para la Independencia.

En la República frustrada, protagoniza grandes huelgas: por el derecho de los cubanos a ser aprendices, por la moneda —eran pagados con vales—. Del anarquismo pasa a la influencia socialista en la lucha contra la tiranía de Machado, en los años treinta.

Los trabajadores radicalizan la huelga de agosto del 33, Machado está por caer, un monumental error de la dirección comunista, que dirige la huelga y la Confederación Obrera, intenta pararla, por instrucciones de la Internacional Comunista, cambia de táctica, se entrevista con Machado, que promete mayores salarios.

La Dictadura caerá días después pero será el Ejército el que tendrá el poder.

Grandes triunfos con el Gobierno revolucionario de Guiteras en el 33, ahogado en sangre en el 35, por el nuevo tirano Fulgencio Batista.

Reorganizado y legal en el 39, cuando el pacto de los Comunistas con Batista. Si bien dependiente arriba, extendido abajo. Grandes desfiles, organizado en todo el país. Obtiene buenas ventajas económicas. Ocho horas. Jornal mínimo. Derecho de huelga. Descanso retribuido. Prohibición de despidos. Derechos otorgados por la revolución del 33 y la Constitución del 40, se hacen reales.

Dividido por los Mujalistas, del 44 al 52, que aprovechan el sectarismo, la burocratización y el apoyo de los dirigentes comunistas al batistato. Intervenido, perseguido por Batista, después del 52 se reorganiza de nuevo, y es protagonista de grandes huelgas y protestas en la clandestinidad y el triunfo del 59.

El noventa por ciento vota en sindicatos y Federaciones por el 26 de Julio. Para el Congreso y sus organismos de base.

Fidel tiene una gran influencia sobre los obreros.

Si les pide un sacrificio lo aceptan: Una renuncia. Sí. Calma. Sí. Un salario. Sí. Trabajo voluntario. Milicias. Sí.

Pero no renuncian a su independencia sindical. Cuando por presión del Che, Raúl, Fidel mismo les exige hacer la famosa Unidad.

Contestan: Sí, a la Revolución radical, al Socialismo humanista.

No a los Comunistas. Son un muro. Votan 26. Gestiones de mediación, arreglo, imposiciones, presiones de todo tipo, unánimemente rechazadas en los Sindicatos y el Congreso.

Los 200 delegados comunistas recurren a la fórmula de la abstención. Los tres mil eligen una CTC roja y negra.

David Salvador, Bécquer, Aguilera, Soto, Pellón, Cabrera. Un Ejecutivo veintiseísta.

El Congreso Obrero aplaude vivamente a Fidel, apoya al Gobierno Revolucionario, ataca a los enemigos de la revolución.

Los burgueses y bien pensantes tiemblan.

El periódico *Revolución* en dura polémica, recibe un voto delirante de apoyo del Congreso. Lo sienten su vocero frente a los enemigos descubiertos y los intereses creados, frente a los comunistas y pro soviéticos que nos quieren robar la

Revolución.

Unos y otros preparan sus ataques. Unos, los conservadores miran a Washington, otros, los sectarios a Moscú. Raúl se mueve en la sombra.

A su lado Carlos Rafael Rodríguez y Escalante. Tienen una fórmula: El Ministerio del Trabajo: Nombran un Comandante de Raúl: Augusto Martínez Sánchez y le encargan de arreglar "las cuentas" desde arriba con los rebeldes de los sindicatos y la CTC.

Fidel, cuando constata que no puede imponer su criterio al movimiento sindical, dispuesto a defender la Revolución con la vida, pero no a aceptar a los Comunistas y rusos, recurre con táctica guerrillera al tiempo. En repliegue aparente.

Piensa: por ahora hay cosas más importantes y prioritarias: Los intereses económicos cubanos y los Estados Unidos: Más adelante habrá tiempo para todo.

2

EL SESENTA

Para despedir el año 59 y esperar el nuevo y decisivo 1960, hubo una cena oficial en el hotel Habana Libre.
Nuestra mesa un poco rara. Fidel, Celia, Margot y yo. Y dos invitados de *Revolución*: Giselle Halimi y Claude Faux, escritores y abogados de París, amigos de Sartre y Simone de Beauvoir, a quienes precedían en poco.
Joe Louis, el famoso ex-campeón mundial de boxeo, el mulato norteamericano que derrotó en la época fascista al alemán y ario Schmeling. Invitado de Fidel Castro.
Impresionaba Joe Louis. No se le veían cicatrices, deformaciones físicas. Pero estaba como en otro mundo. Golpeado mentalmente.
Me era simpático Joe Louis, recordaba la pachanga antifascista, vivida con los negros de mi pueblo, cuando su victoria.
No se me escapaba el significado de su presencia. Fidel me advertía una vez más. Para él era más importante el deporte que la cultura. La vieja discusión de la guerra y la paz. En la Radio Rebelde, cuando quería que trasmitiese episodios, y el Che y yo insistíamos por leer versos y poesía de calidad.
Cuando en Washington y Nueva York se negó a visitar el Museo Metropolitano y de Arte Moderno, para ir a fotografiarse al Zoo. Cuando no apoyó nuestra petición para que se llevase a Cuba la famosa colección de pintura Cintas.
El margen de maniobras era todavía grande.
Revolución tenía alguna autonomía.

Lunes disgustaba pero impresionaba.

Preparábamos visitas importantes: Jean-Paul Sartre, Simone de Beauvoir. Pablo Neruda. Y Otros.

Era llevar la cultura a la calle.

Fidel no lo veía así, pero aprovechaba la propaganda.

El 59 fue año de tanteos, encuentros, conflictos. Extraña mezcla de lo viejo y de lo nuevo. De justicias colectivas y de injusticias individuales.

El 60 sería decisivo. Aparecía como un año de esperanzas.

Coincidíamos en dar el golpe a la estructura neocolonial del país. El pueblo estaba en la calle.

No iba a ser un año de rumbo norte.

Había un equilibrio de fuerzas.

El periódico *Revolución, Lunes*, la intelectualidad, la televisión, los estudiantes y los sindicatos, la clandestinidad.

De la otra parte: Raúl, Ramiro, el Ejército, los comunistas, el gobierno, el Che.

Fidel sobre todos.

Estados Unidos en acecho.

Burguesía, latifundistas, Iglesia católica y políticos emigrando.

Tal había sido la influencia norteamericana en Cuba, que con una palabra que ya se sentía, todo se desmoronaría.

Una vez más la burguesía se equivocaba y suicidaba.

Tenía contra pueblo y poder.

Y era mucho.

Les quedaba una fuerte prensa, y el dominio económico en las ciudades.

Los campos eran nuestros.

Aún no era claro para nadie. Ni ellos ni nosotros: El futuro: Reforma o revolución.

La voluntad y la necesidad de cambios profundos coincidían.

Iba a ser decisiva la actitud norteamericana.

Más allá de la voluntad de Fidel.

La palabra a los Estados Unidos.

Nadie se hacía ilusiones. La arrogancia imperial era mucha.

Y no veía qué cosa es la fuerza de un pueblo en liberación.

Los servicios secretos sirven para todo menos para detectar cuando un pueblo se mete en revolución.

Lo que nos preocupaba a muchos de nosotros no era la reacción norteamericana, que presentíamos furiosa.

Era la fuerza de la tendencia pro soviética.

Y la posibilidad de que Fidel se aliara totalmente con ella, si había un encuentro duro con Estados Unidos.

El peso que iba a tener la Unión Soviética.

Y los riesgos de su modelo burocrático, fácil a fundirse con el militarismo y el caudillismo fidelista.

Como el pueblo estaba armado como milicia, todo era aún posible. Una revolución humanista, profunda, autóctona, democrática y con libertades, con el pueblo de protagonista y no de servidor.

MIKOYAN: UN VIAJE DECISIVO

En los primeros días de febrero llega Anastas Mikoyan, Vice Primer Ministro de la URSS.

Fidel Castro, Raúl, Che Guevara, el Presidente Dorticós, lo esperan en el aeropuerto de La Habana.

Magno recibimiento y largo recorrido de Fidel Castro por la Isla, que dura semanas, acompañando a Mikoyan.

Compra de azúcar cubano, venta de petróleo ruso. Acuerdos comerciales. Presentados como extensión del comercio y las relaciones económicas y diplomáticas con todo el mundo, y "no con una parte de él", en el clima de soberanía e independencia que vivíamos por aquellos días. Los vimos entonces como un normal gesto de buena voluntad.

Los resultados concretos de esta visita parecían importantes, no decisivos. La vorágine de los acontecimientos nos consumían. No había tiempo ni distancia para pensar.

A nosotros, al menos, nos faltaba.

La crítica cierta era muchas veces interesada. Venía de los que no querían cambios. Lo que la hacía sospechosa quitaba validez y confundía los gestos de aquellos pocos que veían claro, no porque su mirada tuviese rumbo norte, no. Es que no subestimaban el peligro del "Este".

Algunos, Boitel, Valladares y otros, organizaron protestas, desagraviaron a Martí, de la corona rusa, eran ya oposición y pronto irían a la cárcel. El periodista José Luis Maso, recordaría a Mikoyan en TV, la intervención rusa de Hungría.

A medida que el sesenta pasa se descubre que el viaje de Mikoyan fue decisivo y marcó el cambio de estrategia de Fidel

128

Castro: procurarse el apoyo y alianza soviéticos para enfrentar a Estados Unidos.

Que la invitación a la exposición soviética que estaba en México a Cuba y el viaje de Mikoyan, fueron bien preparados por Alexeiv, representante ruso en Cuba, por Fidel y los hombres de Raúl, en La Habana, México y Moscú y no un acto normal y de rutina.

La Unión Soviética nos compra azúcar y nos vende importantes cantidades de petróleo no refinado.

No había que ser adivino para saber que la Esso y la Shell, se iban a negar a que sus refinerías en Cuba, dejaran de elaborar su petróleo para refinar el ruso.

La trampa fidelista funcionó.

Meses después se vieron los resultados trascendentales de aquel viaje de Mikoyan: la Unión Soviética y el "campo socialista" se convirtieron en el comprador de nuestra azúcar y en el vendedor del petróleo que consumíamos.

Pero ya no nos pareció un desafío a Estados Unidos, sino la consecuencia obligatoria del bloqueo económico.

La soberbia imperial jugó a favor de Fidel Castro, que puso la banderilla de refinar el petróleo, primero, y remató nacionalizando, en defensa, después.

SARTRE-BEAUVOIR

Jean-Paul Sartre y Simone de Beauvoir llegaron en el 60, en uno de los mejores momentos de la Revolución cubana y de nuestro periódico.

Fiesta. Pachanga. Libertad.

La alegría colectiva se manifestaba a toque de son y de bongó.

Era una manera de ser.

Una forma cubana de cambiar la vida.

Trabajo voluntario. Rifle. Rumba.

Época de grandes acontecimientos.

Hacíamos un periódico de grandes fotos. Primera página, entre cartel, afiche y la gráfica moderna.

Visiva y de impacto.

(Informar: educar.)

Rojo y negro. Como el 26. Stendhaliamente. Libertariamente.

Punzante. Golpeaba.

Jóvenes escritores de talento: Cabrera Infante, Pablo A. Fernández, Heberto Padilla, Arenal, Calvert Casey, Baragaño, Sarduy, Masó; los mejores reporteros y periodistas del país: Barbeito, Hernández, Constantin, Benítez, Vázquez Candela, Arcocha. Fotos tremendas: Jesse Fernández, que abandonó *Life* por *Revolución*, Corrales, Korda, Salas, Mayito.

Polemizábamos a diestra y siniestra.

La Marina: el diario de un siglo de conservadurismo.

Prensa Libre: ágil y azul, que nos hacía buena oposición.

Hoy, sectario y comunista, dirigido por Carlos R. Rodríguez.

130

Sartre cayó como el diablo en la casa de dios. A esa gente bien pensante, que veía sus privilegios caer.

Desmoronarse sus muros.

A la semana, Sartre y Beauvoir eran popularísimos.

El pueblo veía ese bicho raro, feo, simpático, inteligente, metido en un gran sombrerón de guano, moviéndose, que se interesaba de todo, en compañía de la discreta y no menos inteligente, Simone de Beauvoir.

En mítines. En las calles. En el Carnaval. En los campos. En lugares de cultura. En televisión.

En el recién inaugurado Teatro Nacional, Miriam Acevedo hacía una extraordinaria *Ramera respetuosa.*

Y fue la única vez que pudimos arrastrar a Fidel, a un lugar de cultura. Y fotografiarlo entre Miriam —mi mejor ramera, decía Sartre—, Simone de Beauvoir y los actores.

—Saltre. Saltre. Saltre.

—Simona. Simona.

A la cubana, de tú por tú, sin histeria ni autógrafos, por donde pasaban era un escándalo.

En la Tribuna de la Reforma Agraria. Y Fidel.

En Santiago. Por las calles. Con el Che.

En el Carnaval, entre las comparsas, con nosotros.

El Alacrán: tumbando caña.

Sartre estaba fascinado por ese maravilloso año 60.

Una revolución viva. Nueva. Espontánea. Sin partido comunista.

Ni marxismo esclerotizado.

Hubo muchas discusiones.

Le fascinaba la ausencia de un aparato.

Sustituido por una democracia directa: diálogo de Fidel con el pueblo. Que veía por todas partes.

Aquellas cosas eran entonces así.

No era el trópico con su aire gauguinesco, con su luz y ritmo y color calientes, que mimetizan a los viajeros y los encantan.

Lo visible en Cuba entonces era lo que Sartre veía.

En lo subterráneo había otras cosas que nosotros conocíamos mejor y que explicábamos a nuestros amigos.

Intuía yo dos peligros: el poder total del gran hombre.

Y que, desaparecido el 26, el guerrillerismo terminara fundiéndose en el militarismo de Raúl y el burocratismo soviético del PCC.

Al final de su viaje y en una larga conversación con Fidel, Sartre, que había visto muchas cosas, las dijo a Fidel.

Afirmó que le parecía una revolución diferente.

Pero socialista.

Fidel, preocupado, le contestó: "Es verdad.

"No podemos decirlo todavía.

"Es un peligro para el pueblo cubano".

Y como Sartre hablaba de escribir un libro y una serie de reportajes en el más popular periódico de Francia, que darían a conocer la Revolución cubana en Europa, Fidel dijo: "Ustedes son nuestros amigos. Ayúdennos.

"Les pido algo difícil, pero justo. No digan que somos socialistas".

(Bien sur.)

Y Sartre, de militante, en su libro prefirió sacrificar su juicio no hablando de socialismo, para no afectar a la Revolución cubana.

Sartre propuso a Fidel una participación activa en la vida y la cultura cubanas.

Habló de lo fácil que sería llevar a sus amigos y conocidos a dar cursos de matemática, física, ciencia, filosofía y letras a la Universidad de La Habana.

Aseguró que irían voluntarios los mejores profesores de

Francia.

Fidel no dijo sí ni no.

Yo sabía que su silencio era una respuesta.

Una vez más veía cómo escapaba a mi país una maravillosa oportunidad de vida cultural intensa y viva. Inquietante ese no de Fidel a la cultura.

¿Cómo crear el socialismo sin cultura, sin libertad?

"LA COUBRE"

El carnaval habanero, sus comparsas: el Alacrán, tumbando caña, los Marqueses, tomaba la calle a ritmo de conga.
Sartre y Simone de Beauvoir aparecían en todas partes, aun en el carnaval, al grito de la gente:
"Saltre, Simona: un dos tres.
"Saltre, Simona: echen un pie.
"Abre que voy. Cuidado con los callos."
Aquel comienzo del 60 era lindo.
Cargado de tensiones, alegría, fiesta, trabajo, libertad.
La segunda independencia.
Frustrada en la República intervenida, renacida ahora con la Revolución.
Un barco francés, "La Coubre", descargaba en los muelles armas y dinamita, vendidos por Bélgica, al gobierno revolucionario que, perdido su tradicional armador, Estados Unidos, no queriendo recurrir a la URSS, compraba Fal y otros equipos militares belgas.
Una enorme explosión en el puerto sacudió La Habana.
El hongo de humo hizo un árbol descomunal en el cielo.
Calles y hospitales se llenaron de ambulancias, silbidos, de muertos y heridos.
Sirenas, pánico, inquietud.
La cara alegre de la gente se dramatizó.
Al otro día el imponente funeral de las víctimas inocentes.
De Malecón a Doce y Veintitrés, un mar de pueblo.
Allí la Tribuna Presidencial a la entrada del cementerio de Colón.

La gente en silencio.

Cargada de tensión.

La otra cara de la realidad, siniestra sombra, crudamente vivida, vista.

Fidel hizo el discurso. Palabras de guerra.

"Al terror contrarrevolucionario
responderemos con el
terror revolucionario."

¿El barco había sido saboteado?

¿Era un accidente?

Misterio.

Fidel excluyó la posibilidad de un error.

Afirmó no tener dudas. Lógicamente tenía que ser un sabotaje.

Primero se negaban a vendernos armas.

Ahora nos las saboteaban.

La contrarrevolución y el imperialismo se preparaban al ataque, iniciado con avionetas y sabotajes en el 59.

Era verdad.

Probablemente cierta la tesis de que una bomba hizo estallar por el aire el barco y dejó un reguero de sangre y muerte en muelles y hospitales.

Frente al terror enemigo otro implacable terror estaba naciendo.

El terror rojo.

Aquel día se le vio la cara.

Era la cara de Fidel.

Y era terrible.

GOLPES Y CONTRAGOLPES

El estado cubano adquiere una cantidad de petróleo ruso a precio menor, las compañías petroleras se niegan a refinarlo.

"Refinaremos sólo nuestro petróleo."

El conflicto: soberanía nacional o compañías extranjeras.

Aceptar su *diktat* es admitir que Cuba es su gobierno. Las refinerías son de su propiedad, alegan. Se sienten fuertes. Tienen el apoyo del gobierno Eisenhower-Nixon, y la vieja arrogancia imperial de que su voz es voz de Estados Unidos. *Vox* de imperio, *vox* de dios.

Conflicto difícil que no ofrece alternativas. Y que supera en mucho el simple acto de refinar o no. Es una prueba de fuego. Ceder es perder. El gobierno cubano decide intervenir la Esso y la Shell, sin aún nacionalizarlas.

Las compañías ponen el grito en el cielo. Amenazante el gobierno norteamericano: suprimiremos la cuota azucarera.

Si tocan las refinerías, suprimimos la cuota.

Vendíamos el azúcar en el mercado yanki. Allí se compraba todo. De allí se importaba todo.

La instalación industrial y mecánica del país era norteamericana. No había fábrica, ingenio, taller, transporte, motor, aparato, tornillo, tractor, camión, automóvil, ómnibus, frigorífico, televisor, radio, barco, ascensor, que no viniese del norte.

Y si alguno no era yanki, era inglés, europeo.

Realidad y artificialidad de Cuba.

Una extensión de la economía, del mercado y del mundo norteamericano.

Prisionera de su estructura.

Romper con ella era retornar al punto cero.

Admitirla, no hacer la más mínima reforma.

Una cierta prosperidad que llegaba a la mayoría de la población se derivaba de esa realidad.

Una minoría importante, casi la tercera parte del país, quedaba fuera del ciclo productivo y económico.

Desempleados, marginales y juventud eran la víctima primera. No había nuevos empleos.

El país dependía del azúcar y de Estados Unidos.

La población crecía, la economía no. Ni podía variarse.

El nivel de vida cubano, en comparación con América Latina, era alto: salarios, consumo, exportación, importación.

Pero la vida de Cuba estaba paralizada, clavada al monocultivo azucarero y la dependencia extranjera. La población aumentaba, la producción azucarera no.

Ambos impedían la industrialización y la diversificación agrícola del país.

La juventud estudiantil, universitaria y no, marginada, estaba cargada de dinamita: humana, social, económica y política.

Combustible y vanguardia de la revolución:

Cuatro millones de cubanos vivían discretamente. Dos millones sobrevivían no se sabía cómo.

La ruptura con Estados Unidos implica regresar al punto cero.

Una de las grandes dificultades objetivas de la Revolución cubana.

País real y artificial en lo económico y político.

El pueblo cubano, que de un siglo luchaba por su independencia, veía sucederse a efímeros períodos democráticos, dictaduras y militarismo. Individualizaba en el Ejército, el norte, azúcar y aliados criollos la causa principal de sus males.

Amaba la libertad y la independencia, reclamaba una más justa y equitativa distribución de la riqueza. Quería y necesitaba liberarse. La industria, la agricultura, el comercio, eran minoritarios y aún ligados y dependientes del norte.

Algo tan cubano como el cigarro tenía su toque yanki, el papel, la instalación fabril. Aun la música popular cubana dependía del mercado discográfico norteño.

Refrescos, conservas y otros productos que se hacían en el país eran la misma cosa.

Ejemplo típico: la coca-cola.

Y así la construcción, el transporte, la electricidad, las comunicaciones.

Éramos un complemento del mundo norteamericano.

Vendíamos azúcar. Tabaco. Níquel. Frutas. Ron. Mariscos. Le comprábamos todo.

A crédito se podía adquirir todo. Se explica así el medio millón de televisores, los trescientos mil automóviles, el millón de radios, los frigos.

Un mundo pesante que asfixiaba la cubanía: triple alianza del poder del dinero yanki, del mundo español que no aceptó la cubanía, y de la oligarquía criolla plattista, que nos robaron la independencia, la república y la libertad.

Literatura. Poesía, cultura, arte, el mundo negro y su ritmo, lo campesino y popular quedaron marginados.

La rebeldía cortada en el 99 y en el 33.

Resurgida en la lucha contra Batista, hizo tabla rasa del Ejército, y de todas las estructuras dominantes del país.

El pueblo se sentía, era protagonista. Vivía su gran momento. Estaba inspirado.

Ahora o nunca, decía la gente.

Así, al calor del choque, se respondió: a cada golpe un contragolpe.

A ritmo siempre mayor.

No refinan.

Intervenimos.

Suprimen la cuota azucarera.

Nacionalizamos los ingenios.

Un dos. Un dos.

Ordenan el bloqueo económico.

Nacionalizamos las propiedades norteamericanas.

El contragolpe más duro que el golpe.

(Cómo vivirán estos cubanos sin cuota, con la guerra económica de Estados Unidos. Se caerán solos. Morirán como Chacumbele: él mismito se mató.)

Se equivocaban. Se equivocaban.

Nos quitan la cuota.

Nacionalizamos los ingenios.

Son esos momentos de la historia: un pueblo pequeño, sin armas, sin apoyo ruso entonces, unido y decidido, dijo no.

No al grande.

Que invadan.

Aquí los esperamos.

Nacionalizar la industria azucarera yanki en las narices de Estados Unidos.

Era lo nunca visto.

Por menos los marines habían invadido México y otros países de América.

Los tiempos cambian.

La opinión pública americana se conmovió. Y nos dio su solidaridad. Europa, África, Asia, también.

A nivel dirigente, cuando se discutió en el Consejo de ministros la nacionalización, alguna gente brava vaciló.

Pro soviéticos, comunistas y sus aliados, con cierta timidez aconsejaban calma a Fidel Castro.

La Unión Soviética, aún no muy visible, pero potente, no aprobaba.

Daba consejos de moderación.

Y entonces la cacareada "izquierda" se volvió derecha.

Y la acusada "derecha" de la Revolución se volvió izquierda.

Con la honrosa excepción del Che Guevara.

A Fidel Castro la presión soviética lo radicalizó más.

(Su teoría era comprometer a los soviéticos en el conflicto con el norte.)

La "derecha" del 26 era radical a fondo.

Contra el imperio, contra la injusticia, el militarismo.

No aceptaba la Unión Soviética ni su comunismo. Ni los comunistas cubanos viejos y nuevos (Raúl, Ramiro, etc.), que eran la misma cosa.

La "izquierda" al fondo derecha, seguía el modelo soviético, su dictado, influencia y consejo.

La autonomía de la revolución, su originalidad, la influencia decisiva del pueblo, de los sindicatos libres, de una cultura nueva, de una prensa que decía la verdad al pueblo, preocupaban seriamente a los pro soviéticos.

Estaba naciendo una revolución de pueblo.

No de aparato.

El 26, el Directorio, el movimiento obrero, la clandestinidad, la cultura, el estudiantado, apoyaron decididamente las nacionalizaciones.

Todo el mundo se hizo miliciano.

Un millón de hombres y mujeres.

Era entonces una democracia armada. Cada uno un rifle.

Cada uno al trabajo voluntario. Cada uno consciente.

A la cubana.

Con alegría. Rumba y decisión.

Estaba en la conciencia cubana. De Varela a Martí, de Mella

a Guiteras, de Chibás a Echevarría y Frank País.
Revolución es antiimperialismo y libertad.
Azúcar es esclavitud que al imperio servía.
Azúcar-monocultivo-monomercado-militarismo-dictadura-imperio.
El conflicto se agudizó.
El azúcar era la columna vertebral de la riqueza privada.
Extranjera y nacional.
Nacionalizarla implicó golpear a muerte la propiedad privada. El cintillo de *Revolución* que anunció la nacionalización de los ingenios fue una bomba.
En el aire la posibilidad de una invasión norteamericana:
Cuba era muy fuerte en cuanto a milicias, pero carecía de aviación, artillería y tanques.
(Aún un año más tarde, cuando Girón.)
Fidel Castro, buen conocedor de las reacciones yankis, decía:
—No. No. No invadirán. Los cogimos de sorpresa. No tienen reacciones rápidas.
Los cubanos conocemos bien a los yankis.
Muy poco a los rusos, pero ésa es otra historia.
La tensión fue enorme, pero no pasó nada entonces. Nixon vociferó.
El mundo norteamericano confiaba en su poder económico.
En el bloqueo comercial.
(Guatemala y la CIA.)
Se armaría una expedición que liquidase la Revolución cubana.

La nacionalización

El acto en el estadio del Cerro, una locura tropical.
Descargas. Fiesta. Un ciclón de rumba.

141

"Fidel seguro,
"a los yankis
"dale duro.
"Pam pam pam,
"abajo el tío Sam."
Una muchedumbre imponente invadió los antiguos campos
de béisbol. La locura de la conga terminó para oír a Fidel.
Se hizo un silencio impresionante.
Nadie se movía.
Fidel, con el histórico decreto en mano, comenzó su juego de
micrófonos.
Su garganta. Sus formidables cuerdas vocales estaban que-
madas.
Llevaba dos años hablando sin parar.
Doce o catorce horas diarias. Más los discursos de cuatro o
cinco.
Un día sí y otro no.
Un fenómeno raro.
Los fenómenos cubanos se miden en palabras:
José Martí, José Lezama Lima.
Fidel Castro, campeón absoluto.
País oral.
En Cuba todo se resuelve en palabras.
Fidel por costumbre improvisaba.
Esta vez comenzó a leer el histórico decreto de la nacionali-
zación.
La voz se le iba.
Fidel se paraba y decía: "Me viene la voz".
Venía y se le iba.
—Calma, vendrá otra vez.
Se le iba. Venía. No le venía.
—Me viene. Me viene.

Mímica. Gestos. Abría su enorme boca. Extendidos sus grandes brazos.

Nada. Nada.

Afonía total.

Algunos decían que era un *show* de Fidel, para dramatizar la situación. No era así. Es un gran actor. Y por nada del mundo se pondría afónico en momento tal.

Otros recordaban el célebre mudo de la radio, que estuvo meses sin hablar, en un melodrama eficaz pero de poca calidad. Que si habla. Que si no habla.

El fin de Fidel era histórico, no melodramático.

Y no comparte con nadie los momentos estelares.

Ya no ronco. Sin voz. Gesticulando. Haciendo señas se sentó.

Tremendo silencio.

Cuando estalló una gigantesca conga colectiva.

Cada vez más fuerte. Se descargaba así la tensión. Y se resolvía el problema.

Pero Fidel, que la conga no amaba, veía que le robaban el espectáculo.

Y hacía señas al pueblo de parar. De parar.

Conga y más conga. Nadie hacía caso. Ni paraba.

Los minutos parecían no terminar.

Fidel apuntaba hacia Raúl. Tipo agresivo. De valor personal, que carece de valor histórico. Sufre un complejo. Complejo fidelista sin duda. Su humor vitriólico desaparece en la tribuna. Su cara se mimetiza en dictador chaplinesco. Puro Hitler de opereta.

El pueblo intuitivamente lo rechazaba.

Y Fidel, diciendo que era el malo, el duro, lo hundía más.

Los dos personajes se complementan.

El grande y el pequeño.

El pequeño no confía en sí mismo. Confía en el aparato. Militar-comunista. Tovarich "el casquito", lo moteaban en la Sierra.

Al fin se paró la conga.

Y con un cierto temblor en la voz, Raúl leyó el decreto de las nacionalizaciones de los ingenios.

Aquella noche continuó la fiesta por las calles.

Al otro día aún Cuba era un ciclón de rumba.

¿NACIONALIZACIÓN O SOCIALIZACIÓN?

La nacionalización de la industria azucarera fue un golpe a muerte a la propiedad privada.

Nacionalizar no es socializar, decíamos algunos de nosotros.

Desde la experiencia de la Revolución rusa, y de la aplicación de su modelo en otros países, se ha visto que la nacionalización estatal no hace otra cosa que reforzar y crear un super-estado burocrático, gigantesco, improductivo y represivo.

Un partido-estado-padre-patrón.

¿Era posible otra sociedad?

¿Estaba en condiciones la isla pequeña y dependiente de Estados Unidos, de autoabastecerse y de no sucumbir?

Los pro soviéticos decían No.

Única solución: Unión Soviética.

Nosotros decíamos Sí. Única solución: el pueblo que ha hecho una revolución nueva, autónoma.

Y Fidel, ¿qué pensaba?

Era el momento en que el país debía romper su vieja prisión: el azúcar.

Los conservadores cubanos de todas las épocas afirman: sin azúcar no hay país.

Los revolucionarios: con azúcar no hay país, libertad, independencia.

"Cuba es una isla de azúcar y esclavitud."

El poder conserva.

Aun el nuevo se vuelve en seguida conservador.

Mientras confía en el pueblo es invencible.

Y la reciente historia cubana lo probaba.
No era poder. Era revolución.
El poder era ahora Fidel.

La alternativa era: o pueblo o azúcar.
El principal capital de la revolución, ¿es el pueblo o la industria?
Los soviéticos y sus satélites creen sólo en la industrialización.
Los cubanos creíamos que era el pueblo.
¿Era posible alimentar la población cubana sin azúcar y sin Estados Unidos?
Y si no, ¿para qué hacer la revolución?, decía la gente.
¿Era posible subsistir, resistir? ¿Desafiar un bloqueo económico?
¿Incluso físico?
Sí.
Cuba es un país tropical. Apto para desarrollar y diversificar una buena producción agrícola y alimenticia.
De satisfacer las necesidades populares.
Sus condiciones climáticas le permitirían sobrevivir aun sin ninguna energía importada.
Aparte de que el alcohol de caña es una energía que en mínima medida sustituiría al petróleo.
El azúcar debía ser la transición.
Desarrollar el níquel. Cuba es una de las grandes reservas mundiales. Y las energías y recursos debían ir al níquel.
La segunda alternativa era una agricultura de autoabastecimiento. Y la tercera, el desarrollo de un amplio turismo.
Isla tropical. De mares y maravillosas playas.
Paisajes extraordinarios. Un pueblo de simpatía, gracia y ritmo.

Una música rítmica y viva.

Una política de equilibrio.

Unirse a todo el mundo, no a una parte (Estados Unidos, Unión Soviética).

Unirse al mundo de habla castellana, predicaba Martí.

Casi doscientos millones entre América Latina y España.

De relaciones con Europa, que nunca aceptó el bloqueo norteamericano.

De estrechar relaciones con la madre África.

Y con Asia y el tercer mundo.

Normalizar las relaciones con el mundo socialista.

Quizás sí, dicen algunos.

Resistencia económica, sí. ¿Pero resistencia militar?

Si no fuera por la Unión Soviética, Cuba no existiría.

Son las mismas palabras.

Si no fuera por Estados Unidos, Cuba no existiría.

No se hubiera liberado de España.

Olvidan la Historia.

Los cubanos enfrentamos solos el conflicto con Estados Unidos y el capitalismo nacional.

Las nacionalizaciones, invasiones, ataques y peligros.

Un pueblo unido, dispuesto a morir, y con el respaldo de la opinión pública mundial, en los días que corren no es fácil de invadir.

Ya sé que cualquiera afirmará mañana que Blas Roca venía en el "Granma", que la perrita Laika aterrizó en la Sierra, que los generales rusos se la comieron en Girón, y que el solo e inmortal Mikoyan fue el vencedor de la Crisis del Caribe.

¿En el sentimiento de cubanía y de su revolución autóctona pudo intentarse otro socialismo? Sí, sí.

Autogestionario y popular.

147

Teníamos la clase obrera, campesinado, juventud y la mayoría de la potente y numerosa clase media cubana, que se identificaba con el minuto histórico que vivíamos.

La nación recuperaba sus riquezas.

Su dignidad.

Su vida.

Su libertad e independencia.

Era el instante de tener confianza en el pueblo y de crear nuevas formas de vida.

Las principales riquezas por su naturaleza no eran difíciles de socializar.

En los ingenios azucareros y en las colonias de cañas había una conciencia política, económica y social grande.

Una grande experiencia. Obreros y técnicos estaban con la Revolución. Y de siglos sabían hacer azúcar.

Imaginemos que si la hacían para los padrones no iban a saber hacerla para ellos mismos y para el pueblo.

Lo mismo podía afirmarse de la ganadería: grandes latifundios, que abastecían a bajo precio de carne y leche el consumo del país.

Qué decir del tabaco y su larga tradición.

Si fue la primera cosa que los indios ofrecieron a Colón y los descubridores.

Y del café y las frutas. Y de la papa, el boniato, la malanga, el maíz, los frijoles, las verduras.

La pesca podía aumentarse.

Y no importar más grasas. Casi cuarenta millones de dólares de importación, en un país que tiene maní, maíz, girasol, higuereta.

Había que confiar en la gente. En su experiencia.

Sólo una minoría de campesinos tenía tierra en propiedad privada, la mayoría dada por la Revolución.

No había que intervenirlos.

La red de distribución comercial era muy amplia y facilitaba la rápida conducción de productos de una parte a otra del país.

La mayoría de los profesionales, incluidos los diez mil médicos, apoyaban la Revolución.

La parte de burguesía contrarrevolucionaria y el antiguo batistato emigraron a Estados Unidos; y, ya se sabe, a enemigo que huye, puente de plata.

No existe entonces, a pesar de la profundidad de la Revolución y su radicalización, una oposición fuerte.

Al interior de Cuba.

Al exterior sí. En Estados Unidos. Como se vería después, sin una invasión norteamericana, esa oposición estaba derrotada.

Era necesario un poder popular.

No un poder militar-caudillista.

Ni un poder basado e influido en el modelo ruso y la influencia soviética.

Era nuestra tesis desde la guerra, sostenida por el Comandante Daniel en la polémica con el Che Guevara: "Queremos liberarnos del imperio yanki, pero no caer bajo el dominio del imperio ruso".

No queríamos salir de una esclavitud y caer en otra tan poderosa y sutil.

Y creíamos además —y la Historia nos dio razón— que la Unión Soviética no estaba capacitada para sustituir a Estados Unidos en sus relaciones económicas con Cuba.

Estaba muy lejos.

Tenía otro tipo de instalación industrial.

Los repuestos rusos no servían para la industria norteamericana.

No producían las mismas cosas.

Y su economía de tipo estatal y no socialista había demostrado en el Este y China su ineficacia.

Y su hegemonismo de gran potencia.

En conversación con Fidel, mientras con alegría apoyamos las medidas radicales, otros compañeros y yo expresábamos estas preocupaciones sobre la Unión Soviética y su modelo. Su realidad no socialista.

Y aun sobre algunos actos concretos del propio Fidel.

Granjas estatales y no cooperativas autogestionarias.

Gigantismo.

Donde había un latifundio enorme, Fidel reunía diez y hacía un super latifundio.

Cooperativas pequeñas:

Era la experimentada concepción que proponía Dumont.

A menor extensión de tierra, mejor relación de trabajo y de producción.

No sustituir al antiguo propietario con un nuevo administrador y un nuevo padrón: el estado propietario.

Pero Fidel tenía una innata desconfianza en el pueblo.

No aceptaba la organización.

Creía sólo en la militarización.

Y creía y cree que la paz y la economía son como la guerra y la guerrilla, en que un grupo de jefes puede cambiarlo todo. No era verdad ésta.

(Por cada héroe de la Revolución, hubo diez mil cubanos que dieron el jaque mate a Batista y al imperialismo.)

La estrategia de Fidel era comprometer a la Unión Soviética, acelerando el proceso a la manera rusa, usando el aparato del partido comunista cubano, creando una Seguridad asesorada por comunistas pro soviéticos educados en Moscú.

El gobierno soviético era reticente. Aconsejaba paciencia. Es una verdad histórica que la Unión Soviética insistió muchísimo primero y después para que Cuba no se volviera socialista.

Isla heroica.

Antiimperialista sí.

Socialista no.

Sus emisarios, embajadores y el mismo Kruschov y Mikoyan, aconsejaban calma, paciencia.

Aun China y otros países del Este insistían en la moderación.

Contaban sus experiencias.

Y se asustaban cuando vieron el proceso acelerado y artificial de nacionalizarlo todo rápidamente.

De acabar con la propiedad media y pequeña, comercio, agricultura e industria privadas.

Esos consejos aceleraban a Fidel que, siempre desconfiado, veía en ellos una conspiración para no comprometerse.

Para cuidarse de sus relaciones con Estados Unidos.

El modelo de Fidel se dibujaba en su cabeza: era el ruso-castrismo: un poder nuevo y total, controlado desde arriba, apto al tercer mundo.

El papel del pueblo: trabajar, obedecer sin pensar.

Pensaba que los militantes que habíamos hecho la Revolución no estábamos preparados para el socialismo.

Lo que no era verdad.

Lo que no aceptábamos era el no socialismo ruso. Ni el caudillismo. En una discusión conmigo, sostuvo "los únicos que saben de socialismo en Cuba son los viejos comunistas".

Y que yo tenía "que abandonar mis viejos prejuicios contra ellos y la Unión Soviética".

Pensaba, y así me lo dijo, "que el pueblo no estaba preparado para el socialismo".

"Que el estalinismo era la necesidad de la minoría revolucionaria de imponer la revolución a la mayoría no revolucionaria."

Característico de este momento crucial es que no hay ningún aparato político.

Fidel hace desaparecer el 26.

Y liquida el Directorio con sus dos discursos de enero de 59.

Los sindicatos revolucionarios libres, las milicias populares, la prensa revolucionaria y la nueva cultura se baten contra la reacción y los viejos comunistas y la influencia soviética.

Y ya comienzan a ser hostilizados duramente no sólo por Raúl, Ramiro y el Che, aun por el propio Fidel.

El poder es Fidel, más Ejército y Seguridad.

Se da el caso paradójico que sea el gobierno que haga oposición al pueblo.

Que no lo acepte y humille.

El pueblo resiste.

Pero Fidel tiene el nuevo poder que margina al pueblo de protagonista a servidor obediente.

LA PRENSA

El combate con la prensa era furioso.

La Marina destilaba rabia cada día. Otros periódicos estaban a la oposición. Mezcla de intereses creados que defendían. De preocupaciones por la radicalización. Que se confundían con críticas correctas. Se violaban derechos individuales. Destrozos en la producción. Peligros económicos. La Revolución se estaba volviendo comunista.

Bohemia era la revista más leída y popular de Cuba, opositora a Batista, brindó sus páginas a Fidel en los momentos más difíciles. Y un día, Quevedo, su director, amigo de Fidel, salió de pesca, y le envió su último pez enorme.

Tomó rumbo norte y no volvió más. En Once, Celia Sánchez congeló el pescado y allí estaba todavía diecisiete años después.

Olvido. Nostalgia. Recuerdo. Una momia marina. Quizás esté en el Museo. Los gráficos inventaron la famosa coletilla. Obligaban al periódico a publicar, debajo de ciertas informaciones, la versión contraria a nombre del centro de trabajo. Nacida como diálogo, pronto fue un peligro.

Y no eran ya los obreros. Era un grupo o comité que sustituía a la dirección.

Desapareció la poca independencia que les quedaba a los periódicos. La presión social era enorme. Una gran parte de la prensa se identificaba con los privilegios de los que vivía. Era inmoral. *Bohemia* y *Prensa Libre*, diferentes.

La violencia del encuentro depasaba unos y otros.

No eran aquellos tiempos de pararse en nada.

De reflexión.

Eran tiempos de pelea.

Prensa Libre informaba correctamente. Su dirección cometía errores. No valoraba bien la situación. Nosotros tampoco.

Revolución quería discutir. Tener contrarios. No la desaparición de la otra prensa. Excepción, *La Marina*.

Queríamos una distancia entre poder y prensa.

Entre información y transformación.

El dilema no tenía solución.

El conflicto era irreversible, por encima de su voluntad y la nuestra.

"DIARIO DE LA MARINA"

Diario de La Marina era un periódico bien hecho.

Tenía casi siglo y medio.

Esclavista en su fundación. Negrero. Publicaba anuncios de ventas de esclavos, a buen mercado. No valía mucho un negro entonces.

En las guerras de Independencia, enemigo de los cubanos. Las muertes de Martí y Maceo fueron anunciadas y festejadas con banquetes.

Reconozco: le tenía ojeriza. Sentimiento muy cubano éste. Defensor de Franco. Del fascismo.

Vocero de la reacción azucarera. De intereses extranjeros y de la jerarquía eclesiástica pro española y anticubana. Vinculada al colonialismo español.

Aceptó las subvenciones y censuras de Batista, cuando la tiranía. Informaba mal y poco de lo que ocurría. No como *Bohemia, Prensa Libre* y la radio, que cuando podían publicaban los crímenes de la tiranía y las acciones insurreccionales y la rebeldía popular. *La Marina* se había salvado cuando terminó la guerra independentista, por la intervención norteamericana.

Escapó en la breve revolución del 30.

Yo había preparado todo para ocuparla a la caída de Batista.

La célula de *Revolución* en la clandestinidad habanera se encargaría de tomarla.

Fidel se opuso, alegando que sería negativo. Aceptamos de mala gana.

Cuando los directores de *La Marina* huyeron, me apresuré a ir a cerrar el periódico, como una venganza histórica.

Cerré el número, y con grandes letras negras cintillé:

140 Años con la reacción
Un día con el pueblo

Organizamos una fiesta loca por las calles de La Habana, el entierro de *La Marina*.

La invención popular era maestra en estos entierros humorísticos. El primer gran enterrado había sido Franco.

Revolución lo recogió en un número especial, que acentuó el odio que la burocracia franquista tenía por nosotros.

Reconozco que los volvería a enterrar a los dos: Franco y *La Marina*.

No a los otros: *Bohemia, Prensa Libre*.

Ni imaginaba que el tirano español moriría en una cama.

Y menos aún, que el gobierno de mi país, en tanto que ignoraba la muerte de Mao, decretaba una semana de luto oficial por el general Francisco Franco y Bahamonde.

El célebre edificio de Prado y Teniente Rey, residencia de la decana, olía a rancio.

Era insoportable.

Respiraba siglos de colonialismo.

La imprenta era una maravilla.

Y mi intención era dedicarla a la Imprenta Nacional, y tirar como primer libro, a millones de ejemplares, una edición del *Quijote*. Había convencido a Fidel a escribir un prefacio.

Otra vez me equivocaba.

Como se decía por esa época en La Habana, todo lo que hacíamos caía en manos comunistas.

Y al caserón de Prado y Teniente Rey pasaron nuestros amigos-enemigos de *Hoy*, con Blas, Carlos Rafael Rodríguez y Valdés Vivó.

Ya lo decía Marx: nadie sabe para quién trabaja.

Les encantaba el lugar.

Pensaban que era el poder.

Y quizás si, en el fondo fondo, se encontraban.

Dime dónde vives y te diré quién eres.

Revolución pasó del histórico Carlos III, talleres de *Alerta*, al moderno edificio y talleres de *Prensa Libre*, en la Plaza de la Revolución.

Edificio de aire arquitectural a lo Walter Gropius. Cristales y aire acondicionado. Que si dejaba de funcionar era un horno.

Y si abrías, volaba todo.

El taller era magnífico.

La desaparición de *Prensa Libre* no me causó alegría ni dolor.

Pero no la gozamos como *La Marina*.

Así como *Alerta* y *La Marina*, eran fortalezas que pensábamos ocupar desde la clandestinidad.

Prensa Libre, la veíamos como un inteligente antagonista con quien medirnos.

Nuestro proyecto era un edificio nuevo, en el que trabajaba Le Corbusier, y una rotativa alemana parecida a la de *Prensa Libre*, que habían ido a ver cerca de Munich.

Teníamos la sensación real de que todo un mundo estaba desapareciendo. No era posible salvarlo.

Ni entraba en mis intenciones.

Mis problemas era el mundo nuevo que nacía.

Y el papel de la prensa, de la cultura, de los sindicatos y las instituciones sería decisivo.

Frente al peligro del modelo ruso. El caudillismo de Fidel y el militarismo suyo y de otros.

Revolución nació para combatir el viejo mundo cubano.

Y oponerse al disfraz de socialismo del modelo soviético.

Tarea demasiado grande.

Pero que con tantos errores y responsabilidades creo cumplimos hasta 1962. Hasta perecer después en la erosión histórica.

A NUEVA YORK

Un día de septiembre, pasando por Doce y Veintitrés, y mientras tomaba, como en tiempo de estudiante, un vaso de ostiones, aún no desaparecidos, el Caribe era todavía revolucionario, y el popular afrodisíaco criollo era preferido al testivital rumano. Fidel, hablando con el famoso limpiabotas, aquel negrito que era el mejor pregonero de La Habana, le preguntó: ¿Qué te parece si voy a hablar a la ONU?

"Caballo. Manda a los yankis a la página dos, columna siete."

Era una manera divertida de anunciar a sus colaboradores su inminente partida.

El viaje se preparaba de tiempo en secreto.

Celia había alquilado una casa clandestina en Nueva York, y Ramiro Valdés había enviado un destacamento de ratones del G-2, que probaba todos los alimentos almacenados para evitar posible envenenamiento enemigo.

La buena salud de los ratones hacía confiar a la Seguridad. Se sabría más tarde que eran infiltrados de la CIA, que protegía la casa, que había recibido la orden de cuidar al Primer Ministro de Cuba, sin duda enemigo, pero al que no debía ocurrir nada en suelo norteamericano.

Era un viaje denuncia, de contactos y proyecciones internacionales de Cuba. Una manera de encontrar, sin comprometerse demasiado, a los jefes de Estado que hablarían aquel año en la ONU.

Kruschov, Nasser, Nehru, Nkrumah, Sekou, Toure, Tito, Gomulka.

La cosa estaba al rojo vivo.

Los norteamericanos confinaron a Fidel y la delegación, incluidos los periodistas, a la ciudad de Nueva York.

Fidel respondió confinando a Mr. Bonzal, embajador de Estados Unidos, al barrio del Vedado, en la capital.

Días antes, en un gran acto en la Plaza de la Revolución, Fidel había roto ante el pueblo el documento-tratado militar, que "unía Cuba a Estados Unidos".

Preparaba una primera página con ese facsímil histórico, y con maromas para que el público no me viera, cuando Fidel lo rompió me lo llevé en el acto, ante el estupor de Carlos R. Rodríguez, director de *Hoy*.

Fidel me había advertido:

—Cuídame ese documento mucho. Lo necesito para la ONU.

Hicimos una edición extraordinaria.

Y por cuidarlo tanto no sabía dónde había metido el tratado roto.

Piti Fajardo, entonces secretario de Fidel, que estaba viviendo sus últimos días, antes de morir en el Escambray, me llamaba todos los días.

—Fidel quiere el tratado y las fotos.

Y yo no los encontraba.

Preocupado, buscaba y nada. No aparecía. Y sabía que para el *show* de Fidel en la ONU, el viejo documento que sufriría su segunda rotura era importante.

Un día antes de partir apareció en la caja fuerte del periódico. Y todos contentos.

Me lo llevé a dormir conmigo. Me levanté temprano, con el tratado bajo el brazo como un intelectual de izquierda, y partí para el aeropuerto.

Allí estaba el avión. Fidel y la delegación. Roa. Boti. Ramiro Valdés. Los zacatecas, periodistas, Seguridad y otros.

No más verme, Fidel me preguntó.

—¿Trajiste el tratado?

Se lo entregué, quitándome un peso de encima.

Fidel abrió el rollo donde estaba envuelto. Y para asombro mío, apareció la mitad del tratado.

La otra mitad desaparecida.

¿Cómo?, me dijo Fidel.

Pensaba. He cargado todos los documentos de la clandestinidad y la guerra. Nunca se me ha perdido uno. Esta vez las malas palabras van a volar.

Fidel las decía a casi todo el mundo.

Pero como era un psicólogo, sabía que no me gustaban y no las usaba. Para los que eran como yo tenía otros métodos.

—Tiene que estar en mi casa. Ha dormido conmigo —aseguré amoscado. Y Fidel.

—No salimos hasta que no encuentres la otra parte.

Telefoneé y al lado de la cama estaba el papel caído.

¡Qué descanso!

Al fin el avión despegó. Hacia el mar. Rumbo norte.

Fidel preguntó a Ramiro Valdés:

—¿Supongo que otros aviones nos acompañarán, no?

Y Valdés.

—No. No.

Entonces Fidel dijo.

—Es un peligro; yo de parte de la CIA, haría desaparecer el avión, en el mar, en aguas de nadie, sin testigos, y lo haría pasar como un accidente.

Silencio.

Y Fidel que repetía a Valdés.

—Al menos un avión debió acompañarnos. Es un error.

La gente comenzó a mirar.

Nubes, cielo, agua. Pasaban los minutos.

Cuando se sintió un ruido enorme.

Una escuadrilla de aviones se acercaba desde el norte.

Tenían que ser norteamericanos y militares.

Y allí cundió el pánico.

Yo, que normalmente cuando tomo un avión me asusto, estaba en otro mundo.

El susto del tratado "desaparecido" me había dejado sin miedo. Había tomado dos pastillas para el mareo y uno que otro daiquiri. Tranquilo. Sabroso. Gozaba a los bravos que se habían vuelto carapálidas.

La escuadrilla norteamericana venía directamente hacia nosotros. No quedaba mucho mar.

Se avizoraba la tierra norteamericana.

Fidel estaba sereno.

Sospechaba que no se creía nada de lo que había dicho y que más bien quería ver la reacción de los presentes.

Comenté: —Demasiados aviones para un atentado aéreo.

Los aviones nos pasaron por el lado.

Dieron una vuelta y en perfecta formación, al entrar en territorio norteamericano, nos dieron escolta.

El silencio se rompió y alguien con humor dijo:

—Esta vez vamos protegidos por la CIA.

Y así era.

Aterrizamos en Nueva York, ante una multitud de policías y de cámaras fotográficas. Raúl Corrales, nuestro fotógrafo, bajó primero para tirar a Fidel la primera foto.

Voló por el aire. Una pelota en mano de los enormes "Jiménez".

Fidel tuvo la primera discusión, con un "policioto" nervioso que le manoteó cerca de la cara.

Los "Jiménez" (G-men) estaban agitados. Debían cuidar y

proteger a Fidel, al que odiaban por la Revolución, a toda costa mientras estuviese en Nueva York.

Hubo problemas con el hospedaje de la delegación.

Fidel se puso la mochila donde llevaba la hamaca y quiso colgarla en los jardines de la ONU.

—Vengo a acampar en esta zona internacional.

Consulta de reglamentos, discusiones. Imposible. No era previsto: Hamacas en el palacio de vidrio.

Fidel, de buen humor, comentaba:

—Comenzamos la guerrilla en Nueva York. Colgamos las hamacas en el Central Park.

La casa de Ramiro y Celia no podía usarse. Era un escándalo. Una historia de ratones, "Jiménez" y G-2. Terminó, de tan secreta, en los periódicos.

Entonces, un propietario de un hotel de Harlem, émulo de Cassius Clay, en publicidad, nos ofreció hospedaje en su hotel Teresa, en Harlem.

Y nosotros encantados.

Fidel, porque estar en el barrio negro tenía un significado político.

Para mí era un acontecimiento conocer Harlem. Y su leyenda "blanca". Allí no había un muro como tendría Berlín.

El muro era psicológico.

Te decían "No vayas a Harlem. Te roban. Te golpean. Te matan".

Tenía fama de *ghetto* maldito. Y la gente le huía como la peste. El Teresa, más que hotel era una casa de amor.

Una posada negra.

Nos dieron un piso completo del Teresa.

Ramiro Valdés llegó con su gente a inspeccionar.

En el otro piso, enfrente de nosotros, una colección de negras bellísimas, casi desnudas.

Valdés enfureció:

—Es un desprestigio. Una inmoralidad.

Quiso registrarlas. Que se vistieran.

—Nananina —contestaron las muchachas—. Somos fidelistas y estamos acostumbradas a batirnos con la policía.

Pardo Llada y yo, por primera vez, nos ofrecimos de "voluntarios" para un "registro" rascabucheador amistoso con las harlemtianas a son de tambor. Ya comenzaban a sonar.

Y Ramiro tuvo que resignarse a la presencia femenina. Negra. Ramiro seguía viendo con su mentalidad policíaca: fotos en la prensa enemiga, maniobras, conspiraciones.

Pero con Harlem no pudo. Allí nos protegía el mundo negro, mucho mejor conocedor que él de cómo defenderse de la otra policía.

—Fidel-Lumumba.

—Fidel-Lumumba.

Cantaba el pueblo negro.

—Abajo Fidel —gritaban los exiliados cubanos, agregando:

—Pardo Llada, la cotorra.

—Viva Fidel —contestaban cubanos simpatizantes de la Revolución.

La policía norteamericana a caballo dio una carga *western*.

Los encuentros siguieron. Violentos.

Hasta que Harlem, a son de tambor, ritmo y canto, tomó la calle.

Y Fidel agradecido mandó a buscar a Juan Almeida, el comandante serrano, héroe y negrito de la virgen de la Caridad.

El resto de la delegación era toda blanca y masculina.

Almeida y Celia eran los símbolos.

Discurso de Fidel en la ONU

El joven Fidel Castro, militar, barbudo, de perfil romano y color verde olivo, produjo expectación. Tenía 34 años. Un aire marcial. Y era el símbolo de una revolución nueva.
Subió a la tribuna sin un papel en la mano.
Improvisaba.
Allí, todos los jefes de Estado leían.
Televisión, radio y prensa de todo el mundo seguían atentamente sus palabras.
Durante la primera hora Fidel impresionó.
El discurso se lo sabía de memoria.
La segunda, todavía mantuvo la tensión.
A la tercera, comenzó a cansar, y a la cuarta, los delegados comenzaron a mirar los relojes y a preguntarse cuándo acabará.
Si en Cuba la gente se dormía. Aun a pesar de la simpatía y el interés. Eran horas y horas. Más de uno cayó en desgracia por un pestañazo fidelista.
En la ONU el único que se permitía dormir era Nehru.
Se le había dormido a los dos K.
Esta vez, impasible, hermético, resistió.
Kruschov, viendo que la tensión caía, rompió el protocolo.
Se quitó un zapato y sonando duro hizo una alusión a los famosos cohetes simbólicos.
Cuatro horas consumió Fidel.
Ése era Fidel.
Un hombre sin sentido del límite.
Se dispara y no sabe pararse.
Habló mucho. Pero bien.

Y fue ovacionado.

Un periodista de izquierda, italiano, veterano y simpatizante, comentó:

—¿Por qué habló tanto? En la primera hora lo dijo todo. Pecado que no se paró.

Y moviendo la cabeza:

—El joven Castro, aun siendo lo contrario, me recuerda a Mussolini.

—Es la exuberancia del trópico —respondimos.

—Los cubanos hablamos mucho.

—Sí, pero Fidel es el rey —nos respondieron.

Era verdad.

VODKA CON PIMIENTA
A LA KRUSCHOV

NIKITA KRUSCHOV invitó a Fidel Castro y la delegación
cubana a una comida en el consulado ruso de Nueva York.
El golpe de vista de Kruschov era simpático: una cierta viva-
cidad ucraniana, su informe al XX Congreso sobre la desesta-
linización, su aire campesino, sus prontos, su vodka con pimienta, disfrazada de agua. Sus tesis sobre paz y coexistencia.
No era grandilocuente, melodramático, como son otros rusos,
insoportable melancolía y arrogancia en piel de falsa humildad. Kruschov era la esperanza, no la realidad, de una Unión
Soviética menos estalinista y más humana.
Me había puesto a observarlo como a un animal raro, en
compañía de José Pardo Llada, colega cubano, mientras ca-
minábamos por la Asamblea General.
Éramos delegados y no lo éramos. La burocracia norteamericana nos había confinado a Nueva York, exigido que nos
incluyesen en la Delegación.
Nuestro trabajo era periodístico. Ni Ramiro Valdés ni Roa ni
Aragonés, nos tenían mucha simpatía.
Fidel iba a lo suyo y no le interesaba otra cosa.
Obligaba a repasar a los "sesudos" de la Delegación más de
una geografía y solapa de libro: economía, bibliografías, política, estudio de países, estadísticas, información.
De noche, éstos no se movían del hotel y me reprochaban mi
continua ausencia a las imaginarias reuniones con Fidel. Me
iba a ver teatro, música, pintura, cine, la ciudad.
Sabía que Fidel no iría con los sesudos. "Viene. Viene." Me

reía. Al salir de La Habana tuve un incidente con Ramiro Valdés. Designé a Cabrera Infante, Benítez, Corrales y Salas reporteros conmigo, para cubrir el viaje.

Valdés se opuso. Los periodistas serían escogidos por Seguridad. Y sugeridos por Zamorita, su jefe de Prensa. Éste era un viejo ñángara, que se había vuelto batistiano, jefe de Prensa de un ministerio de la Tiranía, firmante de un pergamino a Orlando Piedra, uno de los jefes de la represión de Batista. "Reconstruido' ahora por Escalante y Valdés, era punto clave de la Seguridad.

Dije a Ramiro Valdés que no aceptaba. Y Valdés lo comunicó a Fidel.

—No hay problemas, Fidel —dije—; nombra a Ramiro director de *Revolución*, y a su batistiano Zamorita, sub. Por principio no acepto quien es de confianza en el periódico. Ni menos que Seguridad los designe. Fidel dijo a Ramiro de dejarme tranquilo, de ocuparse de los otros. Pardo y yo, con menos trabajo informativo, nos dedicábamos a conocer delegaciones, solicitar entrevistas y a observar personajes.

Inspeccionábamos aquel señor gordo, poco elegante, de aire campesino, muy de cerca, cuando Nikita nos preguntó quiénes éramos.

—Cubanos —respondimos.

Nikita se alzó de un tiro, me tiró por encima a mí el brazo izquierdo, y a Pardo el derecho, preguntándonos por Fidel. El movimiento de Kruschov no sorprendió la prensa que cuidaba la Asamblea. Le señalamos el punto donde estaba Fidel, al otro lado de la Asamblea y Nikita, abrazado a nosotros, avanzó a encontrarle.

Cámaras de TV y cine, fotógrafos, periodistas y delegados curiosos corrieron hacia nosotros, un tumulto.

Gesto espectacular del oso ruso en la ONU, encontrando al

barbudo cubano, Pardo, con su innato sentido reporteril. Era el mejor periodista radial que tuvo Cuba nunca; gozaba diciéndome: "Mañana salimos en todos los periódicos y noticieros del mundo".

"Primera plana, primera plana, mi hermano."

Más escéptico o menos fotogénico que Pepe Pardo, pensaba: a quién interesará un par de tipos haciendo el *sandwich* a Kruschov, o entre Kruschov y Fidel. Nos acercábamos a Fidel y ya no se podía caminar. Al otro lado Fidel al vernos, se alza dignamente y espera a Kruschov.

El codazo hacía ola.

Pardo, más bravo que yo, resistió y quedó entre Kruschov y Fidel, en medio de la foto. A mí se me veía la cabeza desapareciendo por un angulito.

La escena me hacía reír y pensar. Qué significaba aquel abrazo ruso. Respaldo para Cuba. Un respiro. Decir a los yankis "esténse buenos".

Y después me decía: quién se suelta de un abrazo ruso.

La histórica foto tuvo comienzo y fin socialista.

Publicada en todo el mundo. Mural en el mundo ruso.

Me la encontraría en todas partes, meses después: Berlín, Moscú, Praga, Varsovia, Budapest.

Unos años después, Pardo descubría el socialismo real y se iba.

Blanqueado. Mi cabeza se volvía negra en el 61. La foto seguía saliendo.

Tenía *jettatura* aquella foto. Y ni el socialismo experto en "salvar" fotos insalvables, pudo salvarla para la historia.

Un día cayó en desgracia Nikita Kruschov y con él la foto.

Por ahora se salva sólo Fidel Castro.

Que fotográficamente no encontró a Kruschov en la ONU ni en Moscú ni en Praga ni en parte alguna.

Fidel se ha perdido casi un álbum fotográfico: el encuentro con Kruschov en Nueva York, sus viajes del 63 y 64 a la URSS.

Hay fotos que tienen desgracia.

Retraso fidelista.

Partimos con retraso para la comida oficial con Kruschov y los rusos. Honorio Muñoz, un viejo comunista cubano, se volvía cara pálida. Ver a Kruschov, comer con él, ir al paraíso. Miraba y remiraba el reloj, y miraba y remiraba a Fidel, diciendo a Ramiro Valdés: "Llegamos tarde". Ramiro Valdés, que conocía a Fidel bien, no decía nada.

Fidel se hacía esperar, quizás no calculó bien el tráfico neoyorkino.

La experiencia protocolar cubana de la época era cero. Más de una metedura de pata hubo: Fidel, que en vez de enviar un zacateca, se levanta aconsejado por Roa, a depositar el voto. Kruschov que le cubría la espalda, repitiendo el gesto, a su vez repetido por los fieles Gomulka y compañía.

Al anochecer, hora protocolar convenida, Kruschov y Gromiko descienden la escalera del consulado ruso para recibir a Fidel en la puerta.

Fotógrafos y *cameramens* comienzan a disparar *flashes*.

Toman posiciones, calculan y enfocan la llegada de Fidel, el encuentro con Kruschov.

Algún que otro manifestante ruso protesta contra Kruschov por la calle.

Pasan minutos, Fidel no llega.

Expectación. Miradas. Nada.

Los periodistas norteamericanos banderillan a Kruschov.

Que si el novio venía. Que si no venía.

Que si Fidel era o no era comunista.

—No sé si Fidel es comunista —contesta Kruschov—, sé que

yo soy fidelista.

A un manifestante ucraniano que protesta y le hacía: "Bu-bu-bu-bú".

Nikita da un salto, y parándose en medio de la calle, hace: "Bu-bu-bu-bú".

Risas.

Al fin aparecimos con media hora de retraso.

Terminan saludos protocolares, subidas las escaleras desaparece el humor ruso. La cara de Gromiko, alargada y triste más que nunca.

Kruschov serio, todos cortados. Nos sentamos a la mesa, Kruschov rompe la atmósfera de hielo, invita a quitarse el saco.

En camisa, a beber, ofrece la primera copa de una durísima vodka con pimienta ucraniana.

Beben veloces más que brindan estos rusos.

Fidel, que teme naufragar en un "mare di bichieri", contraataca con sus tabacones.

Quizás recordaba el tabaco ofrecido por los siboneyes a los españoles y la monumental borrachera que inicia la historia de América.

Los rusos pálidos.

Kruschov pasa los habanos a los rusos que sudan verdes.

El tiroteo, el humo y los chistes de Nikita, contrastan el aire marcial y serio del Comandante, no muy apto al humor.

Kruschov no es interrumpido por los rusos.

A Fidel entonces era posible hacerlo. Boti, nuestro ministro de Economía, inteligente, cínico y "bluffista", se botó para el solar.

El vodka le da por disertar sobre problemas mundiales.

Muñoz tiene un vodka patético, se veía muy pronto, del brazo de Kruschov, en la toma del Wall Street.

El Wall Street rojo.

Un tigre de caviar y vodka.

Nikita dice chistes contrarrevolucionarios de la época de Lenin.

Yo le pido por qué no cuenta chistes, no sólo leninistas, chistes kruschevistas, ¿los había y conocía?

Kruschov, que era medio payaso, ante la mirada de pocos amigos que más de un cubiche me echa, me responde, mirando al impasible e inmortal Gromiko, sentado a su derecha.

—Cubanos, formen un tribunal revolucionario y juzguen a Gromiko, que reconoció a Batista.

Hielo.

¿Una crítica autocrítica?

Era cierta y de la época de Stalin, de rebote tocaba a los comunistas cubanos que apoyaban a Batista; otro inmortal como Gromiko, ausente aquella noche, era entonces, ahora y es hoy, ministro: Carlos Rafael Rodríguez.

Gromiko no mueve un músculo de la cara. Hermético. Continúa su vodka, fuma impasible su tabaco. Era el único que tenía experiencia de habanos.

"Gromiko, te salvó el tabaco", bromeamos.

Fidel sobresee la causa: demasiado tiempo pasado.

Pido a Kruschov una entrevista para *Revolución*. Nikita me contesta que a su regreso a la Unión Soviética. Allí en Moscú me recibiría con gusto, así conocería la Unión Soviética, vería con mis ojos cómo el socialismo vencía al capitalismo en la competencia económica y pacífica.

La fuerte comida duró mucho, más de uno naufragó en el mar de vodka y tabaco de Kruschov y de Fidel, en aquella primera cena, luna de miel ruso-fidelista.

Otros navegábamos por mares procelosos de locura.

RECEPCIÓN EN EL TERESA

EL COMITÉ Pro Justo Trato a Cuba, de Nueva York, nos ofreció una recepción en el Teresa.

Todo el Nueva York progresista, intelectual, estaba allí.

Y Harlem. Greenwich Village. El futuro Black Power. Los poetas *beat*.

Allen Ginsberg, el poeta, hizo en la conversación una pregunta que dejó estupefacto a Ramiro Valdés.

—La marihuana —dijo— es una yerba revolucionaria. Los imperialistas le han creado una leyenda maldita, para que la gente no fume y se rebele. ¿Qué piensa la Revolución cubana de la marihuana?

Confieso que hasta yo, que si marihuanero no soy y que si el pito no me asusta, me deja indiferente —en La Habana y en la Sierra, se cultivaba—, quedé sorprendido.

Muchos campesinos de la Sierra eran cultivadores clandestinos de marihuana. Era, después del café, la segunda riqueza. Allí el problema era el ron peleón.

Como a tantas otras cosas, Fidel, con exquisito "tacto", la ignoró, y más de un correo terminó de bravo rebelde.

Sólo al final de la guerra y casi al partir se prohibió su cultivo.

Creo que la razón la tiene Malcom X, que narra cómo descubrió que la droga es una trampa, como delincuencia, robo y otras realidades de la "cultura" de la pobreza, que impone un ambiente enemigo.

Si un día se dijo que la religión era el opio de los pueblos, hoy puede decirse que las drogas son el opio de la juventud. Y nadie ignora que funciona en todo el mundo una multinacional de las drogas, organizada en los cinco continentes.

Cartier Bresson, que fotografiaba sin verse, como dice su colega Jesse Fernández, parecía andar por el aire, registró con su cámara imágenes de aquella reunión, que aún pueden mirarse.

Aquel Teresa era un finimundo.

Cada día una sorpresa.

VIAJE A MOSCÚ

LA ENTREVISTA a Kruschov se volvió invitación. De individual a colectiva. Una delegación de periodistas. Mi intención era un viaje por mi cuenta. Personal: Imposible.

Volamos Habana-Madrid-París. Última escala París-Moscú, ésta en la Aeroflot. Sorprendían en el avión ruso: la diferencia entre primera y segunda y la fea decoración neoimperial. Alguien preguntó, quiénes viajan en la primera de los aviones socialistas. Y salió la historia de la vaca, y la pregunta de Guillermo Cabrera Infante, a quien toca el filete en una repartición igualitaria.

¿Cómo socializar el filete?

Aterrizamos en Moscú y descendimos del avión a la cubana. Cada uno por cuenta suya. Sin jerarquía ni protocolo, que no conocíamos. Era muy pronto todavía.

Una cosa nueva. Una confusión para los funcionarios soviéticos, que no entendían estos tropicales.

Bajé en medio de todos. Allí no había jefes. Cada uno era lo que era. Compañeros y amigos.

Fui conducido ante micrófonos y cámaras de TV. En vivo. Sin lectura. Raro. Y después de una descarga de "dobles Breznev" en ambas mejillas, que casi profanaban nuestro machismo latinoamericano.

Nos esperaban gente del Comité Central, el gobierno y la plana mayor de la prensa soviética: Ylichov, Adjubei, de *Izvestia*, de *Pravda*, de Tass, radio Moscú. El comandante Chernichef —abría los sobacos, le pusimos, el terror rojo— sería nuestro acompañante oficial. Y de él nos liberaríamos a la cubana. En compañía de la única periodista del grupo. Una joven pro soviética. Nos liberó de la peste, y de la atenta y "gepeuna" atención de Cherni.

¿Qué cosa que es la Revolución cubana?
Respondí:
—La revolución de la pachanga.
Vi la cara de terror de la intérprete. Ni yo mismo sabía por qué de pronto había usado aquella expresión tan cubana. Y agregué:
—Sí. Sí. La revolución de la alegría.
Sorpresa mutua. Para aquella gente, Cuba era la isla heroica y basta.
(Y sólo a un marciano no marxista podía ocurrírsele definir revolución de la fiesta ante aquellos moscovitas con cuarenta años de socialismo ruso a las espaldas.)
Seguí mi explicación ante las caras asombradas.
—Los cubanos nos divertimos con todo: un ciclón, una manifestación, el hambre, la guerra.
Es la manera de ser cubana. Conté que en la Sierra, en medio de un combate, hacíamos una tregua de tres horas. Salíamos de las trincheras a bailar. Terminada la tregua, comenzaban los tiros. Música, fiesta, alegría, rumba, bongó, echar un pie, humor, ritmo, amor, libertad del cuerpo y de mente, cantando, bailando.
Hacen mejor las cosas. Que vida, lucha, dificultades son tan duras, y entristecerse es morir.
Y en lenguaje más serio, que entendían mis interlocutores: El pueblo cubano está dispuesto a todo, aun a morir, si fuera

necesario, para defender su revolución de la libertad y alegría. Aquello parecía chino a los rusos.

Fuimos directamente al hotel Ukraina. Feo. Ambiente burocrático. Muy cerca del río Moscova.

Vimos alguno que otro mural fotográfico del encuentro Kruschov-Fidel, al centro Pepe Pardo Llada, y detrás mi cabeza perdiéndose en el tumulto.

En la gran mesa los inevitables brindis y olas de vodka, una tras otra, a velocidades fantásticas.

Allí estaba nuestro embajador, el Comandante Faure Chomón, a quien, siguiendo la tradición rusa, hicieron beber sin parar una enorme copa de vodka.

Faure, que tirador no era, blanco, pero impertubable, bebió sin caer, entre aplausos. Lenin, Fidel, Kruschov, Unión Soviética, Cuba. Brindis y más brindis.

No podíamos más. Y se me ocurrió preguntar:

—¿Pero no hay una campaña del partido contra el alcoholismo?

Y el jefe del protocolo, respondió:

—¡Brindemos por la campaña!

Fuimos a comer y nuestra intérprete, una joven llamada Zoia, tomó lápiz, papel y leyéndome el menú, me preguntó que qué queríamos comer.

Sorprendido. Habíamos ordenado ya. No sabía qué responder.

Zoia insistió:

Quería saber qué comeríamos esa noche, en el almuerzo y comida de mañana, y pasado mañana, y el otro y otro día y todavía uno más.

Una semana.

No salía de mi asombro. Nunca se me ocurre pensar por anticipado qué comeré al día siguiente. Y no estaba acostumbrado ni pensaba acostumbrarme a ordenar la comida de los otros.

Pensé: Qué planificados están estos rusos.

Y resolví la cuestión a mi manera. Con un bache cubano de silencio. Me quedaba en blanco.

La intérprete no se inmutó. Vi que anotaba minuciosamente. Y que daba un modelo con varias copias al *maître*.

La comida buena, demoraba más que el entierro de un rico. Dos horas insoportables.

Con un mar de vodka en la panza. Llevaderos gracias a parodias que inventaban Caín y Viñas.

Y a las primeras alusiones en jerga criolla, a que Cherni no jugaba a los bomberos, al menos de la última guerra mundial. Ni las botas de Universo le hacían nada. Universo, uno de los más bravos comandantes de la Sierra, era famoso no sólo por su bravura.

El primer combate le sorprendió con las botas quitadas. Y durante un mes caminó entre rocas, dientes de perros, con los pies desangrados, pero sin abandonar a Fidel, y cuando desde la ciudad le enviamos botas, no se las quitó nunca más.

La guerrilla no era muy dada al agua. Era difícil. El Che decía: "La cáscara guarda el palo". Y Camilo respondía: "A ti los soldados te huyen por la peste. Vos no quedás atrás, hermano".

Nos programaron en seguida un viaje que no dejaba tiempo libre a nada. Moscú. Leningrado. Stalingrado. Kiev. Fábricas, koljoses, escuelas, periódicos. Ferias.

No valieron peticiones ni excusas. A mí me dijeron que Kruschov me recibiría. Que no me preocupara. Que viera la Unión Soviética.

Cabrera Infante quería conocer la casa de Chejov, el museo Pushkin, Ilya Ehremburg. Peticiones embarazantes.

Moscú es una ciudad impresionante. Otro mundo. No es el Occidente. Ni el trópico. La iglesia de San Basilio, la Plaza Roja, el Kremlin.

El nuevo Palacio de los Congresos, no tan feo y deprimente como la arquitectura estaliniana, estaba fuera de lugar. Rompía la atmósfera de la plaza.

Pero la protesta de Ehremburg y otros no había servido a nada.

El metro de Moscú era limpio y amplio, una maravilla. La decoración, espantosa.

Ante el Mausoleo una interminable cola. Y un cambio de guardia cronometrado a perfección.

Los invitados no teníamos que hacer cola.

Pensaba yo, qué rara adoración por una momia. Pobre Lenin, momificado y egíptico. Bien lo dicen en Cuba: lo que no hay es que morirse.

Qué horror hacer una gran revolución y terminar momificado.

No sabía entonces que toda Rusia estaba momificada.

Busqué una explicación y viendo tanta gente pensé:

Sentimiento místico ruso. Iván. El pasado-presente. Ingenuo.

No sabía entonces la verdad. Para visitar Moscú es necesaria una visa y una justificación. El pretexto es Lenin. Y la prueba, el cuño sobre el documento.

Allí estaba Lenin. Y Stalin —todavía— con su horrible cara. Se me salió sin pensarlo una expresión cubano-cervantina: ¡Hideputa. Hideputa!

La intérprete, pálida, no tradujo nada.

Después supe que en su familia revolucionaria, como en casi todas, Stalin tenía su muertecito.

No sería el mío el único incidente. Nuestro embajador tuvo una bronca cuando quitó de la corona oficial, ofrecida por una alta delegación de la Isla, el nombre de Stalin.

La suerte hizo que coincidiera con el retiro de la momia de Stalin del Mausoleo.

Noté durante el viaje que caía mal a la burocracia que se le hablase mal de Stalin.

El estadio de Moscú

Encontramos a Kruschov en el estadio. Leía. Otro hombre.

Aquel tipo gordo, comunista y campesino, ágil y bromista, que se metió en un bolsillo a la prensa de Nueva York, que dio una imagen humana del socialismo, impresionando a los Estados Unidos y al mundo.

Cómo era posible aquel cambio en tres semanas.

Alguien dijo: estará enfermo.

No. No.

Enfermo no. Muerto.

Muerto. Muerto de burocratismo.

Kruschov interesante en Nueva York y aburrido en Moscú.

Ni él podía liberarse en su país del espíritu burocrático. Muy grave. Y riesgoso.

Conversación con Etkaterina Furtseva y su vice

La Furtseva, con su belleza otoñal, nos recibió cordialmente, con su vice.

Nos dispararon un discurso contra el arte moderno: degenerado y burgués. .

Nos ofrecía su realismo socialista. Según ellos, revolucionario y popular.

Se veía que tenía buenas orejas en La Habana.

Donde la discusión de *Lunes* y de *Revolución* contra los sectarios estaba al rojo vivo.

No había ningún comunista oficial en nuestro grupo de periodistas.

Pero sí más de un infiltrado-informante que hacía olvidar sus viejos pecados sirviendo a ñángaras y ramiros.

No me podía quedar callado. Ni estaba dispuesto. Mi simpatía por Kruschov comenzó en Nueva York, con un vivaz cambio de "batutas", entre fidelazos, gromikazos y vodka con pimienta.

Dije a la Furtseva y su vice si pensaban lo mismo de Picasso. Respondieron sí.

—Entonces es una inmoralidad que sea uno de los comunistas más famosos del mundo.

Prefirió restar en el campo pictórico.

—Picasso es un humorista. Le toma el pelo a todo el mundo. Y más aún a los que gustan de su pintura.

—¿Le parece *Guernica* una tomadura de pelo?

Respuesta:

—No soy yo quien lo afirma. Es él mismo. En una entrevista. En un libro.

Quedé boquiabierto.

—Usted habla del libro de Papini. Pero si Papini era fascista. Y además el libro es de entrevistas imaginarias.

¿Es que la traducción rusa omitió ese detalle? O es que no ha sido traducido.

Alguien introdujo otros temas en la conversación.

Y la Furtseva aprovechó para informarnos que veríamos muchas cosas nuevas en nuestro viaje por la Unión Soviética. Arte del pueblo.

Admiramos no sólo la Revolución rusa. Admiramos también la gran vanguardia de los años veinte y la cultura contestataria y antizarista que la precedió.

—No olviden —insistió riéndose la ministro—. El realismo socialista es el arte del pueblo. —Y nos deseó buena estancia en la URSS.

Al salir del despacho nos acompañó el vice-ministro.

Y alguien preguntó si una vez Le Corbusier no había hecho un plano de Moscú.

Señalando a un anciano que seguía con atención nuestras palabras, mientras ajustaba una ventana, el funcionario nos dijo, pregúntenle a él que es de esa época.

—Cierto. —Y sugirió que había que cambiar tantas cosas. Que era mejor una Moscú nueva.

Y agregó:

—Pero no hacía falta Le Corbusier. Aquí estaban Tatlin, Lizitky, Mayakovski, Kandinski, Malevich.

¿Quién era aquel hombre?

—Soy uno de los constructivistas. Y virando la espalda siguió ajustando la ventana.

Dijo el vice-ministro:

—Como ven, está un poco viejo.

Las fábricas, koljoses, escuelas y hospitales que nos enseñaron parecían buenos.

La gente respondía de forma positiva a nuestras preguntas.

Parecía de lo visto y oído un mundo con muchos problemas resueltos: ocupación, sanidad, escuela.

Los funcionarios insistían: Nos preparamos para superar a Estados Unidos y para comenzar pronto la fase de construcción del comunismo.

Los más desconfiados: Guillermo, Arcocha y yo, no podíamos negar la "realidad" que nos habían enseñado.

Vimos alguna *dacha* de burócratas. Y los privilegios de los altos dirigentes.

Se respiraba un aire kruschoviano.

Y nuestra impresión breve fue positiva.

Era la época de Alicia en el país de las maravillas. Se decía de Delegaciones cubanas, que pasaban por Moscú, y que ante la TV cubana, afirmaban que aquello era el paraíso.

PRAGA

Alguno de nosotros quería ir a China. El periódico tenía una comunicación directa con Pekín: telegramas a Mao y respuestas inmediatas.

En China la Revolución cubana era un acontecimiento permanente.

En sus negocios y relaciones comerciales los chinos no usaban las prácticas establecidas por el capitalismo, y copiadas por los soviéticos y sus satélites del Este: intereses por créditos concedidos.

Una parte no indiferente de Cuba es china. Y la cultura que aportaron a la Isla sus emigrantes es una de las formas de la cubanía.

La Habana tenía un extraordinario barrio chino y comunidades, casi todas cantonesas, en el país.

La Ópera de Pekín, que por invitación de *Revolución* había dado varias representaciones en Cuba, era una de las más estupendas síntesis de teatro, danza, poesía, música y arte clásico y contemporáneo vistas.

Durante el viaje por la Unión Soviética, a los más altos niveles, partido, prensa, y en especial el Comandante Chernichef, nos hablaron muy mal de los chinos. De su chovinismo, terror, culto de la personalidad y de su falta de gratitud a la URSS.

No comprendíamos el porqué entonces.

Era chino para nosotros aquel lenguaje.

Y como éramos invitados de los rusos, éstos se encargaron de sabotearnos el viaje a China.

Nos desviaron para el este.

Praga, Berlín.

Y los satélites nos invitaron en seguida.

Caímos en Praga con suerte. Nadie fue a recibirnos. Y fuimos directamente al hotel Yalta, en la plaza Wenceslao.

Por la libre.

Un gran baile. Checas lindas, jóvenes.

Un aire de alegría y vida que faltaba al mundo tétrico de Moscú, que para un tropical era un cementerio.

Sin vida nocturna.

Sin alegría. Sin fiesta.

Los cubanos son buenos bailadores. Es raro encontrar una pata mala como la mía. Y comenzaron en seguida.

Pavoneándose, bailaban.

—En el Levante. Mielmano. En el Levante.

Fui a dar una vuelta por aquella maravillosa ciudad.

Encontré una cervecería, la Pilsner, allí me senté a beber una gran jarra. Miré la fecha de fundación. Era anterior al descubrimiento de América.

Praga me explicaba tantas cosas. El porqué de una cultura original y profunda.

Era otro mundo y yo ya respiré.

No me unía nada allí a la naturaleza del trópico. A su mundo caliente. A su ritmo negro.

Algo en cambio me unía a su cultura. A la manera de ser de aquella gente. Tuve una sensación de que se tomaban libertades.

Que tenían un placer de vivir.

Aquel pueblo tenía una vida. Una memoria.

La burocracia era fuerte.

Dominaba arriba.

La calle parecía del pueblo.

Era casi medianoche cuando regresé al hotel.

El baile terminaba, más colegas se me acercaron con una petición insólita: querían veinte dólares y cuando les pedí explicaciones:

—Es lo que cobran las muchachas.

Y como no parecía entender.

—Sí. Sí. Para pasar la noche con ellas.

Me sorprendí e indigné. No por moralismo. No podía comprender cómo esas jóvenes nacidas bajo el socialismo fuesen prostitutas.

De los controles se veía claro que era una prostitución permitida y controlada.

No podía dar dinero que no era mío y los colegas se las arreglaron con sus propios fondos.

Y se fueron con las muchachas.

El resto del grupo se fue a dormir.

A las once de la mañana del otro día aparecieron los perdidos de la noche anterior.

Y nos contaron la aventura de la noche.

Las jóvenes poseían apartamentos dados por el gobierno, cobraban en dólares o tuzex. La divisa la cambiaban en la Banca del Estado. Allí se hacían dar recibos.

Tenían grabadoras. Y las registraciones tenían que pasarlas a la Seguridad. Y si no, le retiraban el permiso y le quitaban el apartamento.

Una pequeña parte de los tuzex les pertenecía.

Iban a la tienda de los tuzex a comprar.

Visitamos aquella tienda que nos pareció un escándalo.

Allí se encontraba todo el mejor consumo de Occidente. No faltaba nada.

Lo que no tenían las tiendas checas del pueblo.

Allí en las narices de la gente se compraba con moneda extranjera.

Pero no era tienda sólo para extranjeros.

Estaba llena de checos del mundo oficial.

Habíamos notado que los intérpretes y funcionarios, en el hotel, en todas partes nos ofrecían cambios mejores.

En Moscú, era más clandestina la cuestión. Quienes lo hacían andaban como muy de prisa y clandestinos.

En la medida que íbamos conociendo el mundo de Novotny y compañía, fuimos fijando caras oficiales y viendo cosas.

Casi siempre veíamos en el almacén de los tuzex ministros y dirigentes incluidos.

Descubríamos un socialismo que no nos gustaba nada.

Nos encantaban Praga. Su gente. Su alegría. Su cultura y juventud.

El mundo oficial se veía corrompido.

Después descubriríamos que la corrupción moscovita era inmensa, tanto de ser denunciada con energía por Kruschov, pero allí éramos telecomandados.

Y en Praga por la libre.

Bella la diferencia entre el mundo filtrado y mostrado y el mundo descubierto.

Cómo cambiaban.

A mi regreso a La Habana, en un Consejo de ministros, tuve un incidente con el Che Guevara.

Conté lo ocurrido en Praga con las tuzeras.

Y las tiendas de los tuzex.

El Che, que había pasado en los mismos días que nosotros, al frente de una delegación, nos desmintió.

—Son mentiras tuyas. Tú y tus prejuicios.

—No digo mentiras, Che. Ni tengo prejuicios. Ni estoy ciego como tú, que lo ves todo color de rosa.

—Digo que es mentira. Pasé por allí igual que tú y no vi

186

nada.

—Olvidas que tú estabas alojado en el Castillo. Y que viste el mundo oficial.

—Yo vi la calle. Y puedo probártelo. Diez periodistas vieron lo mismo que yo. Si quieres los llamo ahora mismo. Y como pasarás alguna otra vez por Praga, te invito a confirmar o desmentir, después, lo que hayas visto.

Fue una discusión muy dura.

Dos años después y delante de los allí presentes.

El Che, con su honestidad habitual, dijo:

—Un día yo aquí acusé a Franqui de mentiroso, a propósito de Checoslovaquia y de ciertas cosas por él vistas aquí dichas. El mentiroso era yo. Y además el imbécil. Como ministro de Industrias de Cuba, confié en un gobierno socialista, el checo —y no sólo en ése—, y me vendieron lo que no servía. Fábricas viejas. Todas las mierdas que le sobraban. Ahora yo también soy desconfiado. Ver para creer.

Praga fue nuestra primer ventana socialista.

PLAYAS AL PUEBLO

Los mejores mares y playas cubanas estaban colonizadas por los ricos. Santiago, Cienfuegos, Varadero. Al norte, al sur.

La Habana, un escándalo.

Los ricos eran blancos.

El Miramar Yacht Club.

El Country Club.

El Habana Yacht Club.

El Vedado Tennis.

Y decenas más. Atrezados con todos los yerros:

Costaban entradas fabulosas. Podían echar "bola negra". Una mensualidad equivalía el salario de medio año de un obrero.

En isla de mares maravillosos, tocaba al pueblo playas con menos arenas, a sol pelado.

Terminaban las playas pobres y comenzaban los fabulosos clubes ricos. Privados y con policía para intrusos.

Los habaneros se consolaban con un baño de sol, viendo el Malecón, tomando guaguas repletas de gente, los domingos, y a Guanabó. Marianao, Santa Fe y sitios costeros.

Varadero: playa de aguas transparentes y verdes, de las mejores del mundo, dos kilómetros populares, decenas para los ricos.

El millonario norteamericano Dupont, volando sobre la costa norte, "descubrió" la península de Hicacos, unos treinta kilómetros, estrecha franja de tierra que entra en el mar. Su playa. Varadero, una transparencia, y los bosques que la rodeaban. Y decidió que era su lugar de vacaciones.

Dejó el pedazo habitado, y a lo largo de mar y tierra adentro, hizo su playa y finca privada.

Casas. Pequeño puerto. Aeropuerto próximo. Su restaurante. Y sus muros y guardianes.

Aquello era suyo, incluida la aduana.

Sus invitados e invitadas venían directamente de Nueva York o Hollywood. No a Cuba, a Dupont.

Jibacoa, Tarará, Santa María del Mar, próximas a La Habana.

Eran privadas. Ni visitarse podían.

En una isla rodeada de agua y de arena, trópico caliente, no había donde bañarse.

El agua buena era para los Niños Bitongos y sus familias. ¡Ellos se la merecen!

Las luchas populares por pedazos de mares —Viriato— fueron muchas.

Pero nada.

De los negros y mulatos oscuros no se diga.

Discriminados por pobres y por negros. Ni hablar.

Eran clubes fortalezas. Altos muros protegían a los ricos de la curiosidad de los pobres.

Mirada privada. Rascabucheadores y mirillas.

No. No. El culo de las ricas —muy buenos— no podía ni mirarse.

Una muralla marina.

Se decidió romperlos simbólicamente.

Abrir los clubes de los ricos al pueblo.

Un día histórico. Una Bastilla que caía.

Era de los plebeyos que no conocían aquellos clubes de mi país. Entré a gozar del espectáculo.

Familias negras en silencio, sentadas debajos de los grandes árboles. Se tocaban.

Como si no fuera verdad.

Gente del pueblo asombrados. Les parecía estar soñando.

Son esas cosas lindas y necesarias que tiene una revolución y que algo compensan de las otras. *Revolución* hizo una gran campaña contra esos clubes bitongos.

Y disfrutaba aquel aire puro.

Aquel día y aquella noche. No fueron de ruido. Ni de fiesta.

Como son las cosas cubanas.

Fueron de silencio.

La conga esta vez no fue por fuera, fue por dentro.

Al romperse el primer muro: el de Miramar.

Se formó un tumulto de gente.

Y comenzaron a romper muros.

Cuando se acabaron los muros de los clubes privados, alguien de la calle gritó:

—¡A los bitongos! ¡A los bitongos!

Y pasaron a picasear las casas ricas.

La noticia voló, y aquello se llenó de gentes: picos, tambores, gritos y cantos.

Burgueses aterrados miraban detrás de las persianas.

El fin del mundo.

La negrada rompiendo sus muros. El pueblo —la plebe— suelta.

No decían nada.

Y la gente rompe que rompe.

Comenzaban a vivir por allí uno que otro comandante, dirigente o ministro.

Casas de burgueses abandonadas: Usted se la merece, señor comandante. Llegaron a la casa de Emilio Aragonés, un jefazo. El capitán, se había instalado allí hacía poco. Una gran casas para él y otra, al lado, para su escolta.

En Primera y Veintidós.

El gordo Aragonés, famoso por su exilio, compañero de colegio de los jesuitas de Belén, de Fidel Castro y, como el Presidente Dorticós, burgués cienfueguero. Buen conocedor de clubes privados. Capitán sin disparar un tiro. Osado. En la escuela de guerra sostuvo una tesis, de cómo si él hubiera sido Napoleón hubiese ganado Waterloo con la ayuda del comandante Serguera, que hacía de Wellington.

Aragonés preguntó a la gente quién había dado la orden de romper los muros.

—El Caballo.

—El Caballo.

—Caabaaaaaaaalloooooooooo.

Gritaban del tumulto.

Y Aragonés, tranquilo, respondió:

—Manda el Caballo: Sigan. Sigan.

Y siguieron rompe que rompe.

A cien metros de Aragonés vivían Luis Buch y Conchita, su mujer.

Su casa. No de ahora. De antes. Luis era ministro de la Presidencia y dirigente del Frente Cívico.

En aquella casa frente al mar, Conchita nos había escondido, cuando la clandestinidad, a casi todos: Faustino, Hart, Haydée. Yo. Conchita es una brava santiaguera.

No tenía miedo a Batista ni a nadie.

Una lengua cubana terrible.

Sintió el tumulto y vio que empezaban a romperle el muro de la casa. Aquello degeneraba en turba.

Saltó como una fiera. Se puso sobre el muro y desafiante comenzó a insultar al tumulto.

—Fista. Fista —le gritó alguien.

Y Conchita.

—Cabrones. Ustedes que son tan bravos ahora, qué hicieron contra Batista.

Sorpresa de la gente.

—Cabrones: seguro que muchos eran chivatos de Batista. Yo soy revolucionaria. No soy fista ni burguesa.

Alguien le dijo:

—Ésta es una orden del Caballo. Y si usted es revolucionaria, estará de acuerdo con el Caballo. ¿No?

Y alguien coñeando comenzó a cantar.

La mucurita se rompió.

Sin asustarse, Conchita replicó:

—Esta casa no me la dio el Caballo. Y si la Revolución la necesita la damos. Pero no para que nadie la rompa. Ni para que viva ningún cabrón, disfrazado de revolucionario. La doy para una escuela. Ni Fidel se atreve a romper el muro de mi casa. Y ahora mismo lo llamo, cabrones. Esto me parece muy extraño. No soy pendeja como el gordo Aragonés. Y ustedes a esperar ahí quietecitos.

Y llamó a Palacio, encabronada. Y riéndose, le contestaron que era una confusión.

Que se había mandado a romper, simbólicamente, la puerta de los grandes clubes.

Y allí mismo se acabó la rompedera, con desilusión de la gente.

Entonces, el negrito limpiabotas de Doce y Veintitrés, con su humor, dijo:

—Caballero, Caballero: déjenme dar un picazo al muro de estos blanquitos cabrones. Póngame a gozar con el pico. Que no me gozao ninguna casa de esta blanquita.

Y Conchita, a la santiaguera:

—Pues hazte una limpieza, mi elmano.

Y dándole el pico:

—Dale el último picazo a aquel muro de allí, que es la casa donde vivía el batistiano Martínez Sáens.
Y se acabó la jodedera.

PABLO NERUDA

EL ÚLTIMO invitado de *Revolución* en el 60 fue Pablo Neruda.

Llegó en barco con Matilde.

Fuimos a recibirle y nos extrañó —no demasiado— que Nicolás Guillén, que por esa época era todavía "Guillén el bueno" y no Guillén el malo, su compañero de comunismo y de poesía, no estuviese en el muelle.

Ni Carlos Rafael Rodríguez ni ningún otro ñángara.

Don Pablo parecía un gigante con aire de niño.

Sabía que en la Sierra, Radio Rebelde leía sus poemas.

De la simpatía del Che, la mía y la de *Lunes*.

En Caracas le había ocurrido un extraño incidente con Fidel cuando fue a saludarlo en enero del 59 y el Comandante quiso romper la cámara del fotógrafo que registraba el encuentro con el poeta y que Neruda contaría en sus *Memorias*.

Le preparamos una bella casa de madera —recién nacionalizada por la Reforma Urbana— pensando en su Isla Negra.

Una casa en la naturaleza con flores y caracoles.

Pero Pablo, como Sartre y Beauvoir, prefirió el Hotel Nacional.

El Nacional y el Hilton (Habana Libre) eran dos símbolos sorprendentes de La Habana.

El Hilton, un rascacielos norteamericano elevándose sobre La Habana. Frío, aséptico. Vertical como el poder.

El Nacional, un maravilloso hotel criollo, a orillas del mar, con jardines, calma, reposo. Y esa luz extraña y marina de la ciudad. Horizontalidad. Espacio. Naturaleza.

Al Comandante y a los comandantes y ministros, no gustaba el Nacional.

Fascinaba el Hilton.

Lo hicieron su hotel. Pisos completos. Apartamentos privados.

La grandeza del mundo norteamericano los identificaba.

Radicales antiimperialistas.

Vivían fascinados por sus máquinas, sus rascacielos, su grandeza. Su potencia. Su fuerza.

Entendía su admiración por la capacidad industrial norteña.

No comprendía por qué identificaban el nuevo mundo que querían construir, con ese poder arquitectónico vertical, basado sobre lo económico y no lo humano.

Nueva York y no La Habana.

Hubo resistencia pasiva a Neruda.

De parte de los comunistas. De Guillén, que no soportaba al poeta mayor. De intelectuales frustrados que después firmarán una bochornosa carta oficial contra el poeta. De Raúl Castro.

Era aún la batalla cultural contra *Lunes* y *Revolución*.

Molestaba por esa época *Estravagario*. Neruda, autocrítico, reivindicaba en ese libro la libertad del poeta, y del hombre, para escribir, amar y vivir.

No más política rusa-estaliniana: la poesía, no militante, no puede escribirse. Si acaso privadamente.

De otra parte, si algo no soportaba Fidel era la poesía.

Como si molestara José Martí, libertador de Cuba, y gran poeta de América. Y negara a la poesía, que es libre, su aporte fundamental a la cultura cubana.

A la independencia y la libertad.

La gran generación de poetas libertadores del siglo xix.

Pero Neruda era grande para ignorarse, y en *Revolución*, el periódico más leído y escuchado de la Isla —y Neruda, como Sartre y Picasso—, comenzó a aparecer en grandes fotos.

A ser noticia de primera plana.

Por aquellos días agitados de finales del 60, se convocó al pueblo a la Plaza de la Revolución para informarle de una declaración.

Fidel debía leer la declaración y el pueblo respaldarla con su presencia y aplausos.

Dije a Fidel:

—Por primera vez la poesía debe tener voz en América. Y debe ser en la Declaración.

Pablo Neruda, nuestro visitante, está considerado uno de los primeros poetas de América. Y un poeta revolucionario. Su voz serán los Andes. Y dará al acto una repercusión nueva.

Fidel no gustaba de la poesía de Neruda ni de la otra. Sí de la propaganda, y a mí me interesaba que la poesía ocupara su puesto. Pensaba que era una forma de defenderla.

—De acuerdo —me respondió—. Di a Neruda que se prepare.

Don Pablo, claro, estuvo de acuerdo, y comenzó a escribir su poema.

Era, se sabe, aparte de sus poemas americanos, un león cuando escribía esa especie de editoriales poéticos ocasionales.

En el ínterin, los pro soviéticos, los comunistas y Raúl Castro, maniobraban: Nicolás Guillén, "el poeta nacional", debía decir la suya.

Y yo ya nada pude.

Para liberarnos de Guillén, simpático, cínico y oportunista de prestigio, habíamos propuesto que al reestablecerse relaciones con la Unión Soviética, se elevara a rango de embajador al ataché cultural, y que Nicolás, con el gran prestigio que tenía allí —era famoso su "Stalin-Capitán"—, fuese nombrado para el cargo.

Se le designó. Yo, ingenuo. Y feliz. Un día, riéndose, me dijo Nicolás:

—Cabrones. Qué bichos son. Mandarme para Moscú, que es insoportable, como bien sabes.

—Nicolás, pero si te mandamos para el paraíso. Como dicen tus cantos.

—Yo allí ni muerto. Un cementerio. De visita y no más. Qué va, mi hermano. Si yo de exiliado comunista vivía en París. De eso nada.

Y Nicolás, el vivo cubano, todavía cobra como embajador en Moscú, pero sin salir nunca de La Habana.

Cada mes iba a Relaciones Exteriores a cobrar el cheque y si le preguntaban en coña: "Nicolás, Moscú te reclama", respondía:

—Me quieren exiliar, cabrones. Yo soy un bicho.

El día del acto, el pueblo cantando y bailando llenaba la gran plaza. Fue aquél uno de los más grandes y emocionantes mítines que haya visto La Habana.

Era la Revolución de la alegría.

El pueblo pasaba cantando:

> Fidel, seguro,
> a los yankis
> dale duro.

En la tribuna presidencial, levantada en lo alto de la plaza, los dirigentes. Invitados y personalidades.

Y naturalmente, Neruda y Guillén.

Guillén protestaba, riéndose, y decía, cantando:

Fidén-Guiller
Guillén-Fidel.

A la hora de leer, aquello fue un desastre. Nicolás decía que
él, como cubano, debía leer su poema primero.
Los comandantes se reían irónicamente.
Un millón de personas cantando. Un momento trascendental
de la vida de Cuba y ahora el señor Nicolás Guillén, con su
estúpida vanidad, diciendo:
—Yo primero. Yo primero.
Neruda, imperturbable, me miraba.
Fidel hacía chistes:
—Que Neruda lea lo de Guillén y Guillén lo de Neruda.
—Ja, ja, ja, ja —reía el coro.
Con dignidad, Neruda respondió a Fidel.
—Ustedes me han hecho el honor de invitarme a leer, ante ese
maravilloso pueblo que esta ahí. Toca a ustedes indicarme el
turno, y para mí es igual uno que otro.
Una vez más la intuición popular resolvió la cuestión.
El pueblo allí reunido conocía a Guillén. Su voz impresio-
nante, engolada y de recitador, recibió un cortés aplauso.
Pablo Neruda, aun con su voz flaca, como si los poetas dije-
ran mal sus mejores palabras, fue ovacionado.
Y ésa fue mi venganza.
La declaración, leída en la voz de Fidel, escrita en un estilo
de ocasión histórica, pero de un contenido americano y liber-
tario, fue confirmada con delirante alegría por el pueblo.
Y parecía como si América, revolución y poesía se hubiesen
encontrado y sido una sola cosa. Aquel día.
Libertad.

AÑOS DE GASTOS ALEGRES

Se consume mucho.

La capacidad adquisitiva de la población es doblada.

Rebaja del 50 por ciento de alquileres. Medicinas. Teléfonos. Alimentos. Se elimina el juego. El garrotismo. Se crean nuevos empleos. Se hacen muchas obras públicas.

Aumenta extraordinariamente el consumo de carne.

Se altera el ritmo de producción.

El capitalismo cubano y norteamericano nos han dejado una buena reserva en tiendas, muelles, almacenes, bodegas.

También la producción agrícola e industrial. En la agricultura.

Hay artículos de confort y lujo, casi todos norteamericanos. Automóviles. Televisores. Radios. Aparatos eléctricos. Vestidos.

Como la nuestra es una revolución muy rápida y a la loca.

A la imagen de Fidel, y no sólo suya, aun nuestra.

Las cosas hay que hacerlas y se hacen rápidas.

Los alquileres se rebajan al 50 por ciento sin tener en cuenta los ingresos de los inquilinos.

La clase media, muy numerosa, es muy beneficiada. Mucho más que la clase obrera. Y que los marginales, que viven en solares y barrios de indigentes.

En los viejos cuartos de Sarrá, donde se pagaba cinco pesos, se pagan dos pesos y medio. En el Vedado, quien paga 50 paga ahora 25. Y ahorra 25 pesos, por los dos y medio o los diez del obrero. Un cálculo simple: un millón a los más pobres. Veinte a la clase obrera. Cien a la clase media.

Con el teléfono ocurre lo mismo.

Son los famosos prontos de Fidel.

Y de la situación.

Se vive utópicamente.

La economía parece un juego de niños.

La torta es infinita. Basta repartirla mejor. Y todo está resuelto. No se piensa en producir más. Ni en los cambios que están ocurriendo en la producción. Ni que nos comemos las reservas heredadas.

Un segundo gran problema del 59-60 es la producción agrícola.

El pase de la propiedad privada a la estatal.

El miedo de la propiedad media.

La incapacidad de los nuevos administradores.

Las cooperativas, en las que Fidel no cree, tendrán vida breve.

Su tendencia es al gigantismo: reunir varios latifundios en uno solo estatal.

La caña es muy dura a morir. Dura largos períodos de tiempo. Se corta cada año y retoña. En realidad, las plantaciones eran viejas, y, dada la restricción azucarera, había caña en reserva.

Los dos últimos años de Batista, con la quema y la inestabilidad, hace que no se siembren cañas nuevas.

El café es de ritmo aún más largo.

Y los frutales.

Más delicados el tabaco y el arroz.

Pero el tabaco es menos afectado por la reforma agraria porque es minifundista.

Las divisas dejadas por Batista no son muchas. Pero la importación de productos alimenticios es grande todavía en el 59.

200

Pero la agricultura cubana está herida profundamente.

Unos doscientos mil pequeños campesinos, precaristas, arrendatarios o aparceros o terciarios, reciben tierras y aumentan la producción.

Son la minoría.

Los grandes latifundios pasan al Estado.

Fidel no se orienta hacia una agricultura autogestionaria, de corresposabilidad colectiva.

Alega que los obreros agrícolas de los grandes latifundios cañeros, ganaderos, arroceros, no son pequeños campesinos. Ni tienen hábitos de propiedad privada ni de relación individual con la tierra.

Sería un atraso social volver a los obreros campesinos.

Y un desatre económico fragmentar las grandes unidades agrícolas.

Verdades irrefutables.

Fidel, como tantos otros, no ve la diferencia entre la propiedad estatal y la propiedad del pueblo, cooperativa, autogestionaria, descentralizada.

Ocurre que en realidad la vida de los obreros cambiará poco.

Al terrateniente, a la compañía extranjera, lo sustituirá un administrador estatal.

Hombre de la ciudad. Con funciones productivas. Sin experiencia.

La energía colectiva no encuentra cauce para cambiar las cosas. Los consejos de los que saben no son oídos.

De los obreros se reclama sólo más trabajo.

En la confusión de un mundo viejo que muere, y otro mundo que nace, aunque no es el suyo, los trabajadores intentarán por todos los medios influir positivamente la producción.

Pero carecen de instrumentos.

El fidelista de la ciudad piensa que nada es imposible. Tiene magníficos proyectos. La agricultura es otra guerra que vencerá.

Las inmensas fuerzas del pueblo han sido liberadas.

Y parece que sí.

Pero no.

Es el Estado el que deviene un nuevo gigantesco propietario.

Un monopolio de los monopolios. Un super-latifundio.

No es el nuestro todavía una Estado burocrático.

Se dice que es un Estado guerrillero.

Por la libre.

No es guerrillero. Es militar. El Instituto de Reforma Agraria está dirigido desde arriba por Fidel, y algunos que, como el geógrafo Núñez Jiménez o el periodista Pino Santos, ni saben nada de agricultura ni de dirección.

El destrozo en la ganadería es terrible. Se matan las terneras que debían ser futuras madres. Los toros padres. Se vende ganado a Venezuela. El marqués de Cuevitas entrega los cheques a Fidel.

Vacas por dólares.

Un crimen.

Las voces experimentadas o preocupadas mueven a risa.

El agrónomo Dumont en su primer viaje se alarma. Grita. Protesta.

Voz clamantis in deserto.

Verá a su compatriota Sartre de héroe popular.

Mientras nadie se ocupa del gran desbarajuste de la agricultura que comienza.

Ve el caos, y como científico se espanta.

Mira con ojeriza a *Revolución* porque invita a Sartre, Neruda y a otros artistas. Populariza Picasso.

Ignora que la agricultura es un coto de Fidel.

Que allí nadie puede meter la nariz.

Dumont fascina a Fidel. Pero Dumont no sabe lo peligroso que es fascinar a Fidel. Su noble batalla durará años. Controvertida. Justa. Cuando Fidel ve hundirse todo, lo llama de salvador.

Y le advierte "Tú eres el técnico, pero yo soy el político". El que manda. Y al final, el francés saldrá como bola por tronera, acusado de agente enemigo.

Un encuentro con Dumont me hubiese sin duda ayudado. Pero yo no podía contactar los invitados de Fidel.

Ni hubiese cambiado nada.

Y Dumont aró en el mar de Fidel.

Aramos todos en el mar de Fidel.

Hasta que el mar se secó.

Durante aquellos años la agricultura cubana, pasó de mano de los latifundistas a las manos de Fidel.

No a manos del pueblo.

¿Alguien duda todavía que el Estado no es el pueblo?

Que si el viejo propietario era un explotador, el nuevo es incapaz, burocrático y represivo.

La baja en la producción fue notable.

Y sus efectos se vieron en los años sucesivos.

Y no se justifican los necesarios errores de un cambio profundo, con medidas omnipotentes de Fidel, que marginó la experiencia obrera y popular de la dirección de la nueva agricultura cubana.

Y así, los mejores azucareros del mundo terminaron por ser los peores.

SECTARISMO

La persecución del Ministerio de Trabajo se hizo implacable contra el movimiento obrero. Los sindicatos intervenidos y los dirigentes sustituidos arriba por comunistas.

Sustituían así el 90 por ciento de los dirigentes sindicales, electos con mayorías aplastantes en las elecciones libres del año anterior.

El sectarismo golpeaba el principal protagonista de masa: los sindicatos. Radicales, socialistas, independientes. Eran la base de un socialismo humano y popular con los trabajadores protagonistas de una sociedad nueva, creada de abajo hacia arriba, y no una fuerza productiva obediente a los dictados de arriba.

Fidel había tomado una decisión: íbamos a construir el socialismo. Y de socialismo sólo sabían los viejos comunistas. Se miraba con desconfianza a quien no hubiese sido militante comunista. Y sólo a éstos se les comenzó a considerar fieles a la nueva sociedad que se iba a construir.

Era una decisión de una gravedad enorme.

Que iba a cambiar el destino de la joven Revolución cubana.

Aún no era visible.

Desde arriba se ordenaba ir en esa dirección.

Implicaba que el pueblo de protagonista pasaba a ser servidor.

No más arquitecto de una vida nueva. Ladrillo obediente.

El protagonista sería Fidel, diez comandantes, y la estructura del viejo partido comunista.

Estaba naciendo la alianza del modelo ruso con el nuevo militarismo caudillista de Fidel Castro.

En una conversación ocasional con Fidel —reuniones no había, discusiones eran imposibles— ante mi preocupación por lo que estaba mirando, su respuesta me dejó frío:

—De comunismo saben sólo los viejos comunistas y los soviéticos. Hay que tener paciencia y aprender con ellos.

—Conozco los comunistas cubanos como no los conoces tú. He vivido entre ellos. No saben nada. Son como ciertos curas. Hablar y hablar. Verás como fracasan en la práctica. —Y agregué—: Y son impopulares. Tú lo sabes. El pueblo no los considera revolucionarios: se aliaron con Batista. Combatieron la revolución del 30, cuando los barcos norteamericanos estaban frente a la bahía. Destruyeron el movimiento obrero. No participaron en la insurrección. Dijeron que el Moncada era putschista, y la Sierra y la clandestinidad, hacían el juego a la tiranía, con su aventurerismo.

El pueblo, que quiere el socialismo, no los quiere.

Fidel movía la cabeza asintiendo, para después decir:

—Sí. Sí. Pero los necesitamos. Tenemos que aprender con ellos.

—Un día, y espero que no sea demasiado tarde, me darás la razón.

Y si permites, cuídate de Escalante, Malmierca y algunos jóvenes de la segunda línea, el grupo Praga-México. Son estalinistas y ligados a Moscú.

—A veces, en una revolución, el pueblo no está preparado, las dificultades son casi insuperables. Una minoría revolucionaria está obligada a imponer el socialismo al pueblo.

El estalinismo nace de esa realidad.

—Fidel, el pueblo cubano tiene una historia de luchas libertarias y de tradiciones revolucionarias diferentes a las de la sociedad zarista.

—Hay que tener confianza, Franqui. Olvidar los prejuicios pasados. Superarlos.

Y a grandes zancadas Fidel se alejó dejándome no en un mar de confusiones. De sombras que se volvían siniestras realidades.

Veía clarísimo lo que estaba pasando. Y lo que iba a pasar.

La Revolución tomaba el camino que yo conocía con mi vida y que había tenido que dejar porque conducía a la dictadura, al super-Estado. No al pueblo. A los trabajadores. Al socialismo.

Qué hacer.

Éste es y era el problema.

Allí estaba Fidel.

Allí el mar.

Allá el norte.

Y no eran ninguno de los tres mi camino.

Era un momento muy confuso y contradictorio el que vivíamos.

Veían a la Revolución nacionalizar las propiedades. Ingenios, latifundios. Propiedades extranjeras y nacionales.

Acabar con el viejo mundo. Recuperar la independencia nacional y la dignidad del pueblo.

Terminaban los patrones y su mundo.

Comenzaban las conspiraciones.

Se veían claramente la CIA y el capitalismo organizar expediciones y ataques en el extranjero.

Los obreros apoyaban como podían a nuestros compañeros sindicalistas. Sabían que eran falsas las acusaciones y pretextos usados para destituirlos.

Cómo podían ser mujalistas los organizadores de las huelgas contra Batista: bancaria, eléctrica, azucarera, y las tres políticas, por la muerte de Frank, en abril y al golpe de Cantillo.

Que no tenían militancia comunista era cierto. Casi todos provenían del autenticismo y la ortodoxia, herederos de la revolución del 30, liquidada por Batista.

Como la mayoría del pueblo cubano, eran antibatistianos, y contra él y su candidato votaron en el 40, y en el 44, cuando se fue.

No se entendía por qué la Revolución comenzaba a devorar sus hijos. A su clase obrera.

Al patrón no lo sustituía el sindicato. Lo reemplazaba un comunista de otro lugar y sector del país. Un administrador. Por qué.

La dirigencia sindical se dividió. Algunos dirigentes no querían entrar en conflicto con Fidel, que era enormemente popular y que se identificaba con la Revolución.

Otros pensaban que era imposible una oposición revolucionaria obrera.

Pensaban que había que resistir y esperar. Otros tenían miedo. O querían subir. Y subieron. Otros no tenían confianza en la dirección de la CTC, le reprochaban errores cometidos.

El grupo de David Salvador resistía activamente. Se organizaba clandestinamente. Para afrontar la avalancha sectaria.

En el interior muchos perseguidos injustamente se fueron a las lomas. A los campos. Más que una guerra de guerrillas comenzaron una autodefensa.

Grupos perseguidos comenzaron a formarse en todo el país. Esta oposición activa no tenía relaciones con la contrarrevolución. Se sabe que David Salvador y Manuel Ray se encontraron.

Y no se pusieron de acuerdo.

Ray se identificaba con la democracia. David Salvador, con un socialismo humanista.

Ray tenía que ver con la clase media. Salvador con los obreros.

El mismo Ray no era aceptado de los americanos.

Que preparaban Playa Girón, con una brigada controlada y obediente.

La otra CIA —"la buena"—, es decir la GPEU, vía Ramiro Valdés, Piñeyro, Raúl Castro, Malmierca, Sánchez y otros, trasladaba a Cuba toda la experiencia de su arsenal represivo.

Mucha clandestinidad que se batía contra el sectarismo no fue nunca constatada por el grupo de David Salvador.

Yo entre ellos.

Pensaba: resistir. Luchar pasivamente. Esperar el momento oportuno.

Dejar que se liquidara la oposición contrarrevolucionaria apoyada por la CIA.

Que el pueblo tuviera conciencia de lo que estaba pasando.

Que estallaran los conflictos que se estaban creando.

El caos económico.

Aquella situación no podía durar.

Vivíamos instantes extraordinarios: choque con Estados Unidos, fin del capitalismo. Liberación nacional. Tremenda lucha de clases.

Y de la confusión se aprovechaban los sectarios para liquidarnos.

No hacerles el juego es lo único posible, pensaba.

¿Era equivocada esta actitud?

Puede ser.

Pero las otras: las malas que combatíamos, y las buenas, con todas sus razones, fracasaron.

La resistencia al sectarismo fue factor decisivo, a su derrota, dos años después.

Pero entonces, en el momento oportuno, la victoria no fue

posible, porque se había quemado lo mejor de nosotros.

Y por la habilidad de Fidel.

Que de primer sectario, dio una vuelta. Hizo un discurso y le cargó el sectarismo a los viejos comunistas. Que si fueron los instrumentos y el método. No fueron la fuerza y el poder que lo impusieron.

Aquella enorme batalla histórica fue un muro.

Un muro de contención.

Y más nada.

Pero ésa es otra historia.

En aquellos días las sombras oscuras no eran detectadas con claridad por el pueblo.

Y ninguna oposición revolucionaria es efectiva sin su apoyo.

Tiempos difíciles.

Había que aguantar golpes de todas partes.

Y no caerse.

Fríamente.

El periódico resistía.

Una isla rodeada por todas partes.

Daba golpes a diestra y siniestra. Era lo que era. Lo que no parecía y lo que parecía.

A veces hasta una cloaca. Con la mierda al cuello.

Revolución era el único símbolo que quedaba. Aun su rojo y negro comenzaba a desteñirse.

La resistencia dependía mucho del sector donde se estaba.

En el Ejército era casi imposible.

Huber lo probaba. Estaba en el año segundo de su larga prisión.

Proyectándose al futuro muy lejano.

El único que se iba a salvar individualmente.

Con un heroísmo individual contracorriente: el antiFidel.

Era difícil decir sí y no.

La táctica nuestra era pelear contra los otros. Poniendo a Fidel por encima de todos.

De todas maneras estaba.

Pensaba que era más importante hacer conciencia al pueblo cubano de que el socialismo soviético, de Raúl y los viejos comunistas, era enemigo del pueblo, no su liberador.

Y esto me parecía más importante que Fidel mismo. Con todo su poder y responsabilidad.

Lo ideal era unir ambas cosas.

Pero no lo posible.

Lo imposible.

Y si la historia cargará a *Revolución* muchas responsabilidades, y a mí que la dirigía otras tantas, pienso que pondrá en nuestro haber la furiosa batalla contra esa concepción rusa-estaliniana. Para mí, lo que cuenta es si quedó en la conciencia del pueblo que ese régimen era opresor.

Y creo que sí.

Uno vive a veces por errores de los enemigos —o quizás si muere—.

Y en el caso de *Revolución*, el enemigo de casa y los rusos cometían siempre un error: presionar a Fidel contra el periódico.

Y Fidel piensa: el poder no acepta presiones de nadie.

Que él tenía todo el tiempo a su favor.

Atacándonos nos hacían un favor.

Resistíamos los vientos del norte.

De buenos cicloneros.

Y los del Este.

Más difíciles.

Pensaba que había en el seno del pueblo fuerzas intactas que reaccionarían.

Esperar que con el pasar del tiempo la arbitrariedad y la injusticia se hicieran visibles y evidentes.

Lo que estaba ocurriendo en medio de aquella confusión enorme, en aquel caos, en aquella destrucción enloquecida, iban a pasar a primer plano.

A ser realidad.

El enemigo principal era el norte. Y no el interior.

Pasado el norte, se veía claro el peligro que venía del Este. Entonces todavía mimetizado y confuso porque sólo parecía antinorte.

Era un espantapájaros.

Rojo.

Y así fue.

PACHANGA

EL MUNDO negro cubano es el mundo popular cubano.
De negros, mulatos y blancos.
Lo español es más trágico. Sin esfumado.
Un viejo mundo muerto.
Intolerante.
El cubano oponía su risa a esa manera de ser española.
La lengua. La cultura oficial dominante es blanca. La religión
oficial católica. Las religiones africanas penetraron el mundo
católico.
La resistencia de los indios a la conquista española, cesada y
vencida su oposición, a la violencia de los invasores, se refu-
gió en el interior de cada indio.
Una esfinge.
El negro no podía oponer otra resistencia que la muerte.
Cazado como bestia en su tierra africana. Vendido.
Encadenado. Arribaba si era muy fuerte físicamente al nuevo
mundo, para trabajar toda la vida esclavizado.
Los sobrevivientes de la esclavitud contagiaron el mundo
blanco. Su ánima fue más fuerte que la del esclavista.
Su ritmo. Su música. Su poesía oral. Su sentido pictórico. Sus
ceremonias secretas. Sus dioses y tradiciones infiltraron el
mundo blanco.
La transculturación. El clima tropical. La llegada de otras
poblaciones: franco-haitianas, chinas, canarias, árabes. Las luchas por la Independencia, iniciada con la rebeldía negra de
los esclavos, que continuaba la de los indios muertos. La presencia de haitianos, dominicanos, jamaicanos y de otros cari-

bes, que iban al corte de caña, el mestizaje. Los conquistadores tenían relaciones sexuales con las esclavas.

Fue naciendo así la cubanía.

Un mundo popular que no se identificaba a los valores y a la manera de ser española.

Me refiero a la España oficial. Al imperio. A la Inquisición. A su moral. A su intolerancia y feudalismo. A su carencia de instituciones. A su genialismo. Señoritismo. Su delirio de grandeza y aventuras.

A su desprecio por la cultura, arte, ciencia y filosofía.

A libertad y democracia.

Ni el Renacimiento —en esencia un reencuentro con la realidad, el hombre y la naturaleza, humanismo— ni la Reforma ni la Revolución Industrial ni la política. Revolución inglesa, norteamericana y francesa. Ni la República.

Actos trascendentales de la cultura europea que no (ocurrieron) en España. Solos yacían detenidos, en arte y literatura, no en la vida.

Algunas de las poblaciones de las muchas Españas llevadas a la Isla no se identificaban con Madrid.

Eran víctimas.

El sur, Galicia y Canarias, mundos apartes más afines al nuevo mundo que al viejo y abandonado.

La primera identificación del mundo popular cubano es el ritmo, el baile, la fiesta colectiva.

Liberación del cuerpo.

El bongó.

Había una discriminación social y económica.

Y una discriminación aún más profunda: la cultural.

Casi todo el mundo progresista blanco cubano está por el cese de la primera.

No es la piel negra la que discriminan.

Pasó en la Independencia. Y pasó en la Revolución.

Igualdad falsa. Que dice al negro. Eres mi igual. Pero no lo deja ser negro.

Rechazan su manera de ser. Su cultura.

Que ya no sólo es negra y mulata.

Es popular y cubana.

Y la élite blanca aun cuando revolucionaria.

No la acepta.

Nuestra tesis era: Revolución con pachanga.

Pachanga: fiesta, alegría, rumba, ritmo, son.

Una concepción tropical, cubana y negra del socialismo.

Si los grandes cambios exigen sacrificios. Tensiones. Peligros. Experimentos. Fracasos. Dificultades. Problemas. Paciencia. Bien.

Estamos dispuestos a sufrir las dificultades materiales.

Pero a nuestra manera. Con libertad. A la cubana.

Libertad y fiesta colectiva se reencuentran bailando. Cantando.

De tú por tú.

La *Internacional* tiene ritmo de conga, y enfurece a los sectarios. A los viejos comunistas. A los hermanos Castros y su Seguridad.

Identifican fiesta y degeneración. Fiesta y capitalismo. Fiesta y burguesía y vagancia y homosexualidad, y tantas otras cosas.

Ancestro de su cultura española, católica inquisitorial.

Todo lo que tiene origen negro es la peste.

Que la negrada vaya al club de los blancos, sí. Que la negrada tome la calle y la llene de música, no.

Que la negrada sea socialista, sí. Que la negrada haga y baile su socialismo, que rumbee la *Internacional*, no. No. No. La libertad asusta a los nuevos padres revolucionarios.

Ellos, que "paternalmente" han liberado a sus hijos, no pueden permitir que se entreguen a ese mundo demoníaco que es el baile.

PAPEL Y TINTA

Queríamos unir lo popular y lo culto.
Guaguancó. Lucumíes. Abakúas. Changó. Yemayá.
Ritos negros "clandestinos", voces de antiguas culturas africanas desaparecidas.
Que de forma secreta o de familia a familia, se sucedían en Regla, Guanabacoa, Jesús María, Jovellanos, Unión de Reyes, Matanzas, Santa Isabel, Manzanillo, Sagua, Guantánamo, Santiago.
Estas ceremonias parecían el antiguo teatro griego: Coro, voz solista, dialogaban en lenguas africanas, cantada, acompañada de toques de santos y bailes frenéticos.
Posesión: le dio el santo.
Cultura, poesía oral. Sentido mágico, mitología negra.
Diablitos. Danza en bosques y ríos. Bautizos africanos.
Una cultura clásica africana, renacida en América.
Unas veces perseguida. Otras, discriminada y disminuida.
Aceptada a escondidas: tiradas de caracoles, brujerías de amor, "limpieza". Como otra superstición o religión.
No como cultura.
No se reconocía su valor madre. Su ancestro clásico.
Y ahora en la libertad debíamos reconocerla. Y reconociéndonos.
Identificarnos.
Chivo que rompe tambó, con su pellejo paga.
Romper el dominio de la cultura blanca, dominante.
(El cascarón blanco.
El mundo negro.)

Queríamos exaltar rumba, conga, baile, fiesta, toques, carnaval.

Se sentía la presencia sectaria de los "nuevos" políticos, de gustos deformados: la canción rosa y el zapateo, de Fidel, el vals vienés, y el bolero de Raúl Castro. Lo menos cubano.

No faltaban los que se inventaban un fantomático mundo indio que en Cuba no existía.

Ni el ballet yankófilo de Alicia Alonso, entonces.

Rusófilo después.

Y la peligrosa identificación blanca y fidelista, de conga y rumba, con lumpen y contrarrevolución.

Con el bloqueo, las casas de discos norteamericanas cortaban nuestra música o se llevaban nuestras orquestas.

Luchábamos porque nuestra música no desapareciese del mundo.

Había casas discográficas europeas progresistas.

Emisoras. Empresas como el Olimpia. Las contratamos. Pero fuimos saboteados.

Estaba África sedienta de sentir viva la música de sus hijos y nietos.

La música, el baile, el ritmo, eran vital en la vida de Cuba.

Nos espantaba el socialismo real, gris, dramático y triste de Moscú y Praga.

Qué horror.

Inventamos Papel y Tinta.

Grandes fiestas populares a son de pueblo.

Palmas de plata a los mejores intérpretes de la música popular.

Unida a premios a los más representativos de la cultura artística.

El Papel y Tinta primero queríamos hacerlo en el Capitolio.

"Profanarlo" con el Benny More.

Aquella odiosa copia, Washington-remember-Roma casa de la politiquería criolla, con su famoso diamante desaparecido.

Pero Núñez Jiménez dijo: "Mi Capitolio no se toca".

Y nos fuimos al Centro Gallego.

Era gallego y blanco.

Y estaba en aquel miserable parque central.

Sí, señor.

La negrada al centro gaito nacionalizado.

Una avalancha de gente bailando. El palacio temblaba.

Próximo el periódico *Hoy,* aterrado. Un congreso o reunión de la OIP —periodistas del mundo socialista.

Al escándalo gritaban:

—Una contrarrevolución. Una contrarrevolución.

A Carlos R. Rodríguez, que presidía, no quedó otra salida que decir amoscado.

—Es una fiesta de *Revolución.*

Y allí mismo se acabó aquello.

Todo el mundo quiso echar un pie.

Eran fiestas memorables. Que seguían la tradición del carnaval de Oriente. De la Tropical, Cristal. Y Polar.

Benny, Chapotín, Pacho, Aragón, Celeste, Los Muñequitos, Los Congueros del Carnaval, de Santiago y su trompeta china, Bonne, Zafiros, Bacallao.

Había sus broncas. Y para controlarlas, Mateo, nuestro administrador, organizó una comisión de orden. Los negrones del Quini "tiene bandera", que decía:

—No queremos que nos rompan el termómetro de la tranquilidad. Mielmano.

Había también bailes de disfraces.

Sensación hizo Ithiel León, subdirector de *Revolución,* cuando bajó disfrazado de Groucho Marx, el *Capital* bajo el brazo.

Y la *Internacional* en ritmo de conga.

Los celos, las intrigas, las guerritas empezaron.

Conociendo como se cranqueaba a Fidel, le decían:

"Dicen que a las fiestas de *Revolución* va más gente que a tus concentraciones".

"Ese Papel y Tinta: es papel y plomo."

Iban muchísimos, y los mismos a los actos que a las fiestas.

El pueblo.

Eran dos cosas distintas y la misma: alegría, revolución, socialismo.

"Profanan los cantos revolucionarios. No respetan nada."

"Profanación", gritaban rusófilos viejos y nuevos.

No. No. Esa gente no aceptaba la idiosincrasia cubana.

El "Somos socialistas. Palante y Palante", aterrorizaba a los burgueses.

Enfurecía a Fidel, Escalante y los otros.

No se entendía. O por mejor decir: la coincidencia me aterraba.

Así es el mundo.

Ni Picasso.

Ni Caturla ni Lam.

Ni Lezama.

Ni Benny More.

Ni poesía. Ni pintura. Ni arte. Ni literatura.

Ni *Lunes*.

Ni guaguancó.

Comenzaban las exposiciones rusas. Y la rusificación.

Y Fidel mandaba a Leovigildo González, mediocre pintor realista, nada menos que a pintar el Valle de Viñales.

Gigantescos mogotes. En una de las más espléndidas naturalezas de Cuba.

Millares de verdes. De palmas y pinos. Esculturas naturales

inmensas. Un valle rodeado de lomas cortadas y verticales. El Mural debía tener varios kilómetros de ancho y más de quinientos metros de altura.

Fortuna que la brava naturaleza no se dejó pintar.

Viñales venció.

Papel y Tinta no.

3

61 CALIENTE

1961 AMANECIÓ caliente.

Estados Unidos rompen relaciones con Cuba.

En otros momento hubiese sido tremendo.

Estábamos impulsados y no medíamos las consecuencias del acto.

En medio de la pelea, con la sangre hirviendo, el golpe no se sintió.

No se pensaba.

Y casi nos alegrábamos.

Al fin nos quitábamos un gran peso de encima.

Sería el año de la alfabetización y de muchas otras cosas.

La ciudad alfabetizaría el campo.

Cien mil jóvenes voluntarios enseñarían a leer a medio millón de analfabetos.

Una de esas cosas formidables que una revolución puede hacer.

Los estudiantes a la vanguardia.

Las familias pequeño burguesas, tan preocupadas con la virginidad de sus niñas, a gusto asintieron para que solas fuesen a los más apartados campos y montañas de la Isla.

Todo era un poco a la loca, pero qué más se iba a pedir.

Era el frenesí.

El año empezaba bien.

Y empezaba mal.

Las montañas del Escambray estaban llenas de alzados.

Se calculaban mil al menos.

¿Cómo era esto posible?

Se sabía: casi todos campesinos, obreros, rebeldes, gente del pueblo.

No eran los batistianos, que se habían ido casi todos. Ni los burgueses, idos también. Ni la CIA ni la contrarrevolución.

Esta "Trinidad" preparaba afuera una brigada invasora. Reclutaban en Estados Unidos. Entrenaban en bases de las tiranías caribes.

Del Escambray se discutía con Fidel, que no tomaba medidas eficaces y definitivas.

Siempre rápido, esta vez lento. Como si no quisiese creer que lo que él había hecho, otros lo pudiesen hacer.

Se sospechaba que la lentitud de Fidel era una táctica.

Mejor dejar que se concentraran muchos y agarrarlos juntos.

Dorticós, el Presidente, que era cienfueguero y conocía la zona, estaba preocupado. Y el silencioso esta vez hablaba.

Era verdad que no había grandes combates.

Fidel hablaba de un fenómeno de imitación.

Sí había algo de eso. Era algo más.

Era casi toda gente perseguida injustamente.

Diría después el Comandante Tomasevich, que dirigía las operaciones antiguerrillas:

—Yo los cojo y Félix Torres los alza.

La población campesina no sólo no los rechazaba, más bien los alentaba.

¿Por qué?

Miedo, decían.

No.

La región de Trinidad, una de las más tradicionales y católicas de Cuba, había sido abandonada.

Muchas promesas y nada concreto.

Después de usar las montañas se las olvidó. No sólo el Escambray.

Aun la Sierra Maestra.

En la lucha contra Batista, en el Escambray, hubo choques y divisiones entre grupos. Y algún crimen.

Después de la victoria cayó allí gente inepta.

La causa principal era el célebre Comandante comunista Félix Torres.

Le decían el Comandante "Mentiritas".

El grado se lo habían regalado en Yaguajay, al fin de la guerra.

Y cuando se habla de Félix Torres, se encuentra el sectarismo: que es la causa principal de los alzamientos del Escambray, y otras zonas del país.

Perseguidos, de origen revolucionario, que escapan a la montaña. Obligados a combatir para escapar de las prisiones.

Pero si Félix Torres y otros comunistas viejos son visibles abajo, arriba están Ramiro Valdés, jefe de la Seguridad, Raúl Castro y Escalante y más alto de todos, Fidel.

En el Escambray y zonas limítrofes Félix Torres persiguió, fusiló, metió en prisión. Se volvió un mayoral. Y superó a los antiguos capitalistas, explotando a obreros y campesinos en campos y montañas.

Uno de los sistemas más odiosos de trabajo: el llamado ajuste a destajo, causa de grandes luchas sindicales, abolido, fue restaurado. No era un trabajo por un salario mínimo y ocho horas, como establecía la ley.

El patrón pagaba una cantidad por el trabajo de una extensión de tierra: en la práctica, más horas y menos salario.

Torres y otros administradores le quitaban al pequeño campesino la tierra, incluso la dada por la reforma agraria.

Y a otros, el trabajo. En muchas fábricas del país, los que habían combatido contra Batista eran expulsados por los administradores comunistas.

El Comandante Torres se volvió un viejo verde. Y estableció su harem.

Un harem campesino.

Con su poder compraba y obtenía todo.

La persecución en todo el país aumentaba, y los alzados no sólo eran de la zona.

Una vez más Estados Unidos, la CIA y la contrarrevolución hostigarían y sabotearían la operación.

Esta oposición no controlada no les interesaba.

No les enviaron armas. Y si algún paracaídas fue lanzado desde el exterior, cayó en zona oficial y sirvió a Fidel para acusar al Escambray como una actividad organizada por la CIA y la contrarrevolución burguesa.

Algunos jefes alzados fueron informados desde Estados Unidos de que no debían pelear.

La consigna era esperar. Que serían apoyados por una invasión. Que muy pronto llegaría el momento.

Paralizaron así una buena parte de las guerrillas. Y los llevaron a la derrota, la prisión y la muerte.

Guerrilla que no se mueva, foguee, combata, adquiera experiencia y extienda su campo de acción, perece.

Y eso fue lo que ocurrió.

Una minoría de guerrilleros, con experiencia de la lucha contra Batista, no aceptó el "consejo" norteño y combatió.

Esos hombres duraron años resistiendo en las montañas.

Algunos resistieron en condiciones increíbles contra oleadas y más oleadas de ejército y milicias bien armados, hasta siete años. La mayoría no combatiente no duró ni tres meses.

En el Escambray hubo de todo.

De parte y parte.

De ahí la oposición de Fidel y la larga desgracia de Norberto Fuentes, autor del extraordinario libro *Condenados de Con-*

dado, premiado por la Casa de las Américas.

En un instante así, apasionado y de lucha, el asesinato del brigadista y alfabetizador, el estudiante negro, Conrado Benítez, de parte de un grupo de alzados, conmovió a la opinión pública.

Atacar la alfabetización: asesinar a un joven negro y pobre.

Tocó la conciencia de la gente más que la voz de Fidel.

Y si ésa no fue la regla, dio la impresión de serlo.

Y puso al pueblo en contra.

La presión y amplitud del movimiento oposicionista obligó a Fidel a tomar en serio al Escambray.

Y entonces movilizó las milicias, el Ejército y los comandantes rebeldes y los mejores guerrilleros de la Sierra y el Segundo Frente.

Sesenta mil milicianos voluntarios rastrearon las montañas.

Hicieron enormes cercos.

Y Fidel ordenó una deportación masiva de la población campesina.

La tristemente famosa Reconcentración de Weyler, cuando la guerra de la Independencia, obligó a la población campesina cubana a dejar los campos y acampar en las ciudades.

El intento fracasado de Batista en el 57.

En secreto, a gran velocidad, y siguiendo la técnica de Stalin de las deportaciones masivas de población, Fidel Castro ordenó que todas las familias campesinas, sin excepción de lo que pensaban, fueran deportadas.

Los hombres a prisión. Los cómplices, o supuestos, fusilados.

Las mujeres y los niños, a las casas abandonadas por los ricos en los barrios más aristocráticos de La Habana.

Todo en secreto.

La zona aislada. El Escambray. Isla de Pinos. Camagüey.

Parecerá increíble, pero pasaría bastante tiempo para que se supiera lo ocurrido.

Lo único visible: la aparente preocupación por las familias campesinas, viviendo en las casas de los millonarios que la revolución les daba.

Los fusilamientos se pusieron a la orden del día.

El terror rojo se hizo sentir.

La primera gran campaña del Escambray no duró mucho.

Les cayó encima una avalancha.

Más de ochocientos hombres fueron hechos prisioneros.

Otros muertos y heridos. O fusilados.

Y Fidel con un importante comunicado anunció al pueblo el fin del Escambray.

Usando por primera vez una técnica eficaz que se volvería norma.

Dar por terminada una operación militar antes de estar terminada.

Aislándola psicológicamente, al interior y al exterior.

El Escambray se volvió un tabú. Secreto. Seis o siete años después había todavía alzados y combates y operaciones.

A mi parecer, el Escambray estaba condenado a morir.

Su apoyo. y base principal era la oposición revolucionaria. Espontánea. Desorganizada. En un momento de confusión histórica.

El gran encuentro con Estados Unidos y la burguesía criolla.

Con el pueblo que apoyaba a Fidel, que veía como jefe indiscutido de la Revolución.

Era demasiado pronto. No se veía claro el porqué de las persecuciones de revolucionarios.

Ni por qué se daba tanta importancia en la base al aparato y militantes del viejo comunismo.

Ni se veían los efectos del sectarismo: burocracia, crisis económica, desorganización productiva, reforzamiento del Estado, militarismo, marginación del pueblo de la creación de la nueva sociedad.

Era claro sólo el fin de la propiedad privada, de la dominación extranjera y la recuperación de las riquezas, dignidad e independencia.

Era imposible entonces una oposición revolucionaria.

Esta oposición no buscaba ni quería el apoyo norteamericano.

Y si alguien lo buscó, no lo encontró.

La CIA ha sido una enemiga de Fidel.

Y su aliada potencial.

Por razones muy suyas: es decir, controlar y dirigir la contrarrevolución y ocupar después el país. Usando batistianos o bitongos.

Es una historia que se verá mejor más adelante.

Entonces no se veía.

Aparentemente oposición y contrarrevolución eran la misma cosa.

Y ésa era su condena a muerte.

TORTURAS

Un día uno de nuestros reporteros, compañero de clandestinidad, que había estado con el Che en la campaña del Escambray, y que teníamos movilizado allí, vino a La Habana y me dijo.

—En el Escambray están torturando.

—Cómo.

—Sí —respondió—. El comandante Dermidio Escalona y otros. Practican la tortura conocida por la jicotea. Meten la cabeza del prisionero en una fuente de agua o barril y casi lo ahogan. Cuando está por ahogarse, lo sacan. Un instante de respiración y lo sumergen una y otra vez hasta que habla o muere.

Era la primera noticia directa que me llegaba de torturas. He contado antes el episodio que me costó una detención, por protestar públicamente de una tortura practicada en La Habana por un capitán que de oficial de la escolta de Fidel pasó al Buró de Investigaciones, que ya no se llamaba así.

Sabía que el comandante Efigenio Amejeiras, jefe de la Policía Revolucionaria, había realizado una labor de sanear aquel cuerpo, corrompido y criminal.

Conocía la ojeriza que le tenía la Seguridad y Ramiro Valdés. Dije al compañero.

—¿Te atreverías a fotografiar discretamente alguna tortura de la que me cuentas?

Y él, sacándose un rollo fotográfico del bolsillo, me contestó:

—Aquí lo tienes. Te lo revelo en seguida.

En las fotos se veían claramente al Comandante Escalona y otros sicarios suyos golpeando o torturando prisioneros.

Tomé las fotos y salí disparado a Palacio, donde había un Consejo de ministros.

Allí encontré a Fidel, y sacando el paquete de fotos, pensando que llevaba una terrible prueba que desconocía, le dije:

—Fidel, en el Escambray están torturando.

Ante mi asombro, Fidel no mostró la más mínima sorpresa.

—Mira, Franqui —respondió—, tú sabes que Almeida es muy humano, ¿verdad?

—Sí —respondí.

—Pues bien, Almeida cogió un grupo de gente sospechosa que salía de allí, le aseguraron su inocencia y como no tenía pruebas, Almeida los soltó.

—No entiendo —contesté.

—Más adelante de Almeida estaba Escalona, y la misma gente cayó con él, que los apretó y asustó, ¿y sabes qué pasó? Que los tipos hablaron.

Y continuó:

—Y por ello hemos cogido una red, cientos de presos, desbaratado una organización nacional, salvado vidas de revolucionarios y actos enemigos. ¿Qué te parece? Por el "susto" colaboraron. Hablaron.

—Pero, hombre, Fidel —y esto me salió del alma—, he oído exactamente las mismas palabras, me las decían los torturadores en el Buró de Investigaciones de Batista, cuando me torturaban.

Y agregué:

—¿No sabes tú que la tortura siempre se ha hecho para que la gente hable? ¿Que la mayoría no puede resistir y habla?

—Es un método eficaz, que usan las policías de casi todos los países, en todos los tiempos. No la practican porque sean "malos". Es práctica, funcional. Sirve para aniquilar el enemigo.

—Pero, ¿has pensado en la degradación moral? ¿En los peligros que hay de que una policía revolucionaria, un Ejército popular, practiquen la tortura? Eso no lo para nadie después de establecido como método y norma.

—Sí. Sí. Es verdad —me dijo Fidel. Te doy mi palabra, han sido casos excepcionales y no se repetirán. —Y agregó—: Esta revolución fusilará. No torturará.

Y dicen que por entonces fue así.

Es difícil. Casi imposible hablar de la Seguridad. Tal era su secreto y dominio.

Pero me parece que así es como se saben otras cosas.

Largas prisiones. Injusticias. Deportaciones. Fusilamientos rápidos.

No hay mucha información de torturas físicas en los predios de Ramiro, Raúl y Sergio del Valle.

Sí en cambio de torturas psicológicas: oscuridad, calor y frío. Aislamiento. Incomunicación. Abandono del preso por días y meses.

Amenazas de fusilamiento. Y otras bellezas.

Tan depravadas como las torturas físicas.

Hay información sí de maltratos físicos, de asesinatos. Los presos cubanos son los que llevan más tiempo encarcelados.

La mayoría de los casos conocidos es posterior al año 61.

Salí aquel día de Palacio con un sentimiento contradictorio.

Era inconcebible que Fidel conociera y permitiera los métodos de Escalona.

Pero si lo había reconocido y admitido era posible que pudiera cumplir su promesa.

Y me quedé con la conciencia a mitad limpia y a mitad sucia.

Y el estómago revuelto.

VIAJE AL BRASIL

ERA el viernes 7 de abril.

El Presidente Dorticós me llama a Palacio y me dice:

—La próxima semana es la asamblea de la ONU en Nueva York, y necesitamos que Brasil vote la resolución a favor de Cuba. Ni el embajador de aquel país ni su Ministerio nos ofrecen garantías.

Y ante mi sorpresa:

—Hay que hablar directamente con Janio Quadros. Y no de forma oficial. Un no trascendería, las relaciones serían afectadas. Pensamos que nos tiene simpatías. Y que tú podrías verle. No eres un representante oficial, pero se conoce la vinculación del periódico a la Revolución: tienes que irte directamente a Brasilia, sin detenerte en Río de Janeiro, y lograr que Quadros te reciba el lunes. Ingéniate para verlo sin audiencia. Háblale en nombre de Fidel y el gobierno, y convéncelo de que su voto es vital para el pueblo de Cuba. Es una misión difícil. Que no puede fracasar ni trascender.

Y agregó:

—Fidel ha pensado que el hombre eres tú. ¿Qué piensas?

—Estoy de acuerdo —contesté.

Creo que fue ésta la primera y una de las pocas misiones semi-oficiales que se me encargara. Sospechaba que nadie quería ir y comprometerse. Era viernes y el lunes había que estar con Quadros.

El tiempo era el problema. Quadros había visitado Cuba y mostrado simpatías. Las relaciones eran buenas. Nuestro encargado de negocios allí era un joven burócrata, Raulito Roa, hijo del ministro de Relaciones Exteriores. Hijo de papá. Enviado a Estados Unidos, cuando la clandestinidad. Su padre se protegía en México y él en el norte y decía: "No voy a exponer mi vida por esos locos. Volveremos cuando caiga Batista y entonces con nuestra inteligencia nos necesitarán".

Padre e hijo harían larga carrera. Bufones, hábiles, obedientes y con dos o tres idiomas. Qué más necesita un burócrata.

Dorticós, despidiéndose, dijo:

—Recoge los pasajes en el aeropuerto. Sales esta tarde vía México, Bogotá, Río, Brasilia. Ramiro Valdés piensa que hay ciertos peligros. Dos compañeros de Seguridad te acompañarán. (Así me controlaban.)

—Eso sí que no —respondí. Necesito moverme solo. No llamar la atención. Nada más visible que policías disfrazados de civiles.

—Pero no puedes ir solo —objetó Dorticós.

—Si ése es el problema, me llevo a Castellanos conmigo. Es de toda mi confianza y eficaz.

—Ya sabía yo —dijo Dorticós, riéndose con sorna. Me conocía bien—. De acuerdo.

Y me dio la mano.

Por aquellos tiempos, Seguridad mudó a comandantes, ministros, dirigentes y personalidades importantes a nuevas casas. Algunos hicimos resistencia: Che, Faustino, Celia, Haydée, Chomón, Blanco, yo.

Eran las grandes residencias abandonadas por la burguesía habanera.

La vieja polémica venía desde el 59. Muchos fuimos a vivir a nuestros viejos apartamentos. Otros a "profanar", decían entonces, las casas ricas. Los "profanados" fueron ellos.

Con la casa venía la escolta permanente, 24 horas sobre 24. El pretexto alegado, cuidarte de la contrarrevolución.

234

(Así te controlaban siguiendo el método soviético.)

Algunos nos negamos. A los militares se les impuso la orden. Celia, Haydée y yo, como éramos civiles, escapamos de la escolta.

Me arreglé por cuenta propia. Castellanos era mi primo, y ya unos meses antes, en un misterioso asalto con granadas a *Revolución*, sólo él y yo disparamos. Mientras a Seguridad, que había infiltrado los atentadores, se les "escapaban" al último momento.

De las nuevas casas nadie se escapó.

Vivía en un pequeño apartamento de Santos Suárez. Y según Amejeiras, mi amigo, allí me prepararon un atentado. No me encontraron, estaba viviendo en el mar unas vacaciones.

Era una historia ligada a mi protesta por las torturas y a mi detención entonces.

Creía a Amejeiras. Lo otro me parecía agua pasada. Ocurrían cosas raras. Temía más a los Ramiros que a los contrarrevolucionarios.

Como no aceptaba la orden de mudarme, intervino Fidel.

—Tienes que mudarte. No puedes ir por la madrugada solo, tan lejos. Después de cerrar el periódico. Y por el mismo camino. Le han tirado a varios compañeros. Amejeiras que te cuente. Sabemos que te preparan un atentado.

Y ante mi mirada incrédula.

—Es una orden para todos. Tienes que mudarte para La Habana. Para una casa protegida.

Al otro día me dieron un manojo de llaves de la Reforma Urbana.

Casas intervenidas.

Casas increíbles. Naturaleza. Flores. Piscinas. Comodidades. Todo el confort de una burguesía tropical que sabía vivir muy bien.

Música. Libros. Muebles.

Sería un hipócrita si no dijera que eché mi sonrisita. A todas aquellas casas.

Sí, algunas era ostentosas. Feas. Inmensas.

Otras, agradables y bonitas. La naturaleza espléndida. El mar vecino. El aislamiento total.

Juegos para los niños en los jardines-parques privados.

Cuartos para los "compañeros domésticos".

Aire acondicionado para el calor. Agua limpia y soleada en las piscinas, para refrescarse del calor del trópico.

Y además la justificación "revolucionaria".

Era difícil encontrar una casa "discreta".

Las menos lujosas un escándalo.

Tuve que dejar la discreta casa marina, e irme a la calle Veintidós.

Y empecé a arrastrar un sentimiento de culpabilidad que me acompañó durante mucho tiempo.

No había hecho una revolución para convertirme en burgués.

Si ése hubiese sido mi interés, otro hubiese sido mi camino.

Y como soy uno del pueblo, al que veía vivir como antes, en apartamentos y solares malos, recibía las miradas irónicas de la gente, como diciendo a la cubana:

"Usté se la merece, compañero, gócela."

Es posible, y diría que seguro, que Fidel no se planteara esos problemas. Estaba acostumbrado a vivir en esas casas.

Las veía como necesarias a su seguridad personal. Era cierto.

Las fidelizaba en seguida. Llenándolas de mierdas y de vacas.

Tenía cerca de cincuenta residencias, en diferentes lugares del país, que usaba saltuariamente.

Decía él, además: "Los compañeros deben vivir bien para rendir más".

Y de otra parte: "No hay casas para todos". Y otros agregaban: "Los administradores deben ser eficaces para el bien del pueblo. No es posible un igualitarismo utópico. Hemos heredado un mundo desigual. Estamos haciendo justicia. Se necesita tiempo".

Esas realidades no me convencían. La nueva élite se volvía peligrosa.

Los capitalistas pensaban y actuaban así.

Y no olvidaba la vieja afirmación marxista: el hombre piensa como vive.

Y si vive de burgués, aunque sea o se crea revolucionario, actúa como burgués.

Río

Llegamos a Río el domingo.

La embajada cubana estaba en la zona alta del barrio rico.

Abajo Copacabana.

Río es una de las ciudades más impresionantes del mundo.

Y Castellanos y yo pasamos el día turisteando.

Al anochecer la ciudad parecía increíble.

Ciudad y favelas estaban separadas por una tierra de nadie.

Un enorme hueco de tierra.

Un contraluz impresionante de mierda.

La gente pobre, harapienta y flaca, tiraba sus tibores al hueco.

Una fila de culos al aire usaba el gran hueco, inodoro colectivo.

La mierda caía de gran altura.

Más allá la bahía, las montañas, el verde, la naturaleza pródiga.

El enorme Cristo del Corvocado.

Y más allá del hueco y de la mierda colectiva, el barrio rico, abajo Copacabana, una de las playas más maravillosas del mundo.

Las favelas, infierno a la puerta del *paradiso*.

Diría nuestro fotógrafo Jesse Fernández —que bien fotografía la miseria—: "Difícil fotografiar la riqueza. No tiene *feeling*".

Y con ironía: "Es la cámara quien habla, Yo también quiero cambiar la vida".

Había algo más fuerte que la miseria. El mundo brasileño.

Lisboa era un cementerio salazariano. Qué triste.

Tristeza-tiranía.

El brasileño no era más un fado, es la lengua más musical del mundo. Ritmo negro. Calor de trópico. Sangre de pueblo.

Inmortales son estos pueblos que resisten siglos y milenios hambre, esclavitud y tiranía.

Y aun bailan y cantan y ríen y viven.

Y cuando pueden estallan. Y se rebelan.

El lunes tomamos el avión para Brasilia. Un viaje por la enorme jungla brasileña. En medio de la jungla, una ciudad de rascacielos. Como si Nueva York hubiera aterrizado allí.

Qué locura.

La fría y deshumana arquitectura de Niemeyer: una isla de hormigón y cemento, rodeada de bosques inmensos por todas partes.

Cuántos recursos, esfuerzos y dinero tirados por gusto en un país con tantos problemas esenciales que resolver.

Con tantas ciudades para sede de gobierno.

El gobierno instalado allí, aislado y solitario, parecía un prisionero. Era el sitio ideal para la militarada latinoamericana.

Entré por el palacio presidencial como si nada.

Dije:

—Tengo una entrevista con el Presidente Quadros —y fui a

dar directamente a su antedespacho. Y como su secretario mostrara cierto asombro, le dije quién era y de parte de quién venía. Y me dijo de esperar, que hablaría con el Presidente.

Esperaban en la antesala entorchados militares, diplomáticos norteamericanos y periodistas que tenían audiencias.

Me preparé para una larga espera.

Pero por aquella época el nombre de Cuba era mágico.

Y el secretario me introdujo el primero en el modesto despacho del Presidente del Brasil.

Janio Quadros era un hombre simpático y sencillo. No se daba aires. Me recibió muy cordialmente, y, riéndose, comentó que algo muy importante debía traer un cubano como yo, que entraba casi clandestinamente en Palacio, en la mañana de un lunes, y sin audiencia.

Bromeando, le dije que más que traer buscaba.

Entregué una carta de presentación y saludo de Fidel y Dorticós.

—Qué pasa —preguntó Quadros.

—Señor Presidente —respondí—, Cuba tiene pruebas irrefutables de que se prepara una invasión de la Isla, desde distintas bases del Caribe. Tienen armas, barcos, aviones y protección y apoyos muy poderosos.

Quadros escuchaba con preocupación:

—En la asamblea de la ONU, de esta semana, México y otros países amigos presentarán una moción apoyando el derecho a la autodeterminación, y de solidaridad a Cuba. Cuba considera vital el voto del Brasil. Podemos derrotar la invasión. Pero es necesario parar las fuerzas extranjeras poderosas que podrían apoyarlos militarmente. El peso del Brasil, México y Venezuela es grande y puede contenerlos. Y éste el motivo de mi visita intempestiva.

El Presidente Quadros sin vacilación respondió:

—La causa de Cuba es la de Brasil y de América Latina. Cuba tendrá el voto de Brasil. Y su apoyo. Personalmente daré por teléfono instrucciones a nuestro delegado en Nueva York.

No pude menos que expresar a Quadros la gratitud cubana. Y cortésmente agregué que me encantaría conversar largamente con él, pero que había visto en la antesala de su despacho importantes delegaciones que esperaban.

—Pueden esperar —respondió, y siguió conversando. Interesado en lo que pasaba en la Isla, a la que tenía vivas simpatías.

Al salir de su despacho vi las largas caras de sus visitantes.

La noticia había corrido, que el Presidente hablaba con el director de *Revolución.* Que traía un mensaje especial de Fidel y otras cosas. A la salida del palacio los periodistas norteamericanos con su agilidad de siempre me interrumpieron.

Y me acosaron de preguntas.

Me defendí toreándolos.

Soy como ustedes. Sé preguntar. Es mi oficio entrevistar.

Son cosas del oficio.

Y escapé.

A partir de entonces: en los aeropuertos, por todas partes encontraba reporteros y fotógrafos que me perseguían.

Querían saber de qué había hablado con el Presidente Quadros.

Y yo callado.

Respondía, bromeando: *Revolución* es famoso por sus palos periodísticos. Ahora son ustedes los que me quieren palear.

Calma. Calma.

Mientras volaba sobre la jungla, y Brasilia iba desapareciendo, se reafirmaba mi convicción:

Aquel presidente honesto, aislado, no duraría mucho tiempo.

Brasilia era el teatro para el perfecto golpe militar.

Janio Quadros cumplía aquella vez con Cuba.

Y seguramente Kennedy en la hora cero de Girón debe haber pesado la posición y apoyo de Brasil, México y Venezuela a Cuba.

Ese mismo año Quadros tendría una larga conversación con Ernesto Guevara.

Meses más tarde, Che y yo nos decíamos:

¿Quién es el culpable?

La *jettatura* es tuya argentino.

Es *Revolución*, sos vos, los cintillos grandes.

A Quadros le habían dado el clásico cuartelazo.

No pienso que el apoyo a Cuba fuera lo decisivo.

Cierto que no pasó inobservado.

Regresé a Cuba.

Hice una escala en Panamá.

Nos detuvieron unas horas en el aeropuerto. Y después nos dejaron en libertad.

Unas horas después estábamos visitando el Canal famoso.

Los panameños se parecían a los cubanos. Rumba. Antiimperialismo. Mulatas. Estábamos encantados.

Pero el sexto sentido, o Changó, me decía que algo iba a pasar pronto.

Llegué a La Habana el viernes. Hacía una semana que había salido.

Era la víspera de Playa Girón.

Y de acontecimientos que iban a modificar profundamente la Revolución cubana.

BOMBARDEOS

El sábado 15 de abril por la mañana los aeropuertos de Santiago y La Habana fueron bombardeados.

La señal era clara.

Como en Egipto, el primer objetivo del ataque y la invasión era destruir los pocos aviones militares del país.

Se declaró el estado de alerta.

El día sábado no pasó más nada.

El día domingo, nada.

Emotivo funeral de las víctimas y discurso de Fidel, que por primera vez, y en instante tan delicado, proclama el carácter socialista de la Revolución.

¿Señal a la Unión Soviética y a Estados Unidos?

Seguramente.

¿Razones internas?

Sin duda. Aprovechaba una circunstancia difícil para anunciar al pueblo una definición que cambiaba muchas cosas.

Una vez más hacía parecer lo que ya era una realidad como algo necesario que le imponía el enemigo exterior.

¿Por qué el bombardeo y la invasión no fueron simultáneos?

Fidel por esa época decía:

—Imposible evitar desembarcos en una isla con tres mil quinientos kilómetros de costas. La cuestión es estar preparados para localizar y rechazar los desembarcos en seguida.

Cuba es una isla larga y estrecha y de buenas comunicaciones. En la cercanía de las costas, localizar una tropa invasora es fácil.

Nuestra fuerza entonces eran las milicias y el apoyo popular.

Más que las armas.

La Isla estaba llena de milicias voluntarias.

(Nunca me expliqué por qué, sabiendo que era inminente un ataque, y dada la intensidad de relaciones con la Unión Soviética y el Este, no teníamos aviación militar. Ni estábamos suficientes armados en artillería, transportes, cañones, antiaéreas, etc.)

Eran secretos militares.

Y no me interesaban. Suponía que la lentitud burocrática de la URSS y satélites, y la distancia y técnicas de aprendizaje, serían las causantes.

Pero no lo sabía ni lo sé.

Sé sólo que en Girón lo decisivo fue el factor humano.

La sangre cubana y no el armamento soviético o checo.

En la madrugada del lunes 17, las tres de la mañana pasadas, llamaron de Nueva York.

Era la redacción del *New York Times.* Tal se identificó.

Elio Constantin, nuestro jefe de redacción, contestó en inglés:

—¿Han tenido noticias de una invasión de la Isla?

Elio, sorprendido, pidió más detalles.

Agregaron del otro lado.

—La noticia aquí es que han invadido la Isla. Queríamos confirmar con ustedes. Hemos llamado al ministerio de Relaciones Exteriores, al Palacio Presidencial. Nadie responde. Llamaremos más tarde.

Llamé a la calle Once. Celia se puso al aparato. Le conté que nos habían llamado del *New York Times*, y que quería hablar con Fidel. Allí estaba Fidel, que tomó el teléfono, y le dije de la llamada.

—Increíble —respondió Fidel—, hace unos minutos la microonda de una milicia, que estaba en la costa de Playa

Larga, nos comunicó de un desembarco enemigo. Les pareció un gran desembarco. Nos hubiéramos enterado por esa gente. La primera cosa importante —me dijo—, saber si el desembarco es por varios lugares o sólo por allí. Estamos tomando medidas en Matanzas. Y preparándonos en otros lugares. Alertas y sangre fría. Nos mantendremos en contacto.

Esa madrugada y parte de la mañana Fidel estuvo muy atento a decidir si era uno o varios desembarcos.

Las noticias eran contradictorias y algo vagas.

Desde algunos lugares en la costa oriental, y de otros, señalaban la presencia de barcos. No se sabía si eran normales. De guerra o desembarcos.

Cuando después de siete horas del desembarco, hacia las diez de la mañana, y sin confirmación de otras invasiones por tierra, Fidel se convenció que el ataque estaba concentrado en la ciénaga de Zapatas.

Estratégicamente, el lugar era perfecto para el desembarco.

Aislado, cerca de La Habana. Con puerto y aeropuerto.

La ciénaga de Zapatas cubre la costa sur de tres provincias cubanas: Las Villas, Matanzas, Habana. Una tembladera de varios kilómetros de ancho y centenares de costas.

Intransitable aun a pie.

La única comunicación son dos carreteras que atraviesan la ciénaga rodeadas de tembladeras a ambos lados. Y el sur por mar.

Los invasores tomaron esas carreteras. Dominaban el aire con sus aviones y el mar con sus barcos. En tierra, ametralladoras pesadas y tanques. Con paracaidistas ocuparon la retaguardia de Covadonga.

En esas condiciones era muy difícil penetrar la ciénaga, que se hacía casi inexpugnable.

Como estábamos en época de sectarismo, Fidel tenía un Estado Mayor militar-burocrático de gente que no había disparado un tiro en su vida: el gordo Aragonés, Osmani Cienfuegos, Flavio Bravo, y algunos adjuntos, Augusto Martínez y compañía.

En realidad, Fidel nunca tuvo Estado Mayor ni en la guerra ni en la paz. Discutía por separado con el Che, Camilo, Almeida y otros comandantes, sobre sus misiones específicas.

Este Estado Mayor de Aragonés y Osmani, duró menos que el merengue a la puerta del colegio.

Su única y brillante proposición fue la de hacer una retirada hacia el interior de Matanzas y dejar al enemigo salir de la ciénaga pata atacarlo.

Un plan imbécil y suicida, típico de pendejos y comevacas.

El volumen de fuego enemigo era intenso. Sus aviones ametrallaban las carreteras, y numerosos muertos y heridos de las milicias caían en las primeras horas.

Así, mientras el bravo Augusto se escondía debajo de una mesa, y sus colegas se sostenían la quijada con la mano, a Girón fueron llegando Amejeiras y los viejos rebeldes serranos.

Se sabe, los burócratas no sirven para momentos difíciles.

Los combates eran duros. Tenían armamentos modernos y peleaban bien. En las primeras horas rechazaron ataques y consolidaron sus cabezas de playa por varios lugares.

La incógnita era: es una invasión de cubanos ayudada por Estados Unidos, o intervendrán aviación y tropas norteamericanas en su apoyo, después que proclamen un gobierno, que lo "desembarquen", en una parte del territorio ocupado, lo reconozcan. "Pida" ayuda y se la den.

Parecía lo más lógico.

Pero de cierto no se sabía nada.

No era necesario ser lo bicho que es Fidel para darse cuenta de lo decisivo: evitar el gran peligro de apoyo norteameri-

245

cano, liquidando en seguida la invasión.

Cada hora de resistencia era un peligro.

Del bombardeo se habían salvado cinco aviones camuflados en otros sitios o reconstruidos.

El problema era cómo usarlos. Si de protección a las fuerzas nuestras, que avanzaban con grandes pérdidas, por las dos carreteras dominadas por artillería y aviación enemigas, o bombardear los barcos que no habían terminado aún el desembarco. Destruirles parte del armamento y el parque y cortarles la retirada.

GIRÓN Y EL ESCAMBRAY

Los cinco aviones escapados del bombardeo fueron mandados sobre los barcos de la Brigada; la orden: hundirlos.

El objetivo era dejarlos sin parque, sin una buena cantidad de armamentos aún no desembarcados, sin comunicaciones.

Sin posible retirada. Un golpe psicológico.

Economía de tiempo en guerra es economía de vidas, afirmaba Fidel Castro.

El avance por carreteras descubiertas, sin protección aérea, con la presencia de la aviación enemiga, debiendo afrontar la artillería y los tanques enemigos bien instalados y en posiciones favorables, fue no sólo difícil, muy alto el costo en vidas humanas.

¿Era éste un concepto fidelista de la guerra?

No en la Sierra.

Si es verdad, ésta era guerra regular, no guerrilla.

Es la concepción rusa de hombres contra armamentos.

Verdad es que había allí dos generales soviéticos, de origen hispano. Que de la República fueron a Moscú y allí participaron en la guerra contra los nazis.

Uno de ellos, Ciutah, un veterano, un zorro. Fue el hombre mandado por el Ejército Rojo y el partido soviético como asesor y formador del nuevo Ejército cubano. Y su padre verdadero.

Técnicamente, por su experiencia, era el más preparado para una batalla como la de Girón.

El otro general hispano-ruso era un experto de la contraguerrilla, con esa función los rusos lo enviaron a Cuba. Durante años participó en las luchas del Escambray y de otras regiones alzadas. El factor decisivo de Girón no fueron ni las armas pesadas ni los generales. Fueron los hombres. Las milicias. La columna de Amejeiras y su avance suicida. Diezmada, llegó a la Playa, pero llegó.

Siempre me he preguntado, sin encontrar respuesta, por qué en 1961, sabiendo, como todo el mundo sabía, que se preparaba una expedición en Centroamérica, cómo es que Cuba no tenía aviación militar.

Ni suficientes armas pesadas para rechazar un ataque, teniendo, como tenía entonces, fuerte relación con la Unión Soviética.

¿Lentitud burocrática rusa?

¿Quizás?

¿Subestimaba Fidel Castro a sus enemigos?

¿Pensaba que Estados Unidos no pasaría de darle un parcial apoyo?

¿No había pasado lo mismo en el reciente Escambray?

No se adivina la actitud de Fidel, cuando el alzamiento del Escambray. Hombre tan desconfiado y rápido como él, durante meses no decidía nada.

Dorticós, el Presidente, de cienfueguero, sabía bien que se alzaba mucha gente. Fidel no los tomaba en serio.

Y hubo mil alzados. Cifra extraordinaria, si se recuerda que sólo tres meses antes de la victoria tuvimos nosotros mil guerrilleros. Fidel no tomaba medidas. El jefe militar del Escambray, el médico Piti Fajardo, era el secretario y jefe de la escolta de Fidel, no tenía la experiencia militar de otros comandantes.

Allí murió muy pronto.

Pienso que Fidel era más maquiavélico de lo que parecía.

Fidel sabía, de experiencia propia, "que guerrilla que no combate y se foguea, perece".

Fidel sabía que los alzados del Escambray no sólo no tenían apoyo de la CIA y de Estados Unidos. No tenían su confianza. Sólo la Brigada era respaldada por la CIA.

El Escambray no fue organizado por la CIA.

Fue un alzamiento interno. Donde se confundían revolucionarios perseguidos, rebeldes y campesinos, perseguidos por comunistas y Seguridad, aventureros y gente afectada por la Revolución.

En una guerra tal, mirar al norte era natural. En todas las guerras cubanas las armas venían del norte. Clandestinas y a su pesar, pero de allí venían. El exilio era antigua tradición. Creo además Fidel esperaba que se concentraran muchos alzados, que mientras no pelearan eran más fácil de liquidar que guerrillas móviles y aguerridas.

Del norte enviaron al Escambray sólo unos paracaídas, que, cayendo en manos de las milicias, identificaron el alzamiento con Estados Unidos, quitándole su carácter nacional, hundiéndolo políticamente.

Otra orden, y ésta fatal, vino de la CIA al Escambray: no combatir. Esperar la invasión.

Las guerrillas que combatieron, con alzados que tenían experiencia de la lucha contra Batista, resistieron en aquellas montañas cinco años de cercos, combates, persecuciones y deportaciones masivas de campesinos. Combatieron contra una milicia de sesenta mil hombres. Contra capaces jefes guerrilleros, como Tomasevich, la aviación y las armas modernas que la Unión Soviética envía a Cuba del 61 al 66.

Mil alzados, cuyos jefes vacilaron y esperaron la hora cero de la invasión, fueron liquidados rápidamente.

Su derrota conocida por el pueblo y el abandono sufrido por aquellos alzados desde el exterior, crearon un sentimiento de derrota y fracaso fatal.

Fidel Castro simbolizaba la Revolución. La Revolución nos había liberado de Batista y de la dependencia extranjera. Profundas y radicales medidas, como la reforma agraria y las nacionalizaciones de propiedades extranjeras y nacionales, habían penetrado profundamente en la conciencia del pueblo cubano, que estaba dispuesto a morir por la Revolución.

El sectarismo, las persecuciones, injusticias, errores, la influencia comunista, las dificultades económicas, eran criticadas por la gente.

Pero su voto de confianza iba mucho más allá.

No se olvide que era como todos los períodos similares, en momentos de confusión histórica. Se ve sólo desaparecer el viejo poder injusto, no se ve aún, ni hay óptica para mirar, el nuevo poder opresor que estaba naciendo.

Era la Revolución con sus injusticias la que creaba su propia oposición. Y ésta canalizaba el descontento, que, como dice el Che, era siempre mayor, y aun el mismo Fidel reconocerá, en el discurso del 26 de marzo.

La contrarrevolución, y su matriz, la CIA, y el gobierno norteamericano, asesinaron esta oposición.

La razón es clara; no querían gente democrática, alzada, anticastrista, pero independiente.

Querían incondicionales, burgueses o batistianos, que les obedecieran fielmente.

La tesis que miraba al norte estaba derrotada al nacer.

Sólo una invasión de Estados Unidos podía, puede, vencer militarmente.

Ningún pueblo en la historia de la humanidad apoyó nunca una invasión extranjera.

Cuando se es atacado, aun para oposición, la única regla es defenderse.

Una invasión y una ocupación norteamericana causarían un millón de muertos y asesinados, la instalación de otro feroz régimen militar y la posible o segura destrucción de la nación cubana.

La oposición cubana —y la oposición socialista, esa que se opone al socialismo real, que con los ideales socialistas nada tiene que ver— tuvo entonces vida difícil, y la tiene aún.

En términos históricos, está destinada a convencer y a cambiar profundamente un mundo —el cubano, el ruso, el checo, el chino, el vietnamita, el mismo sistema— que no funciona, que no produce, que se autodestruye: guerras y ocupaciones socialistas de la URSS a Checoslovaquia, entre la URSS y China, China y Vietnam, Camboya y Vietnam, Cuba y Angola, Etiopía y Eritrea.

Mundo donde el estado opresor, que debía desaparecer, es total, todopoderoso, un partido único, un propietario único, pueblos sin libertad y sin abundancia, que sólo deben trabajar y obedecer, y burócratas que disfrutan riquezas y privilegios.

GIRÓN: COMBATES

En 72 horas la cabeza de playa ocupada por la Brigada invasora fue recuperada en furiosos combates. Su resistencia tenaz pero inútil. Abandonada por Estados Unidos, sin apoyo aéreo y refuerzos, con la retirada cortada y la oposición del pueblo cubano, que les aseguraron "se les uniría", la Brigada se sintió "traicionada" y perdida.

Derrota y rendición inevitables.

Era el día tercero cuando en un jeep, con Fidel y su escolta, nos detuvimos en un lugar del frente. De unos arbustos de la ciénaga salió un grupo de invasores, mano en alto, rindiéndose, después de tirar las armas. Asombrados Fidel Castro y nosotros nos miramos. Una ráfaga de aquellas ametralladoras nos hubiese enviado al otro mundo. Era gente aquella que había peleado durísimo. Arriesgado la vida. Ahora se rendían.

Fue entonces cuando Fidel Castro dijo: "Voy a anunciar la rendición masiva de la Brigada, así ganamos tiempo y evitamos cualquier reacción norteamericana".

Cuando alguien dijo que quedaban aún más de mil invasores armados, sin capturar, replicó:

—Sí, pero se sienten abandonados, traicionados y derrotados. Ningún ejército en el mundo pelea en esas condiciones, y agregó:

"Que se respete a los prisioneros".

Entonces, dijo "por qué no los presentamos por TV".

—Sabes, Fidel, el mal efecto que hace un prisionero obligado a hablar. Recuerda el juicio por TV, del criminal Sosa Blanco. Los cubanos no soportan la crueldad ni el Circo Romano.

—Podemos convencerlos, Franqui. Hablen con éstos y verán que aceptan.

—Sí, sí, sí —respondieron algunos.

—Fidel —agregué—, garantízales que no los fusilarán. Asegúrales que pueden discutir sin sanciones. Contradecir. Entonces tendríamos una discusión nunca vista por Televisión.

—No vamos a fusilar a nadie —dijo Fidel, dirigiéndose a los prisioneros—. Les garantizamos la vida. Tengan confianza en mis palabras.

A nosotros, más bajo: "los voy a cambiar por tractores a los americanos".

Y así fue.

Las discusiones fueron extraordinarias. Como las razones y sinrazones de ellos, eran menos que las nuestras, perdieron la batalla y la discusión.

Algunos la ganaron: Rivero, Andreu y otros, sonaron a Carlos Rafael Rodríguez, ganando por su coraje la admiración de la gente.

La mayoría de los prisioneros después de decirle cosas durísimas al mismo Fidel Castro, terminó aplaudiéndolo en una memorable discusión radial y televisiva, trasmitida al mundo.

Hubo en Girón crueldades de parte y parte, como en toda guerra.

Varios prisioneros encerrados en un camión que los transportaba a La Habana, murieron asfixiados. El telegrafista de los invasores ejecutado por éstos, que lo consideraron un espía, era inocente.

Fueron éstas excepciones, no la regla.

Si se piensa en la importancia de la invasión, en los peligros que tenía, en los muertos sufridos, muchos más los nuestros que los de ellos. Las penas impuestas y el poco tiempo que estuvieron en prisión, hasta ser cambiados a Estados Unidos, puede verse cómo Fidel Castro, manejó fríamente la victoria, con mucha menos dureza que la impuesta a miles y miles de presos por actos menores, por delitos de opinión o simples sospechas.

La magnitud del hecho y el deseo propagandístico de Fidel, evitó a los invasores prisioneros de pudrirse en las cárceles castristas.

LA VICTORIA DE GIRÓN

La victoria de Girón fue un extraordinario triunfo de Cuba, una derrota de Estados Unidos y de su CIA, que organizó y dirigió la operación.

La potencial contrarrevolución liquidada.

La posibilidad de una larga, peligrosa guerra local, un gobierno títere que pidiese apoyo y sostén norteamericano, que lo justificase, como agrada a la política norteamericana, quemado.

La "unidad" impuesta por arriba, de la CIA, se hizo polvo.

Miró Cardona, presidente "designado", un prisionero con Gobierno en residencia vigilada, en una base militar norteamericana, y aun, si tarde, Miró Cardona renuncia y escribe una carta-testamento que documenta cómo la ayuda de los poderosos tiene un precio: ser sus títeres.

Duro golpe para la CIA.

Para Kennedy y la diplomacia americana que en la ONU mintió, con no menos pudor que la Unión Soviética cuando la Crisis del Caribe.

Kennedy hereda la operación de los republicanos, Eisenhower-Nixon, asume la responsabilidad, da luz verde al desembarco, y la luz roja a la protección aérea, naval o terrestre americanas, del fracaso, la guerra entre la potente CIA y el Presidente comienza.

El prestigio de Cuba en todo el mundo, por las nubes.

En el orden interno, la victoria es un desastre.

La invasión no tiene apoyo interior. La sensación física, nada se mueve.

No estaba sincronizada con el interior, la CIA sacrifica la oposición interior y dejó solos al Escambray y a las otras guerrillas. Como sacrifica al mejor exilio, que no le era incondicional. Gutiérrez Menoyo y otros.

La oposición interna no es la contrarrevolución ni lucha contra las conquistas sociales radicales alcanzadas. Se batía contra la influencia comunista, militarismo y represión, se defendía de los ataques sufridos.

Era nacionalista y en gran parte "creada" por Seguridad del Estado y Comités de Defensa y su implacable persecución.

La victoria pudo ser el inicio de rectificación de errores internos, de parar el sectarismo, recuperar a disgustados, de comprender que no había en el interior del país una contrarrevolución.

Fue todo lo contrario.

La detención masiva, indiscriminada, en toda la Isla, fue enorme.

Más de cien mil personas.

Las cárceles se llenaron. Cualquier cosa servía de prisión.

En los campos, establos de ganados, potreros con alambradas.

En las ciudades metían a los presos en los estadios deportivos. Los siniestros estadios-prisiones de América.

Estaban naciendo, *¿remember* Chile?

Menos crueles se me dirá, sí, cierto, no menos estadios.

Ni menos ilegales.

Las detenciones, más que dirigidas a golpear una posible reacción futura, enfocaron a los revolucionarios a quienes los comunistas que no habían hecho la Revolución odiaban.

Clandestinidad, sindicalismo independiente, Directorio, estudiantes, católicos, ortodoxos, profesionales, técnicos, campesinos.

A la *vendetta* comunista se une la *vendetta* de los marginales de los Comités de Defensa de la Revolución, que odian aun a quien tenía un trabajo.

Una manera de obtener algo: una casa donde vivir, un auto. Un puesto. Cualquier cosa.

Venganza dirigida de comunistas y Seguridad, venganza ciega de los Comités, con ese odio indiscriminado, aunque lógico, de quienes confunden patrón y obrero, profesional y clase media.

Los marginales mano de obra de la represión, en un sistema u otro.

Y el pequeño y furioso partido comunista cubano, que nos odiaba más que a los capitalistas, que habíamos vencido, que no soportaba una revolución radical, nueva, autónoma, no inspirada, dirigida y organizada de la URSS, y que ahora, con el poder que graciosamente Fidel les regalaba, la destruían con odio y furia.

Fidel daba la luz verde a la operación. Raúl la organizaba con Ramiro y la Seguridad, que dirigía Isidoro Malmierca, su segundo jefe, formado en Moscú, por la KBD, amigo de Chelepin, entonces enemigo de Kruschov.

La larga, experta, mano soviética, represiva, unida al brazo militar castrista.

Represión total.

En cafés, centros de trabajo, campos, granjas, barrios, montañas, ciudades y pueblos.

Una histeria colectiva.

Simple denuncia, sospecha, todo el mundo preso.

Así cayeron las propias casas donde vivían exiliados latinoamericanos, que se preparaban con discreción para la guerrilla.

Al Príncipe.

Invitados extranjeros.

Quien no tuviese un documento.

Quien tuvo la mala suerte de ver, o estar, en un sitio donde se detenía.

A veces por un sospechoso se llevaban a todos.

Autobuses que recogían gente por la calle, para que no faltara la nota tragicómica, la historia del vendedor de maníes, el chinito manisero que sube al autobús de los presos al canto de: "Maní, maní. Manisero. Maní. Manisero se va".

Termina de vender su maní, quiere bajar. La policía, a grandes risas, no lo deja.

—Cabayero, cabayero, yo so manisero.

—Manisero, eh. Gratis al Príncipe.

Una operación de terror ciega y total.

Los detenidos de antes, los que se consideran peligrosos, de aquellos días, son fusilados.

Los Sorí Marín, Eufemio Fernández, tantos otros.

Las condenas masivas no bajan de veinte años.

Muchos están aún en prisión.

Sin discriminar el que de verdad conspira del que critica, el inocente del culpable, el revolucionario del oposicionista, el sindicalista del propietario, el campesino del latifundista, el batistiano del político, el clandestino, el guerrillero del enemigo.

En el orden colectivo, principales víctimas son el movimiento sindical, técnicos y clase media.

De la misma manera precipitada, y sin discriminar, una semana o dos después, y ante la gran protesta y desconcierto, creado en todo el país, ordenan la liberación de los detenidos.

Se calcula un ochenta por ciento de los presos liberados.

No menos de veinte mil son condenados.

Los liberados, después de la experiencia vivida, se sienten aterrorizados.

Aun sin hacer ni decir nada, nadie está seguro.

Sentimiento general: irse del país.

Nace un exilio masivo.

Si el primero fue batistiano, y burgués el segundo, éste es ya popular, de clase media, y de origen y simpatías por la Revolución.

Sus primeras víctimas colectivas.

El sectarismo se vuelve implacable y feroz.

Protestábamos de las injusticias. De los errores. La protesta se hacía fuerte dentro de la Revolución misma. Pero nada. Todos éramos sospechosos, no oídos.

Fidel invisible. Si lo alcanzabas, te mandaba a Escalante. A peor lugar no podía enviarte, pocos eran tan ingenuos de ir a la mata de la represión y terror.

"Vamos a construir el socialismo", decía Fidel, y agregaba: "Sólo los comunistas saben de socialismo".

"Sólo ellos son seguros y fieles políticamente".

Y de persona daba ejemplo.

Su siempre fiel Celia Sánchez, alejada, sustituida como su secretaria, de un viejo comunista.

Su escolta serrana, Valle, su capitán de tantos combates, que en la guerra y en la paz cuidaron su vida, trasladados. A su puesto, viejos comunistas.

El Comandante Amejeiras, héroe de Girón, cuya columna, con tantos muertos, batió al enemigo, destituido como jefe de la Policía Nacional, aún independiente de Seguridad, Ramiro, Raúl y Malmierca.

Esta policía, sus jefes guerrilleros, desaparecen o pasan a Seguridad.

Deportaciones masivas de campesinos en varias regiones del país. En Escambray, decenas de miles separados, divididos. Los hombres presos a Isla de Pinos, sus mujeres y niños a La

259

Habana, a vivir en las casas vacías de los ricos, al lado de los comandantes y de los burgueses que aún quedaban.

La producción enloquecida. Intervenciones por la libre.

Ocupadas las mismas tierras dadas por la Revolución a los pequeños campesinos.

Asilos, fugas colectivas, por costas y mares.

El paredón en marcha.

El terror rojo de "Caníbal" Escalante y Raúl Castro, apoyado por Fidel, implacable.

Terror colectivo.

El miedo, enemigo mortal de la Revolución, crecía como yerba mala.

LUNES, LA DISCUSIÓN

EDITH GARCÍA BUCHACA, que dirigía la cultura, líder comunista, casada con Joaquín Ordoquí, divorciada de Carlos Rafael Rodríguez, me dijo informalmente: Fidel quiere reunirse con los escritores.

El equipo de *Lunes* trabajaba intensamente, preparando cuatro tomos testimoniales, la historia de Playa Girón, para Ediciones R, y dos suplementos especiales.

Milicianos, voluntarios, habían acudido a Girón en el momento de peligro, vivido aquella experiencia, en el instante de mayor integración de escritores y artistas con la Revolución.

No buscábamos otro "realismo", fórmulas estéticas ni literatura de propaganda.

Una libertad total.

Pensábamos: La creación es telúrica, casi inconsciente. El escritor, un ciudadano, es como los demás cubanos. Vive las mismas experiencias. Cuando combate, combate. Cuando escribe, inventa, imagina, su deber es la creación.

No se confundía literatura y testimonio.

Testimonios bien oídos, narrados, eran importantes para la conciencia, la lucha y la historia.

Reportar la realidad vivida y vista en libros, era función del escritor, periodista, revolucionario.

Ni el más importante ni su único deber. Buscar libremente esa otra dimensión que es el arte, la literatura, autónomamente, es la razón de ser del artista y el intelectual.

El cuerpo con los otros. La mirada, la cabeza frías.

Lunes era muy polémico. Una ventana abierta a la nueva cultura cubana, una puesta al día con la contemporánea, la americana y la clásica, mundo negro, poesía, filosofía, pintura, escultura, cine, teatro. Mirada crítica, apasionada, a lo cubano y a lo universal.

La tesis de romper la *élite*, sin suprimir calidad, trasmitiendo de forma viva, a centenares de miles de lectores, valores universales de la cultura, pensando con Martí: ser cultos para ser libres.

Los textos a gran tirada provocaban grandes polémicas.

A unos Marx, a otros Borges, Sartre, Neruda, o Faulkner, Joyce, Lezama, Paz, Martí, Picasso, Miró, Breton, Virginia Woolf, los griegos, la novela norteamericana, el arte negro. Trotski, Bernanos, Orwell, Brecht. Números-protesta, denunciando el colonialismo cultural: África, Puerto Rico, América Latina, Asia.

Revisión crítica de la historia cubana y de su literatura.

Su garra polémica.

La tipografía de *Lunes*, era un escándalo para los bien pensantes de izquierda y derecha.

Qué horror.

Letrismo, Apollinaire, futuristas, dadaístas, surrealistas, suprematistas, Mayakovski, Kandinsky, arte negro y tradición popular cubana.

Era una revolución visiva.

Entraba por los ojos, leído a la cubana.

Una guerra a muerte con la vieja reacción, y con los sectarios: viejos o nuevos.

El sectarismo golpeaba simultáneamente el movimiento sindical, estudiantil, clandestinidad, la Sierra, prensa, televisión.

Viejos comunistas, apoyados de Fidel y Raúl, dirigidos por "Caníbal" Escalante, hacían tabla rasa en todas partes.

Quedaba *Revolución* y la cultura. *Lunes.*

Pensábamos que alfabetizar es punto de partida. El problema esencial es la información y cultura, amplia y libre, de los alfabetizados.

Si la alfabetización era masiva, la cultura debía llegar a cada uno sin filtros.

Leer. Conocer. Saber. Pensar. Dudar. Criticar. Afirmar. Negar. No y sí.

La Buchaca, su Consejo de Cultura, era punta agresiva del sectarismo contra *Lunes.*

Íbamos Guillermo Cabrera y yo a protestar, al Consejo de Cultura, ante el silencio cómplice de Alejo Carpentier, que a su regreso, atacado por *Bohemia*, por su ausencia y neutralidad cuando la tiranía de Batista, defendido por nosotros por su calidad de novelista, viendo los tiempos que corrían, ponía su proa al este: "Chico, chico, el poder es muy peligroso, lo mejor es estar con él desde lejos". En París, como consejero cultural, y no hacer nada. La Buchaca y su Vicentina Antuña, arrasaban.

La primera reunión en la Biblioteca Nacional fue un domingo y muy concurrida.

Fidel y la plana mayor. Casi todos los escritores y artistas.

Fidel, a su manera, impresionante, dijo:

"Que hable el que tenga más miedo".

Y era como para no hablar.

Virgilio Piñera, flaco, desgarbado, con su vocecita irónica, escritor aborrecido por la burguesía, que sobrevivía difícilmente, y que, como José Lezama Lima, no tenía otro compromiso que la literatura, que no aceptaban migajas del poder, ni becas ni botellas; Virgilio, autor de *Electra Garrigo*, tragedia griega en solar cubano, el coro cantado de la Guantanamera, famosa veinte años después, de *Aire frío* y sus

263

cuentos del absurdo, que Borges incluye en su antología, su descubrimiento de lo cubano; Virgilio, que era el miedo mismo pero que tenía mucho valor, contestó a Fidel.

—Doctor Castro, y usted no se ha preguntado, ¿por qué un escritor debe tener miedo a su Revolución? Y porque parece que yo soy el que tiene más miedo, digo, ¿por qué la Revolución debe tener miedo de sus escritores?

En este clima fue el tono de la primera reunión; Fidel, al convocar para el otro domingo, hizo mi retrato de ausente, diciendo de "arrogantes que debían de estar y no estaban". Si mi ausencia era una protesta tenía que ir a defender mis puntos de vista. Combatir aun si me sabía perdedor.

La Biblioteca tenía aire de tribunal.

Arriba, alta, la tribuna presidencial. Fidel y todos los otros. Parecía un Presidium.

Ordoquí, Carlos Rafael Rodríguez, la Buchaca, Dorticós, Hart, Alfredo Guevara, comandantes y doctores.

No parecía aquélla una casa de cultura.

Abajo, artistas y escritores.

Alguien arriba me sugirió la mesa presidencial, sin mucho calor, contesté que prefería estar abajo.

Los acusados, no los acusadores, pensé.

Los de *Lunes* y los otros. Estaban todos. Lezama Lima, el gran conversador, en silencio. Se veían algunos católicos, compañeros de ruta, algún viejo navegante, como Amado Blanco, que pasaban de la burguesía al "proletariado". Cuestión de privilegios. Algunos católicos. Viejos, jóvenes y aun los más jóvenes.

Como entrábamos en el socialismo real, que Alfredo Guevara bien conocía, evidente, cada palabra bien grabada.

Tomó la palabra Alfredo Guevara, que era el Manuilsky de la cultura. Palabras siniestras y amenazantes:

—Acuso a *Lunes* y a *Revolución* de intentar dividir la Revolución desde el interior; de ser enemigos de la Unión Soviética; de revisionismo y confusionismo ideológicos; de introducir tesis polacas y yugoslavas, exaltar el cine checo y polaco; de ser portavoces del existencialismo, el surrealismo, la literatura norteamericana, el decadentismo burgués, el elitismo; de ignorar las realizaciones de la Revolución; de no exaltar las milicias.

Éramos el gran peligro interno, el caballo de troya de la contrarrevolución y del enemigo.

Dijo que *PM*, la película secuestrada y censurada por el ICAIC, y defendida por nosotros, era contrarrevolucionaria, que fotografiaban fiesta y blandenguería, no los milicianos y la lucha; que Sabá Cabrera y Orlando Jiménez, sus autores, eran el ejemplo de la ideología antirrevolucionaria de *Lunes* y *Revolución*. Ataque en toda la línea el de Alfredo Guevara. Solapado, burócrata, frustrado, maquiavélico. Camarada de Raúl, desde Praga, amigo personal de Fidel, de la Universidad, México y Bogotá. Estaba allí siempre donde el partido le decía de estar. Bien protegido, fuera de peligro.

Era el hombre que el partido introducía en todas partes: Universidad de La Habana, 26, cine.

Especialista en espionaje y trabajos sucios.

Infiltrado en Nuestro Tiempo, sociedad cultural que habíamos fundado por los años cincuenta, voz y casa de la nueva generación, que aspiraba a dar batalla a la adormecida y estancada cultura cubana y a sus voceros conservadores. Nuestro Tiempo era vanguardia en el arte, en el teatro, la música, y aspiraba a sacudir la conciencia juvenil, de forma amplia, no sectaria.

Y que el partido y su infiltrado Guevara dividieron y paralizaron ofreciendo viajes a países comunistas. Quitándole agresividad artística y política.

De allí, del ala de Guevara y el partido, saldría Marcos Rodríguez, a quien se ordenaba de espiar al Directorio y se prohibía tener allí manifiestos contra Batista.

El mismo trabajo Guevara lo hizo en la Universidad y en el grupo de Praga.

Cuando la lucha contra Batista se pone dura, Guevara espantó la mula para México, apendejado, y los duros quisieron expulsarlo del partido; Carlos Rafael, Ordoquí y la Buchaca, dijeron: Alfredito no se toca.

Y entonces simuló una autocrítica y se infiltró en el 26 en México.

Mientras Guevara acusaba a *Revolución*, *Lunes* y a mí, no podía reprimir la indignación.

Pero pensaba: "Nada como la sangre fría en momentos difíciles".

Era seguro que no hablaba por boca suya.

Terminó Guevara y hubo una pausa inquietante.

Me acerqué a Fidel y le dije: "Me reprochas no pedirte nada. Pues ahora te pido que al comenzar la sesión, repares una injusticia cometida ante tus ojos. Que *Revolución* intenta dividir la Revolución desde dentro. Una acusación tan grave y calumniosa no puedes avalarla con tu silencio".

Fidel movió la cabeza y no dijo ni sí ni no.

No me hice ilusiones de que mis palabras tocasen a Fidel.

Era aún una forma de saber lo que pensaba.

Fidel no se levantó ni dijo esta boca es mía.

Y entonces comprendí que no era Alfredito quien acusaba a *Revolución*, era Fidel.

Hice una defensa serena pero firme de *Revolución* y de *Lunes*.

Afirmé que casi todos conocían la historia del periódico y sus mártires. Su combate antiimperialista. Su defensa apasionada de las grandes transformaciones sociales.

Recordé que *Lunes*, cuando otros se asustaban y nos acusaban, publicó textos fundamentales de Marx y otros revolucionarios.

Que los de *Lunes* estaban en el reciente Girón —otros como Guevara y los del cine, o no fueron o pusieron pies en polvorosa—.

Dije que ésta era una maniobra sectaria y burocrática. Un acto de censura.

Recordé la gran campaña mundial de *Revolución* en Europa y América.

Y los viajes nada sospechosos de Sartre, Beauvoir y Neruda.

El apoyo militante de la mejor cultura mundial a la Revolución cubana, de Picasso, Calder y Miró a Callois, Cortázar, Paz, Fuentes, Tennessee Williams, Miller, Hemingway, María Zambrano, Alberti.

Defendí que la cultura contemporánea era anticapitalista.

Que el arte moderno ponía los ojos en las culturas clásicas del tercer mundo: África, Oceanía, Asia, América. Que rompía la armonía burguesa y que en su autonomía y especificidad, testimoniaba un mundo convulso.

Del que *Guernica* era un símbolo y los nazis declarándolo degenerado —era una manera de asociar esa concepción a Stalin y los rusos y lo que allí comenzaba a ocurrir— habían reconocido el valor revolucionario de la nueva pintura.

Dije —refiriéndome a *PM*— que para los cubanos, la fiesta, la rumba, el amor, la pachanga, eran una manera de ser —la madre África, pero estos acusadores eran blancos, católicos e inquisidores— y terminé con Martí y su "Ser cultos para ser libres".

Sólo una gran revolución cultural cambia el mundo y los hombres.

La asamblea se animó y casi unánimemente defendió con bríos a *Lunes*, a la nueva literatura, al arte joven y a la libertad de creación y expresión.

El poeta Pablo Armando Fernández con brillante ironía ridiculizó a los sectarios y miedosos y arrepentidos.

Retamar y Otero, entonces no aún policías de la cultura, afirmaron que si los políticos no sabían de literatura no podían dirigirla.

Alejo Carpentier se calló. Cintio Vitier también.

Portocarrero, asustado, pidió a Cabrera Infante una rectificación.

Alguno que otro fue allí a pescar y pescó. Amado Blanco, vocero de *Información*, el dentista-escritor, sacaría su embajada atacándonos a nosotros.

Algunos católicos de ocasión aprovecharían la oportunidad de lavar sus viejos pecados e indiferencia.

El grupo del ICAIC siguió a Guevara, su jefe, que les prometía películas.

No más de veinte de los cerca de trescientos allí reunidos aceptaron las tesis oficiales.

El noventa por ciento, pese al miedo que ya se sentía, estuvo con *Revolución* y *Lunes* y frente al poder.

Dijo un No claro.

Carlos Rafael Rodríguez, más sutil que Guevara pero más peligroso, no atacó de frente ni hizo acusaciones políticas. Un repliegue peligroso, pues su objetivo era terminar con *Lunes*.

Su tesis fue: "Está bien que se publique lo moderno y lo nuevo y lo hermético. Pero paulatinamente. En pequeñas tiradas, para ir educando al pueblo y sin gastar enormes cantidades de papel que no tenemos".

Arte y literatura de minorías y de *élites* no podía divulgarse masivamente, afirmaba Carlos Rafael Rodríguez.

Objetábamos nosotros: "Tú quieres mantener la *élite*. Nosotros, de dar la oportunidad al pueblo de ser su propia *élite*. De no tener más *élite*. Toda *élite* es privilegio y no sólo cultural. Económico y político".

Carlos Rafael Rodríguez, que cuando discute se enfurece y pierde la serenidad —le ocurrió así cuando la discusión con los prisioneros de Girón, Rivero, Andreu, que amenazó al no poderlos callar con razones—, Rodríguez, que más culto que el resto de analfayucas que allí había que nunca se leyeron un libro serio, polemizó con Heberto Padilla a propósito de la poesía de Eliot, y, claro, no salió bien parado.

El nivel de la discusión fue alto, vivo y claro.

Nadie siguió a Guevara y a sus ataques políticos.

Su argumentación quedó desmontada.

Y la de Carlos Rafael Rodríguez, y aun la del pobre José Baragaño, el poeta surrealista y colaborador de *Revolución*, que, aterrorizado de sus críticas al partido y la Unión Soviética y el socialismo real, hizo una patética autocrítica.

Que provocó desprecio de sus enemigos y nuestros, ironía y pena nuestra. Era la muerte de un poeta oscuro y profundo, que quería ser claro, escribir himnos a la milicia, y aun su claridad no era entendida.

Qué quiere decir este himno, decía Fidel ante su pobre estupor.

Cómo explicar lo explicable.

Tres personas me alentaron en aquellos difíciles momentos.

Haydée Santamaría, con palabras vivas, indignada con Guevara.

Eugeni Evstuchenco, entonces presente y contestador, que veía aterrado con su experiencia moscovita lo que estaba pasando, y a quien sorprendía nuestra viril y unánime protesta. Fidel no se lo perdonaría, ni aun en su posterior autocrítica.

José Lezama Lima me dio el primer abrazo de su vida.

Había rendido yo homenaje al poeta puro y grande, animador cultural, y dicho que la polémica generacional, apasionada y literaria no debía confudirse con lo ideológico y colectivo. Y que las discusiones y palabras críticas de Baragaño o Padilla, no eran las de *Revolución* ni las de *Lunes*.

Que Lezama era colaborador de derecho propio, aunque saltuariamente.

Que la Revolución debía reconocer al artista enorme, su independencia y ética.

Lezama fue aplaudido y no sólo abajo. Aun por algunos arriba.

Otra bestia negra cubana, el odiado y gran pintor Wifredo Lam, fue allí por mí defendido.

(No había renegado entonces de su arte como ahora. Y si su pintura sigue siendo grande, él da lástima por su miseria; no así Lezama, que se agiganta en el tiempo. Como escritor, como cubano y como hombre.)

Éste con Lezama fue el encuentro después de una larga separación.

El extraordinario poeta, tantos años antes, me había dicho: "Joven, éste es un país frustrado en lo esencial político".

Me sugería que no perdiese mis energías en la política, que me dedicase sólo a la cultura.

Cómo podía yo aceptar entonces aquellas terribles palabras. Si aun hoy que el tiempo vivido ha probado su terrible verdad, aun hoy contra ellas me rebelo.

Entonces, en aquella discusión, y mientras Lezama me abrazaba, me decía que le parecía que se había equivocado y yo empezaba a pensar que no, que tenía razón.

Le dimos una pateadura argumental tremenda a los sectarios.

A Fidel, Carlos Rafael Rodríguez y los otros.

Mas la burocracia y el poder nunca pierden.

Inventaron la falta de papel para suprimir *Lunes*.

Un Congreso y una Unión de Escritores —tipo Moscú y satélites—, y yo ya decidí no ir a más reuniones ni avalarlas con mi presencia, ni oír las palabras de Fidel, ambiguas al exterior, muy claras al interior.

"Con la Revolución todo, contra la Revolución nada."

(Sólo que la Revolución era Fidel y sus gustos estéticos y literarios y sus decisiones políticas.)

Ya en la Sierra no gustaba que Che y yo leyésemos poemas de Vallejo, Lorca o Neruda por Radio Rebelde, y quería imponerme episodios radiales, tipo CMQ, con un libro: *La guerra del mambí*.

Que se volvía rabioso viendo la famosa escena de la *Balada del Soldado*, en que el soldado frente al monstruoso tanque siente miedo y al fin reacciona y lo destruye. Un hombre que conocía la guerra y ya pensaba como en los *westerns* americanos, en que los tipos se comen a los tanques con los dientes, olvidando sus propios y naturales miedos y los nuestros y la única reacción humana: sentir el miedo, aguantarlo y combatir.

Y sus extravagancias: repintar el valle de Viñales, uno de los lugares más impresionantes y bellos de Cuba.

Y allí ordenó a un malísimo pintor destruir naturaleza y hacer un mural gigantesco. La naturaleza, por suerte, es demasiada buena artista como para no rechazar semejante proyecto, y el mural fideliano terminó cubierto de la feraz vegetación de Viñales.

Esta discusión me parecía una obra de Beckett, una atmósfera de ese mundo subterráneo y torturante. Un infierno real.

Yo conocía la enfermedad, era la misma encontrada en el periódico *Hoy*, entonces dirigido por Escalante, ahora el tercer hombre del país; la atmósfera del comunismo cubano *made in URSS*, cuando me reprochaban lecturas de poesía, ir al teatro, gustar de Genet o Kafka, leer algún herético o mirar y admirar Picasso, Miró, Breton o Mallarmé, Vallejo, Góngora, Mayakovski o Dante.

El cáncer que devoraba todo.

La delación, el chivatazo, el privilegio, las dos morales: *dolce vita* arriba, austeridad abajo.

Mi ilusión de hacer una guerrilla cultural a Fidel terminaba. Sabía yo que cultura y poder eran antagónicos.

Que había —hay— en arte y literatura y filosofía al menos dos cosas que Fidel Castro no aceptaba: el hacer pensar con la cabeza propia y la dimensión intemporal de historia permanente y viva, cuando la política es ceniza histórica.

Como él mismo dice en sus cartas de la prisión.

Pensaba que quizás si las contradicciones y la violencia del combate con el enemigo y la necesidad de admitir un periódico de la eficacia y popularidad de *Revolución*, obligarían por un largo tiempo a Fidel a coexistir con una cultura que se identificaba con la Revolución, aunque a su manera.

La victoria de Girón desencadenaba el odio oculto a todo lo que no fuera obediencia, trabajo, comunismo oficial y militarismo caudillista y ruso-castrista.

Se reprimía y eliminaban los sindicatos, se militarizaba a las milicias, se construía un partido comunista de *élite*.

Cómo se iba a permitir una cultura viva.

Y yo ya supe que ésta era la muerte histórica de un proyecto de revolución nueva y libre.

EL CRIMEN DE VUELTAS

Un día vino a verme un amigo revolucionario de Las Villas.

—¿No sabías que estuve preso varios meses?

—Cómo, ¿tú preso?

—Quemaban caña en algunos lugares de la provincia. Una noche llegó Seguridad a mi casa y me detuvo. Venía mandada de orden de Sixto.

—Sixto, ¿el viejo procurador comunista? —pregunté.

—Sí, Sixto, el fiscal. Fui a parar a la cárcel de Vueltas. Allí estaban centenares de detenidos. Algunos desconocidos. Otros, viejos compañeros de la lucha contra Batista. Como yo, no sabían por qué estaban presos. Ni nadie nos informaba. No nos interrogaban. Si queríamos hablar con algún guardián, nos callaban y amenazaban. Pasaba el tiempo, nos desesperábamos.

"Incomunicados. Vueltas estaba lejos. La familia no sabía adónde nos habían llevado y no nos permitían avisarle ni verla.

"Una noche nos llevan a un extraño juicio.

"No sabíamos si como acusados o espectadores. Nada nos decían.

"Acusaban a un campesino de quemar las cañas de la región de Vueltas. De ser enemigo de la Revolución. Lo amenazaban.

"'Mejor que confieses o lo pasarás mal', le gritaba el oficial de Seguridad.

"Sixto, el procurador, presidía el tribunal. No permitió abogado ni testigos al campesino, que con dignidad negaba.

Pruebas no había.

"Su familia, asustada, presenciaba el juicio. Vecinos, amigos. No se les permitió hablar. El tribunal, Sixto y otros miembros de la Seguridad. El juicio, muy rápido. La condena, inmediata: Condena a muerte. Fusilamiento al paredón.

"Gritos de la familia. Callados a la fuerza. Horror. Silencio.

"Era media noche. Nos sacaron a todos a la calle desierta, en fila india, esposados.

"El campesino amarrado, detrás la familia, un carretón con una caja de muerto vacía.

"Nos condujeron a las afueras del pueblo.

"Allí, ante una pared vieja del cementerio, pararon la larga fila. Al campesino le vendaron los ojos con un pañuelo blanco, lo pusieron de espalda al muro medio derrumbado.

"Un niño de unos diez años, su hijo, saltó para abrazarlo; se lo impidieron, ante los gritos de la familia.

"Una descarga, la cabeza del campesino voló por el aire.

"Tiraron el cadáver del campesino sobre el viejo carro tirado por bueyes, detrás la familia.

"Entre dos hileras de guardias, la larga fila de presos. A la puerta del cementerio nos pararon. Mientras el carro proseguía con la familia, Sixto, el procurador, el viejo comunista, nos hizo un discurso.

"—Por cada campo de caña quemado en la provincia, uno de ustedes será fusilado. Ahora están libres. No quiero ver uno solo por aquí al amanecer.

"Me quitaron el trabajo. Pedí explicaciones. Me mandaban de un lugar a otro. Del partido a la Seguridad.

"Nada, ni una palabra. Estoy aquí para ver si puedes ayudarme a salir del país.

Y me preguntó el viejo compañero: "¿Qué otra cosa puedo hacer? Tú me conoces bien, sabes cómo pienso, hemos luchado y ahora esto".

Mientras le daba razón y prometía hacer lo que pudiera, pensaba: "Yo también quisiera hacer lo mismo".

Algo se había roto dentro de mí.

Hacer de tripas corazón.

Resistir. Protestar.

No era posible admitir semejantes crímenes en nombre de la Revolución.

De todas partes llegaban noticias parecidas.

Fui a ver a Juan Almeida, comandante y viejo compañero serrano, jefe de la provincia.

Le conté el caso.

Almeida, casi por señas, y como quien dice "Interpreta mi silencio", me dio a entender que su mando no existía.

Que la Seguridad se burlaba, y no sólo eso. Vigilaba a muchos comandantes, era cierto.

Faustino Pérez, segundo hombre de la Revolución, destituido desde la protesta por la detención de Huber Matos, que ahora combatía contra los alzados del Escambray, era acusado de ser el jefe de la contrarrevolución por el secretario militar de Fidel.

Amejeiras y otros comandantes, desesperados.

Veían caer sus hombres presos.

Algunos ya no dormían en sus casas.

En una ocasión, Malmierca ordenó a varios capitanes de la Sierra, en una inspección, de limpiar con sus manos el suelo por él escupido. Uno de ellos le respondió con una bofetada.

Presos por conspiración.

Fidel se negó a verlos.

Fidel se había vuelto invisible.

Los capitanes serranos, desesperados, se declararon en huelga de hambre, fueron liberados por orden de Fidel.

No restituidos a sus mandos.

Pudimos salvar a un compañero condenado a muerte en la ciénaga, probamos que en el momento del delito, de que era acusado y condenado, el propio Fidel Castro y el Presidente Dorticós comían en su casa.

Era el distribuidor de *Revolución* en Zapatas.

Así estaban las cosas.

Me parecía vivir un sueño trágico. En otro mundo.

Eran días muy duros.

Comenzamos a luchar contra el sectarismo.

A protestar.

A parar el miedo que se apoderaba de todos.

Muchos compañeros comenzaban a hacer lo mismo.

Fui a Palacio, y delante de Fidel y el Consejo de ministros acusé a Escalante.

Aporté pruebas.

Algunas muy voluminosas.

Una lista de miles de suscriptores de *Revolución*, pasada por orden del partido a *Hoy*, el periódico comunista.

Mencioné persecuciones, detenciones, arbitrariedades.

Se me respondió con el silencio, con acusaciones a nuestro corresponal en Moscú, Juan Arcocha.

Fidel dijo que Carlos Rafael, que partía para la Meca, investigaría e informaría.

De mis acusaciones, nada.

Eran mis prejuicios antipartido de siempre.

De una sola cosa me di cuenta, y fue cuando al final, cuando Fidel me tiró el brazo por encima para tranquilizarme, le dije:

—Fidel, acuérdate de Escalante, el hombre peligroso del partido. Ahora nos ataca a nosotros. Mañana aspirará al poder.

Fidel se quedó pensando.

No creía en la posibilidad de una oposición violenta.

Se vivía en una confusión enorme.

De una parte el viejo mundo injusto que desaparecía.

La amenaza americana. La contrarrevolución.

La popularidad de Fidel, aún inmensa, para el pueblo, al margen de estas injusticias.

Me parecía casi imposible evitar que la oposición revolucionaria la confundieran con la contrarrevolucionaria.

La experiencia de David Salvador y otros lo demostraba.

En el exilio se marginaba a quien no fuese un títere, un batistiano, un pro yanki.

Un yesmean.

Raúl Chibás, Ray, Menoyo, tantos otros. ——

Acusados de fidelismo sin Fidel.

Nada de esto justificaba aceptar la deformación y la degeneración que se operaba en la Revolución, que amenazaba con destruirla. Para mí era todo muy difícil.

No me parecía mal momentáneo.

Me parecía más bien de naturaleza.

El monstruo que nacía. Su padre: el militarismo-caudillista, y el poder total de Fidel Castro, la realidad cubana. Su madre: el modelo soviético, de estado-partido-propietario.

Me hubiese ido.

Nada detiene la erosión histórica, que diría Cabrera Infante.

"El país frustrado en lo esencial político", de Lezama.

Tenía responsabilidades colectivas.

Embarqué a mucha gente en mi nave, no me parecía justo dejarlas en medio de la tempestad.

Pensaba, aún pienso: luchar, oponerse, hacer conciencia. Decir no.

Caíamos en un abismo.

No intentaba salvarme ni arriba ni abajo.

No veía solución ni salida.

Pero no escondí la cabeza.

Comenzamos una difícil y terrible batalla interior contra el sectarismo.

OPERACIÓN *P*

UNA NOCHE, nocturnidad policíaca; Fidel Castro, Raúl Castro, Ramiro Valdés, ordenan a los carros perseguidores hacer cordones policíacos, cerrar las calles de los barrios alegres de La Habana y otras ciudades y pueblos de la Isla. Un nuevo método policíaco: la detención masiva.

Quien estuviese en la zona cercada, y no se identificase de forma válida —no era costumbre por esa época en el país tener documento de identificación—, era detenido.

Varios miles de detenidos fueron conducidos a estaciones de policía, vivacs, al castillo del Príncipe.

Dos redadas, una al vuelo. Lugar sospechoso cercado. Otra selectiva, mediante listas de los Comités de Defensa: homosexuales, abakúas, vagos, sospechosos, intelectuales, artistas, católicos, protestantes, batas blancas.

Prostitutas y proxenetas en la recogida por barrios y casas de putas.

En el Príncipe —y otras prisiones— los detenidos desnudados, vestidos con el uniforme preparado: un traje a rayas, una enorme *P* sobre el culo.

P grande: pederasta, prostituta, proxeneta.

Se llevaron aún a los que en aquel momento estaban en las casas de prostitución, los que pasaban por aquellas calles. Una fiesta policíaca.

En Colón, algunos tramos de calles eran de putas, otros de familias. De siempre tuvieron que vivir allí.

Conocía bien Colón, Ayesterán, Zanja, la playa de Marianao.

Trabajé en periódicos que allí se tiraban, y como cualquier ciudadano del mundo, los frecuenté más de una vez. No conozco yo hombre virgen de esos menesteres.

El periódico *Luz* allí corregía pruebas en 1947; era un centro de reunión de inconformes y agitadores. De madrugada, Eddy Chibás venía a ver al director Braña, con sus artículos de agitación. El café de la esquina, al cerrarse el periódico, a las tres de la mañana; nos reuníamos linotipistas, periodistas, vendedores y amigos, a tomar café con leche, ron o cerveza. A la cubana, mezcla rara y despreocupada de gentes. En una mesa nosotros, al lado putas, homosexuales, paseantes.

De vez en cuando, una recogida policíaca, en la mejor tradición, que venía desde la colonia española. Chistes cubanos:

—Que no te confundan, mielmano.

La policía actuaba a vista. Si eras un poco fino o delicado, culpable.

Colón era así, y Zanja, donde estaba *La Calle*, el periódico de Luis Orlando Rodríguez y colaboraba el joven Fidel Castro, lo mismo. Tiraban allí los domingos un periódico deportivo, en el que trabajaba.

Por allí el famoso teatro Shanghai, porno y de relajo. Prostitutas gordas, viejas y retiradas, algo fellinianas, que terminaban su vida haciendo *strep-teases* colectivos, en una atmósfera pasoliniana.

Al final el extraordinario barrio chino de La Habana. Entonces casi todo maoísta y respetado.

En los años siguientes pro rusos, perseguido, desaparecido. Los barrios coexistían con la ciudad.

Resolvían los problemas sexuales de mucha gente, y, como en todas partes, la verdadera víctima era la prostituta, su duro trabajo.

La operación *P* fue la primera *razzia* masiva y socialista de la

Revolución cubana.

Asesorada desde los países hermanos tenía su sabor cubano.

Una enorme *P* —letra-palabra, que no se puede decir— sobre las rayas de la espalda. Como un símbolo fálico y cubista. Eufemismo de la moral policíaca. No sólo la grotesca *P*. El nombre de la operación, pues nadie les llamaba prostitutas, pederastas, proxenetas.

Los cubanos no hablan así. Putas, maricones, chulos, santeros, vagos.

En la confusión fueron detenidos muchos soldados rebeldes y quienes en aquellos momentos frecuentaban las casas alegres. El censo de los Comités no perdonaba.

La operación se extendió a las casas particulares, listas ya confeccionadas.

Por sorpresa. Sin una advertencia. Ni la más mínima legalidad.

La policía, los Comités, lo decidían todo.

El dramaturgo Virgilio Piñera, que vivía en Guanabo, a varios kilómetros de La Habana, detenido en su casa, a medianoche.

Colaborador de *Revolución*, uno de los mejores escritores del país, integrado a la Revolución, polemista punzante, odiado de la burguesía, llevado al Príncipe, desvestido y vestido con las rayas y la *P*, como en uno de los cuentos del absurdo, que escribía Piñera.

El Príncipe, viejo castillo-prisión, una de las tantas fortalezas que la arquitectura militar española ha legado al mundo, se abarrotó de presos.

Nuevos y viejos. Los *P*. Los políticos. Los comunes.

Virgilio, flaco, envejecido, con las rayas y la *P*, temblando, identificado por alguien, y acusado de ser un espía de *Revolución*, infiltrado, para informar y escribir el reportaje.

282

Cómo podían creer otros detenidos que estuviera preso como ellos. Rodeado, amenazado, y en el tumulto, Virgilio perdió el conocimiento, por un ataque, y esto lo salvó.

La siniestra operación se extendió a todo el país, mezcló a todo el mundo. La policía de la confusión gusta.

Sembró terror.

Suscitó una protesta colectiva.

La crueldad cubana, los prejuicios, terminaban siempre en un chiste cruel, orales como todo lo cubano, no en actos.

Reírse de un homosexual, sí. Detenerlo, vejarlo, no.

Por Virgilio y otros artistas se interesaron todos.

Aun los mismos comunistas. Carlos Rafael, Blas Roca, y muchos de los "colegas" intelectuales del partido, a quienes esta acusación de homosexualidad preocupaba, cuyos nombres no voy a decir, como no dije entonces, en discusión con "Caníbal" Escalante.

Fui a Palacio indignado de lo visto, a protestar ante Fidel, Raúl y los otros. Allí estaban reunidos con Valdés, Malmierca, Barba Roja, Abrahantes.

Ramiro Valdés era un acomplejado, feo, impopular, silencioso, corrompido, como casi todos los moralistas, falsa barbita a lo Lenin, contaba, ante la risa del coro, la eficacia de la operación.

Decía que las Seguridades socialistas consultadas, soviética, china, vietnamita, checa, alemana, contestaron en claves cifradas: los fusilamos, veinte años, campos de reeducación, trabajos forzados.

Máquina detectora de homosexuales, de invención checa, fue importada; Fidel y Raúl reían.

Mi discusión con Valdés fue breve y violenta.

—Sí, ya sé —me dijo—, vienes a protestar por Virgilio. Carlos Rafael, Blas y otros se han interesado por él. Tiene muchos

283

amigos. Se ordenará que lo suelten.

—No. No. No. Ramiro, no vengo a protestar por Virgilio. Vengo a protestar por las barbaridades y abusos de tu policía. Ante la mirada amenazante, de odio de Valdés:

—Protesto por Virgilio, los negros lucumíes y abakúas, la gente de Jesús María y Colón; por la forma de tratar a prostitutas, homosexuales, víctimas de la vieja sociedad, que dicen los marxistas.

—Acabaremos con los homosexuales y con toda esa degeneración —contestó Valdés.

—Ni Hitler ni Stalin ni otros tiranos, en sus tiempos mejores, ni la Gestapo ni la Gepeu ni Beria ni la CIA, pudieron acabar con los homosexuales.

—Los defiendes —dijo Valdés.

—Protesto de las injusticias cometidas en nombre de la Revolución y el socialismo.

—Estás contra la moral revolucionaria y por el blandenguerismo.

—Tu operación, Ramiro, es tan vieja, que viene de la época de la Inquisición y la Colonia, y de los famosos bandos de Tacón.

—El erudito. Tú y tus libritos.

—En la época de Batista, Ramiro, vi, cuando trabajaba en *Luz*, muchas veces a la policía en recogidas como la tuya. Entonces se limitaban a aquellas zonas. Tú, no.

—El defensor de los homosexuales —gritó Ramiro. Ante el silencio de Fidel, Dorticós y ministros.

—Ramiro. Eso no se pega. Ni me preocupa. Ni le tengo miedo. Si leen un poco de historia. De psicología. A Freud, a los científicos, que estudiaron esos problemas, descubrirán algo que no les va a gustar.

—Qué cosa dicen tus libritos —rió Valdés.

—Descubrirán que los mayores perseguidores de homosexuales, en la historia, eran ellos mismos homosexuales.

—Me estás diciendo maricón —gritó amenazante Valdés—. No te lo permito.

—Te estoy diciendo que estudies la historia, causas y razones de la persecución de homosexuales.

—No me interesan tus libritos escritos por homosexuales. Me los llevo presos.

—Es lo que dicen siempre los policías.

Ramiro se fue encabronado.

Entonces Fidel y Dorticós intervinieron, diciendo que se estudiaría caso por caso. Se liberaría en seguida a casi todos. Que se ubicaría a las prostitutas en casas-escuelas de reeducación. Que se les haría mujeres nuevas. Se les daría trabajo. Que se sería implacables con los explotadores. Y en cuanto a los homosexuales, no se les perseguiría. No se permitiría que tuviesen influencia en el arte, la cultura, la escuela.

Justificaban la operación con la necesidad de acabar la delincuencia, la prostitución, la corrupción, aliados de la gusanería y la contrarrevolución. Hay que moralizar el país. Crear una fuerte moral revolucionaria, afirmaban, preguntando con ironía:

—¿No estarás por la prostitución, no?

—Extraña moral —contesté— la cárcel como cura de problemas creados por la sociedad capitalista, como afirman ustedes. Usar el bisturí contra los efectos, no buscar las causas clínicas.

—No te preocupes más por Virgilio, esta noche estará libre.

—Virgilio es famoso. Me preocupan los desconocidos. La falta de control, de rigor y de ley. La policía como árbitro y juez.

—No vas a negar el espíritu de sacrificio, la moral y respeto, que todos reconocen a nuestra policía, ¿no?

—Son los métodos los que me preocupan y las experiencias de otros países.

—Aquí no ocurrirá nada igual. No te preocupes, Franqui.

La operación P, fue una de las ráfagas de aquel terrible 61.

Otras no menos violentas y masivas le seguirían.

Entrábamos en la era del terror.

Mi mala conciencia no se salvaba ante mí mismo por aquellas protestas.

Por apartar mi voz del coro del poder.

Por denunciar injusticias.

No ignoraba los peligros ni las consecuencias de mis actos.

Sabía que pocas veces en la historia de mi país, alguien tuvo los cojones de defender a los maricones, ante el machismo brutal del poder.

No era lo individual lo que me preocupaba.

Ni me había vuelto cristiano.

Era lo colectivo.

Aquello se ponía muy jodido.

Qué hacer.

Qué hacer.

Me rompía la cabeza, una y otra vez, y no encontraba solución.

Una sola me parecía posible: oponerme al sectarismo. Seguir luchando desde dentro. ¿Estaba equivocado? Quizás sí. Quizás no. Si la solución no estaba allí, no estaba en el otro lado. Decir no, era lo único que podía hacer.

LA REBELIÓN DE CÁRDENAS

CÁRDENAS, ciudad de la costa norte de Matanzas, junto a Varadero, cien kilómetros de La Habana.

Varadero, playa maravillosa, parecía el paraíso.

Los primeros obreros estajanovistas premiados venían a bañarse con sus familias, hospedados en casas de ricos y hoteles de lujo.

Periodistas extranjeros, turistas revolucionarios, visitantes amigos, vivían fiesta, música, alegría, sensación de vida paradisíaca.

Les parecía ver al pueblo protagonista, feliz, que recuperaba sus riquezas, mares, arenas. Su Varadero.

A pocos minutos de allí, tres o cuatro kilómetros a la redonda, cosas increíbles. Gente perseguida, campesinos a quienes dieron tierra y después se la quitaban, revolucionarios aprisionados, pescadores que se negaban a cambiar sus vidas. Solos con el mar. No como la Ballena Blanca, más bien, *El viejo y el mar*, de Hemingway.

Que ocurre no lejos de allí. En el norte, la misma costa, el mismo mar. Su corriente del golfo, tiburones. Pesca de calidad: cangrejos moros, langostas, langostinos. Estos pescadores reciben unas lindas casitas nuevas, agradecidos. Les desaparecían sus botes, hábitos individuales de pesca, de lucha con el mar, les exigían trabajo colectivo, organizado, diario. No pescadores, obreros del mar.

Imposible cambiar sus vidas.

No aceptaban la colectivización de la pesca. Intervenidos. Seguridad perseguía implacablemente grandes fugas colectivas por mar; hacia el norte, la gente seguía escapando, aun si aquel violento mar se tragaba la mitad de náufragos y viajeros de fortuna.

La persecución se hizo implacable en mar, campo y ciudad.

Un día la gente del pueblo no soportó más el terror rojo.

Una explosión, protesta popular.

La gente se bota a la calle. Toman las calles de Cárdenas.

Cárdenas, ciudad simbólica, que izó la primera bandera de Cuba Libre, en la independencia, rebelada.

Reclaman libertad y comida.

Cese del terror y persecuciones.

Manifestaciones recorren las calles. Casi todas negras, pobres, mujeres.

De la población más humilde y obrera.

Cárdenas es zona de henequén, azúcar, frutos menores, mariscos, pescado y turismo.

El símbolo de estas negras rebeldes es una caldera vacía.

La llaman la manifestación-rebelión de las calderas vacías.

(Son mujeres pobres, no las "momias" ricas de Chile, enemigas de Allende.)

Son gente malcomida, malvestida, una ciudad sin nada.

Ven en las vitrinas de Varadero, despilfarro, lujo, manjares exquisitos, invitados extranjeros. Nuevos privilegios.

Allí donde Dupont, el multimillonario norteamericano, tenía su feudo, ahora nacionalizado justamente, y a su entrada el barrio de los ricos de Cuba, y de sus casas extraordinarias de Varadero.

Ahora estan allí los Comandantes. El Comandante. Los ministros. El Jefe Militar. Los nuevos jefes.

En la playa, postas militares. Y si el señor Comandante tenía su aventura, su amor, su pachanguita: prohibido pasar.

En Varadero todo. En Cárdenas: hambre y represión.

Y Cárdenas desesperada, su gente obrera, maltratada, malcomida, sale a la calle, no a rebelarse contra la Revolución. No.

A reclamar lo que la Revolución le dio y le quita.

A protestar contra injusticias y privilegios que niegan la Revolución.

A protestar contra el sectarismo.

Aquélla es la primera gran protesta colectiva.

Una explosión popular.

La calle pasa a su poder, el apoyo popular unánime.

Es jefe militar de la provincia, el comandante Serguera, un acólito de Raúl Castro.

Serguera habla con Raúl. Habla con Fidel.

La manifestación es atacada, reprimida, golpeada, acusada de contrarrevolucionaria. Muchísima gente detenida. Las negras humildes, pobres, obreras de Cárdenas, convertidas en burguesas, enemigas de la Revolución.

La manifestación es un síntoma.

El pueblo manifiesta su descontento.

El termómetro que registra el mal: desorganización, caos, privilegios, racionamiento. Sectarismo, viejos comunistas que mandan en Cárdenas, desorganizan la economía, destruyen la convivencia, hacen difícil la vida.

Es un estado de ánimo de Cárdenas. Y de toda la Isla.

Para explicarla marxistamente, tiran de la manga la teoría de Stalin, en versión castrista: a una mayoría del pueblo no preparada para el socialismo, la minoría revolucionaria, de vanguardia, le impone el socialismo.

Si el pueblo —el proletariado— no está preparado para la dictadura, la vanguardia impone la dictadura al pueblo.

La ciudad es invadida.

Tropas, tanques militares, pesadas ametralladoras, toman las

calles de Cárdenas.
Los aviones de la fuerza aérea toman el aire.
Amenazantes vuelan en picada sobre la ciudad.
Como si el caldero vacío de las negras fuese una bomba o un cóctel molotov.
Para reprimir la rebeldía se traen tropas de afuera.
Milicias de otros lugares que no conocen la situación.
Se les informa de una contrarrevolución.
Voy a Cárdenas a ver la situación con mis ojos.
Dorticós está en la tribuna levantada, de la victoria.
Me invita a estar en su compañía.
Le contesto: "Quiero ver las cosas abajo".
Estos dirigentes que rechazan la alegría, la fiesta auténtica, ahora como en viejos tiempos de la república, reparten ron, cerveza, camiones, ómnibus gratis, emborrachado lumpen y Comités de Defensa, traídos a Cárdenas, como si fuera el pueblo, que rechaza la contrarrevolución.
Abajo, chambelona y ron.
Arriba, aviones.
En las calles, pesadas esteras de tanques y cañones.
Armas socialistas.
Impresionante choque entre armas que representan el socialismo y el pueblo que representa la contrarrevolución.
Me recuerda Budapest.
Fidel está detrás de todo. Pero no se ve. No aparece.
En la sombra ordena, no se compromete.
Allí descubro la contradicción entre poder y pueblo.
Mi propia contradicción.
(Pienso: dónde me pongo, dónde me pongo.)
Tanques y aviones no me parecen el socialismo.
Ni las calderas vacías de los negros la contrarrevolución.
Hace una hora que estoy en Cárdenas. Lo que miro no ofrece

dudas. No tengo información de primera mano de lo que no veo.

Sólo la oficial, que no acepto; voy en busca de la otra.

La de la gente.

Busco algún viejo compañero. Pido explicación.

Descubro el terror rojo.

El terror comunista.

Tengo la sensación física de redescubrir un cáncer, que tantos años antes conocí cuando era redactor de *Hoy*, que dirigía "Caníbal" Escalante, el tercer hombre de ahora, el cáncer estalinista.

Canibalista, militar, castrista.

El socialismo real, el soviético, que ahora contagia el cubano.

No el ideal socialista.

Ni la Revolución cubana autóctona y libre.

Hay algunos oficiales rebeldes, antiguos guerrilleros.

Les hago una pregunta brutal.

¿Dispararías contra el pueblo?

Es mi propia pregunta y mi respuesta, no. Si eso es el socialismo. Yo no soy socialista.

La respuesta de mis compañeros es también no.

—No. No. No.

—No dispararán contra el pueblo.

Me advierten, cuidado. Las palabras son muy peligrosas.

Esto está lleno de G-2 y comunistas por todas partes.

En un segundo te acusan de contrarrevolucionario y te liquidan.

"Sé guerrillero", me aconsejan, "como antes".

Les doy razón.

Estamos seguros, me contaron, que si se dispara, hay muchos G-2, que dispararán contra nosotros, antes de liquidar la rebelión, y después dirán que fuimos matados por la contrarrevolución.

Si hay que disparar, me dijeron, sabemos a quién disparar primero.

No todo estaba perdido aún.

No eran pocos los que pensaban así. Más bien, eran mayoría.

Pero los otros, los sectarios, viejos comunistas, oportunistas, algunos comandantes serranos, tenían poder y apoyo de Fidel. Y mucha gente asustada no se decidía.

Mi conclusión fue: aún se puede luchar.

Dorticós hablaba, amenazaba; aviones y tanques, con sus ruidos de guerra, aterrorizaban; algunos viejos compañeros hacíamos planes, decidíamos que al regreso a La Habana debíamos hablar con los demás e incitarlos a luchar dentro de la Revolución, denunciando atropellos, injusticias, hacer un clima antisectario. Contar a Fidel cosas concretas sabidas. Hablar con el Che que comenzaba a cambiar posiciones. Tener mucho cuidado de Ramiro, Raúl, "Caníbal" Escalante y Malmierca.

De regreso de Cárdenas pasé por Varadero.

Playa bucólica, esmeralda, espléndida bajo el sol del trópico.

Más bella que nunca.

Miles de alfabetizados.

Casas para pescadores.

Obreros cortadores de caña en casas ricas y *bungalows* de lujo.

Dupont nacionalizada.

Colores, soles, cantos. *Flashes*. Invitados extranjeros.

Varadero-paraíso.

¿Qué podían ver, imaginar, aquellos visitantes, en una isla abierta paradisíaca y tropical?

Donde todo parece una fiesta.

Unas vacaciones.

A diez minutos una ciudad rebelde, guerrillas en los campos, fugas por el mar, fusilamientos, persecuciones. Una pequeña guerra escondida por la naturaleza, el Ejército en la calle.

Varadero en la luna.

Y los que allí había estaban en la luna.

Y no sólo los extranjeros.

Una lección que no olvidaría.

Vista con mis ojos.

Cuántas cosas que no veía, que no sabía, que nadie gusta de conocer.

Como si no quisiéramos ver, y no viéramos, lo que estamos viendo. En nuestro cuerpo. Nuestra casa. Nuestra Revolución.

Abrir los ojos, me dije. Y los oídos. Usar la inteligencia.

Rechazar este cáncer que nos amenaza.

Clínicamente.

Que el bisturí —la contrarrevolución, el enemigo extranjero— son como la enfermedad: muerte.

Ni el cáncer ni el bisturí.

Sí lo sé.

Muy difícil luchar así.

Ver para creer. Tenía razón Aquino.

Sólo que es tan poco lo que se ve.

Lo importante es en política: lo que no se ve, afirmaba Martí.

Qué verdad.

La clave de tanto turismo revolucionario, ilusionado, ante un pedazo de realidad vista, una gran realidad no vista, imaginada, soñada, ilusión de la realidad que quisiéramos fuera, que imaginamos ver.

Qué fácil se confunde la parte con el todo.

Militantes, artistas, intelectuales, progresistas.

293

No hablo de los cínicos, que en sesenta años han visto tanto paraíso, esos que por las calles y grandes hoteles de La Habana, decían:

"Qué maravilla, qué lástima que tengo que regresar a mi mundo corrompido, a beber mi whiski de la buena conciencia, que no pueda vivir sin mis libritos, mis libertades, mis discos. Pero qué buenas vacaciones revolucionarias. Cuenten conmigo el próximo año. Mi pluma los defenderá".

Otros como el venezolano amigo, te decía: "Formidable, formidable. Formidable remedio el comunismo. Pero para ustedes. No para nosotros. En Venezuela cuenten con mi apoyo. Pero si el comunismo llega allá, lo espero con un rifle. Esto es una cura de caballos para subdesarrollados".

Sin contar otros contadores de maravillas.

Que nunca vieron los campos de concentración de Stalin, ni sus matanzas colectivas. Ni el asesinato de los viejos bolcheviques.

Ni Budapest. Ni los tanques rusos. Ni la ocupación y el crimen. Que piensan que el crimen cometido en nombre del socialismo no es crimen.

Error. Accidente de "percours".

Los que ven —justamente— represión en la otra parte del mundo.

Contra esa represión nos rebelamos nosotros en Cuba.

Y en su miopía, oportunismo y mala conciencia histórica, aceptan como buena o imaginaria la barbarie y el crimen, que hace del socialismo real la negación del ideal socialista.

Hay tantas cosas que no se ven ni quieren verse.

Millones de turistas progresistas no detectaron cárceles y crímenes de Franco.

Ni barrios negros de Nueva York.

Ni castillos-prisiones, como ese del festival de Spoleto.

Quién ve la miseria en el Carnaval de Río.

Ni las favelas entre rascacielos y riqueza petrolera de Caracas.

Cuánta riqueza parece verse allí, donde hay tanta miseria.

Cuánta paz donde hay tanto crimen.

Cuánta felicidad y mundo nuevo, donde hay tanto mundo viejo.

Cuánta libertad aparente, allí donde hay tantas cárceles.

Cuántas prisiones tras los muros.

Cuánta historia de esclavitud, en la sangre y ladrillos de tanta maravilla arquitectónica.

Cuánto bello rojo en la herida inmortal de Picasso y de Matisse.

Millones de seres humanos que parecen libres, hormigas de subterráneos, fábricas, en naturaleza y campos.

Cuántos esclavos travestidos de libertad.

En el mundo capitalista. Y en el mundo socialista.

Viajero, tú que admiras, con el límite de tus ojos, detén tu mirada.

Mira. Ve más allá. No te conformes con las grandes vías.

Con las calles míticas de las grandes ciudades. Palacios y maravillas. Desconfía de los paraísos. De las apariencias.

De la jaula de oro. Y de la jaula de hierro. Del amarillo y del rojo. Y aun del bucólico verde. Y del mar maravilloso.

Da vueltas y más vueltas.

Ve allí donde no te llevan.

Viajero, si quieres conocer mejor la realidad, no confundas aquello que ven tus ojos, mínima mirada, con ese gran mundo que tus ojos no han visto ni pueden ver.

El paraíso se traviste de infierno.

Explora, mira.

Viajero.

RACIONAMIENTO

Un día, arte de magia, amanecimos sin nada.
Ni café, ni arroz, azúcar, carne, frijoles, leche, viandas, frutas.
Nada de nada.
Y Fidel dijo: "Si no hay qué comer, comeremos malanga".
(La malanga que salvó la guerrilla.)
Y se acabó la malanga. Cuba no era la Sierra y el guaguí era
un cultivo delicado, lento, de escasa producción y consumo.
No era boniato, maíz, plátano, aguacate, mango que se dan
por la libre.
Y que tampoco había.
Tiendas peladas. Vitrinas vacías. Escasez. Colas. Protestas.
Racionamiento. Subida de precios. Bolsa negra. Caos eco-
nómico. Crisis de producción.
¿Cómo era que todo había desaparecido de un golpe?
Se entendía que faltasen tornillos, repuestos, materias primas,
artículos de confort, que se importaban del norte.
Era el bloqueo.
Y lo producido en el país. ¿La agricultura de un país tro-
pical?
La guayaba, el pan con timba villareño.
Es que Las Villas, rompió con La Habana, mielmano, decían
los guasones.
El totí mi tierra.
El totí tiene la culpa.
El Che advertía: no se puede acusar al imperialismo de la
baja de la producción nacional. Al imperialismo lo suyo.
A nosotros el resto. Fidel había entregado el poder a los
viejos comunistas, que según él eran los únicos que sabían

de socialismo: Escalante y los otros. Éstos eran los resultados.

Intervinieron todo. Moscovizaron todo. Tabla rasa. Le echaban discursos a la máquina; si no funcionaban por falta de combustible o de mantenimiento, la acusaban de contrarrevolucionaria.

Y si algún técnico decía que la *Internacional* no sirve para los motores, fuera. Un enemigo.

El fracaso productivo se explicaba como sabotaje.

¿Qué había ocurrido en realidad?

Primero, un descomunal aumento del poder adquisitivo, al menos del cien por cien.

Aumento de salarios, rebajas de todo, nuevos empleos.

Segundo, agotamiento de reservas alimenticias y productos de confort, que había en el mercado.

Tercero, una baja en la producción agrícola.

Producida por el abandono de los cultivos de parte de los latifundistas y ganaderos. Se les había apropiado miles de hectáreas, dejando un mínimo de cuatrocientas, que no les interesaba cultivar. La mayoría de las tierras y cultivos del país habían sido nacionalizadas. Pero interventores y administradores nombrados por Escalante y el partido, eran gente de ciudad, que desconocía los campos e hicieron un destrozo y una desorganización total.

Cuarto, nos habíamos comido las reservas de ganado.

No había más leche ni carne.

La red comercial de distribución aniquilada.

Lo que se producía no llegaba a los mercados.

Se pudría. Se echaba a perder.

El viejo mercado habanero, famoso por sus frutas, pescados, mariscos, su sopa china de tiburón, viandas y frutos tropicales.

Allí encontrabas algo, aun a nivel de bolsillo roto: una frita, una completa, picadillo.

Frutas tropicales: naturalezas vivas. Mango, melón, coco, anón, chirimoya, guanábana, canitel, caimito, marañón, mamey Santo Domingo, colorado, guayaba, naranja, lima, toronja, roja o blanca, tamarindo, papaya, plátanos, manzanos, enanos, guineos, nísperos, aguacates.

Piña, zapote.

Cuadros vivos, color Gauguin, color Matisse, color Lam.

En el mercado terminaba la noche. Fin del trabajo y de la fiesta.

Folklore. Mulatas. Chinos. Rumba. Tambores.

Nombraron interventor a Tomás García, un viejo dirigente comunista.

Tomás tenía una cabecita roja y moscovita.

La imagen de un mercado socialista. Planificado.

"Haremos aquí el gran mercado rojo, como en Moscú."

Intervino carretillas, chinos, casillas, pescaderías, graniceros, friteros, puestos, vendedores ambulantes.

Ellos, que no se atrevían a intervenir a los ingenios yankis. Ahora eran bravísimos. Arrasaban todo.

No sólo al gran almacenista o especulador. Al camionista, guarapero, vendedor de naranjas o granizada.

Los pequeños, que trabajaban muchísimo, hacían una función de servicio popular, ganaban menos que un obrero.

"Abajo la frita", gritaba Tomás, enardecido y comunista.

Fuera la propiedad privada. Los naranjeros y sus maquinitas de pelar naranjas. "Socializado todo."

"Qué desorden", decía Tomás.

"Aquí hay una anarquía capitalista. Pondré orden. Como en Moscú.

Cada cosa en su lugar. Un lugar para cada cosa.

Se acabó el relajo."

Nada de yuca con papaya. Yuca con yuca. Papaya con papaya. Boniato con boniato. Maíz con maíz. Frijoles con frijoles.

Sí señor, cómono —decía su colega Guillén—, un puesto para cada cosa.

Carlos Rafael al INRA. Un comunista en cada lugar.

Desaparecierón yuca, papaya y hasta la madre de los tomates.

Apareció esa serpiente andante y humana, institución del socialismo real, la cola.

Y la cola no se iría más.

Y había siempre menos, no junto, no revuelto, separado y moscovita, como gustaba al compañero Tomás.

Una cola para las papas, otra para el boniato, otra para el maíz.

Y así así así así.

Entonces, el compañero Tomás dijo: "Cuidemos el futuro: las futuras madres proletarias y socialistas no harán cola".

Y como no llegaban los condones socialistas, los mandados por Mao, según el chovinismo criollo, eran pícolos-pícolos, el Presidente Dorticós, en su viaje a China, no sabía cómo decir a Mao que sus condones eran chiquitos, que los fabricasen más grandes, y como el aborto era caro y no bien visto, nació la que después llamarían humorísticamente, generación de Fidel.

Quedaba entonces un poco de pachanga, de guasa y mucho templete.

Carlos Rafael perdió ochenta millones de dólares en el INRA, pero Llanuza, que administraba las posadas —no cervantinas, cubanas casas amor— ganó cien.

Verdad que de amor también se vive.

La cola de barrigonas, mulatas zandungueras y cubistas, decían, moviendo nalgas y barriga: "Fidel, Fidel, la revolución, mielmano, ya tú lo ve"; y si alguna a quien la barriga no se veía, los Tomases, preguntaban: "Compañera, ¿desde cuándo estás en estado?" respondían: "Desde anoche, mielmano, desde anoche".

El sobrio Dorticós se bajó de las alturas, diciendo que las naranjas eran frutas de burgueses.

Imagínense, daban cinco naranjas peladas en una descascaradora por un kilito prieto.

Yo era un famoso comedor de naranjas, entre mis amigos, desde los días duros del desempleo y el capitalismo.

Fue una coña telefónica: "Burgués, burgués, burgués, comedor de naranjas".

"¿Y la malanga donde está?

"¿Y el lechoncito donde está?

"¿Y el cafecito donde está?"

Y respondían:

"En el futuro, mielmano, en el futuro".

Contando la historia, de la nueva familia, sarampionada y comunista, la madre, la patria; el padre, el compañero; el hijo pequeño, el futuro. Y como una noche lloraba el otro hermanito, despertó al padre, y le dijo: "Compañero, dígale a la patria que el futuro está cagado".

ALFABETIZACIÓN

1961 es el año de la alfabetización.

La ciudad alfabetiza los campos. Los que saben leer a los que no.

Vanguardia: estudiantes y maestros.

Cien mil voluntarios, casi todos jóvenes, se inscriben en la formidable tarea colectiva.

¿Cuántos no sabían leer? Muchos. Quizás un millón. Estadísticas no había.

Las muchachas son más entusiastas aún que los jóvenes.

Las familias cubanas, preocupadas por la virginidad de las niñas, con sus chaperonas, por la libre.

La Revolución es aun liberación sexual.

El territorio nacional, un mapa de guerra. Atacado. Enemigo el analfabetismo.

Que no quede un analfayuca es la consigna.

En barrios pobres. Montañas inhóspitas del Escambray, Sierra Maestra, el norte de Oriente, las cordilleras pinareñas.

Cada alfabetizador, un curso breve. Destinado a una zona y allí a una familia.

Con ella convive, participa, enseña.

Descubren el paisaje de la Isla. El interior. Los barrios "clandestinos".

Las diferentes regiones, zona y provincias.

Un Santiago más rumbero, rebelde y negro.

Una Trinidad romántica. Un Cienfuegos aristocrático. Un Pinar del Río, más isleño —canario— y aun los campos occidentales. Donde se habla aún como si se viviera en la época de Cervantes. Los ingenios y sus barracones de antiguos esclavos. Negros, mulatos, chinos, canarios. Ritos negros y ceremonias. Toques. Un mundo mágico.

Una dimensión desconocida de lo cubano.

Paisajes diferentes: palmas, pinos, cafetales, naranjales, lomas, valles, mares, playas, cayos, ríos, zonas abruptas, flores y plantas.

Guanacahabibes, la península inhóspita y sus campos de castigo, de triste fama.

Viñales, hermoso valle, cantado por Lezama.

Minas de Matahambre, tierras rojas como el hierro. Blancas o mulatas. Negras muy negras.

Las zonas del mejor tabaco del mundo.

La caña, ese enemigo, que se come inmensas tierras y hombres.

Espléndidos frutales, grandes potreros. Caminos históricos.

Décimas guajiras. La Cuba negra y la campesina.

Ciudades: aun La Habana y sus tantas Habanas. Con su gente y su arquitectura: marcando cada época de su historia. Un Vedado, republicano, de clase media alta, que mira a Versailles, a París. Un Country Club, Miramar o Cubanacan, hollywoodianos de nuevos ricos. Un Santos Suárez, reposado. Barrios populares, calientes y bullangeros: Jesús María, con sus negrones. Luyanó y sus tártaros, Regla y Guanabacoa, abakúas y lucumíes.

La Habana vieja y sus cubanías. Varadero y su Dupont, una península de aguas esmeraldas. La cenagosa Zapata.

Nipe, la bahía descomunal. Pinares de Mayarí. El níquel. El Cauto y el Contramaestre. Allí donde murió Martí.

Baraguá, donde protestó Maceo. Las Guásimas, de Gómez y sus cargos al machete. San Lorenzo, donde Céspedes desesperado se dispara un tiro. Bayamo, envuelto en llamas.

Ritos, religiones, animismo, espiritismo, santería, ritmos, lenguajes.

Culturas que conviven unas y otras. Se sincretizan o no.

Una memoria viva de mundos clásicos subterráneos o vivos, visibles o no, que coexisten en el tiempo.

En guerra o en paz.

La separación y discriminación del mundo negro y el impulso de su cultura asesinada y renacida en lo cubano.

Lo blanco dominante, españolizante, machista y católico.

Ese mundo bien estudiado por el sabio Fernández Ortiz y la eximia Lydia Cabrera, música de Caturla, son, rumba, guaguancó. Lam.

Los más viejos se avergüenzan de no saber leer.

Se sienten un poco violados, pero comprenden.

Otros luchan con dificultades de memoria.

La alfabetización penetra. Son tan simpáticos y bellos estos jóvenes y muchachas.

Traen una tremenda carga de entusiasmo y esperanza.

Sería error pensar que estos campesinos analfabetos —suficiencia de la ciudad y de sus escuelas— eran incultos o desinformados.

Para usar una frase, que ha pegado, del sociólogo Óscar Lewis: cultura de la pobreza.

No se confunda pobreza y cultura.

Analfabetismo y cultura.

Los campesinos, los negros, heredan y trasmiten su cultura.

Adivinan. Intuyen. Conocen. No leen libros ni periódicos.

Leen la naturaleza. Astros, plantas, flores, fauna, agricultura.

Cultivos. Leyendas. Cuentos.

Qué sabiduría la de estos analfabetos, decía el pensador español.

En el contacto vivo, entre la juventud y población de la ciudad que alfabetiza, casi toda de clase media y las familias del pueblo, campesinos y mundo negro, hay uno de los encuentros más importantes de la Revolución cubana.

Racial, social, generacional, sexual. Entre ciudad y campo. Entre tierra, costa y mar. Entre llanura y montaña.

Muchas Cubas se descubren, conocen, aman, odian.

Un redescubrimiento.

Si los alfabetizadores dan letras, que permiten llegar al conocimiento y penetrar el mundo de la cultura, reciben otra cultura oral, viva y nueva, que no está en los libros ni escrita, que los impresiona profundamente.

El esfuerzo colectivo contagia. La alfabetización avanza.

Una bella locura se apodera del país.

La alfabetización es un orgasmo colectivo.

Cada letra, sílaba o palabra leída o escrita, una posición conquistada.

Cada mujer u hombre que aprende a leer, a escribir, una victoria contra la ignorancia.

Los alfabetizadores enseñan letras y aprenden cosas vivas. Son un saco de sabiduría estos analfabetos.

Tienen sabor, ritmo, parecen tambores.

Se rompen tabúes y otras cosas.

Una liberación.

Machismo, razismo, blanquismo, son sacudidos.

Descubren que el monstruo revolucionario pare maravillas y barbaridades.

Que alfabetiza y libera, aprisiona y fusila.

Claridad y sombra se confunden.

Descubren grandes injusticias reparadas. El viejo mundo injusto destruido. Patrones, latifundistas, esbirros, desaparecidos.

Y pobre gente atropellada, perseguida por su propia revolución, devorada.

Familias campesinas deportadas de sus tierras.

Y ven nacer, aunque muy pronto para distinguirlo nítidamente, el nuevo poder, que sustituye al viejo.

Sus prepotencias y privilegios.

Aún es muy pronto.

A veces los alfabetizadores son atacados y asesinados.

Como el joven Conrado Benítez, ahorcado en el Escambray.

Un crimen contrarrevolucionario.

La misión de alfabetizar es una gran ceremonia. Una fiesta.

Se rompe el muro de la ignorancia.

A fin de año, Cuba es declarada territorio libre de analfabetismo.

Una concentración multitudinaria. Un mar de lápices.

Nunca la Revolución pareció tan bella.

Algo se exageró sin duda. A veces no se alfabetizó de verdad o bien. O se declaró alfabetizado por interés de consigna a quien no lo estaba.

Lo que no quita mérito ni grandeza histórica a la gran tarea colectiva.

4

¿FIDEL COMUNISTA?

Una pregunta fija:
¿Era Fidel comunista?
¿Se volvió comunista?
¿Es comunista?
¿Cuál era su proyecto?
¿Lo tenía o no lo tenía?
¿Es la realidad, la isla pequeña, azucarera y dependiente, la agresión, el bloqueo norteamericanos quienes lo arrojan en manos de la Unión Soviética y su comunismo?
Nadie pensaba que Fidel era comunista.
Digo nadie. Raúl Castro que lo era, Che Guevara, Camilo. Ramiro Valdés. Celia. Haydée. Comandantes, amigos, colaboradores.
Y me incluyo yo mismo a partir de la experiencia vivida.
Y aun a sus enemigos más inteligentes.

Orígenes y formación

El padre de Fidel es un aventurero gallego. Llega a la Isla de intendente de caballos en el Ejército español en la guerra contra los mambises a fines de siglo.
Terminada la guerra forma una cuadrilla de peones. Gana dinero. En Pinares, de Mayarí, Oriente, se hace de un gran latifundio.
Fidel tiene seis años. A Santiago, al colegio jesuita. De Dolores a Belén. Catorce años, interno jesuita. De los seis a los veinte.

A los veinte años Fidel ingresa a la Universidad de La Habana. Pasa un breve período por el gangsterismo universitario.

Hay dos grupos: MSI y UIR. Fidel se une a la UIR, de menos pretensiones ideológicas. Pero de gente menos corrompida.

Allí prima el tiro limpio.

Disfrazado de revolución.

En el fondo, machismo.

Más una manera de ser que una ideología.

Esa actitud mimetiza al individuo.

El machismo es una identificación. Una forma de vivir.

Vida íntima, privada y pública.

Una superhombría.

Para el machismo casi todo es femenino.

Y lo femenino está chingado, dicen los cuates.

El machismo latinoamericano es indio, español y negro.

El héroe negativo es el dictador: "Batista es el hombre".

El héroe positivo es el rebelde.

En el poder se identifican y alternan.

El machismo se identifica en la pistola.

En el valor.

La guapería. El cojonudo.

Los cojones de Maceo.

Más testicular que falocrático, quizás porque la palabra p... asusta. Decirla es casi ser marica.

Y aun ropaje católico-inquisitorial.

El machismo tiene su caminar. Su vestir. Su mirar. Sus gestos. Su vocabulario.

Su gran complejo es la mujer: esa chingada.

Su horror: la homosexualidad.

Como si cada macho llevara escondido su mariconcito.

El primer nivel de lucha primaria es de machos contra maricones.

Decía una checa: "Aquí no hay patronos y obreros.

Aquí la lucha de clases es entre machos y maricones".

La inteligencia.

El arte.

La música.

La cultura. La filosofía. La poesía. Son femeninas.

Más aún: mariconas.

Están chingadas.

Pintar. Escribir poemas. Tocar el piano. Peligrosas señales.

Inclinaciones homosexuales.

Machismo y cultura están en guerra a muerte.

La cultura universitaria es macha. "La filosofía es un bagazo de caña", decían los estudiantes que luchaban contra Batista en la universidad.

El homosexualismo es la peste.

Identifican homosexualismo, degeneración y ciudad.

No aman la ciudad. Esa corrompida.

Aman los campos. No por esteticismo. No la naturaleza.

Quizás las vacas. Sus haciendas. El espacio de las enormes extensiones de tierra.

Los dictadores latinoamericanos son dictadores de vacas.

—En los campos no hay homosexuales —me decía Fidel.

—Fidel, Fidel —respondía riéndome—, todo el mundo sabe que los homosexuales del campo se van a la ciudad —y cambiando—: ¿Sabes que tus toros padres son también homosexuales?

—Cómo, cómo —indignado.

—No te preocupes. No todos. Algunos se dejan montar. Otros no. Otros montan. Otros no. No sólo los toros. Todos los animales hacen lo mismo.

—No es posible.

—Es que tú no conoces el campo. Tú naciste allí. No viviste allí. Y tus prejuicios con la ciudad es igual. No la conoces. No es tu culpa. Pero no la conoces. Viviste años encerrado con los curas en la escuela jesuita. No ibas a una fiesta. A los barrios negros. Al carnaval. No es mundo perdido, como imaginas.

Los dos machismos son muy diferentes: el conservador de los coroneles, generales, sargentos, soldados y policías, defiende los viejos intereses creados. El progresista: opositores, rebeldes, revolucionarios, está contra.

Las ideas políticas son contrarias.

Se discrepa a muerte: Estados Unidos, feudalismo. Terratenientes.

Se coincide, sin confesárselo, sobre moral.

El poder.

Contra la cultura.

Contra lo popular. Lo negro, lo indio. Lo no blanco. Lo femenino.

Una vez se opusieron a España. Pero en las repúblicas dijeron: Aquí mando yo.

Los machistas son militaristas y anticivilistas.

El máximo orgasmo del gran macho es el poder total.

Chingarse a todo el mundo.

Hijos de la gran chingada.

El arma es la escultura del macho. Su estética. Su juguete.

Nada fascina tanto a Fidel como una pistola.

Fidel nació guerrero y morirá guerrero. Su tragedia es no tener un gran país para hacer una gran guerra. Su peligro, que un país pequeño desaparece si se mete en las guerras de los grandes.

La pistola es el regalo preferido de Fidel.

Su amigo, el periodista Ramón Vasconcelos, a quien le envió una, escribía:

"Cada uno regala lo que más le gusta".

En 1962. Fidel manda una preciosa pistola a Ben Bella, su nombre grabado en la culata.

Las armas, la guerra y el poder son su orgasmo.

Pero qué tiene que ver eso con el comunismo, se dirá.

Ya lo verán.

Su paso por el gangsterismo es breve; pronto descubre que es frustración y se le opone.

Se une a la expedición contra Trujillo en 1947. Allí nos encontramos por primera vez.

Cayo Confites.

Allí encuentra más enemigos que amigos: Manolo Castro, presidente de la FEU, asesinado después —Fidel será involucrado, se asegura que no disparó—, Rolando Masferrer y Eufemio Fernández, mandan batallones y Fidel debe unirse a Bosch y los dominicanos.

Y será uno de los que encabece la rebelión de los expedicionarios y de los que intente ir realmente a Santo Domingo.

Un acontecimiento decisivo en la vida de Fidel Castro fue el bogotazo del 9 de abril de 1948.

Allí Fidel aprende la tragedia de una insurrección popular espontánea, sin organización ni dirección.

Los acontecimientos se le escapan. Son incontrolables. Y conducen el movimiento al fracaso.

Fidel se descubre a sí mismo como jefe.

Su visión es clara. La colectividad carecía de visión.

Desde entonces su concepción será no la de participar, será la de mandar.

A su regreso a Cuba ingresa en el partido Ortodoxo de Eddy Chibás.

La ortodoxia es la parte mejor de lo que queda de la revolución del Treinta.

Partido reformista, civilista. Su posición moral y honestidad, lo lleva a ser el primer partido político del país.

La política tradicional es difícil y Fidel hace otro descubrimiento fundamental: la política no compensa su impaciencia y su personalidad.

En la Ortodoxia Fidel es uno más.

Es otro tipo de político: un hombre de acción.

El 10 de marzo, el golpe de Batista será su oportunidad.

El bogotazo es un crimen de los conservadores colombianos.

Gaitán, el líder liberal asesinado es un progresista.

En esa época la más mínima protesta es calificada de comunista.

Nadie escapaba. Ni Rómulo Betancourt ni Figueres.

Los comunistas oficiales, pocos, aislados y moscovitas.

Sin peso en la opinión pública latinoamericana.

La prensa conservadora y los intereses creados califican de comunista a los que combaten por la libertad.

El mote de "comunista" pierde crédito.

Fidel, que entonces simpatiza con un peronismo antiimperialista, es acusado cuando el bogotazo de comunista.

Batista —como otros dictadores— no muy original, acusa en seguida a sus opositores, al 26, de comunista, de trujillista. Ni lo eran ni nadie lo creía.

Los mil jóvenes que en 1953, integran las células que formaron los ciento cincuenta atacantes del Moncada y Bayamo, son ortodoxos, estudiantes.

Ni un solo comunista.

Y Raúl.

Ah, Raúl.

De Raúl se sabe que ha sido invitado al festival comunista de

314

Viena. Que ha sido detenido y liberado a su regreso a La Habana.

Pocos sabían entonces que Raúl había ingresado en la Juventud Comunista.

Fidel naturalmente sí.

Fidel lo invita en el momento de la partida, y Raúl no conoce los planes; los participantes se han preparado para combatir.

La acción secreta se comunica en Siboney, horas antes, en el acuartelamiento.

Raúl es uno de los jefes del Moncada.

Manda 10 hombres.

El Moncada sorprende a todo el mundo.

El 25 de julio, en un teatro de Santiago, Aníbal Escalante rinde homenaje público a Blas Roca, secretario general del partido comunista cubano.

En la confusión creada por el ataque, el Ejército detiene a varios políticos. Dos dirigentes comunistas son detenidos: Ordoquí y Lázaro Peña.

Ordoquí, en el juicio, condena el ataque y califica de *putschistas* y terroristas a los asaltantes y Fidel.

La prensa comunista critica con dureza el ataque que califica "de servicio a la dictadura y contrario a los intereses del pueblo".

Raúl Castro es separado de la juventud comunista. (Raúl, que seguirá siendo comunista, justifica el partido; tal era su ortodoxia, y cuando se le indicaba la contradicción:

"Si el Moncada es la madre de una revolución comunista", como afirmaría después, "el partido al separarte no actuaba de comunista", él respondía: "El partido siempre tiene razón".)

Walterio Carbonell, líder estudiantil negro, es expulsado del partido comunista por enviar un telegrama público de solidaridad a su amigo personal Fidel Castro.

Y la voz se corre por la universidad.

En el juicio del Moncada aparece un libro de Lenin.

Curioso cómo la historia cambia con las circunstancias.

Entonces se niega la acusación del fiscal batistiano.

Años después el libro será un pasaporte de orgullo: el bautismo leninista de la Revolución.

La Historia me absolverá, alegato y proclama de Fidel, es su primer documento ideológico: ni palabras ni ideas permiten detectar un comunismo clandestino.

La misma línea en los manifiestos y escritos de Fidel del 53 al 58.

Fidel habla de restablecimiento de la Constitución del 40.

De elecciones democráticas.

De reformas.

Rechaza indignado las acusaciones de comunistas que le hace el régimen.

La polémica del 26 con los comunistas es al rojo vivo.

El partido condena la insurrección. La guerrilla. El sabotaje. Califica al 26 de aventurerismo.

Se bate por la unidad de la oposición y por elecciones.

En julio de 1958, Fidel desde la Sierra, hace unas declaraciones sorprendentes al influyente periodista norteamericano, vecino al Departamento de Estado, Jules Dubois.

Algunos jóvenes radicales de Santiago: Nilsa Espín, Rivero, y el presidente de los estudiantes, Ibarra, abandonan el 26, por su conservadurismo.

Las declaraciones de tan reaccionarias son sospechosas.

Hasta el fin de la guerra y principios del 59, nadie cree en el comunismo de Fidel.

Se sabe del comunismo de Raúl.

Del comunismo por la libre del Che.

A principios del 59, Fidel agudiza la polémica.

Nadie sabe lo que Fidel tiene en su cabeza.

Ni discute. Ni informa. Ni comunica.

Exige confianza total en sus actos.

Raúl y el Che, que ignoran lo que va a decidir Fidel; el tiempo pasa, la reforma agraria no se hace, se arriesgan, ordenan por lo bajo, y mediante los dirigentes campesinos comunistas, ocupaciones de tierra.

Fidel en un discurso público critica con dureza esos métodos, ordena que las tierras sean devueltas, afirmando que la reforma se hará, será radical y por ley.

Cuando pasa por la universidad, *Bohemia* y *Revolución*, comenta alzando la voz:

"Yo creo sólo en la Revolución. El que se ponga contra ella lo fusilo. Y si Raúl y el Che se ponen contra ella los fusilo".

(Bien miradas, estas palabras son sospechosas cuanto las de las nacionalizaciones.)

Efectivas en aquel clima.

No se trataba de una comedia de Fidel, con Raúl y el Che.

Éstos no sabían nada.

Raúl comentaba por aquellos días, en una conversación conmigo:

—Si esto no cambia pronto, me voy a hacer la guerrilla a Santo Domingo.

Y entonces, ¿era Fidel comunista o no?

Durante mucho tiempo he investigado para encontrar una respuesta objetiva.

Como no creo en la adivinación del pensamiento, no entro en el juego subjetivo de Fidel.

—No he sido ni soy comunista. Soy y seré siempre marxista-leninista.

Durante el año y medio que Fidel está en la prisión de Isla de Pinos lee, estudia, se prepara y piensa.
¿Qué otra cosa se puede hacer en la prisión?
Qué descubren sus lecturas y estudios.
Un serio estudio de Marx, Engels, Lenin y Trotski.
Lenin lo fascina.
Cierto, no sólo Lenin.
Robespierre.
Algunas cartas escritas son significativas.
Son cartas a Nati Revuelta que tiene una bella relación amorosa y de amistad con Fidel.
Esa intimidad permite al prisionero interrogarse, pensar en alta voz, dialogar con alguien de su absoluta confianza.
Depositaria de secretos.
El amor es clandestino.
Y Nati no forma parte de la organización.
Y Fidel es uno que piensa en la historia.
Alguna carta a Melba y Haydée, sus compañeras de Moncada, es significativa.
Se descubre el maquiavelismo de Fidel.
Sí lo sé: Maquiavelo es la biblia de los políticos.
Otra dualidad de Fidel:
Cuando habla de elecciones, Constitución del 40, civilismo, está hablando para la platea.
Lo mismo ocurre con las personas: hay que utilizarlas.
Y cuando Armando Hart critica a Justo Carrillo, a quien Fidel acaba de ver y hacer grandes elogios, le dirá:
—Sí lo sé. Conviene utilizarlo. Tiene contactos con militares.
La misma táctica con García Bárcenas.

Y con el ex presidente Prío.

Mirado en este contexto, el libro de Lenin, que Fidel lleva al Moncada, cobra cierta importancia.

No se lleva a un sitio donde se puede perder la vida algo que no se estime e interese.

¿Por qué Fidel no abandona Lenin, en un instante en que tiene que ocuparse de tantas cosas?

¿En qué corre tantos peligros?

Puede objetarse y con razón:

Conocer el marxismo, el leninismo, no es compartirlo.

Fidel leía otras cosas en Isla de Pinos.

Y es verdad.

Pero con menos atención y continuidad.

MÉXICO

En México mientras los futuros expedicionarios del "Granma" se entrenan para la guerrilla en diferentes campamentos, estudian discretamente en círculos de estudios.

Otro reencuentro con el marxismo-leninismo.

Y aun con el estalinismo.

Recuerdo aquí mi discusión, en la prisión de Miguel Schultz, con el Che y Fidel, a propósito del libro de Stalin, *Fundamentos del leninismo*.

Es interesante descubrir la confianza que Fidel deposita en los veteranos del Moncada: en el exilio, cuando el "Granma", en la Sierra, cuando la victoria.

Son los mismos.

Y alguno fiel más de confianza, que se va agregando.

La famosa familia del Moncada.

Se depura con el tiempo.

Se le une algún que otro fiel: Hart, Vilma Espín.

Una investigación seria descubre algo importante.

El papel de Raúl Castro.

No palabras. Hechos.

Raúl sin Fidel no existiría.

Hubiese sido un comunista oficial. Y por disciplina de partido, no hubiera participado en la Revolución.

Es Fidel quien lo lleva al Moncada.

Y sabiendo que viene de Bucarest, que ha ingresado en el partido, que es del grupo de Alfredo Guevara, Leonel Soto, Flavio Bravo, Valdés Vivó, Osvaldo Sánchez, dirigentes comunistas de la Juventud, formados en Moscú y Praga. Conocidos como el grupo de Praga.

¿Por qué?

¿Sólo porque es otro Castro?

En parte es verdad.

Fidel conoce a su hermano.

Sabe cómo piensa. Que tiene ciertas condiciones.

No es Ramón.

(Entonces, Ramón era el latifundista. Ahora está en la Trinidad, pero ésa es otra historia castrista.)

Raúl está en el Moncada.

Pero cuando el "Granma" ya manda la vanguardia.

Y será uno de los Doce.

Durante el año 57, Raúl demuestra capacidad.

Buen organizador. De condiciones militares. Disciplinado.

Y comunista. Odia al movimiento de la ciudad.

Raúl no es el primer comandante de la Sierra nombrado por Fidel.

Es el Che, que con heridos, armas rotas y tiradas, forma después del Uvero, con ayuda de la clandestinidad de Santiago, la segunda guerrilla.

Durante ese año 57, muchos guerrilleros se distinguen en la Sierra: Almeida, Camilo Cienfuegos, Amejeiras, Fajardo, Guillermo García, Universo Sánchez, Ramiro Valdés, Lalo Sardiñas, Víctor Mora, Pinares, Cuevas, Paz.

Raúl es uno de ellos. Al nivel de los otros.

¿Por qué Fidel lo escoge y lo hace jefe de la columna que va al Segundo Frente Oriental, en marzo de 1958, unos días antes de la huelga de abril?

Un momento clave del Fidel militar, del Fidel jefe, del Fidel castrista y del Fidel futuro comunista.

Frank País, el otro líder del 26, piensa desde el primer momento en la extensión de la guerra.

La experiencia del 68 y del 95 es definitiva.

Nuestra tesis es: no se gana la guerra con la Sierra sola.

Sin una extensión de la lucha en la ciudad.

Sin la incorporación de los trabajadores y de la clase media que son determinantes.

Juventud, estudiantado, son vanguardia.

El pueblo es decisivo.

Si la guerrilla es importante, el Movimiento lo es más.

No basta una guerrilla para vencer. Es necesario un pueblo.

Y luchar en todas partes: La Habana, Santiago, la Sierra, en las grandes ciudades, los pequeños pueblos, en las montañas y en los llanos y campos.

Carecemos de armas. De dinero. De experiencia. De dirigentes. De tiempo. Frank País ha demostrado su capacidad en los tiempos difíciles de Fidel en los primeros meses de la insurrección.

La expedición y desembarco del "Granma" son un desastre, desangran al Movimiento.

Es absurdo sacar a un centenar de hombres de Cuba, enviarlos clandestinamente a México, mantenerlos, prepararlos, armarlos, comprar una embarcación y luego hacerlos desembarcar en Cuba, con todos los riesgos implícitos.

El "Granma" es un naufragio.

En el desembarco se pierden las mejores armas. Una vez en tierra se dejan los rastros que permitirán al Ejército seguir a los expedicionarios.

Alegría del Pío es una desbandada total.

Es la inexperiencia, no la incapacidad, la causa del desastre. Lo correcto hubiera sido preparar todo en el interior y hacer desembarcar a Fidel clandestinamente.

Fidel se opondrá después del "Granma" a otras expediciones. Como se opondrá después del Moncada a los difíciles ataques por sorpresa a grandes cuarteles.

Pero la concepción militar y caudillista de Fidel necesitaba dos grandes momentos que le darán la aureola mítica del héroe.

Con menos de la mitad de los hombres, armas y dinero que Fidel, Frank ataca Santiago.

Toma la estación naval, quema la estación de policía y ocupa durante horas la ciudad.

Sólo tres muertos y ninguna arma perdida.

Gran impacto en la segunda ciudad de Cuba, en todo el país.

De los ochenta y dos expedicionarios del "Granma", setenta se pierden, entre muertos, asesinados, prisioneros y dispersos. Armas y parque incluidos.

Los Doce se salvan por la eficaz organización del Movimiento, entre los campesinos serranos de Crescencio Pérez, que los esconden y trasladan a zonas inaccesibles de la Sierra y los ponen en contacto con la organización clandestina.

Nuestra tarea es combatir en todas partes. Evitar que el desastre del "Granma" permita a la tiranía de Batista desmoralizar al pueblo.

Las milicias del 26 hacen sabotajes y atentados sin armas en todo el país.

El Directorio conmueve La Habana.

La represión es violenta. La Pascua sangrienta cuesta la vida a centenares de oposicionistas.

Parado el golpe de la tiranía, la dirección del 26 se reúne en la Sierra con Fidel. Se le gestiona la entrevista de Matthews, del *New York Times*, y se le envían refuerzos de hombres, armas, balas, dinero, medicina.

Y Frank comienza, con Daniel Ramos Latour, a preparar un Segundo gran Frente guerrillero, en el norte de Oriente.

Donde ya se han refugiado perseguidos y comienzan los grupos de escopeteros el ataque a cuartelitos.

Frank País y Daniel no tienen alternativas: hay que reforzar la Sierra.

Y al frente de Fidel se envían cuatro refuerzos de hombres y armas en el año 1957.

Poner en peligro el frente Uno es poner en peligro la victoria.

Quitarle más recursos a la clandestinidad es la misma cosa.

Frank prefiere morir en Santiago que abandonar el Movimiento, que se reorganiza e impulsa en toda la Isla.

Muerto Frank, una huelga general espontánea que se extiende a todo el país estremece al régimen.

Pasada la huelga de agosto, desaparecido Frank, Fidel, que antes apoyaba su idea de aquel frente, cambia de opinión y reclama todo para la Sierra: armas y hombres.

Daniel, sucesor de Frank, hace como toda la clandestinidad, esfuerzos tremendos para abastecer la Sierra, que crece, y hacer frente a una furiosa represión en toda la Isla.

Las pequeñas guerrillas que operan en la enorme zona del Segundo Frente adquieren experiencia y hostigan al enemigo.

A principios del 58 se opera un salto de calidad.

En marzo del 58, poco antes de la huelga de abril, Fidel envía a Raúl, con una columna de cien hombres al Segundo Frente Oriental.

Corre un riesgo debilitando la Sierra, donde no quedan más de doscientos hombres.

¿Por qué lo hace?

Para intervenir y controlar el Segundo Frente de la guerra.

Para que Santiago no tenga su ejército.

¿Pero por qué manda a Raúl como jefe?

¿Por qué lo hace el segundo hombre de la Revolución?

Si Fidel no ocultaba su desconfianza a Santiago, era lógico que no mandase a Daniel, Aníbal, Tomasevich, Paz u otro jefe guerrillero oriental.

Pero podía mandar a Camilo, Almeida, Amejeiras.

Manda a Raúl, que no es superior a ninguno de ellos.

¿Por qué?

Manda a Raúl y sabe que Raúl es comunista.

Fidel piensa que la ideología importa más que la familia.

Sabe que Raúl no es como el Che, un comunista por la libre.

Es un comunista ortodoxo, moscovita, estaliniano y disciplinado.

Y lo hace el segundo jefe militar de la Revolución.

Comienza a descubrirse el dibujo castro-comunista.

Fidel conoce perfectamente a Raúl: comunista, obediente, antipático, antipopular, con fama de violento y represivo. Acomplejado ante el hermano grande.

Está naciendo la leyenda del Fidel bueno y del Raúl malo.

Que más tarde Fidel alimentará.

Raúl dirá: "Si a Fidel le pasa algo, el Almendares se llamará el río rojo; correrá sangre, no agua".

Y Fidel: "Si a mí me ocurre algo, vendrá Raúl": algo así

como el diluvio.

Y Fidel, con Raúl controló el gigantesco Segundo Frente, aunque debilitó la Sierra, que amenazada por la ofensiva batistiana, después de la derrota de la huelga de abril, pudo llegar a trescientos hombres armados y algún parque, gracias a los dos aviones enviados por el Movimiento del extranjero: el de Huber Matos, y el de Díaz Lanz y mío, en marzo y mayo.

En agosto de 1958, después de nuestra victoria contra la ofensiva batistiana, las columnas rebeldes inician la invasión de la Isla.

Estamos en el principio del fin.

Fidel sabe que quien tome La Habana y Santa Clara tendrá gran popularidad política.

Fidel envía al Che y Camilo a esa misión.

Objetivamente, el Che se hizo solo. Con su talento, su voluntad y su audacia.

La guerrilla es una emulación individual y una invención colectiva.

El Che convirtió a los enfermos, con armas rotas, en la segunda guerrilla de la Sierra.

Hizo las primeras bajadas al llano.

Creó el primer territorio libre en el Hombrito.

Guerra de posiciones, no más la guerrilla nómada.

En ese territorio rebelde, construye fábricas, hornos de pan, hospitales, talleres de reparar armas, instala Radio Rebelde, y otras cosas enviadas por la clandestinidad.

Un salto de calidad de la guerra.

Si bien prematuramente.

Fidel, que es un pragmático, utiliza más tarde esos aportes del Che.

El Che se definía comunista.

Pero su comunismo no convencía a Fidel.

Que conocía su independencia de criterio y su moralidad revolucionarias.

Mis discusiones por esa época con el Che eran frecuentes. Él defendía la Unión Soviética y el partido comunista cubano, que yo atacaba. Él los identificaba entonces con el socialismo. Yo no.

Yo defendía un socialismo libre y una revolución original y humanista.

Fidel me decía:

—Ya verás al Che discutiendo, discrepando, actuando, contra los comunistas. No te preocupes.

(Y así fue. Según descubría la realidad, el Che cambiaba sus posiciones. Pero ésa es otra historia.)

La discrepancia de Fidel con el Che no es sobre el comunismo.

Es sobre su independencia.

Un cabeza dura.

Fidel manda al Che a Las Villas. Y hay que decir que es el hombre justo. De segundo va Ramiro Valdés. Otro pro comunista ortodoxo.

La otra columna va mandada por Camilo.

Otro bravo guerrero.

Pero también de simpatías comunistas: su padre y su hermano son militantes comunistas.

La relación de Camilo, en Yaguajay, privilegia al grupo de escopeteros comunistas de Félix Torres y los contactos del partido.

Durante los primeros meses del 59, Fidel hace profesión de fe democrática.

Habla de una revolución verde olivo.

Tan cubana como las palmas.

Y en Uruguay termina ante la multitud con una consigna que se coreará en Cuba:
"Pan sin terror.
Libertad con pan.
Ni dictadura de derecha ni dictadura de izquierda: una revolución humanista".
Los comunistas protestan.
Pero mientras Fidel dice todo eso, la posición de Raúl, de Piñeyro, en Oriente, de Ramiro Valdés, de Osmani Cienfuegos, Alfredo Guevara, y a través de ellos de otros comunistas, se hace fuerte en el Ejército.
Es claro que a Fidel interesa sólo ganar tiempo.
Hay tres aspectos fundamentales que Fidel debe tomar en consideración:

1. La opinión pública cubana quiere cambios profundos, en la libertad y la democracia.
2. El movimiento sindical: el 26 de julio obtiene el 95 por ciento de los votos y delegados, en las primeras elecciones sindicales libres. Los comunistas, el 5 por ciento. (Fidel, Raúl y el Che presionan para que el Ejecutivo de la CTC incluya comunistas. El Congreso no acepta.)
3. La posición norteamericana todavía no muy definida. Pero ya a disgusto con lo que pasa en Cuba. La poderosa clase media cubana que lo apoya.

EL HUMANISMO DE FIDEL

Una de las cosas que me sorprendió a mi llegada a la Sierra fue el sentido humano de la guerra.

El Ejército Rebelde parecía quijotesco.

Fidel era el principal educador: curar al enemigo, como al compañero herido. No asesinar. No matar ni torturar a los prisioneros.

No ofenderlos. Explicarles. Convencerlos.

Parecía cosa de otro mundo.

Respetar al campesino. Sus tradiciones. Sus mujeres. Pagarle lo que se le consumía.

Había un cierto igualitarismo entre comandantes y soldados. No existían privilegios.

Una gran familia.

El respeto no era obediencia. Era ideal. Reconocimiento de la capacidad. De la imaginación guerrillera y del espíritu de sacrificio. Muy pocos los comandantes.

En la lucha clandestina nos habíamos batido porque la acción no convirtiera en asesinos a nuestros militantes.

Sabíamos lo peligroso que es matar.

La vida es el verdadero valor revolucionario.

No se cambia el mundo matando.

El acto de matar, aun cuando lo motive defensa propia, rechazo de la violencia enemiga, que nos viene impuesta, rompe todas las fronteras del ser humano.

Peligrosa tierra de nadie.

El código de la clandestinidad era muy severo: el pueblo es inocente.

Víctima. Tiene que ser respetado.

Nos batíamos contra el terrorismo. El terror era Batista.

Usábamos una mínima violencia contra una violencia total.

Nuestro sabotaje golpeaba puntos fuertes del régimen.

La electricidad. El gas. El tendido telefónico. El transporte.
Las comunicaciones. Los grandes centros económicos. La
quema de la caña y del azúcar.

Los sabotajes eran estudiados. Controlados y realizados, cui-
dando que no produjeran víctimas inocentes.

Se escogía el lugar. La hora. Y en el momento de realizarse se
avisaba a los paseantes.

Así en la calle Suárez 222, en La Habana.

Un túnel excavado desde una casa, al registro principal de
una red subterránea, del gas y la electricidad. Una carga de
dinamita.

Una explosión que paraliza la capital durante tres días.

Ni una víctima.

Efecto político tremendo.

Una ciudad de un millón de personas convertida en ciudad
muerta.

Una célula clandestina ganaba así la simpatía del pueblo.

Recuerdo la discusión en la cárcel del Príncipe, en la que yo y
otros militantes del 26 estábamos presos.

Los comunistas que combatían el sabotaje por consigna del
partido, aplaudían.

Y luego, confundidos, repetían: "Pero no es un método correcto".

Replicábamos: "Paralizamos una gran compañía norteamericana.

"La violencia nos la impone Batista. No golpeamos a gente
inocente. Golpeamos los centros económicos que apoyan al
régimen.

"El pueblo que lo comprende nos apoya."

Decenas de miles de sabotajes en toda la Isla nos costaron miles de compañeros asesinados, pero las víctimas inocentes fue menor del uno por mil.

Batista era la fuerza bruta.

Nosotros el humanismo.

Encontrar en la guerra el mismo espíritu no violento que en la ciudad era extraordinario.

La batalla del Jigüe fue una obra maestra.

Doscientos cincuenta soldados y oficiales prisioneros, después de una furiosa batalla que nos costó la vida de hombres como Cuevas y tantos compañeros. Curados, alimentados y liberados.

Los oficiales conservando sus armas cortas.

Incluso un médico acusado de complicidad, en el asesinato de un héroe de la lucha, es liberado por Fidel, con nuestra protesta.

Tres rebeldes: Faustino Pérez, Horacio Rodríguez y yo, desarmados, los condujimos a un campamento enemigo y allí los entregamos a la Cruz Roja Internacional.

Allí, en Vegas de Jibacoa, en la Sierra Maestra, mientras firmábamos las actas, aparece en un mulito el Che Guevara. Cordialmente conversamos con oficiales enemigos venidos de La Habana. Los soldados demandan autógrafos al Che.

A partir de aquellos días la tiranía estaba herida de muerte.

Los soldados se negarán a combatir.

Aquellos barbudos no son sus enemigos. Son hombres que se baten por la libertad y por la vida.

Aquel humanismo no era una apariencia. Era una realidad. De parte de Fidel, ¿era una actitud humana o una táctica para ganar la guerra?

¿Táctica genial o humanismo?

¿Contradicción recurrente en nuestra historia?

Hay un horror cubano a la sangre. A la violencia. La gente la odia.

Es una violencia sufrida.

En la conquista. Pacíficos indios asesinados. En la Colonia española.

En la República. Con Machado. Con Batista.

Y después la violencia fidelista.

Cuando después del triunfo empezamos a descubrir la frialdad continua del paredón y los tribunales revolucionarios, nos interrogamos y protestamos.

Tanto justo humanismo en la guerra y tanto terror rojo en la paz.

El humano Fidel deviene el implacable Fidel.

¿Por qué la dureza de las prisiones, la ilegalidad, el maltrato, el miedo a la seguridad del estado, su omnipotencia?

Aumentan las penas. Las prisiones. Se niega a los presos las visitas diarias y semanales. Los libros. La comida y ropa que llevan los familiares. Se suprime el *habeas corpus*. Cosa que aun en los peores tiempos de Batista existía.

Paredón y más paredón.

¿El poder cambia?

Cual la diferencia entre los mismos hombres cuando hacen oposición y cuando son poder.

No es el peligro de la Revolución amenazada.

Los actos contrarrevolucionarios no pusieron nunca en peligro al gobierno revolucionario.

Fidel es un hombre frío.

Pero cree en el terror como medio eficaz de gobierno.

Es una forma de liquidar el enemigo.

Sí.

La oposición.

Sí.

La crítica.

Sí.

Un día en la guerra me dijo, en respuesta a una carta crítica mía, estas palabras:

—Toda crítica es oposición. Toda oposición es contrarrevolución.

El optimismo es revolucionario. El pesimismo, contrarrevolucionario.

La revolución es cirugía.

Y en la paz. Y ante una observación mía:

—Defino el estalinismo como la dictadura de una minoría revolucionaria, contra una mayoría no revolucionaria, en momentos difíciles, en que la revolución, como el padre, no puede dar a los hijos lo prometido, que reclaman en seguida. Sin olvidar que Fidel identificaba a la revolución con su persona.

Replicaba yo:

—Confundes opinión y crítica. Cosa grave. Tú confundes obediencia y revolución. Obediencia y conciencia. Tienes un concepto militar. Pero la paz no es la guerra. Y la guerra se ganó no de arriba a abajo.

A mi parecer, al contrario. Del pueblo al Movimiento. Y aun a ti mismo.

Líder y caudillo no son la misma cosa.

¿O el poder no se cambia? Cambia.

—Un revolucionario no es un *yesmean*. Un señor sí. Y si tú eres el jefe y no puedo contarte lo que veo, decirle lo que pienso; si en vez de estimarte debo temerte, ¿para que sirve mi colaboración y la de los otros? Yo creo que la crítica es revolucionaria. Que la discusión es revolucionaria. Y que el mayor peligro para una revolución no es como tú dices: "Mejor un jefe malo que veinte buenos". Válido en una batalla de la guerra.

"El mayor peligro en una revolución es que una persona tenga el poder total.

"Un líder necesita un pueblo libre y no una manada de esclavos.

"Si nadie puede discutir tu lideratura, Fidel, ¿por qué te preocupas que algunos tengamos opiniones personales?"

Si sus opiniones mucho me preocupaban, veía que las mías las tomaba en consideración sólo negativamente.

—Eres un cabeza dura, Franqui.

—Deberías estar contento porque tú eres el rey de los cabezas duras, Fidel.

¿Es la naturaleza misma del poder siempre opresiva?

¿Es el odio, la injusticia sufrida, el hacer a otros lo que antes hemos sufrido?

La función de reprimir se multiplica.

Nada más peligroso que el represor convencido de la necesidad y justificación de su represión. Sin límites. Con todos los derechos. Incluso la esperanza. El futuro. El socialismo.

Para ser policía, soldado, oficial, juez, fusilador, detector, jefe, hay que volverse frío. Inhumano.

Separarse de la gente.

Estar sobre ella.

Vivir sólo el poder y sus grandes problemas.

No la realidad. La vida. La situación del pueblo.

La metamorfosis de Fidel me hizo pensar mucho.

¿Era una metamorfosis?

¿Era el mismo Fidel de siempre?

El Che no olvidó nunca al primer soldado, al que tuvo que dispararle con su mirilla telescópica.

Era casi como fusilarlo.

Era un hombre. Una víctima.

Y también uno del Ejército victimario que asesinaba al pueblo.

Que le había arrebatado sus libertades.

Uno de los cincuenta mil soldados de Batista.

Era necesario y justo luchar contra ese Ejército.

Pero el Che, que no era un sentimental, no olvidaba que el soldado era un ser humano.

Fidel no pensaba así:

Tenía que matar y lo hacía fríamente. Asépticamente. Sin conmoverse. Sin sentido.

Investigué la guerra.

No buscaba. Ni busco una justificación.

Buscaba una razón: una historia.

Que me fuera contraria o no, no era lo importante.

Y qué encontré:

Buscando en los viejos papeles.

Los fusilamientos simbólicos.

A algunos quizás le parezcan maravilla. Mejor estar vivo que muerto. Qué duda cabe, dirán.

Pero el fusilamiento simbólico es una tortura de máxima crueldad.

El fusilado no fusilado es un enfermo.

Y el fusilador, un peligro.

Hubo fusilamientos simbólicos y reales. Y aun morales.

LA CAÑA

Yo no tumbo caña,
que la tumbe el viento,
que la tumbe Lola,
con su movimiento.

La revolución se hace quemando caña. Contra la caña. Como en el 68, 95 y 1930-1933.

—Qué me viene usted a hablar de miserables cañas, cuando está corriendo tanta sangre —replica Máximo Gómez, jefe del Ejército mambí, al hacendado que protestaba de "que la guerra destruía la riqueza".

Era el argumento que en 1957, *Revolución*, clandestina, usaba para contestar ciertos ataques al 26, por la quema de caña en el país.

"Sin azúcar no hay país", era lema de los hacendados azucareros, de Casanova, su presidente.

"Sin libertad no hay país", respondíamos.

Los mismos hacendados poderosos y parásitos, que decían en el siglo pasado: "Azúcar y esclavitud son la riqueza de Cuba"; que con su poder detienen medio siglo las luchas por la independencia de Cuba.

Con la Colonia española entonces. Con Estados Unidos, en la República.

En 1952, año del golpe de Batista, Cuba muele 7.200.000 toneladas de azúcar. Las cañas eran nuevas. Sembradas en el período democrático de Prío, eran el inicio de un período de zafras grandes. Batista, que da el golpe en plena zafra, no puede restringir la de 1952.

El conflicto era entre una estrategia económica correcta y la especulación.

Para el país era más conveniente más azúcar a bajo precio, que menos azúcar a precio mayor.

¿Por qué?

A más azúcar a precio competitivo, Cuba conservaba la primacía del mercado mundial. Impedía con los precios bajos el desarrollo de nuevas áreas competidoras en el resto del mundo.

Mantenía alta la exportación.

Si se restringía la zafra, la disminución de azúcar implicaba aumento de precio, estimulando la producción extranjera, que se hacía competitiva, con precios altos que producían ganancia, los bajos, ocasionaban pérdidas.

El país recibía las mismas divisas con una exportación grande a precio menor, que con una pequeña a precio mayor.

Hacendados y colonos preferían controlar el mercado, ganar más a largo plazo, que al revés.

Los obreros aceptaban el sacrificio por mantener el trabajo.

El salario de una zafra corta era mayor por día, menor por la duración de la zafra. Unos tres meses contra los cuatro de una zafra mayor.

El salario global el mismo.

El trabajo mayor.

La restricción dictada por Batista, en el 53, favorece los intereses económicos extranjeros —Convenio de Londres— y la especulación con las reservas del año anterior, que subían de precio, Batista y sus socios recibieron millones de dólares.

La zafra cubana fue reducida a cinco millones de toneladas.

Cuba perdió mercados al subir los precios y desarrollarse otras áreas azucareras.

Muchas cañas nuevas quedaron sin cortar. Hacendados y colonos, como sobraban cañas, ni sembraron otras ni limpiaron las sembradas.

Con la guerra, el terror batistiano y la inestabilidad económica, no siembran más caña.

Protestas, quemas de caña. Huelgas.

En diciembre de 1955, estalla la gran huelga azucarera que estremece al país.

Huelga económica y política. Con ciudades muertas.

Huelga que une la universidad y los centrales: estudiantes y obreros azucareros en lucha contra Batista.

José Antonio Echevarría, líder estudiantil, Faure Chomón y casi todo el Directorio, participan en Las Villas en la agitación y la huelga, mientras el 26 lo hace en Camagüey.

Al triunfo de la Revolución, en 1959, quedan muchas plantaciones cañeras. La zafra del 59 y 60 son altas.

Los cañaverales viejos. El ciclo de la caña dura varios años, su rendimiento depende de abonos, del buen mantenimiento, de que la cepa no haya sido quemada.

En un Consejo de ministros, Fidel Castro anuncia que al otro día iría a la televisión, diría a la gente de destruir una parte de los cañaverales y sembrar viandas.

Che Guevara, Raúl Cepero Bonilla, ministro de Comercio, especialista en azúcar, y yo contestamos el plan de Fidel.

Los tres éramos antiazucareros: Che, ministro de Industrias, era por el desarrollo del níquel y de la industria; Cepero era famoso por sus luchas en *Prensa Libre* contra los hacendados, y yo era por una sustitución gradual del azúcar y su dependencia: diversificación agrícola, níquel, industria ligera, autoconsumo, independencia.

Pensábamos los tres, que un discurso de Fidel en un momento de la Reforma Agraria, con su enorme impacto en los latifundios cañeros, la incapacidad e inexperiencia de los nuevos administradores, no eran obreros azucareros, eran gente de ciudad, descuidaban el mantenimiento de los cañaverales viejos, sería muy peligroso.

La gente iba a destruir no un poco de caña, como pensaba Fidel, iba a destruir mucha caña.

Una baja de la producción de azúcar, implicaría menos divisas, menos importaciones, menos comida.

Ya teníamos grandes problemas económicos.

Un plan loco. No se basaba en estudios del estado de los cañaverales, no preveía la cantidad aproximada de caña a destruir.

Que Fidel dijera en TV: "Destruyan cañaverales, siembren viandas", era acabar con la zafra.

Fidel no quería acabar con la caña. Sólo limitarla.

Un discurso no era el vehículo.

Si se hubiese tratado de una estrategia radical liberar a Cuba de la dependencia azucarera, aunque tácticamente no oportuna, más inteligente, menos peligrosa ir sustituyendo azúcar por níquel, y autoproducción agrícola por la importación; aun con sus peligros, dijimos a Fidel que sería correcta, sabíamos, él mismo nos lo repitió, que no era ésa su intención. Nos opusimos.

Ante la obstinación de Fidel a nuestros argumentos, propusimos una rápida inspección de los campos de caña.

—Fidel —dije—, la cañas están viejas. Hace diez años que no se siembra en cantidad cañas nuevas.

—Fidel —agregó Cepero Bonilla—, con la reforma agraria, latifundistas y grandes colonos, abandonaron las cañas de las cuatrocientas hectáreas que les dejó la ley. Es parte importante aún de la producción, con la que no debemos contar.

Los inspectores cañeros, que calculaban como técnicos la producción, colonia por colonia, central por central y hacer el cálculo aproximado de la producción nacional, han sido suprimidos.

—Cooperativas y granjas del pueblo han descuidado guataquea y limpia de cañaverales, trabajando sólo las zonas a orillas de guardarrayas, carreteras y centrales.

—Fidel —dijo Che—, si tú, con tu influencia, haces un discurso así, con el odio que tiene la gente a la caña, van a destruir mucho más de lo que piensas.

—No. No. No. Se equivocan —respondió Fidel—. Les apuesto un almuerzo por la libre. Vacas asadas, lechón, por la libre, para todo el Consejo de ministros. Si ustedes pierden, pagan. Si tienen razón, pago yo. Gano seguro.

Y terminó la discusión.

Fidel hizo su discurso. Raúl también. Y los administradores y la gente comenzó a destruir cañaverales por la libre.

Demoler caña es fácil.

Las zafras posteriores bajaron del 50 por ciento.

De seis millones a tres.

Ni hablar se pudo más de la famosa apuesta.

El discurso destruyó la mitad de los cañaverales. El trabajo de años, de cientos de miles de hombres. Pérdidas económicas de centenares de millones de pesos.

Los capitalistas de otras áreas, con los precios altos del azúcar, sembraron mucha caña y quitaron mercados a Cuba.

Un millón de cubanos trabajó duramente varios años para replantar los cañaverales desaparecidos en unos días, por el discurso-orden de Fidel contra la caña.

De carambola, el descomunal error de Fidel, que cañero era, es y será, aportó muchas divisas al país. El mundo se vio sin azúcar, el precio pegó un salto.

No compensó las pérdidas internas sufridas. Desvió de nuevo

la mano de obra agrícola a replantar caña, nos hizo perder mercados internacionales.

Fue el primer magno error económico de Fidel.

Otros le iban a seguir.

En otro discurso, dijo de abandonar el café de montaña.

El consumo interno era enorme. Una tacita de café costaba tres kilitos. Producíamos lo necesario y aún algo para exportación.

La guerrilla nació bajo matas de café: Sierra Maestra, Norte de Oriente, Escambray.

Fidel, de vuelta a la caña y del nuevo convenio azucarero con los rusos, dijo: "Venderemos azúcar caro y compraremos café barato. Nos ahorraremos el trabajo del café de montaña".

Y se acabó el café.

Y subió el café.

Y no hubo más café.

Y se racionó el café.

Y no se cantó más aquello del popular Bola de Nieve:

> *Ay, mamá Inés,*
> *toos los negros*
> *tomamos café.*

Un día, un turista colombiano, comunista y cafetero, dice al Comandante: "En México se cultiva café en la llanura". El Comandante se va con la bola y ordena llenar La Habana de café a la mexicana.

El famoso cordón. Medio millón de habaneros, tantos otros, en Las Villas, a sembrar café. Millones de dólares en posturas y semillas.

Muchos intelectuales y artistas de Europa sembraron su matica de café. Hicieron sus pininos agrícolas y alguno escribió

340

su manifiesto del café.

—Comandante —decían los campesinos—, estas tierras no dan café. No están bien aradas. ¿Por qué no hace un experimento antes?

—Ya verán qué café y frutales y frijoles grandes.

El famoso tres en uno o trinidad de Fidel.

Que no fue tres ni fue uno.

—No. No, Comandante —replicaban los campesinos—, nosotros conocemos bien estas tierras. Si el café naciera, no va a nacer, frutales, frijoles y habas lo matarían.

—Ustedes son unos conservadores. Tienen mentalidad de siboneyes. Son unos pesimistas. Les enseñaré con el ejemplo, como en el Moncada, cuando me decían, que aquí no se podía hacer una revolución, que no se podía pelear contra el Ejército, que si no había crisis económica. Hicimos la Revolución y no vamos a hacer el Cordón. Ya verán qué maravilla; me vendrán a decir: "Tenías razón, Fidel, vas bien, Fidel".

Los campesinos, mirando cielo y tierra, contestaron:

—Si usted lo dice, Comandante —socarronamente—, así será.

La consigna: sembrar café. Miles de tractores comprados no aparecían y los huecos para sembrar café, en tierras no roturadas, duras, de malas yerbas, se hacían con el jan de palo de los siboneyes. Un hueco en la tierra y una postura de café.

Y el café de Fidel, como Chacumbele, él mismito se mató.

Y se acabó el cafecito.

Y al que cantaba: "Ay, mamá Inés, toos los negros tomamos café", se lo llevaban preso por contrarrevolucionario.

La misma historia con el arroz y la ganadería.

Y se acabó el café, la leche, la carne, el arroz, el maíz, los frijoles y hasta la mata de los tomates.

Y se contaba aquel chiste revolucionario:

"Tenemos que exportar a Fidel para los Estados Unidos. Te has vuelto loco. Pos si, mano. Así arruina a Estados Unidos".

¿Cómo es esto posible?

Por el poder total de un hombre solo en una estructura piramidal.

La revolución, el socialismo, se identifican al jefe. El socialismo es el retrato del caudillo. El caudillo ejerce el socialismo.

El socialismo es Stalin, Mao, Kim Il-sung, Breznev, Husak, Fidel.

Otros dictadores, los viejos dictadores, pretenden detener la historia en nombre del pasado, la conservación y el orden.

Por un tiempo lo consiguen: Hitler, Mussolini, Hirohito, Franco, Trujillo, Batista, Somoza, Pinochet.

Tiempo limitado. Tiranías feroces, pero imperfectas, sin el poder total.

En cambio, el famoso culto de la personalidad no pretende detener la historia ni retrocederla al pasado. La proyecta al futuro, al cambio total.

Y la paraliza.

Yo soy la Revolución, se cree Fidel. Yo soy el socialismo. El padre del pueblo.

Y lo es. El sistema posee economía, riqueza, producción, estado, Ejército, policía, leyes, tierra, subsuelo, posee obreros, campesinos, estudiantes, historia, educación, cultura, política, prensa, sindicatos, escuela, universidad, ciencia, ideal, esperanza, futuro, verdad.

El sistema lo posee todo. Es propietario de todo.

Su estructura de poder es total y verticista.

El estado-partido. Su centralismo "democrático", que impone la disciplina y decide todo desde arriba.

El dictador en la dictadura.

No del pueblo ni el proletariado.

Dictadura del estado-partido. Monopolio de los monopolios.

En un estado que no desaparece, como pensaba Marx, cómo va a desaparecer si cada día es más fuerte.

Si el socialismo no se hace abajo.

Se "construye" arriba.

El estado nacionalizándolo todo deviene el propietario privado, total de todo.

Entonces nada funciona. Todo se paraliza.

Como su estructura es verticista-piramidal, termina arriba, en el secretario general, que tiene que decidirlo todo, es el cerebro electrónico, de un nuevo-viejo poder total.

El viejo estado capitalista, en vez de desaparecer, de transformarse, se agiganta con la nacionalización de riquezas, tierras, hombres, instituciones, comercio, religión, filosofía, partidos, ideas, ciencias.

Todo lo devora.

Se monstrualiza.

Un Dios terrenal omnipotente.

Una máquina infernal.

No es la degeneración, es la naturaleza del sistema que produce los mismos efectos en todas partes, que, como el cáncer, no soporta contradicciones y simultaneidad ni poderes similares en otras partes.

Monstruo nacido de la vieja realidad y del nuevo modelo de poder total y partido e ideología únicos.

No el socialismo, que sería la sociedad del pueblo.

El super-estado totalizador.

La castrista es la variación tercermundista.

Caudillismo, militarismo, monocultivo, monomercado. Monstruo nacido de la madre realidad interna y del padre putativo ruso, estado-partido-propietario total ruso-castrismo.

En otros países es:

El Islam-rusismo.

El tribal-rusismo.

El mao-rusismo.

El Vietnam-rusismo.

En Europa: Kadar-rusismo, Husak-rusismo.

Excepción: el titismo, que al escapar a la estructura del poder total ruso, con la autogestión, si no creó el socialismo, desarrolló una especie de nuevo capitalismo popular, menos injusto que el capitalismo clásico, menos autoritario y rusista que el nuevo capitalismo de estado.

CAMBIALOTODO

FIDEL lo cambia todo.

Todos los días. Ministerios. Oficinas. Hombres. Planes. Plantaciones. Calles.

Cambios de lugar, no de estructura ni de calidad.

Cuba debe ser su retrato.

Es su espejo.

Las tradiciones cubanas son abolidas.

Pascua. Navidad. Fin de año. Reyes. El Carnaval. La fiesta.

Son grandes fiestas paganas: unas de origen cristiano y otras del mundo negro.

Diciembre es un lindo mes cubano: los campos tropicales, con sus mil verdes agregan una variante blanca: una enredadera que cubre con sus grandes flores blancas campos, caminos, y jardines.

La flor de pascua.

El 24 era una fiesta familiar: lo español y lo negro ya cubanos, se festejaban a son de guitarra o de bongó: lechón asado en una parihuela de guayabo verde, al sabor de sus hojas. Un hueco en tierra y a las brasas de troncos perfumados, la zaranda de alambre, suspendida a los gajos de un árbol, suavemente mecida durante horas, hasta que el pellejo revienta, chisporrotea, gotas de grasa al caer.

A veces lechón cocido con arroz y frijoles negros, relleno. Otras, según región.

Los tayuyos de maíz verdes, el fricasé de guanajo, la lechuga y tostones amarillos fritos, ensalada de aguacate, lechuga.

Sobre el fogón y por una vez al año: turrones de España: jijona, Alicante. Nueces. Avellanas. Manzanas y uvas. Una buena botella de vino español, acompañando a la cerveza el daiquiri, de ron batido.

Décimas, guitarras. Toques de bongó.

Aun las familias más pobres se arreglaban para la cena navideña.

Un día es un día.

Fin de año era fiesta de calle. Toques. Ritos. Grandes bailes populares que duraban toda la noche.

Y mucha agua por la calle. La limpieza. El agua, según la tradición cubana, se lleva lo viejo y lo malo.

Todo comienza y termina con el agua.

La vida. La fiesta. El amor.

El viejo año y el nuevo año.

Los carnavales eran la locura de Santiago.

Congas multitudinarias. Y durante días todo era conga, rumba.

Comparsa. Toque. Baile. Mimetismo.

Confusión colectiva.

En La Habana las comparsas eran más espectaculares y menos vivas. Más espectáculo que participación.

Los barrios negros tenían sus elegantes Marqueses, coña popular ironizando a los señores. El alacrán tumbando caña.

Y allá por Regla, Guanabacoa, se acababa el mundo, ciertos días: Changó, Yemayá. Los ritos secretos y ancestrales vivos de la madre África en Cuba.

Todas suprimidas.

Las cristianas paganas, las negras y las populares.

La vida nocturna cubana era muy intensa.

La noche es otro mundo en el trópico.

El sentimiento cubano: a mí me matan, pero yo gozo.

Ahora es todo tristeza socialista.

Espeluznante.

Y La Habana y Santiago una especie de Moscú, acaso con el toque de algún tambor clandestino.

Todo prohibido por Fidel.

La leyenda del burdel tropical.

Habana ciudad prohibida: Sodoma y Gomorra de América.

Y fiesta: Rumba. Guaguancó. Son. Carnaval. Ritmo. Vida nocturna, sinónimos de prostitución.

La vieja moral de la Inquisición española bajo la piel.

La Habana, como todas las grandes ciudades, tenía sus prostíbulos.

Tres barrios: Colón, Zanja y Ayestarán.

Algunos millares de prostitutas en una ciudad de cerca de dos millones de personas.

No hay ciudad en el mundo, capitalista o socialista, que no tenga su prostitución.

Praga la tiene. Moscú también. Ni Stalin la acabó.

Y entonces.

Oficialmente, como tantas otras cosas, las prostitutas no existen.

A un diplomático cubano, ocurrió que por instrucciones de su ministerio fue a pedir consejos a los hermanos mayores, para acabar con la prostitución. Y los funcionarios moscovitas le dispararon un seco no.

—No sabía usted que no hay prostitución en el socialismo. Amoscado, se excusó.

Viviendo en Moscú, no mucho tiempo después, recibió propuestas concretas de prostitutas y, dirigiéndose al protocolo, volvió a pedir instrucciones.

Lo mandaron a una policía especial, encargada de la prostitución.

Irónicamente contestó: "Y para qué sirve esa policía si no

hay prostitutas".

Hay esa gente seria que confunde prostitutas y ciudades: París, Roma, Amsterdam.

Así, La Habana no era menos ni era más.

La Habana no era la Casa Marina.

Ni Cuba el Casino Nacional.

Se hablaba mucho de los turistas depravados.

Comprando placer.

No se dice que ni esos ni los *marines* cuando pasaban por los puertos no se atrevían a entrar en los barrios populares y negros.

Y más de uno que lo intentó dejó la piel en la punta del cuchillo.

Ningún extraño se podía mezclar en las fiestas populares. La gente del pueblo tiene su código: allí no entraban yankis. Y hoy no entran rusos.

La fiesta es una explosión. Una libertad. El ritmo del cuerpo dibuja, inventa, sensualiza. Frenesí individual y colectivo.

Pasaporte son la gracia, la fineza y entonces todo es permitido.

Vulgaridad. Pornografía no son permitidas.

Nuestra academia no era la Real Española, que limpia, fija y da esplendor (como si fuera la publicidad de un detergente), pero que aun a pesar de sus doctos señores no ha resuelto el problema del hablar de sus pueblos.

Nuestra academia era Marte y Belona. Tremenda academia de baile.

Para graduarse en danzón, con Romeu, son, rumba. Con las orquestas más populares del país.

La Tropical. La Cristal.

Un país que se identifica con el ritmo es un país maravilloso. Entre las nalgas de una mulata y la honorable señora de la

Real Academia Española.
¿Hay alguna duda?

La Nochebuena cuándo volverá,
el lechoncito cuándo volverá.

Canta bajito la gente ahora.
¿Qué se descubre?
Este hombre ha impuesto a millones de personas los castigos
sufridos por él en la escuela jesuita.
Censura.
Separación sexual.
Disciplina. Control del pensamiento. Obediencia. Esparta-
nismo.
Odio a la cultura. A la libertad.
Su narcisismo no soporta el genio literario o científico.
Prohíbe la cultura porque piensa que es subversiva.
Prohibido pensar.
Saber.
La fiesta, la rumba, son subversivas.
Suprimidas.
El placer. El erotismo. La sensualidad. El amor.
Subversivos.
Suprimidos.
Obedecer. Trabajar.
Estas son sus leyes y las impone a todos.
Allí donde había una prisión, Isla de Pinos, cuántas hay hoy.
Centenares.
Donde había un cuartel. Cincuenta mil soldados.
Después de decir: cuarteles, armas, ¿para qué?
Hay doscientos mil soldados, trescientos mil policías.
Donde había mil latifundios, ahora hay uno solo de Fidel.

Y la casa del burgués. La comida del burgués. Las bebidas del burgués. Los quesos del burgués. Los placeres del burgués.

¿Para quién son?

Para el Comandante: él se los merece.

Cuba es su finca.

EL SOCIOLISMO

El sistema suprime las contradicciones.
Primero la burguesa y su gran propiedad privada.
Las normas y leyes e instituciones anteriores. La división de
poderes: ejecutivo, legislativo, judicial. La prensa. La escuela.
El sindicato.
Suprime la clase media, el campesinado y el comercio.
Suprime la autonomía regional: barrios, comunas, munici-
pios, provincias.
Suprime la autonomía individual.
De facto. No se legisla.
Suprime religiones, ideas, partidos.
Cuando no queda nada que suprimir, suprime al proletariado.
Suprime al pueblo.
Suprime el mercado y muchas veces la producción.
Hay algunas cosas que el sistema no suprime:
El partido.
El estado.
La policía.
El Ejército.
El dinero.
El salario.
En realidad, el partido se apodera del estado.
El estado se injerta en el partido.
Y se vuelven el estado-partido.
Con la nacionalización, todo se vuelve estado.
Estado total.
Se crea así un estado-partido-propietario de todo.

Antes había millares de propiedades privadas, grandes o pequeñas.

Ahora hay una sola propiedad privada del partido-estado.

Si antes había una anarquía de producción, generadora de desigualdades e injusticia, ahora hay una tiranía de producción, que paraliza la economía y la vida y que congela las diferencias en el seno del pueblo.

La ley leninista del desarrollo desigual es suprimida desde arriba.

No abajo. El sistema hereda no sólo las diferencias de clases.

Hereda diferencias naturales: tierras ricas o pobres, zonas desarrolladas o no.

Hereda diferencias reales creadas por la sociedad en milenios.

Entre ciudad y campo. Entre ocupación y desempleo.

Entre riqueza y pobreza.

Entre industrialización y miseria.

Entre élite y masa.

Entre cultura e ignorancia.

Hereda hábitos y costumbres de la vieja sociedad.

Una jungla y sus normas.

Hereda regionalismo, nacionalismo, prejuicios, egoísmos.

Hereda la moneda. El dinero. La mercancía. El salario, el mercado.

Las contradicciones y diferencias en el seno del pueblo.

Según Marx, el estado es clasista —clase dominante—, explotador.

El trabajo humano, alienado. La plusvalía, la propiedad, son un robo.

Hay que crear una sociedad sin clases.

Suprimir el estado.

La desaparición de la clase burguesa dominante es la extinción del estado.

El proletariado, la nueva clase universal —objeto de la historia—, es el nuevo sujeto protagonista de la historia.

Según Lenin, antes de la toma del poder por los bolcheviques:

"Todo el poder pasará a los soviets".

Los soviets son la célula del nuevo estado proletario y socialista.

El nuevo poder de abajo.

Son ellos que poseen y dirigen los medios de producción, fábricas, tierras, riquezas, instituciones.

Soviets de obreros, soldados, intelectuales y campesinos.

Los soviets conquistan el poder, arrancándolo al viejo estado burgués.

Crean el nuevo poder proletario.

Estas son dos puntas de diamante de la teoría marxista-leninista.

Del ideal comunista.

En la práctica, ni una ni otra se ha realizado, ni está en vías de realizarse.

Ni nadie por allá cree en ellas.

El estado no sólo no se ha extinguido, como preveía Marx.

Se ha reforzado, vuelto inmortal, omnipotente.

Los soviets fueron abandonados por el mismo Lenin y los bolcheviques rápidamente.

Si los soviets tomaron el poder de la burguesía, el partido-estado tomó el poder de los soviets y los suprimió.

El socialismo es creación del pueblo o no es socialismo.

El partido de vanguardia leninista, a la toma del poder, descubre que el pueblo —proletariado, campesinado, intelectuales—, el Ejército que ha derrotado la burguesía, no está preparado para crear el socialismo.

La vanguardia unida, disciplinada, centralizada —el famoso

centralismo democrático— decide: todo el poder al partido-estado.

No más soviets. Nacionalización estatal de las riquezas y medios de producción.

De arriba para abajo, tal es la estructura verticista y la naturaleza del partido y del estado que se le agrega.

Al proletariado, al pueblo, se le suprime como protagonista. Se le ordena: trabajo-producción, defensa-militarismo, obediencia-conciencia.

Cómo definir con palabras exactas esta realidad histórica.

Los de allá, que la hemos sufrido y vivido, después de ayudarla a crear, no pensamos que sea la vieja, sabemos que no es la nueva.

Todo ha cambiado.

Nada ha cambiado.

Todo ha cambiado arriba.

Nada ha cambiado abajo.

A ese mundo se le llama socialismo real.

Oficialmente, allá éste es su nombre.

Allá y aun aquí.

Los casi dos mil millones de seres humanos que lo sufrimos sabemos que semejante monstruo no es el ideal socialista.

La palabra se ha quemado con la erosión histórica.

No es la primera vez que ocurre.

Los tiranos siempre tienen en la boca expresiones como:
Mundo libre (Pinochet, Videla).

(*Remember*: igualdad, libertad, fraternidad.

Democracia. Independencia. Dignidad humana.)

Soviet, proletariado, socialismo, comunismo, internacionalismo proletario, democracia popular, territorio libre, palabras cargadas de ideal están continuamente en la boca de Breznev, Teng Siao-ping, Husak, Pan Van-don, Menghistu,

Castro, Kim Il-sung.

Nadie las cree.

La realidad que se vive nada tiene que ver con ellas.

Nadie cree por allá en la teoría de la degeneración, de la traición, del culto de la personalidad.

No.

Es un problema de naturaleza y de realidad.

Y es universal.

No se define por allá como capitalismo. Ni aun como capitalismo de estado.

Aquello no es ni el viejo capitalismo ni el nuevo socialismo.

Ni el viejo mundo.

Ni el nuevo mundo.

Se sabe allá que el pueblo está obligado a trabajar, a sufrir racionamiento y escasez permanentes, que no tiene derechos ni libertades.

Ni libertad de información. Ni de cultura. Ni de pensamiento.

Ni sindical. Ni religiosa. Ni filosófica. Ni de palabra. Reunión. Organización. Ni económica. Ni de viaje.

Que si le enseñan a leer, cosa justa e importante, para romper el muro de la ignorancia, no le dan después libertad de lecturas.

Sólo adoctrinamiento.

Que si hay más gentes que saben leer, hay una nueva élite o estructura arriba.

Que no hay igualdad de enseñanza.

Primero cuenta la fidelidad política, después el privilegio.

La nueva élite cultural nace de hijos de gente del partido y del estado.

No es colectiva ni igualitaria.

Lo mismo ocurre con el trabajo.

El desempleo se resuelve con trabajos obligatorios, forzados en los campos de reeducación, con el servicio militar.

O de forma asistencial.

Los salarios no son iguales ni suficientes.

Ni las casas ni las medicinas. Ni el transporte. Ni los alimentos.

Hay enormes diferencias entre ciudad y campaña. Entre proletario y técnico, intelectual, científico.

Entre comunista y no comunista.

Entre comunista simple y dirigente comunista.

Arriba hay enormes privilegios materiales.

Que si no hay más viejos burgueses, nadie simpatiza con ellos, ni pretende resucitarlos de sus tumbas, para entregarles fábricas y tierras, escuelas.

Hay nuevos burócratas que administran, mandan y disfrutan las riquezas.

Un estado-partido que lo domina todo arriba y abajo.

Arriba con los privilegios.

Abajo con la obediencia y el trabajo.

Arriba, todo diferente.

Abajo, todo igual que antes.

A la cubana, al sistema se le llama sociolismo.

FATALISMOS

En la historia de Cuba una constante maldita, real, objetiva,
retorna, recorre, emerge:
Isla pequeña a la puerta de América no puede ser libre.
Independiente.
Pensamiento realista. Burgués. De los bien pensantes.
No popular.
Reformistas: mejor colonia de España, que territorio de Esta-
dos Unidos.
Anexionistas: Cuba debe ser una extensión de la democracia
norteamericana.
(Los Estados Unidos, que nacen de la independencia y se ins-
piran en las ideas y prácticas de las revoluciones inglesa y
francesa, para los cortos de vista histórica —no hablo de los
interesados— era entonces la Unión Soviética de hoy.)
Como si cada revolución necesaria, ocurrida en un país
grande, pariese de su vientre un imperio: Inglaterra, Francia,
Estados Unidos, Unión Soviética.
La teoría de la fruta madura de Jefferson y Adams:
Basta que se mueva la mata y poner la mano.
Y la Isla caerá.
Esta teoría vegetal se mimetiza como el trópico.
Y en nuestra época serán Raúl, los viejos comunistas y los pro
soviéticos, los que gritarán:
"Fidel, sacude la mata".
Hasta que se quedaron solos con la mata pelada en su mano.
Los independentistas de todas las épocas, populares y mayo-
ritarios, Varela, Heredia, Martí, Guiteras, Frank, Echeva-

rría, Daniel, lucharon por la libertad y la independencia de la Isla.

"Cuba es libre como las olas del mar."

La constante se llama fatalismo geográfico, histórico, económico.

No era posible liberarse de España cuando la Colonia.

Nos liberamos.

No es posible liberarse de los Estados Unidos cuando la República.

Nos liberamos.

No es posible liberarse de la Unión Soviética y del ruso-castrismo.

Pero nos liberaremos.

El fatalismo económico sostiene: Sin azúcar no hay país.

Y el azúcar necesita un gran mercado.

España.

Estados Unidos.

Unión Soviética.

Esos tres fatalismos: el geográfico, el histórico y el económico, se identifican en el pensamiento conservador.

Hoy el fatalismo geográfico es un chiste.

A noventa millas de Estados Unidos, Cuba se liberó, recuperó sus riquezas —justamente— y forma parte del imperio ruso, innecesaria, injustamente y contra la voluntad popular.

El fatalismo histórico asociado a las relaciones con el norte ha perdido peso.

Pesa todavía el fatalismo económico.

Antes no podía vivirse sin España.

Sin Estados Unidos.

Ahora, sin la Unión Soviética.

Lo mismo se afirmaba del fatalismo militar:

358

Cuba sola no puede liberarse del Ejército español.

El pueblo cubano no puede derrotar el Ejército de Batista.

Si Cuba recupera sus riquezas, intervienen militarmente Estados Unidos.

Afirman hoy, el pueblo cubano no puede liberarse del ruso-castrismo, que tiene en proporción el más grande y mejor armado Ejército de América, con sofisticado armamento y apoyo ruso.

Causa objetiva de esos fatalismos es que la Isla pequeña no puede vivir sin azúcar.

Casanova, el hacendado: Sin azúcar no hay país.

Fidel Castro, dice lo mismo.

En realidad, como vio Humboldt y confirma la historia y la realidad cubana, azúcar es esclavitud.

Cuba era y es una isla de azúcar y esclavitud.

Y necesita, para ser libre, liberarse del monocultivo azucarero.

Y de su estructura militarista y caudillista.

Un jefe. Un ejército. Un imperio del que se depende.

Trabajo esclavo.

Hambre.

Feudalismo.

Nueva esclavitud.

La caña —el azúcar— son el poder.

Y todas las revoluciones cubanas se hacen contra ese poder.

Quemando la caña.

Pero en la República, y en la Revolución, el nuevo poder se asocia y apoya en la caña.

Paradójica historia la nuestra:

Céspedes se rebela en 1868 contra España, quemando su ingenio y Bayamo.

La burguesía criolla llama a los negros esclavos a la guerra y quema sus cañas y sus riquezas.

Libertad y no riqueza esclava.

Después de diez años de una durísima guerra esa burguesía iluminada y de vanguardia, dividida y desgastada, pierde la guerra.

Y se liquida como clase protagonista. (Emergerá en el 59.)

En 1895, José Martí une a los viejos veteranos y a los jóvenes, en una nueva guerra de independencia: intelectualidad, campesinado, ex esclavos, clase media, emigrados obreros, son protagonistas.

La guerra se gana y se pierde con la intervención norteamericana.

Esta vez desaparecen de la historia la intelectualidad revolucionaria de vanguardia, los ex esclavos negros y el Ejército mambí, de origen popular.

Martí, Maceo y Gómez queman cañas y riquezas.

En la lucha contra Batista se vuelven a quemar los cañaverales.

Pero desde el poder, la caña y el azúcar se vuelven sagrados.

Una de dos.

La caña es como dios inmortal.

Intocable.

O el poder es conservador.

Y aun cuando nace un nuevo poder, ya es viejo.

Se identifica con el pasado.

Como si la revolución fuera una locura.

Una utopía.

Y el poder una razón.

Una realidad.

No.

No es la inmortalidad de la caña.

Es la conservación del poder.

Y es la burguesía que reemerge con sus fatalismos.

El pueblo, la clase media, la juventud, el estudiantado y el proletariado son protagonistas de la revolución antiimperialista del 59-60.

A partir del 61 desaparecen de la historia, como desaparecieron las otras clases revolucionarias en las otras grandes convulsiones históricas.

Así, Fidel Castro es lo más nuevo y lo más viejo.

Su mundo militar, blanco, español, azucarero, terrateniente y paternal, y el modelo ruso que controla y disfruta todas las riquezas a través de gigantesco estado burocrático, disfrazado de socialismo.

Al pueblo toca sólo trabajar y obedecer.

Y otra vez, como del fondo de la realidad cubana, resurgen las viejas dominantes:

Azúcar.

Militarismo.

Caudillismo.

Dependencia extranjera. Unión Soviética.

Esclavitud.

Cuba no será libre hasta cuando no sea libre económicamente.

Y no será independiente sin ser libre económicamente.

Debemos liberarnos del monocultivo y del monomercado azucarero.

De la azúcar. Del ruso-castrismo y de la Unión Soviética.

Y vuelven los viejos fatalismos mimetizados de nuevos:

Sin ayuda soviética, Cuba sucumbe.

Sin petróleo ruso, Cuba secumbe.

Sin azúcar, Cuba muere.

El dilema una vez más es: azúcar y esclavitud.
O independencia y libertad.
Afirmaba Martí: "Ser radical es ir a la raíz".

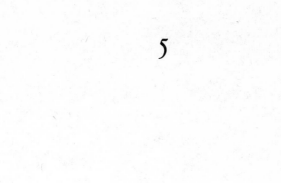

5

EL 62

ERAN los primeros días de enero de aquel incierto 1962.
Yo casi había llegado. Y ya casi debía irme.

Nazim Hikmet, el poeta turco, compañero de Lenin y
Trotski, que el comunismo real bien conocía, preocupado por
mi suerte, él, que tanta gente como yo había visto devorar
por el monstruo, en su largo exilio en Moscú, me había advertido duramente.

"Te consiguiremos una plaza para que vengas a Moscú a es-
tudiar marxismo-leninismo. Es tu única salida."

"Qué horror", pensaba yo.

Pensaba en el Dante:

¿Dónde estaría mi musa?

Changó en mis pies.

Cuando recibí una invitación para visitar Egipto.

Entrevistaría a Nasser. A Nehru.

Y después un viaje por Oceanía y África.

¿Era una fuga?

Sí y no.

(Pensar con los pies es mi forma de caminar.)

No tenía complejos. No me habían enseñado los maestros de
la revolución que la vida era el valor supremo de la revolución.

Que el exilio es la mejor transición.

(Cuando no se vuelve definitivo.)

No era ésa mi propia experiencia de la lucha contra Batista.

Quemado en la ciudad. Fui enviado al exilio. Y de allí regresé
a la Sierra.

En el 61 había vivido mi primer exilio socialista.

Ahora en el 62 comenzaba el segundo.

Resistir.

Aún, pensaba, se puede luchar.

Volaba de Praga al Cairo.

El museo del Cairo. Pintura y escultura egipcias. Pirámides. El Nilo.

Me parecía tocar un sueño.

Me identificaba con aquella cultura, una de las más impresionantes en la historia de la humanidad.

Viví en Mérida, en 1957. Chichén Itzá. El mundo maya.

La cultura maya fue el primer impacto del mundo americano, a mí, hombre de las islas Caribes, viajeras, peces, agua, no pasado.

Egipto era el retrato de cuanto puede la imaginación.

Los obeliscos vistos en Europa, robados por Napoleón y otros conquistadores, eran nada cuando se visitaba Luxor o Karnak.

Razón tenía el aduanero Rousseau, el mexicano de París, cuando dijo a Picasso, en el famoso banquete de Apollinaire y los otros: "Tú en el arte egipcio y yo en el moderno". Los grandes pintores del siglo.

Mitos y realidades viajeras: Gauguin y Rimbaud.

Y no es lo mismo Rousseau y Pizarro, dice, y dice bien, mi amigo y primer fotógrafo de *Revolución*, el pintor Jesse Fernández, "en la bahía de Santo Tomás Pizarro inicia el impresionismo".

Viendo Egipto parecía que una fuerza descomunal animó los creadores de aquella civilización.

Qué pintura viva.

Como si el sol fuese más contemporáneo que el culto de la inmortalidad.

Que el desafío de aprisionar muerte y tiempo en los templos de grandes señores o faraones.

Aire de destino.

Los contrastes eran muchos. El país pobre. Campesinas vestidas de negro. Sólo ojos. Bellos ojos egipcios ocultados, en El Cairo visibles.

Se veía una cierta transformación social, el peso terrible del pasado, los privilegios de la naciente burocracia.

La religión. Islam.

El destino era todo.

Ser pobre es un destino.

Morir, un destino.

La vida, un destino.

Cómo luchar contra el destino.

Nasser era un dios.

Un dios popular.

La entrevista fue bien: "Apoyo el derecho de Cuba a cambiar su vida. A la autodeterminación, al neutralismo y la no intervención".

Recordaba a Guevara: nuestro primer egipcio, y su viaje del 59.

Cuando no podía hacer nada en Cuba, y aprovechó el tiempo que perdía para iniciar los contactos con aquel tercer mundo que lo fascinaba.

Me hubiese quedado más tiempo en aquel país extraordinario que vi a vuelo de pájaro.

Pero Nehru me había concedido otra entrevista, y debía partir en seguida para Nueva Delhi.

No más bajé del avión vi una extraña fila de gentes y flores.
Me puse a mirar pensando a quién iban destinadas.
Cuando me vi literalmente ahorcado de flores.
Me volvieron la cabeza un jardín.
Era el Comité Pro Cuba de la India.
Allí estaba mi amigo el embajador Armando Flores.
Qué mundo aquel.
Flores comprendía mi ansia de ver la ciudad, mirándome con
cierto escepticismo, que después comprendería.
Terminado el encuentro de ritual con los amigos de Cuba, me
fui a dar un paseo por la ciudad.
Una maravilla más. El muro del mar se había roto. El mundo
se volvía un viaje para mí.
Paseaba por un gran parque cruzado de un río, afluente del
Ganges, de aguas sagradas.
Alguien hablaba a una serpiente y la palabra la dormía: qué
hábil político pudo ser aquel hombre.
Otros pacíficamente, uno a uno, se quitaban los piojos del
pelo, sin matarlos, los tiraban a la yerba.
Vi las turísticas vacas sagradas.
No sabía aún que en la tradición india cada animal es un dios.
¿Quién es capaz de asesinar a sus dioses?
Familias que iban y venían del río. Tomaban agua y se po-
nían a cocinar en sus viejos cacharros.
Otros se lavaban o bañaban en el río.
Una procesión impresionante se acercaba.
Vestidos de blanco emitían un gemido desesperado. Una le-
tanía llorada, hablada y cantada, más que llanto. Profunda,
aspirada, venía honda.

Extraño y desconocido llanto el de aquella procesión del muerto indio, vestida de blanco, no de negro.

Sobre una parihuela de madera el cadáver.

Vi que lo depositaban sobre un muro quemado.

Pensé en la incineración.

Absurdamente imaginaba ver el cadáver entrar de una parte y las cenizas salir de otra.

No.

Lo colocaron sobre el muro, le dieron candela.

Miré y descubrí otros cadáveres quemándose en panorámica.

Entonces vi uno ya quemado y sus cenizas arrojadas al río sagrado.

Y los niños que jugaban y los bañantes.

Y entonces no fui capaz de ver más nada.

La no violencia era allí cosa viva. Y pensé en Gandhi y en sus razones.

Que país sensual y dulce, y melancólico.

Mucha miseria y casi ninguna prostitución.

Bellas mujeres cubiertas de sharis marcando sus formas como un toque de aire. La frente dibujada.

La atmósfera del colonialismo británico aún presente.

Visible en la arquitectura y en la vida de Delhi.

Miserias, promiscuidad. Intocables. Castas. Privilegios. Reformas.

No sé por qué pensaba, pensando en lo visto, que Delhi era lo menos indio de la India.

¿Me equivocaba?

Fui a la entrevista con Nehru muy "preparado".

Aquel hombre que respondía con largos silencios, con sueños, a preguntas difíciles.

Otras se dormía y se terminaba la entrevista.

En la ONU se dormía a los grandes: rusos o yankis.

Tenía un traje sencillo, verde olivo oscuro quemado.

Una rosa. Un despacho sobrio.

Le solté unas palabras sobre Tagore.

Me miró y pareció decirme: "Cretino, crees que creo que vienes desde La Habana a la India para hablar de poesía".

Se puso en guardia.

Durante una hora no logré arrancarle nada.

Hacía una cita sobre una frase suya sobre la autodeterminación, y me respondía con otra frase suya que anulaba la primera.

Me desesperaba.

Comenzaba la conferencia y una declaración de Nehru de apoyo a Cuba era muy importante.

De periodista nunca inventé una entrevista.

Aquel día lo pensé.

Y me dije: Dejo sólo lo positivo. Y si regresa lo dicho a la India, será tarde cuando la desmienta a reunión pasada.

Y empecé a calmarme con este pensamiento.

Flores, nuestro embajador, que además me traducía del inglés, me miraba inquieto y yo ya tranquilo.

Nos levantamos para irnos y al darle la mano le recordé el encuentro con Fidel en Nueva York. Los gritos de la gente. Los aplausos.

Y entonces Nehru, pensando que estábamos *off record*, se soltó.

Dijo muchas cosas positivas para Cuba y sus derechos.

Y yo sólo publiqué aquello y no fui desmentido.

Había sido la entrevista más difícil de mi vida.

Por hacerme el vivo.

Casi no pude ver nada de aquel extraordinario otro mundo.

Percibí su espiritualidad.

Una civilización como detenida a la puerta de la vida contemporánea, una gigantesca población, una miseria mayor, inmensos problemas.

Parecía un país sin salida.

Aquél era otro mundo.

REGRESO A LA HABANA

AL REGRESAR a La Habana de Argel, encontré una atmósfera respirable.

Aníbal Escalante, embarcado para Moscú, sugiriendo de donde venía el sectarismo; Isidoro Malmierca, otro dirigente comunista formado en la Seguridad rusa con Chelepin, y enemigo de Kruschov, que era el segundo de Ramiro en la represión policíaca, sustituido.

El pueblo respiraba.

Clima de fiesta. Individuaba en viejos comunistas, policía y soviéticos el clima de terror, persecuciones, fusilamientos, injusticias, desastre económico y racionamiento, provocado por el sectarismo.

No hubo cambios de estructuras. Ni de hombres.

Ni reparación de injusticia. Ni amnistía.

Los presos seguían presos.

Tímidamente algún 26 retornaba a la vida.

Celia Sánchez volvía a verse con Fidel.

El famoso grupo comunista de Praga: Leonel Soto, Valdés Vivó, Flavio Bravo, Guevara, Malmierca, semidisperso.

Y más nada.

Apariencia más que realidad.

Encontré a Fidel en una comparecencia televisiva.

Me dijo de acompañarlo.

Quería hablarme.

Entré en su máquina, noté un primer cambio. La escolta comunista no estaba más. Algunos de los guerrilleros serranos, de su antigua guardia personal, sustituidos en el sectarismo por desconfianza, estaban de nuevo cuidándolo.

El jefe era otro.

Fidel comenzó a hablarme.

—Tú me habías dicho de cuidarme de Escalante. Que era el hombre más agresivo y peligroso del partido.

(Yo ya ni me acordaba.)

—Tenías razón. Ni fusilándolo paga. Ha desorganizado el país, la economía, perseguido a los revolucionarios, ordenado fusilamientos, prisiones. Alzado y perseguido gente del pueblo, creado descontento, guerrillas.

—¿Escalante solo? —insinué.

—No. No. No. El cabrón del embajador soviético también. Conspiraba. Un hp. Peor que el americano Bonzal.

Y con uno de sus gestos característicos:

—Lo voy a expulsar de aquí. Que se vaya para Moscú. Tú me habías advertido.

Y Fidel me miraba, me escrutaba. Parecía con una cierta admiración.

Pero yo ya estaba muy quemado y miraba más allá.

Me contó que en las últimas horas antes del 26 de marzo, la embajada soviética, que se veía comprometida, quiso cubrirse, denunciando en un informe las palabras de Varela, un viejo comunista de Relaciones Exteriores, que delante de un funcionario ruso habló mal de Fidel. (Más tarde supe que Malmierca y otros se cubrieron así.)

Repliqué:

—¿No te parece, Fidel, que el sectarismo es algo más que Escalante? ¿Que Escalante es más bien una consecuencia? ¿Que es algo más que viejos comunistas y el embajador soviético?

Y ante su sorpresa.

—Que es en realidad el efecto de un sistema burocrático, centralizado, que tiene todos los poderes, y que desde arriba decide todo, sin que el pueblo participe ni cuente. Que está en la naturaleza del sistema ruso del partido-estado.

—No. No, Franqui, ya todo eso está arreglado. Si vieras la gente qué contenta está. Más que cuando la caída de Batista.

—¿Habrá que reparar las injusticias cometidas?

—Franqui, como en la guerra. Un buen cambio de hombres lo soluciona todo.

Y ante mi silencio, asombro e insistencia:

—No te preocupes yo arreglo esto. Háblame de Ben Bella. Y de Argelia. Bueno, tu trabajo por allá. Me gustaron tus reportajes de *Revolución*, de la lucha argelina y la radicalidad de aquel proceso.

(Era otra polémica. Con los comunistas cubanos, los pro soviéticos y los comunistas franceses.)

Puse una podrida:

—Me contaron los guerrilleros que las únicas armas gratuitas vinieron de China. Los checos la cobraban a precio de oro. Hay tres simpatías allí: China, El Congo, Cuba.

Le dije de la magnífica impresión que traía de aquel pueblo, de los guerrilleros y de Ben Bella.

Que me parecía un revolucionario. Que pensaba hacer una profunda reforma agraria. Que le interesaba y quería conocer la experiencia cubana.

De sus simpatías por Cuba.

Que aquél era un profundo proceso y que veía un solo peligro: el hermético, frío y poderoso coronel Bumedián.

—¿Cómo es? —preguntó Fidel.

—No habla. No refleja emociones. Impenetrable. No logré nunca sacarle una palabra. Estudió ciencias árabes en la Universidad del Cairo. Hizo casi toda la guerra desde la frontera. Comanda la única organización que existe en Argelia. El Ejército. Ben Bella tiene el pueblo. Bumedián el poder.

Y Fidel.

—Hay que decirle a Ben Bella que se cuide de ese hombre. Debe crear la milicia. Armar al pueblo.

—Si lo dejan.

—Tenemos que estrechar relaciones. Che y Masetti se ocupan de ayudarlos militarmente. Tendrás que ir pronto por allí. Habría que nombrar un buen embajador.

Y Fidel me miró. Insinuó si pensaba en alguien. Como preguntándome, adivinándome, si acaso no me gustaría ir allí. Me ofrecía una oportunidad de recuperarme.

No respondí nada.

Y ésta para Fidel era una respuesta negativa.

(No podía decirle que sí que quería ir allí, pero no como embajador.)

Era su método para saber si uno quería una cosa.

Insinuaba.

Si se acertaba, bien. Era lo que él estaba pensando. Y lo pedías tú.

Si te equivocabas, se informaba y te medía.

Hombre muy astuto Fidel Castro.

Yo soy campesino. Y la clandestinidad me había enseñado una técnica: sentirme inocente y creérmelo.

Y cuando no quería responder, me quedaba ido. En las nubes.

No decía que no ni que sí. No sugería. Ni pedía.

Quería dejar el periódico, pero no para ir a un trabajo oficial.

Era el sectarismo lo que me interesaba.

Insistí.

Nada.

Fidel volvía a Argelia. Imposible cambiarle la conversación.

Bastantes méritos me había reconocido aquel día.

Y Fidel, cortésmente, me dejó en la puerta de *Revolución*.

Y se fue con dos empujadores camagüeyanos que se le "colaron".

Me quedé pensando.

Razón tenía Guillermo Cabrera Infante:

Escalante no era más que el instrumento de Fidel.

Raúl Castro, que decía tío a Escalante, y padre a Ordoquí, que apoyó e impulsó el sectarismo, de principio a fin, quedaba igual.

Con el mando de siempre.

Y Ramiro y los otros.

El Che era el único que iba más a fondo:

"Fui el primer sectario y uno de los más duros antisectarios".

Y era verdad.

Aquello era una tregua.

Un respiro.

Habíamos ganado una batalla histórica.

Asociar ante los ojos del pueblo a los comunistas y la Unión Soviética con el desastre económico, injusticias, persecuciones y crímenes cometidos, con el caos, arribismo, privilegios y la desorganización.

Y parado momentáneamente el peligroso proceso estalinista.

Habíamos golpeado la mata.

Pero las raíces quedaban intactas.

Más arriba de los viejos comunistas estaban los nuevos comunistas: Raúl, Ramiro, Seguridad, Ejército.

Héroe, Fidel.

Padre del sectarismo.

Una vez más, con un viraje de noventa grados, responsabilizaba a los otros y descargaba su responsabilidad.

Todo se había precipitado.

Fidel creó el monstruo y dejó que acabara con todo.

De pronto descubre que el monstruo lo amenaza.

Escalante comete un error.

Una de sus hijas se casa. Y Escalante, que se cree poder, y que no conocía a Fidel, ordena que una de las tantas casas que el Comandante tiene a su disposición pase a su hija.

No se la pide. Ordena que la ocupen.

Fidel desconfía. Sospecha. Ve la mano de la embajada soviética.

Sólo tres días antes había nombrado a Escalante secretario organizador del comité central del partido.

Tres días después Escalante es liquidado.

Y Fidel informa al pueblo en un tremendo discurso.

Acusa a los comunistas.

Y se presenta como su víctima.

Y una vez más ante el pueblo Fidel aparece, como en la guerra, liberador y héroe.

El sectarismo no era otra cosa que el fidelo-estalinismo: centralización de la economía, vida, prensa, cultura, sindicatos, educación, escuela.

Militarismo policíaco.

Alianza del modelo ruso y del castro-caudillismo-militarista y populista latinoamericano y tercermundista.

El partido-estado-ejército-padrón-propietario.

En el vértice, el nuevo caudillo total.

Y de esto nada fue tocado.

Ni amnistía. Ni liberación de presos. Ni cambio de métodos. Ni creación de instituciones populares.

Los sindicatos intervenidos y muchos de sus dirigentes presos.

Lunes desaparecido. El cine y la TV, en las mismas manos.

Seguridad, gobierno y partido iguales.

Sólo palabras bonitas.

Y todo igual.

Sí. Habíamos resistido, parado un golpe.
Ante el pueblo, una gran victoria.
Muchas ilusiones.
¡Pero cuánto duran las ilusiones en casa del pobre!

NUEVO VIAJE A ARGELIA

ENTRE los invitados del 26 julio del 62 estaba nuestro amigo Siné, caricaturista francés y Anita su compañera. Habían ayudado a la resistencia argelina en París, eran amigos de Ben Bella.

Al encontrarse en Argel, hablaron de Cuba. De su viaje.

Ben Bella escribió una carta a Fidel y dijo a Siné, al dársela, "por contacto de Franqui, lo encuentras",

Llamé a Celia y le dije de la carta.

Pasaron días.

Semanas.

Fidel no se hacía vivo.

Siné se inquietaba. Debía regresar.

Me presionaba.

"Oye, que la carta de Ben Bella es importante."

Yo presionaba a Celia: que la carta de Ben Bella.

Celia presionaba a Fidel: que la carta...

Fidel se hacía esperar.

Siné era un humorista sin humor.

Tenía que partir. La noche antes le dimos una fiesta-despedida.

Allí un colega cubano improvisó: Siné había publicado en *Revolución* una caricatura en que se veía a Kruschov con un chinito detrás.

(Enfureció a los soviéticos y a los pro, que nos acusaban de pro chinos.)

Ahora Siné tenía un chinito detrás, que más bien era un soviético, porque en la discriminativa humorística cubana, el chinito detrás era signo de mala suerte.

Otra coña: una voz del más allá, el espíritu de Fidel, se le aparecía a Siné, no en el infierno, en el aeropuerto.

Medianoche pasada llevamos a los Siné al hotel Presidente.

Ya nos íbamos, cuando se armó el grancorre-corre.

Fidel.

Abrazos.

Conversación. Proyectos. Maravillas.

El escéptico Siné, miraba a la voz del más allá, a la voz del más acá.

Y pensaba: pala, pala.

Ustedes lo sabían.

No sabíamos nada.

Fidel dijo que contestaría a Ben Bella.

Bien pasadas las tres de la mañana, cuando se iba, me dijo: —Prepárate, que mañana por la mañana partes para Argelia, a representar el gobierno cubano en la toma de posesión de Ben Bella. Tienes que recoger mis regalos. Y la carta. Dile de mi parte que se cuide de Bumedián.

A las ocho partía el avión.

La historia de la carta es interesante: sugería negociar con Francia, no precipitarse, no nacionalizar el petróleo. Firmeza y moderación.

De Gaulle no es como los norteamericanos, comentaba Fidel.

Ofrecía su amistad, la de Cuba.

Horas más tarde en el aeropuerto varias sorpresas.

Dos comandantes me acompañaban: Dermidio Escalona, el hombre del Escambray, a quien yo había denunciado ante Fidel por sus torturas.

Y que amigo no me era. Era lo que se dice en Cuba "un cebollón".

El otro no era un comandante. Era un mayor general. El general hispano-soviético Ciutah, dicho Ángel Martínez. Que cubano no era. Que comandante no era. Que mayor general soviético sí era.

Veterano de España y de la guerra antifascista. Dirigente comunista.

El hombre que dirigió y formó en la técnica y la ideología soviética a la oficialidad y al Ejército cubano.

Parecía el abuelo bueno.

Simpático. Profesor de historia. Amante del arte. Inteligente y astuto.

La mano de Raúl siempre. Y la mano, la larga mano de Moscú, era Raúl. La otra mano era Fidel.

Más bien ya una Trinidad.

Fidel, elegante, dijo todavía, en ésta mi única misión oficial.

Que el presidente de la delegación era yo.

Que no quería decir mucho.

Misterios cubanos.

Fidel me dijo de invitar a Ben Bella a visitar Cuba. Cuando pudiese y conviniese.

Era próxima su visita a la ONU, en Nueva York.

Escalona no hablaba.

Angelito y yo hablábamos de muchas cosas.

Me contó que su amor por el arte —sabía que a mí me gustaba— estuvo a punto de costarle la vida cuando la guerra de España.

Era el jefe de una columna y daba una caminata, cuando vio quemar varios tesoros artísticos.

Impulsado entró y acusó a los quemantes de su barbarie.

Y éstos a su vez lo contraacusaron de franquista y lo sacaron para colgarlo.

Como las relaciones entre comunistas y los otros revolucionarios eran violentas, no podía decir quién era. Hubiera sido peor. Entonces, Angelito señaló un palacio lleno de obras de arte, y desafió a los otros a quemarlo.

Jugaba con dos posibilidades, me contó: que lo vieran los suyos y dominar la situación, ganar tiempo y salvar la vida.

No quería perderla ni quemar el palacio.

Mientras se dirigían al Palacio, los compañeros de Angelito lo vieron.

Y fueron los otros los que sufrieron el destino reservado a él.

Pregunté a Angelito por qué Stalin había fusilado a tanto comunista ruso, checo, polaco, yugoslavo, húngaro, que pelearon en España.

Su explicación técnica fue ésta:

—La artillería rusa era muy buena. Tanques y otros armamentos de mala calidad. Al regresar a la Unión Soviética, esos comunistas preocupados querían informar de las deficiencias del armamento.

Beria y la Seguridad, asustados, los fusilaron para que no hablaran con Stalin.

Stalin al fin supo la verdad.

"Se la dijimos los generales españoles. Y muchas cosas cambiaron en el armamento soviético. Lo que fue de gran utilidad en la guerra contra el nazismo."

La explicación me pareció lógica, pero insuficiente.

Y así lo dije a Martínez, preguntándole sobre los crímenes colectivos, los millones de muertos inocentes de Stalin, sobre la desaparición física de los viejos bolcheviques. Sobre la naturaleza del estalinismo. De la contaminación sufrida y vivida. Y de otras cosas que Kruschov y Mikoyan me habían contado.

Martínez toreó mis preguntas.

En Argelia casi no los vi más. Yo estreché mis relaciones con Ben Bella, ellos con los militares.

Así, por vía cubana la mano soviética entraba por lo grande en Argel.

Conté a Ben Bella de la preocupación de Fidel sobre Bumedián.

Diciéndole que era yo el que quizás exageraba por mis prejuicios contra los militares herméticos.

Ben Bella me dijo que estaba consciente del peligro.

Pero que entre ser el victimario, que comete el crimen para prevenirse, liquidando al compañero inocente y presunto culpable, o sufrirlo, prefería esta última alternativa.

"Mejor preso o muerto de revolucionario, que criminal en el poder."

Y con cierto humor: "Me auguro que no ocurra nada. Objetivamente, no hay nada".

Y yo, como quien no quiere las cosas y ya que estábamos en confidencias, le dije: "¿Sabes que el simpático Ciutah es también un compañero tuyo?"

—¿Cómo?

Ben Bella era medalla francesa en la guerra contra los nazis.

—Sí, el general Ciutah, según me ha contado, era general de la República Española. Exiliado en la Unión Soviética, combatió con grado de general en su Ejército contra Hitler. Como el español es su lengua natural, la Unión Soviética, según me ha contado Fidel, lo ha mandado a Cuba a dirigir la Academia Militar.

Los dos nos miramos y nos reímos.

—Bien cuidados estamos —agregó Ben Bella.

El gobierno argelino tomó posesión y yo me fui a Milán.

Iba a encontrar a mi amigo Valerio Riva, director de la Feltrinelli.

Teníamos un proyecto: difundir a escala europea literatura cubana.

Romper el bloqueo cultural. Divulgar libros y textos revolucionarios.

Y la ambición de hacer una historia de la Revolución contada por Fidel.

Yo preparaba el *Libro de los Doce*.

Con Riva hablábamos de publicar Lezama, Piñeyra, Cabrera Infante, Padilla y otros escritores cubanos.

Buscaba una salida para dejar *Revolución*, sin embarcar a nadie, yéndome un tiempo en punta de pie.

Pero ésa es otra historia.

LA CRISIS DEL CARIBE

LAS MUCHAS VERSIONES de aquella crisis espectacular.
Fidel Castro, dos versiones: que son casi tres.
Kruschov en sus memorias, otra, no es tan oficial.
En Estados Unidos, los kennedianos una, que es otra.
En su primera versión —caliente—, Fidel afirmó, que "los
cohetes se instalaron en Cuba a petición del Gobierno so-
viético".
En la segunda, en frío, lo contrario: "el gobierno cubano hizo
la petición al ruso".
En la tercera: por acuerdo de ambos.
Estas versiones, publicadas en tiempos y lugares diferentes,
pueden encontrarse en documentos y revistas de varios
países.
¿Cuál es la historia verdadera?
El primero en usar el término cohetes en relación a Cuba fue
Nikita Kruschov, Moscú, 1960.
Cuba no se define aún socialista.
La Unión Soviética está muy interesada en la entonces lla-
mada isla heroica.
Un pueblo rebelde, una revolución antiimperialista, gran sim-
patía en el mundo. A noventa millas del imperio.
La política soviética es explotar esas contradicciones, sin
comprometerse demasiado.
En los comienzos del 60, Mikoyan hace su primer viaje a La
Habana.
Delegaciones oficiales importantes cubanas van a Moscú.
Una presidida por el Che Guevara.

Otras menos visibles pero claves, como la de Aníbal Escalante, a nombre del partido comunista cubano, con aval de Fidel.

Otras aún más secretas.

La célebre *boutade* de Kruschov fue: "Hablando en sentido figurado, si hay agresión norteamericana a Cuba, los cohetes pueden caer en la cabeza del agresor, siempre hablando en sentido figurado".

Es la génesis de la historia rusa de los misiles.

El *New York Times* la mete en sordina.

El figurado es ambiguo.

Y Kruschov no va más allá.

En septiembre del 60, Fidel Castro habla en la ONU, en presencia de Kruschov y de otros jefes de estado. En su discurso hace alusión a una amenazante declaración contra Cuba, del almirante Byrne, jefe norteamericano de la Base Naval de Guantánamo.

Y señala el peligro de guerra atómica si un hecho de tal tipo ocurre.

Fidel quiere comprometer a Kruschov.

Los yankis siguen sin tomar en serio lo dicho por Kruschov.

De una manera kruschoviana, con toque de zapato quitado, Kruschov confirma a Fidel, pero con ambigüedad.

Como director de *Revolución* fui a Moscú, en septiembre de ese año, para entrevistar a Kruschov.

Foco de la entrevista, la famosa frase.

Pasarla del figurado al real.

Pasamos horas de una noche en el Kremlin, discutiendo.

Encontramos una solución salomónica.

Interpretada en forma contradictoria por la prensa de Estados Unidos y del resto del mundo.

La historia de los cohetes sí y de los cohetes no.

Que si la guerra, que si la paz, que si la agresión, que si la no agresión, que si figurado, que si real.

Elemental en la historia soviética: los cohetes no se dan a quienes los piden, y no sólo los cohetes con su enorme peligrosidad, y no sólo la Unión Soviética, también los Estados Unidos.

Se instalan donde la Unión Soviética quiere. Igual que los otros.

Y me parece normal.

Menos normal atribuir a otros lo que es decisión suya.

Mao Tse-tung pidió a los rusos los cohetes.

Y se lo negaron.

Y ésta es una de las causas importantes del conflicto rusochino.

Imagina alguien que si se niegan cohetes a ochocientos millones de chinos comunistas, se les van graciosamente a conceder a ocho millones de cubanos a la puerta de Estados Unidos.

Evidente.

La historia verdadera es la primera contada por Fidel, en los momentos calientes de la crisis del Caribe.

Jean Daniel, director del *Nouvel Observateur*, tuvo la primicia.

En 1962, Aleweiv Adjubei, director de *Izvestia* y yerno de Nikita Kruschov, viaja por Estados Unidos. De Washington pasa a La Habana.

Trae una noticia tremenda.

Los servicios secretos soviéticos han detectado que Estados Unidos prepara una invasión de Cuba.

Adjubei informa a Fidel Castro: "Las presiones soviéticas con el gobierno norteamericano, para impedir la invasión, han fracasado".

La Unión Soviética es impotente desde el punto de vista diplomático.

En opinión soviética, queda un solo recurso: los cohetes.

Y sugiere que Cuba se dirija a la Unión Soviética y pida los cohetes.

Frente a un peligro tal, ¿qué podía hacer Cuba?

Esperar pasivamente la invasión.

La única manera de evitarla eran los cohetes.

Y si lo decían los soviéticos era normal creerles.

Fidel Castro no se hace repetir el importante recado.

De ahí los viajes de delegaciones militares cubanas a Moscú, Raúl Castro, Che Guevara.

Y la firma del acuerdo secreto sobre la instalación de los cohetes.

Sí no es claro el por qué es Adjubei, yerno de Kruschov, el portador de una noticia tan importante, y no el embajador, Gromiko, o un personaje ruso más oficial.

Pero es que el principio y el fin de esta historia de los cohetes es algo muy personal de Kruschov y de los militares soviéticos, menos del partido y del estado de aquel país.

Era el estilo Kruschov.

Y quizás si sólo así podía dar sus grandes golpes.

Por sorpresa.

Típica es la historia del famoso informe sobre los crímenes de Stalin, cuando el XX Congreso del PCUS.

Es la audacia el arma de Kruschov.

El arma que liquida a Beria. Y los otros.

Kruschov impone su estilo.

Peligroso sin duda.

Pero el único eficaz en una situación como aquella postestalinista.

Y ésta es la explicación del papel jugado por Adjubei, en la fase inicial de la crisis del Caribe, de acuerdo con Kruschov.

¿Era presunción o información verdadera la historia de la posible invasión norteamericana a Cuba?

¿Ambas cosas? De parte de la CIA, del Pentágono, planes, preparativos y deseos no faltaban.

De parte del Presidente Kennedy no lo parece.

Bahía de Cochinos fue el momento oportuno para invadir la Isla.

Kennedy, que da luz verde a la expedición preparada por la CIA, corporizada por los cubanos de Miami, pone luz roja al intento de apoyar el desembarco con aviación norteamericana, y de convertirla en invasión.

Ésa es la historia del conflicto de la CIA y Kennedy.

Verdad es que la expedición se preparó cuando el gobierno de Eisenhower-Nixon. Y que de ellos Kennedy la heredó.

La misma crisis del Caribe, en su momento culminante, prueba que la actitud del americano no fue llevar a las tablas a los rusos.

Fue obtener una importante victoria política para Estados Unidos.

Contaban los que sabían, que parece ser que Kruschov, jugó al aparato soviético la misma técnica usada con los cubanos: Los cubanos informan a Adjubei que Estados Unidos se prepara a invadir Cuba. Fidel Castro informa a Kruschov por esta vía y pide consejo y ayuda soviética para impedir la invasión, y ambiguamente se alude a las "armas estratégicas defensivas", eufemismo usado para no llamarle cohetes.

De quién es la invención lingüística original, no lo sé.

Sí puedo decir, *Revolución* a la mano, que el primero en usarla públicamente fue Fidel Castro.

La Unión Soviética, la típica hipocresía de gran potencia, para salvar la forma —importante la forma—, exige que en el documento oficial, el acuerdo-protocolo, fuese el Gobierno cubano el que se dirija al soviético y solicite gentilmente que le instalen unos coheticos.

Cuba se dirige a la Unión Soviética, que acepta.

Lo más formidable e irónico de esta historia es que el protocolo oficial firmado —y yo desafío a Fidel Castro a que lo desmienta, publicándolo, y no sólo éste, todos los documentos de la Crisis, y que no se me diga que son secretos militares, además de que Kruschov es un fantasma comunista— establece que el territorio cubano de la instalación de los cohetes es territorio ruso —¿*remember* base?—.

Cuba no tiene acceso ni algún derecho sobre éstas, cómo llamarlas, ¿bases hermanas?

Todo ruso: la excavación de la tierra, la instalación, el transporte.

Miles y miles de rusos llegan precipitadamente a Cuba en ese año 62.

Incluso con sus familias. Los cubanos reciben más de una sorpresa.

La manera de vestir atrasada y fea. Los zapatos. ¿Cómo, se pregunta la gente del pueblo, si éstos son los representantes del socialismo y el socialismo es superior al capitalismo, cómo es que todo lo que tienen es de inferior calidad? Las mujeres no saben usar zapatos altos.

Nada resiste la comparación.

Se veían grandes diferencias entre ellos.

Entre jefes, técnicos y oficiales, y la soldadesca y los obreros de la construcción.

¿En el socialismo no son todos iguales?, se comentaba, con asombro.

La diferencia era no sólo de clase o rango.

Era también entre ciudad y campo.

Entre Moscú y Leningrado y los de Ukrania, Georgia, el

Asia.

Entre los del *aparatik* y los del pueblo.

Unos, la mayoría, eran los obreros.

Otros, los jefes.

Vivían entre ellos en diferentes compartimentos. Aislados de los cubanos. Pero cuando eran libres, en las noches, se iban a beber, y cuando se les acababa el dinero, lo cambiaban todo por una botella de vodka, de coñac o ron.

Sí dieron un susto —el primero a los cubanos—, que descubren de pronto su atraso, sus diferencias. El socialismo real y no el ideal o propagandístico. Tenían una cierta simpatía humana.

No eran mala gente esos rusos.

Si estaban sobrios, cuando se emborrachaban era otra cosa. Tenían un mal alcohol. Pero su policía, porque tenían su policía especial, como los *marines*, pegaba duro y cómo.

Palo limpio.

El comandante Almeida, jefe de Las Villas, entonces, con una cierta gracia picaresca, contaba que aquello parecía la antigua plaza del Vapor, de su niñez. Todo se cambiaba clandestinamente.

Los rusos borrachos lo daban todo por una botella, desde los instrumentos de trabajo hasta la ropa.

Desde el jeep, el radio, la pluma, a los pantalones.

Valor de uso, comunismo primitivo.

Decían con coña cubana.

Pero si los rusos podían venir a los cubanos, los cubanos no podían ir hasta los rusos.

Ni aun los comandantes.

El territorio —¿cómo llamarlo?— donde se construían las bases era prohibido incluso a los comandantes.

Allí mandos, generales, oficiales, técnicos, armamento, utensilios de construcción y trabajo, transporte, equipo, trabajadores. Todo era ruso.

Secreto y prohibido.

El secreto del bobo, naturalmente.

Era *vox populi* lo que pasaba.

Cerraban los puertos y ciudades de desembarco. Cubrían con largas lonas los gigantescos camiones.

De noche y con misterio.

Cerraban pueblos, casas y ventanas al pasar de largas caravanas militares.

"Palmas, mielmano, palmas", guaseaba la gente.

Se había vuelto loco Kruschov y pensaba dispararle dos cohetazos al imperialismo.

No. No. No.

De mi conversación del 60, con Kruschov, comencé a entender lo del sentido figurado; Kruschov era dado a las parábolas.

La Unión Soviética se sentía rodeada de bases norteamericanas, desde territorios fronterizos y vecinos.

Y quería tener bases en un punto cercano del territorio norteño.

Y desde posiciones de equilibrio, negociar la retirada de todas las bases. Negociar con Estados Unidos.

Y obtener de paso la garantía de que éstos no invadieran Cuba.

Si como plan, tenía lógica.

Era infantil como realización.

El transporte, la construcción e instalación de las bases, de los cohetes y de las ojivas nucleares, atravesando océanos, puertos y territorios inmensos, en secreto para sorprender a los yankis.

Sólo la concepción típica de la burocracia comunista, que

hace todo en secreto, y el secreto funciona, pero al interior de la Unión Soviética o China, se explica una operación semejante. No en un isla que no forma parte física del territorio socialista. Y a noventa millas de Estados Unidos.

¿Y Fidel Castro entonces?

Tenía una confianza ciega en la capacidad militar soviética. Y pensaba en aquello de "como quiera que me ponga tengo que bailar".

Se sentía grande entre los grandes. Protagonista. No creía en un choque entre Estados Unidos y Unión Soviética.

¿Una invasión?

Si la había, no era culpa suya.

Y no se olvide que el orgasmo de Fidel es la guerra y la tensión.

No soporta no ser noticia de primera plana en los periódicos.

Satélite como Kadar: jamás.

Satélite activo sí.

El segundo error cometido en esta historia de los cohetes es la rectificación del comunicado militar soviético-cubano, dado a la prensa en Moscú.

Publicado por *Prensa Latina*.

El Presidente Dorticós, apresurado, hace una rectificación pública. (En guardia observadores y enemigo.)

El acuerdo prueba que hay un cambio de calidad y cantidad en las relaciones militares de la URSS y Cuba.

Kruschov estaba cometiendo un error monumental.

Se equivocaba.

Se equivocaba.

En los meses calientes de la instalación de los cohetes, estaba en Argelia, Milán, Roma y Grecia. Toma de posesión de Ben Bella, libros, contactos con la izquierda europea, un salto al museo de Hiraklon.

Regreso a La Habana el 20 de octubre. Dos días antes del discurso de Kennedy.

La historia de los cohetes no la sabía nadie y la sabían todos.

Según Fidel, la sabían cuatro o cinco personas: Fidel, Raúl, Che, Ramiro Valdés, Dórticós.

El Ejército, los comandantes, el aparato, el pueblo, no sabía nada. Imaginaban.

Y habían visto en ciertos lugares cercanos a las bases casi todo. Era el secreto del bobo.

La voz corría, un ciclón.

Rumores recogidos por los cubanos que van a Miami, que advierten al gobierno norteamericano.

La desgracia de Miami era que nadie los creía.

Y ni la CIA los creyó.

Pero aceleraron los vuelos de sus U-2.

Era evidente que algo estaba pasando.

Caí en La Habana de paracaidista.

No encontraba puesto en avión para regresar de Praga.

Ben Bella, a quien llevé la invitación, llegaba a La Habana y yo no estaba.

Era mi carta buena. (Le había sugerido de pedirle a Fidel que me mandara a ayudarle, en prensa y TV, a Argel.)

Mala suerte o quién sabe.

Llegué el sábado 20 de octubre y ya Ben Bella se había ido.

No sabía nada de los cohetes.

Ni siquiera los rumores.

El domingo no salía *Revolución*.

Esa noche voy al periódico. Ausente una vez más meses. Saludo a la redacción y miro cómo andan las cosas.

¿Y qué encuentro?

Los cables y la radio norteamericana dan noticias continuas.

El Presidente Kennedy suspende su *weekend* y regresa a

Washington.

Movilización militar y alerta de tropas en Florida.

Algo importante ocurre.

Revolución era un periódico ágil. Atento a la radio. Con periodistas y reporteros experimentados, muchos habían trabajado en AP y UP, y la prensa norteamericana.

Parecía evidente que se preparaba una agresión a Cuba.

Teníamos que cintillar la edición del lunes.

Una noticia de tal importancia debía ser confirmada oficialmente.

Llamé a los teléfonos de Celia y Fidel.

No estaban en la calle Once.

Ni se sabía ni decían dónde.

El Presidente Dorticós no respondía ni en Palacio ni en su casa.

El Che, nos dijeron, estaba en Pinar del Río.

Con Raúl no hablábamos.

Ni con Escalante, el de propaganda. O no sabía. O decía de esperar.

Era nuestro enemigo.

Una vez más era mi responsabilidad salir con una noticia tremenda.

Muchos cintillos de *Revolución* llevaron candela.

Admito que mi valor, mientras hacía el periódico, era alto.

El susto comenzaba al amanecer, cuando lo veía impreso, y comenzaban broncas y llamadas oficiales.

Otras vez *Revolución* salió con un cintillo tremendo:

"Preparan Estados Unidos ataque a Cuba".

No eran las nueve de la mañana y ya me llaman de Palacio. El Presidente Dorticós, con voz grave, disgustada y retórica, me convoca a esa hora insólita.

En su despacho de Palacio, y después del frío saludo, Dorticós, periódico en mano, me reprocha:

—Otra vez un cintillo irresponsable, alarmista. Cómo anuncias una invasión norteamericana, sin consultar con el Gobierno. Nos pones en ridículo.

—Hace mucho tiempo que *Revolución* anda por la libre.
—agrega Escalante, a su lado.

—Muy grave, Franqui —asiente Dorticós.

(Los teléfonos del Presidente suenan de todas partes.)

Todo el mundo pide información. Del interior. Santiago. Las Villas. Pinar del Río. La Habana. Jefes militares y políticos.

Parecía una puesta en escena y no lo era.

Intercaladas protestas airadas de Raúl Castro, Ramiro Valdés, Carlos Rafael Rodríguez, Blas Roca, Piñeyro y otros. Quienes creen a *Revolución*, y son la mayoría, piden instrucciones.

Y Dorticós contesta:

—Alarmismos de *Revolución* y sus cintillos irresponsables.

Dos voces no se sintieron aquella mañana:

Fidel Castro, Che Guevara.

Dorticós me exige pruebas concretas de la noticia. Habla de un desmentido oficial, y sugiere que se pondrá fin a la irresponsabilidad del periódico y a la mía.

Tenía un solo argumento que oponer: la suspensión del *weekend* de Kennedy, la movilización militar en la Florida, la agitación de la radio, el clima de tensión de Washington.

—Alarmismo, alarmismo —responde Dorticós.

—Presidente, en la Sierra asumía mi responsabilidad; muchas veces di noticias tremendas, y como Fidel y otros estaban a veces lejos de Radio Rebelde, me tocaba a mí darlas.

"Desde ordenar la retirada a las tropas norteamericanas que penetraron en Yateritas, anunciar la caída de Batista, o decirle al pueblo que se preparara para la huelga y los rebeldes y milicias para tomar ciudades, cuarteles y estaciones de policías.

"En la paz es lo mismo. Si no encuentro a quien consultar, actuó según mi parecer. Entiendo el periodismo revolucionario con cierta autonomía, obligado antes que nada a informar al pueblo.

"Si no están de acuerdo, pueden sustituirme.

Las horas pasaban.

Los teletipos de agencias instalados en Palacio seguían trasmitiendo cables, según Dorticós, alarmantes.

El norte se agitaba.

Se me retenía en Palacio.

Dorticós esperaba la llamada de Fidel.

Y Fidel no llamaba.

—Son unos alarmistas —agregaba Escalante.

—Te equivocas Escalante —le respondía—. La prensa norteamericana está siempre bien informada. Muchas grandes noticias, incluso de guerras mundiales, han sido anticipadas, desmentidas, confirmadas.

—Tú sobreestimas al capitalismo —me decían.

—Y ustedes no sólo lo subestiman. Piensan que es un Dios único. Tienen un concepto religioso, no marxista de sus contradicciones.

Allí cada uno defiende sus intereses y funciones.

Ya se anunciaba que el presidente Kennedy se dirigiría a la

nación norteamericana y al mundo, en importante discurso.

—Es el conflicto chino-indio —decían Dorticós, Escalante, Augusto Martínez y otros que iban llegando.

—Deseo equivocarme de cubano. Presiento, de director de *Revolución*, que no me equivoco. Si me equivoco, y ojalá que me equivoque, me parece evidente que no tengo la confianza para continuar de director de *Revolución*. La palabra al presidente Kennedy.

Y me fui.

Pero siempre me he preguntado: ¿lo sabía Dorticós?

¿Por qué no llamaron Fidel ni Che?

¿Cuál era el misterio?

A las cinco de la tarde Kennedy habló. Conocidas son sus palabras.

La Crisis del Caribe, anunciada por *Revolución*, se hizo pública.

Kennedy anunció el bloqueo naval.

El mundo se estremeció.

Como a las ocho de la noche, Fidel Castro, curiosamente acompañado por Dorticós, y el coro de Palacio que nos había criticado, entra como una tromba por *Revolución* y dice:

—Así que se equivocaron —y se ríe.

De esta manera y con estas palabras valorizaba la perspicacia del periódico.

Y yo, en el mismo tono agrego: "La verdad que esta vez sí que queríamos equivocarnos".

Allí mismo, como en viejos tiempos, Fidel redacta el primer parte cubano de la Crisis. Corrige el manuscrito, como en la guerra, y nos dice de pasarlos a los otros, al periódico comunista *Hoy*, *Prensa Latina*, la prensa internacional.

Les hace saber que en estos momentos *Revolución* es su órgano.

Las visitas de Fidel a *Revolución* coincidían con cambios de política.

Momentos difíciles en los que había que tocar fibras y sentimientos cubanos, anti-yankis y anti-rusos.

Entonces y sólo entonces nos visitaba Fidel.

Después ausencia. Imposibilidad de verle, hablarle.

Durante aquellos días peligrosos el contacto y los encuentros fueron permanentes.

El tono de la Crisis fue subiendo.

La tensión mucha.

Unos pensaban que era el fin de Cuba.

Otros, más apocalípticos, que una guerra mundial.

El encuentro atómico de los dos grandes con razón aterrorizaba.

Los cubanos, menos apocalípticos o quizás menos responsables, no tomaban demasiado en serio la cosa.

Al pueblo parecía un juego peligroso y nada más.

Si invaden, peleamos y morimos, decía la gente.

En Cuba, peligro, tensión y guerra se espera con rumba, fiesta y toques.

Por aquello de: "Ay caballero, eso le zumba, no más sintió la conga, el muerto se fue de rumba; era un famoso rumbero de profesión".

Muerte y peligro se exorcizan con una rumba.

Fidel se sentía atómico.

Yo, no tanto. Viejo conocedor de comunistas y de la Unión Soviética, no olvidaba mi conversación en el Kremlin con Kruschov.

Yo era del partido de los figurados.

Y no de los cohetes reales.

La historia de la Unión Soviética, de la paz de Brest-Litovsk al pacto con Hitler, era la misma.

Lenin, Stalin y Kruschov.

Para los rusos una cosa es Moscú y otra la periferia del campo socialista.

¿Iban ahora a cambiar su política?

¿Su estrategia? No.

En conversación con Fidel, en un estudio televisivo, le expresaba estas dudas.

—La Habana no es Moscú. Nosotros somos un peón de ataque en campo enemigo. Y en ajedrez, el destino de peones que se aproximan al rey enemigo, es de morir sacrificados o de ser comidos.

Fidel me cortó tajante:

—Tú y tus pesimismos y prejuicios antisoviéticos.

La tensión era su fuerte. Su orgasmo. Cuando nuestra guerra terminó, se sentía triste.

Ahora, un protagonista universal.

Imaginaba estar en Moscú. Pensaba por Kruschov. No perdía de vista a Dean Rusk y Kennedy; decía y, a mi parecer, con razón:

—No hay que asustarse con los norteamericanos. Mucha sangre fría. Que se asusten ellos.

"Yo ordenaría que la población de Moscú se preparase a abandonar la ciudad. ¿No dicen que el metro es antiatómico?

"Yo metería el gobierno en el metro.

"En fin, una guerra psicológica.

El coro: "Bravo, Comandante. Bravo, Comandante".

El único cara seria era yo.

Seria no, pálida.

Con cierta timidez insinué a Fidel que si Kruschov hacía o decía eso, en Moscú, en Rusia, cundía el pánico.

Que no me parecía posible. Que los rusos odiaban a los alemanes y admiraban a los americanos.

Y que el sentimiento pacífico ruso era fuerte. País acostumbrado a resistir y desangrar al invasor: de Napoleón a Hitler. Más que de pelear, a la ofensiva.

Esta vez Fidel se rió y tiró a chacota mi razonamiento.

Y como alguien quisiese aprovechar para ponerme una podrida, seco, Fidel le respondió:

—Te equivocas. Te equivocas. Si viene una invasión, Franqui, mientras vamos al combate, aprovechará para decirme: "Mira, Fidel, los 'bravos', no te lo decía que eran unos pendejos. Que cuando la cosa se pone mala se van para el carajo."

Y agregaba:

"Y yo le contestaría, es verdad, pero aquí el que dé un paso atrás, lo arrastra el pueblo. ¿Verdad o no?"

Cierto que sí, Fidel.

Y allí terminó la conversación.

Cada día una tensión mayor. Pasaban los días. La tensión era fuerte. Se vivían momentos duros. Cargados de riesgos. A Fidel la mucha espera no gustaba.

Y a su manera decidió probar fortuna. Incidir sobre los acontecimientos, y, con su astucia guerrillera, retratada en la cara, un día nos dijo, como quien no quiere la cosa, gozando el misterio:

—Ahora voy a saber si invaden o no invaden. Si esto va en serio o en broma.

Y sin decir más nada, montó en el jeep y salió disparado hacia Pinar del Río.

Quedamos intrigados.

Más de un carapálida palaciego parecía más blanco que de costumbre.

Amejeiras, riéndose, me señalaba los famosos comevacas.

Fidel se dirigió a una de las bases de cohetes rusos.

Los generales soviéticos se pusieron a conversar animadamente con el Comandante, a enseñarle con orgullo militar el sofisticado armamento.

Fidel, que allí era un visitante en casa rusa, mostró interés en el funcionamiento y técnica de aquellas extraordinarias armas.

Los técnicos iban explicando el funcionamiento de cada una.

En un instante aparecieron en la pantalla de los radares los aviones de espionaje norteamericanos U-2, volaban a baja altura sobre la Isla.

Fidel se interesó en saber cómo liberarse, en caso de ataque, de aquellos aviones enemigos.

Entonces los rusos, ante los cohetes tierra-aire, le dijeron que bastaba tocar allí y al instante el avión enemigo sería tocado y caería.

Y señalaron el punto.

Y Fidel puso el dedo y paf; ante el asombro de los rusos, el cohete disparado en un instante tocó el U-2.

Que tocado caía.

Cayó.

Y Anderson, el piloto norteamericano, única víctima de aquella guerra, murió.

Entonces, Fidel, ante la consternación de los generales rusos, salió de la base y dijo:

—Ahora sabremos si hay guerra o no.

Las horas pasaban.

Un día. Dos días.

Jueves, viernes, sábado, domingo.

Nada ocurría.

Un amigo que llegó en aquellos días difíciles de la Crisis del Caribe fue Juan Goytisolo.

Cuando otros ya se iban o cancelaban el viaje. Cuando tanto comecandela y turista revolucionario se volvía carapálida. Amigo verdaderos llegaban de cararrojas, a compartir momentos difíciles.

El espíritu popular formidable.

El pueblo respiraba serenidad. Afrontaba la gran prueba sereno.

Obreros, intelectuales, campesinos, estudiantes, la misma cosa.

Milicianos. Hombres de las trincheras.

LA RETIRADA DE LOS COHETES

Esta crisis iba de domingo a domingo.

Era el domingo 28 de octubre. Hacíamos la edición del lunes.

El teletipo de la Prensa Asociada sonó. Miré y leí el flash: "Ordena Kruschov la retirada de los cohetes de Cuba".

Me volví un carapálida.

En el fondo, lo imaginaba y casi lo sabía.

No era lo mismo.

Tomé el telefono y llamé a la calle Once.

Celia respondió.

—Quiero consultar con Fidel un cable importante.

Celia llamó a Fidel, que estaba allí, y que se puso al aparato.

—¿Qué hacemos con el cable, Fidel?

—¿El cable? —me preguntó Fidel, a su vez.

No entendí.

En silencio, esperaba su respuesta.

Silencio de la otra parte.

—Franqui, Franqui, creía que se había cortado la comunicación.

—No. No.

—¿Qué hacemos con el cable?

—¿El cable? ¿Cómo el cable?

Fidel no entendía ni yo entendía a Fidel.

Unos segundos.

Y entonces Fidel: "Leéme el cable".

Y yo leí:

—Ordena Kruschov la retirada de los cohetes de Cuba.

—Pendejo, hijo de puta, cabrón.

Fidel siguió con una descarga de malas palabras contra Kruschov, rusos. Su traición. Silencio. Nos han dejado solos. Sin avisarnos. Se han puesto de acuerdo con los americanos y ni por cortesía informaron a Cuba.

Fidel no sabía nada.

La importante noticia la conocía ahora por la prensa americana.

Palabras cada vez más fuertes.

Fidel disparado superó aquel su famoso discurso de los 143 coños.

Fidel, para calentarse, para entrar en calor y ponerse bravo, en los grandes mítines, se apartaba del micrófono, y virando la cara decía bajito: carajo, coño.

Hablaba. Se paraba. Cambiaba micrófonos. Se apartaba y otra vez y más rápido: carajo, coño, carajo.

Los decía bajito. Pero el sensible micrófono los captaba.

Y era una forma no sé si consciente o inconsciente de Fidel de ponerse bravo y de que la gente supiese que Fidel estaba bravo.

Su récord lo había batido en un célebre discurso en que la gente, divertida, le había contado 143 coños.

Esta vez mezclaba nombres y malas palabras.

Yo sentía la descarga.

Y comenzaba a reírme. Pensaba: Muchas sorpresas darán estos rusos a Fidel. Pensaba. Pienso. (Y veremos si soy o no soy buen oráculo.)

Que si pendejos. Que si asustados. Que si nos dejaban solos.

Que si no le habían informado. Que si se habían vendido a los yankis.

Ni el diccionario popular cubano de las malas palabras, ni el del académico español Camilo José Cela, estaban a la altura del Fidel de aquella tarde de octubre.

La descarga lo fue calmando.

Yo, "callao". Porque como decía mi amigo el guachinango: "Cuando lo blanquito jabla, negro callao".

Mi fama de lengüilargo la usaba en momentos oportunos. Días antes se lo había insinuado. No era Fidel Castro tipo de decirle: Yo te lo dije.

Vaselina cubana.

Cuando se calmó, me dijo:

—Prepárate para hacer una edición especial. Que salgan también los de *Hoy*. Te enviaré un comunicado que escribiré en seguida.

Y colgó.

Me quedé estupefacto.

La redacción no menos. Todos oían mi conversación con Fidel.

Se llevan los cohetes y Fidel no sabía nada.

Sí señor.

Una hora después, Fidel envía el comunicado.

Los famosos cinco puntos. El número cinco, que tanto gusta a Fidel.

Lo leí y releí con atención.

En los cincos puntos, nada.

En el preámbulo una vaga y alusiva frase: "instalaciones de armas estratégicas no ofensivas".

Sólo un entendido podía entender. Se eludía la cuestión de la retirada de los cohetes. Este vago preámbulo, que los rusos y el campo socialista no publicaron entonces, desapareció en el tiempo del documento cubano.

Volví a telefonear a Fidel.

Me respondió con una pregunta:

—¿Qué te pareció el comunicado?

—Bien.

—¿Cuánto vas a tirar?

—Medio millón.

—Tira un millón.

—Depende, Fidel, de lo que la máquina imprima y de lo que se venda. Seguiremos haciendo ediciones en la noche.

—Bien. Bien. Bien.

—Pero Fidel, ¿y la noticia de la retirada de los cohetes, que no está?

—Franqui, asunto tuyo mañana.

Ése era Fidel.

Debía adivinarlo.

Esta vez era claro.

Él sabía que iba a publicar la noticia de la retirada de los cohetes.

Pero él no asumía la responsabilidad.

En el fondo quería decir que él estaba de acuerdo, pero que no asumía la responsabilidad.

Era yo quien tenía que asumir la responsabilidad.

Que era muy peligroso.

Y quería decir que, naturalmente, Fidel iba a negociar con los rusos, que quería que el pueblo en este caso supiese la noticia, que se preparase y encabronase por si los yankis se ponían pesados, y para al final hacer el bravo.

Decir que los rusos se llevaban los cohetes iba a costar caro.

Fin del periódico.

Y mi fin.

Y los fines, se sabe, fines son.

Al menos, un buen fin.

EL CINTILLO DE LA RETIRADA

El lunes *Revolución* salió con su gran cintillo: "Los soviéticos retiran los cohetes".

El acabóse.

Reacción popular unánime y tremenda: la cubanía, que durante un siglo animó independencia y lucha antiimperialista, tomó la calle.

El canto popular.

El espíritu rumbero de Cuba.

En la calle, gritando, bailando, cantando:

> *Nikita mariquita,*
> *lo que se da no se quita.*
> *Fidel seguro,*
> *a los yankis*
> *dale duro.*

Furiosa reacción del aparato:

Raúl Castro. Seguridad. Partido. Viejos comunistas y sectarios.

Embajada soviética.

Me acusaban de antisovietismo y anticomunismo.

El teléfono sonaba y sonaba:

Respondía con sorna:

—Oye, viejo, pues qué, te pones bravo.

—¿No te pones bravo con Kruschov?

—Ésta es *Revolución.* No la embajada.

—Cómo la embajada.

—Sí. Sí. No es la embajada soviética. Que no fue *Revolución* la que ordenó retirar los cohetes.

—¿Qué quieren? ¿Que el pueblo cubano no sepa que los rusos se llevaron los cohetes? ¿Que no informaron al Gobierno? A la Revolución queda una sola cosa: el pueblo.

Fidel, claro, no llamó. Ni Che.

Sabía que la reacción rusa y del aparato no iba a caer sobre Fidel.

Contra *Revolución* y contra mí.

Que era el fin y me parecía un fin bueno.

INSPECCIÓN DE LA ISLA

La precipitada de Kruschov dejaba a Cuba en mala posición.

Se llevaban los cohetes y acordaban con Estados Unidos para que se inspeccionase la Isla.

Como exigía Kennedy.

Sin informar ni contar con el gobierno de Cuba. Sin el aval del Primer Ministro.

Aceptar la inspección era el fin.

El Congo lo probaba.

El pueblo, enfurecido, estaba contra. Solo, con dignidad y sin miedo.

Fidel, que sintió su poder amenazado, se identificó con el pueblo.

(Como recuerda la carta-despedida del Che. Su último gran momento.)

Durante una semana, *Revolución* publicó una serie de artículos, agudizando la contradicción con los rusos y exaltando la cubanía.

Exaltando también el papel de Fidel, como símbolo de esta contradicción.

Y asumo la mierda que me toca. No me justifico.

Para mí, importante era borrar de la memoria histórica del pueblo cubano la simpatía sentimental que la Unión Soviética despertó en el corazón del país en un momento difícil: cuando los norteamericanos decretan el bloqueo y aparece la URSS como el buen amigo grande que te ayuda en el momento difícil.

Este sentimiento era la base de simpatía por el mundo ruso.
Y se expresaba en aquel canto:

Fidel, Kruschov,
estamos con los dos.
Pim, pam, pum,
viva Mao Tse-tung.

El momento mágico. Y no se trataba del gesto aquel justo.
Interesado y falso. Y la gente así lo comprendía y cantaba.
A la cubana.
"Nikita, mariquita. Lo que se da no se quita."
Aquel tremendo año 62 enseñó muchas cosas al pueblo:
desde que la Revolución se declaró comunista, todo era un
desastre: caos, racionamiento, sectarismo, prisiones, persecu-
ciones: militarismo miedo, vigilancia y atmósfera policíaca.
Ahora identificaba esto con la Unión Soviética y su modelo.
Me parecía muy importante, a los fines históricos, que el pue-
blo tuviese conciencia de esa realidad opresora ruso-"cu-
bana".
Fidel, sin duda, se las arreglaba para salir mejor de cada si-
tuación difícil.
A pesar de su responsabilidad.
Toda posibilidad tiene su límite. Y el nuestro era éste.
Y no de ahora. De siempre.
Yo no le veía solución.
"No luchamos contra un amo para tener otro", decía la
gente, me parecía importante.
El pueblo no creía más en la Unión Soviética.
Los hechos fueron decisivos. Primero el sectarismo. Ahora el
abandono.
El dejarnos solos.

No es lo mismo saber las cosas que no saberlas.

Ésta era la justificación histórica de *Revolución*.

Si saber leer es punto de partida, para un alfabeto, estar informado y pensar, es decisivo.

Y un día Fidel me llama y me dice:

"No cargues tanto la mano contra los soviéticos.

Once artículos son mucho".

Al *Hoy* reprochaba lo contrario: No decir nada.

Fueron días duros y de consecuencias tremendas.

Joaquín Ordoquí, que asumió la defensa de la URSS, y algunos más, serían castigados más tarde, como agentes de la CIA.

"QUE INSPECCIONE JACQUELINE"

Episodio fideliano en trasmisión de la Federación de Mujeres Cubanas.

Fidel impulsado rechaza la inspección y contesta a Kennedy por TV.

—¿Qué les parece —dijo— si digo a Kennedy que mande a Jacqueline a inspeccionar?

—Formidable, Fidel —contestó Vilma.

Y el coro:

"Formidable, Fidel. Formidable".

Muertas de risas y orgásmicas.

Me quedé serio.

Fidel me miró. Y yo serio.

—¿No piensas igual tú?

—No me gusta el chiste.

—Es fantástico —replican las Vilmas.

—¿Y por qué no te gusta? —pregunta Fidel.

412

—Mira, Fidel, te interesa herir a Kennedy en lo personal. Desafiarlo. Entonces el chiste puede ser efectivo. Tú lo sabes. Como sabes que a los cubanos no les gustan los ataques a mujeres.

—Está atrasado —vuelven a decir las Vilmas.

—Recuerdas de aquel episodio de la ortodoxia, y de la polémica perdida de Chibás, porque había una mujer.

—Tienes razón —dice Fidel—, me gusta la frase, pero no la diré.

Decepcionadas las Vilmas.

Alguien más vanidoso, pensaría: "Fidel me oye". Sabía que no. Fidel se oía a sí mismo. Su oído es muy bueno. Pero no oye a nadie.

Sólo a veces cuando no estaba seguro exploraba.

Éste era el caso de la Jacqueline.

Otras, la peligrosidad de esta ciencia de Fidel era grande. Era preguntar con aparente ingenuidad y saber así cómo pensabas.

Conocía bien a Fidel.

Si te hacía el honor de llamarte por tu nombre, de echarte el brazo por encima, espérate el embarque, mano.

Por norma, usa expresiones vagas, imprecisas.

Te trata de objeto.

Y si se pone bravo, no da la mano. No se detiene.

Caían en desgracia no sólo personas. Aun lugares.

Cuántos lugares de Cuba, y algunos importantes, están podridos: El Comandante está embalado con ellos.

Si se pone bravo con un lugar, no va más allí.

Y el nombre del lugar, la cosa, animal o persona, no puede mencionarse en su presencia.

Muy cranqueable.

Los bichos descubren en seguida su juego.

Única forma imaginativa posible, proponerle lo contrario de lo que querías.

Iba contra, entonces.

(Si pensabas que el níquel era bueno y empezabas a decirle: "El níquel es bueno", liquidabas el níquel. En su concepción del poder no se admiten afirmaciones, campañas, criterios. Va contra. Y así tú sabes quién manda.)

Una campaña fuerte, contra algo o alguien, no daba resultados.

Iba tirando por ataques concentrados de mis enemigos. Tantos y fuertes que me protegían.

Raúl, soviéticos, policía, algunos comandantes, comunistas. Viejos y nuevos. Burócratas. Ramiro. Dorticós. Guillén, el malo.

Descargaban contra *Revolución*.

Contra mí.

Trataban de influir contra mí.

Fidel no acepta que lo presionen. Entonces, aunque esté de acuerdo, pospone.

Para decidir él. Cuándo, cómo.

Ya llegaría el momento.

Las bolas malas se ponían de otra manera.

Y los lameculos no fallaban.

Su técnica:

Si Fidel decía que una vaca podía llegar a veinte litros de leche diarios. Decían: "Veinticinco".

Y entonces Fidel:

"Y qué te parece si treinta".

"Bravo, Fidel. Formidable."

Y después ponían la podrida al presunto enemigo.

"Dice Fulano que es imposible."

"Es un pesimista", decía Fidel.

Y hombre muerto.

La presión contra el periódico era insoportable.

Querían un *Pravda*.

No *Revolución*.

En la Crisis del Caribe se agudizó.

Sinuosos, los comunistas decían:

"*Hoy*, *Pravda*. Organos del partido.

Revolución, *Izvestia*. Organos del gobierno. Oficial y controlada".

Detrás Raúl, Carlos Rafael Rodríguez y los otros.

(Mierda, decía yo, mejor morir como Chacumbele, que él mismito se mató.)

Morir matando. Y de otra parte, bastante nos habíamos divertido. *Revolución*, en cierto sentido, acabó con todo. Ahora nos tocaba a nosotros.

Pensé mi podrida y se la puse con Fidel.

—¿No es mejor un periódico nuevo que dos viejos?

Sabía que Fidel siempre quiso tener su periódico, con bautismo y todo.

—Se gastaría menos papel.

—Sí, sí. Interesante.

—¿Y para qué vas a imitar a los rusos?

(Jaque mate.)

MIKOYAN

Y ENTONCES llegó Mikoyan.
Y nadie lo quería ver.
Caía por todas parte. Buscaba a Fidel desesperadamente.
Kruschov le había pasado la papa caliente. En Moscú le decían el fidelista. Fue el primero.
Le huían.
Y Mikoyan, estalinista, único bolchevique sobreviviente de Stalin, que el estalinismo tan bien conocía, y ahora con Kruschov, antiestalinista, identificó en seguida la enfermedad.
Era un canceroso. En vía de cura. Y ahora en la Isla, que él mismo descubrió para los rusos. La Isla cambia descubridor.
Como cambian los tiempos. Cuántos descubridores: Colón. Ingleses. Franceses. Piratas. Esclavos. Humboldt. Americanos. Turistas. Putas. Capitalistas. Y ahora rusos. Intelectuales de izquierda.
Éste era el turno de Mikoyan.
Y la cabrona Isla. Paraíso-Infierno.
Ahora el abuelo del socialismo real veía a los nietos enfermos.
Se sentía y estaba vigilado. Grabado. Seguido. Controlado.
Cuando por sorpresa encontraba un ministro, dirigente o comandante, los veía mirar a todas partes. Hablar bajito. Con la radio o el tocadiscos encendido y un cortés:
—Me han dicho que le gusta la música cubana.
—Sí. Sí. Me gusta —respondía, acariciándose el bigote.
La embajada soviética estaba por aquellos días en desgracia.
Era un centro de conspiración.
Yo era sospechoso de todo, menos de pro sovietismo.

Me divertía de lo lindo.

Recibía y veía a Mikoyan cuando los otros le huían.

Qué coña.

Sólo que no hablábamos de la Crisis. Hablábamos de Stalin.

Parecía obsesionado con el estalinismo.

Cuántas cosas contaba aquel protagonista de la Revolución rusa.

De los millones de asesinados. Veinte millones. Su cifra. De la colectivización forzosa. De la muerte, prisión y desgracia de los viejos bolcheviques.

De las intrigas y métodos.

Y del miedo.

El miedo.

El miedo de entonces y de allá.

Que sin decírmelo me lo decía y que se sentía acá.

Parecía hablando proyectar la sombra de Stalin.

Pero me contaba que estaban rectificando de verdad.

"Qué peligro para la revolución.

Para el socialismo."

En fin.

Iban a reivindicar a Bujarin. A Kamenev y Zinoviev.

En fase de revisión el proceso de Trotski. La muerte de Kirov.

De poetas y escritores.

Hablaba de Solyenitzin con simpatía. De la "Jornada de Iván Desinovich":

Del Gulag con horror.

Contaba que había fuerte resistencia del aparato. Que aceptaba sólo ciertos cambios de métodos. Que quería disfrutar de más tranquilidad.

De no pasar de la sustitución a la desgracia. De la desgracia a prisión y muerte.

Que se oponía a remover el pasado y extender los cambios al pueblo fuera del aparato.

Pero que Kruschov luchaba duro.

—Qué vida la nuestra —decía. Y miraba.

Y no se entendía si hablaba de entonces o de ahora. De él. O de nosotros.

Pensaba. (La tuya, que la mía, que ahora que la tuya se vuelve nuestra, a mí me tocará, pero sólo en parte. Polvo de historia sí.

Polvo de Stalin o de Stalincastro. No. No.)

—Hemos abolido la policía del Comité Central —me contaba Mikoyan.

¿Del Comité Central, nada más?

Años después, Nikita Kruschov confesaría a los amigos, perdido el poder, vivo, pero fantasma moscovita:

"Sólo a un viejo cretino como yo se le ocurre quitar la policía al Comité Central del partido y al aparato. Por eso me dieron el golpe. Cabrones".

(Mikoyan, su mujer, entretenía a la mujer de Kruschov, Mikoyan entretenía a Kruschov.

Por aquello de

¿Tú *quoque* Anastas?)

El clavista y Mikoyan.

Fidel no llevó a los soviéticos a la tabla. Era ir contra su estrategia: su poder está ligado por naturaleza a la Unión Soviética.

Resistió a la inspección, que hubiese sido su derrota.

No inspección de cualquier tipo: real o simbólica. Y de parte de quien fuere, aun Cruz Roja, ONU.

Al final, los dos K, el Kennedy americano y el Kruschov ruso, se pusieron de acuerdo.

El problema eran los cohetes. Las instalaciones. Las ojivas nucleares.

Los barcos rusos no intentaron nunca romper el bloqueo. Los U-2 comprobarían que las bases de misiles eran desmontadas a gran velocidad. La inspección acordada será fuera de las aguas cubanas. Directamente los norteamericanos sobre los barcos rusos.

Strip-tease marino: los rusos levantarían la lonita y los fálicos cohetes rusos, ya sin orgasmo nuclear, podrían ser acariciados por los ojos eróticos de los *marines* y "Gimenez" yankis. Así fue.

Los rusos, buenos muchachos, no lo harían más.

Y los yankis, buenos yankis, prometían no invadir la Isla. Fidel pidió a Mikoyan que al menos los aviones Mig-23 se quedaran.

Y Mikoyan dijo que sí. Y Kruschov dijo que sí. Parece que el otro K dijo que no.

Y entonces era Mikoyan el que no se atrevía a ver a Fidel. Entonces Fidel se fue en busca de Mikoyan, y le dijo: "Imagino lo que pasa. Los Mig también se van, y por eso usted no quiere verme".

Y así era.

Episodio en la embajada soviética.

El viejo Mikoyan corría por toda la embajada soviética, papel en mano, detrás de un ruso que corría más. Como si fuese la escena de una película cómica.

Sólo que era verdad y que hay muchos testigos.

Al fin, Mikoyan arrincona al hombre, que tembloroso responde:

—Perdóneme, Vice-Primer Ministro. Haga lo que quiera. Ordene que me arresten. Pero yo no puedo pasar ese cable sin una orden de la Seguridad soviética.

—Se lo ordeno como Vice-Primer Ministro —gritaba enfurecido Mikoyan.

Y el clavista, que tal era la función del pequeño ruso:

—No puedo, no. No puedo, no.

Patético y calmado, Mikoyan, a los presentes:

—Así es el estalinismo. Algo que si no se vive no se puede creer.

El menú de la Crisis

Días más tarde llega a La Habana, U Thant, secretario general de la ONU. Conversaciones. Correcta su posición.

Revolución, con un poco de humor, habla del menú de la Crisis en un cintillo: "U Thant con Lechuga".

Frugal.

Mikoyan y los cocodrilos

Mikoyan y Fidel se reconciliaban.

Comenzaban los paseos por la Isla. Como en el sesenta. Turismo y conversación, como gusta al Primer Ministro cubano.

Fidel estaba doblemente orgulloso de la Ciénaga de Zapatas. Siempre lo atrajo. Desde el 59, tenía por allí una de sus primeras chocitas.

Le divertía la débil resistencia de sus invitados a la picada del mosquito. Ese guerrillero del aire, peligrosa venganza del indio Hatuey.

La Ciénaga fascinaba a Fidel. Quién sabe por qué. Quizás si su manera apocalíptica y espartana era más afín a las áridas tembladeras.

Allí, un día, estuvimos a punto de perder al gran Raulito. Ya se sabe, bicho malo nunca muere.

Camilo no apareció. Cayó de las alturas y desapareció abajo. Raúl fue encontrado con Díaz Lanz.

La Ciénaga era escenario de una victoria decisiva: la invasión de Bahía de Cochinos.

Y allí Fidel, además, criaba sus cocodrilos turísticos.

El álbum de familia registra la foto: Fidel, Mikoyan, los cocodrilos.

Falta el pie de grabado. Dicho allí desaparecería en la calle Once.

Quienes oyeron registraron el diálogo desaparecido, hecho circular clandestinamente por Fidel. Y era así:

El cocodrilo y la sardina:

Mikoyan, después de mirar a los bien alimentados cocodrilos, ve unos pececitos y pregunta a Fidel.

—Comandante, ¿y esos pececitos para qué sirven?

Responde Fidel:

—Vice-Primer Ministro, esos pececitos sirven para que se los coman los grandes.

La Crisis del Caribe fue eso. Un juego peligroso entre dos grandes a costa del chiquito.

Un momento crucial. El pueblo se quedó solo. Sin rusos y sin cohetes. Tuvimos que salvar la cara solos.

Revolución, yo personalmente, asumimos responsabilidades mayores que nuestras ya escasas posibilidades.

Vivimos aquellos días dramáticos en el ojo del ciclón.

Y como el pueblo, de buenos cicloneros, vivimos aquello de: "A mí me matan, pero yo gozo".

Revolución iba a morir.

El pueblo se iba a quedar solo sin rusos y sin cohetes.

Fidel, para salvar su poder, tenía que asumir la contradicción con los rusos.

Informar bien al pueblo, no sería el fin de los rusos.

Sería importante.

No sería naturalmente el fin de Fidel. Su poder aumentaría más aún.

Y así fue.

Para los rusos y para Fidel.

Los barcos rusos se llevaron los cohetes, en alta mar hicieron el *strip-tease* marino. Levantaron lonas y enseñaron el culo a los yankis. A cohete descubierto, brindis de whiski y vodka. No lejos de las costas cubanas fue el *strip-tease* y nosotros, para furia y vergüenza de los buenos moscovitas y cubiches, así lo publicamos.

Y fue aquello de "Kruschov con rumbo norte".

Los dos K se intercambiaron presurosas cartas.

Al final un compromiso: No más invasión yanki de Cuba. Ni armas ni hombres ni bases rusas peligrosas para los yankis en la Isla.

La Crisis del Caribe rompió el equilibrio mundial entre los dos grandes. Estados Unidos avanza, la Unión Soviética retrocede.

Kruschov fue puesto en minoría en el Politburó y el Comité Central. Comenzó su declinación.

Kruschov se asustó, como diría después Dean Rusk, el secretario de Estado de Kennedy. La táctica norteña fue negociar desde un punto de vista de fuerza. Sin llevar a los rusos a las tablas.

Kruschov estaba solo. Sus decisiones eran personales. Por vez primera aun la prensa soviética refleja contradicciones entre *Izvestia* —Adjubei, director y yerno de Kruschov, su emisario de la Crisis— y *Pravda,* el partido y el aparato.

Entre las historias sorprendentes de aquella Crisis, hay una, y es que en realidad las ojivas nucleares nunca fueron instaladas en los cohetes.

Se quedaron en el mar Caribe, cuando Kennedy ordenó el bloqueo marítimo de la Isla.

Para el pueblo cubano, dura lección.

Estaba solo.

UNA ENTREVISTA FAMOSA

A FIN de año los periodistas rondaban a Fidel.

En el aire, el conflicto con los soviéticos, rastros de la Crisis de octubre.

Claude Julien —*Le Monde*—, testigo incómodo de la clandestinidad, en uno de sus viajes reportó la posición de los comunistas cubanos, contrarios a la Insurrección y la Sierra. Carlos Rafael Rodríguez, y el corresponsal de *Humanité*, cuando el congreso, ligeramente autocrítico del PSP, del 59, habían polemizado y acusado a Julien y *Le Monde*, de "prejuicios anticomunistas".

Julien entonces vio claro, reportando que 26 y el Directorio eran la lucha contra Batista.

Julien cayó por *Revolución* y comenzó la larga espera para encontrar a Fidel.

Paciente, Julien, entre éstos y aquéllos años, ha pasado días, semanas y meses en espera del Comandante, y al fin, al menos, tres veces, ha conversado largamente con el Primer Ministro, que administra bien sus palabras.

Aun la paciencia de Julien tenía límite. El tiempo pasaba. Julien se inquietaba.

Telefoneaba a Celia, Celia decía haberlo dicho a Fidel, Fidel no aparecía.

Al fin, un día Fidel me avisa que convoque a Julien para mi casa aquella noche.

No era habitual en el código fidelista; la señal era si algo sale "mal" periodísticamente, el responsable sería yo.

Pensaba que de perder tenía poco.

Hacía lo posible por ser sustituido en *Revolución*. La Crisis del Caribe era el fin del periódico y mío. ¿Cuándo? Cuando conviniese al Comandante.

Sospechaba que Fidel acentuaría su disgusto hasta ser llamado por los rusos.

Otros compañeros pensaban "que no había arreglo posible con la URSS".

Se apoyaban en los propios comentarios críticos de Fidel, aquellos días.

En la Universidad, en *Revolución*, descargaba contra Kruschov, contra la pendejada y abandono soviéticos.

No olvidaba las descargas contra Che, Raúl y comunistas, del 59.

Era el método clandestino de Fidel, echar él mismo a correr bolas, entretener a los inquietos, saber cómo pensaban los otros.

Me había ido con más de una bola fidelista, conocía su pitcheo, no me iba más con la "mala".

Quería estar, que me pusieran, fuera de juego.

No podía renunciar: Huber, por renunciar, entraba en su cuarto año de prisión en Isla de Pinos. Decir su nombre era suicidarse. Era tal la campaña de Raúl, Ramiro Valdés, Carlos Rafael y los otros contra mí, que me preocupaban. Pensaba: "Estos desgraciados insisten con Fidel, me hacen pudrir en *Revolución*".

Pensaba en una exposición fotográfica, en París, en Argel, Edimburgo, el Este, Asia, Oceanía, África.

Sabía que las esperas con Fidel son largas. Preparé con mis amigos una pachanguita: el *feeling* de Elena Bourke y Florian Gómez, Miriam Acevedo, sus invenciones, Celeste Mendoza, el guaguancó.

Lechón asado y daiquiri. Una salsa sabrosa, con todos los yerros.

Intérpretes de excepción: Juan Arcocha y Edith Gombos. Muchas chucherías todavía permitidas quedaban del cesto del Comandante.

En navidad y año nuevo el Comandante enviaba un cesto de frutas, vinos, turrones, coñac y otras chucherías, para endulzar las bocas secas del racionamiento a comandantes y amigos.

Los cestos eran buena señal. El Comandante no te olvidaba, se decía, aun si estabas en desgracia.

Alguna vez alguien pasó del cesto a la prisión.

Eran los cestos "envenenados" del astuto Comandante.

Un viejo *routier* del socialismo real, que abandonó el capitalismo por el socialismo, error que no comete un comunista serio, decía Nicolás Guillén: "El comunismo en París". Para liberarse de su exilio moscovita se corrió por La Habana, comentaría la fiesta-matrimonio de un Comandante-Ministro, regalos: una casa de Miramar, auto nuevo, el confort digno a su función, aparte de alcoholes, vajillas, perfumes *pour madame*, la ministra, católico-comunista, que hizo oficiar a Monseñor Sacki, Nuncio Apostólico del Vaticano, fidelista, trabajador voluntario —*detto il vicario di sinistra*—, digo, decía este veterano de Praga, Moscú y La Habana, con su cinismo optimista:

"Para el proletariado lo mejor."

La frase nos retrataba, aun a los más austeros y en desgracia. Soluciones, tres: volverse cínicos, la común, creerse que de verdad tú te lo mereces. Acomplejarse, justificarte patéticamente. Decía una amiga, compañera de clandestinidad: "Esta casa es tan grande, pero conmigo viven niños huérfanos de la lucha, no puedo decir que no a Fidel, él quisiera que todos viviéramos así". Pero ni hay tantas casas ni tantas cosas. Te parecía oír el lamento de algún rico progre, —en una reunión rojosnob o esperar fríamente—, los Dubcec, Nagy, y otros, que desde dentro, han querido reformar el socialismo real, creyendo que sólo desde dentro y desde arriba, se puede reformar, en parte es verdad, en parte no, se sabe cómo han terminado estos intentos.

Cierto que no todos estaban corrompidos, burocratizados, insensibilizados a los crímenes y realidades en que los hacían vivir. Alguna gente que tiene los cojones de vivir en la mierda histórica, sabiendo que tienen todas las de perder, y sólo si hay una oportunidad actúan con eficacia. Los respeto aunque no comparto, ni a mí me era posible compartir, su actitud. Hay que ser virgen, no sospechoso. Quedaba otra oportunidad, para los que como yo, no creían, ni creen, ni en la contrarrevolución ni en Estados Unidos: resistir mientras era posible, irse antes de caer. Luchar desde, donde y como fuera posible.

La llegada de Fidel.

A medianoche Claude Julien y señora miraban nerviosos el reloj.

—Vendrá.

—No vendrá.

Misterio.

Pasaba la una, los cantantes cantaban aquel canto de Matamoros: "Se van los cantantes".

A cantar en cabaret. Se iban algo decepcionados de no ver el Comandante.

Alguno echaba un pestañazo.

Era la una y la fiesta se acababa.

En ese instante preciso hizo su entrada el Comandante.

Y puso bueno aquello en seguida:

—Ahora el artista cubano soy yo.

Comenzó a descargar.

Una de las más largas descargas de palabras que nunca nadie oyera.

Como quedaba un resto de pachanguita, y a él la pachanga no gustaba, y no había ido a mi casa para oírla. Iba a ser oído.

Cortó entre broma y serio: "Descansen ustedes, ahora trabajo yo".

Notaba que Fidel, que el alcohol lo dosifica bien —los rusos, maestros en beber, se encontraban con su tabaco y su humo y se volvían caras verdes: en la buena tradición cubana, todas las conquistas comienzan con una borrachera de tabaco de los conquistadores—, notaba, decía, que Fidel aquella noche, con el alcohol, se dejaba ir.

Supuse que quería ayudarse para la difícil conversación con Julien. Ambiguo, astuto, desconfiado como nunca. Quería decir y no quería decir. Decirlo todo y que se supiera algo. Preocupar a los rusos. Que lo invitaran, arreglarlo todo a la grande en Moscú.

Pensaba.

En el fondo, Fidel se sentía ganador de la Crisis del Caribe. El bravo. Había dicho no a los norteamericanos. No a los rusos. No a la ONU. No a la inspección.

Exaltado el nacionalismo cubano.

Conseguido un acuerdo ruso-americano, convenido entre Kruschov y Kennedy, la Isla no sería invadida. Los cohetes retirados, no más instalados en el futuro. Kruschov salvaba la paz. Kennedy, emergía líder enérgico de Occidente.

Ahora Fidel, que había tirado la cuerda con los rusos, debía suavizar.

Pero a la grande. No en La Habana. En Moscú.

Debía decir, no decir.

No una entrevista formal. No. Un periodista amigo, una fiesta, la casa del director de *Revolución*.

(Si algo salía mal, el responsable sería yo.)

Fidel comenzó a contar la historia de los cohetes, de la Crisis, que ya he contado antes.

Nueva era la dureza del tono. La violencia de la descarga anti-rusa.

Fidel se interrumpía y comentaba, mirando a Julien, mirándome a mí:

—Qué banquete periodístico te estás dando.

Volvía a descargar con furia. Que si cuando viera a Kruschov, que si le iba a decir, que si iba a hacer. Que si pendejadas.

Y agregaba:

—Sabes Julien, tú eres el amigo, no el periodista.

(Me preguntaba yo: por qué un jefe de Estado dice tamañas barbaridades a un periodista extranjero, por qué en mi casa, por qué lo invita a oír y a no oír. Me respondía yo mismo: quiere que *Le Monde* las publique, que los rusos lo inviten a Moscú. Y si algo sale mal, estaba algo bebido. Estaba en una fiesta, en una casa amiga. Un periodista amigo. Traducciones. Podía desmentir.)

Fidel continuaba a hablar y hablar.

Breves y difíciles interrupciones de Julien y mías.

A las tres de la mañana, Margot dormía y Fidel, amoscado, comentaba, mirándome:

—Duerme, duerme.

—Sí, duerme. Duerme.

Fidel tenía el complejo del sueño.

Dormía a todo el mundo.

Aun la escolta se turnaba y protegía. Dormirse era un delito. En la Televisión producía sueño colectivo.

Chiste: "Por qué no enviamos a Fidel a los Estados Unidos, creará una crisis de producción al capitalismo".

La crisis la teníamos nosotros, y, en cierto sentido, una de las causas eran los discursos televisivos del Comandante. Estadísticas prohibidas: se decía superaba las cinco mil horas bien habladas.

Con sueño o sin sueño, Fidel no paraba.

Margot dormía.

Era como su venganza femenina e inconsciente, que Margot usaba con personajes importantes que pasaban por la casa. La dormida.

La noche bien hablada de Fidel llegó a los claros del sol. Ya se veía el indio y Fidel dale que dale.

Iba por mi tercer aire.

Yo sí que no me podía dormir.

Coñac, vino, whiski, ron. No vodka. Café. Pipí.

Borrachera de buen tono.

Cuando rindió a todo el mundo por cansancio, Fidel decidió que era hora de marcharse. Y de llevar a Julien y señora a dormir al Habana Libre.

Bomba "Le Monde"

Claude Julien regresó a París. Pasaban días y más días. Y nada.

Fidel me llamaba y decía: "Oye, ese periodista amigo tuyo no publica nada".

Pienso que Julien tenía preocupaciones y problemas de conciencia. Católico, de izquierda, honesto y periodista. Marta Frayde, nuestra embajadora entonces en la Unesco, amiga de Fidel —luego su prisionera— puso su granito de arena.

De pronto el bombazo.

Julien publicó el primer reportaje en *Le Monde*.

UPI y AP dieron una versión colorida de las palabras de Fidel. Otro figurado, no cohete, puñetazo de Fidel que metía kapao a Nikita.

Se armó la bronca.

Los soviéticos llamaban a sus fieles Raúles desde Moscú.

La embajada. Los Ramiros.

Intrigas con Fidel.

"Complot de la CIA." El dale que no te da.

El totí: Franqui.

Vallejo que me llama. Fidel que me dice.

—Yo lo desmiento todo. Digo que es mentira. Que es un complot enemigo. Que no era una entrevista. Que si era un encuentro amigo en tu casa y en una fiesta. (Bola de humo contra mí.) O lo desmientes tú.

—Yo no, yo no, Fidel.

—¿Cómo?

—Calma, Fidel, calma. Puede ser que las agencias americanas no hayan traducido bien las palabras que Julien pone en tu boca.

—Oye, Franqui, ese amigo tuyo, ¿es de confianza? (Ramiro y Raúl ya habían armado el clásico complot de la CIA.)

—Fidel, tú sabes mejor que yo que Julien es un amigo. Que si publica nada más que el diez por ciento de lo dicho por ti aquella noche, es como para que los rusos formen de verdad la gran bronca.

—¿Tú crees? Hay que evitar entonces que Julien publique todo eso. Yo lo desmiento. Lo desmiento.

Entonces le recordé:

—Es que tú te acuerdas de todo lo que dijiste aquella noche. Que yo mismo quise interrumpirte, preocupado, y tú me callabas y decías "Déjame hablar. ¡No me interrumpas, Franqui!".

Fidel, recuerda, tu voz es inconfundible.

—Cómo, cómo mi voz.

Julien tenía una grabadora. Allí se grabó música. Si grabó o no, no lo sé. (Estaba seguro que no había grabado nada.) Y agregué:

—Vas a hacer caso de los cables americanos. Espera la traducción exacta de *Le Monde*.

Fidel, que estaba cranqueado, se tranquilizaba.

—Franqui, si es como tú dices, hay que hablar con Edith, pedirle que hable de parte mía con Julien, que suavice los artículos restantes. Que no olvide que es un amigo. Llama a París en seguida.

—Fidel —respondí—, ¿no es mejor que tú o Vallejo llamen al embajador, y que el embajador de parte tuya hable con Julien?

—No. No.

—Edith, además era intérprete, y es amiga.

(Fidel no quería oficializar.)

—Fidel, acuérdate, habrá intrigas: yankis, o rusas, del patio.

—¿Cómo, cómo dices?

—Que te apuesto, te decía, no sólo que Julien es un amigo, y *Le Monde* un periódico serio, te apuesto que todo esto termina en un viaje a Moscú.

—¿Tú crees? ¿Tú crees?

—Me parece que sí, Fidel, si mi intuición periodística no me engaña. Estábamos claro, no Fidel, aquel 22 de octubre, inicio de la Crisis cuando dijimos que Estados Unidos preparaba la invasión.

—Sí. Sí es verdad.

—Moscú, Fidel —bromeé.

No pensaba ir.

No sería invitado. Moscú me vetaba y su veto estaba en mis planes.

Fidel fue invitado rápidamente a Moscú, recibido a bombos y platillos.

Héroe de la Unión Soviética.

Yo ya no.

Era lo que deseaba y, por si acaso, antes de partir Fidel para Moscú, partía para París.

6

EUROPA, OTRA VEZ

FIDEL era el metro y la medida.

El país amenazado, desgarrado, solo, orgulloso, desafiando enemigos y amigos, pensaba que no había soluciones afuera. Se replegaba sobre sí mismo.

No estaba solo. Tenía la solidaridad. De la mejor América y de buena parte de la opinión pública mundial.

La tensión bajó.

La represión disminuyó en aquellos días primeros del 63.

Había que crear. Que inventar.

Algo nuevo.

El viejo comunismo no servía. Ni el ruso ni el cubano. Al fin, eran la misma cosa.

Con el viejo capitalismo la economía funcionaba. Se iba tirando.

Nadie quería volver atrás. Ni era posible.

Había que afrontar la realidad sin ayuda de nadie. Sin consejos ni guías de nadie.

Si solos nos liberamos de España,

si solos nos liberamos de Batista,

y de Estados Unidos,

y de Girón,

y del sectarismo,

y de la Crisis del Caribe,

la solución estaba en nosotros mismos. En las energías y fuerzas creadoras puestas en movimiento, liberadas por la Revolución en el 59 y el 60.

El espíritu independentista, su fuerza telúrica, que venía de lo más profundo de la tierra cubana, renacía.

Fidel debía tomar el camino propio.

Volver al pueblo.

Era lo que quería la gente.

Y era otra vez la gran contradicción: Fidel sería la última esperanza.

El 63 fue año de reflexión, nacionalismo, desgarramiento y rupturas.

Un comienzo de respiro, algo reposado, después de la intensidad de los dos últimos años vividos.

El pueblo se sentía y sabía solo: el romance socialista con la URSS duró dos años.

Apareció con el bloqueo económico norteamericano y se rompió frente al bloqueo marítimo.

Los ideales no eran la realidad.

Las palabras de esperanza no se correspondían con los actos.

La Unión Soviética nos había dejado solos frente al peligro de una invasión, después de usar nuestro territorio para sus maniobras atómicas.

Mientras estuvimos solos con nuestra revolución autóctona, la vida funcionaba. Desde que Fidel proclamaba a Cuba "socialista", todo era un desastre.

¿Era esto el comunismo? ¿Era ésa la Unión Soviética?

Hacía dos años que el país se proclamaba socialista y era como si sobre él hubiese caído una desgracia, una fatalidad.

Nada funcionaba.

Ni la economía. Ni el estado. Ni la vida.

Racionamiento. Persecuciones. Injusticias. Colas. Privilegios.

Rusificación. Militarismo. Desconfianza. Sospecha.

El comunismo de los comunistas cubanos, un desastre.

El comunismo soviético, otro desastre.

Quedaba aún a la gente una esperanza: el fidelismo.

El comunismo fidelista.

Pensaba mucha gente: "Cierto que Fidel nos metió en esto. Pero estaba obligado por el peligro norteamericano y el bloqueo. Pero también nos sacó del sectarismo y se puso duro y no dejó inspeccionar, cuando rusos y yankis se pusieron de acuerdo en octubre".

Otros, más desconfiados, pensaban: "Es una ilusión".

Que Fidel ni quería ni podía sacarnos del comunismo con un acto de magia fidelista: era él quién había escogido el comunismo.

Era su poder.

Y no tenía marcha atrás.

No quería pudrirme en *Revolución*, hacer un *Pravda*.

Quería no estar y estar. No ignoraba la dificultad de esta contradicción.

Conocía la naturaleza del sistema. En el vértice se puede influir.

De ahí la paciencia de los que viven en la sombra de los grandes: Stalin, de Lenin. Teng Siao-ping, de Mao. Kruschov, de Stalin. Así Nagy, Gomulka, Kadar, Dubcec.

Algunos han perecido en una prisión o fusilamiento. Otros han "triunfado" y roto los tarros. Unos se han envilecido, fracasado o han sido destituidos. Otros han producido cambios importantes.

En unos casos ambición, en otros impotencia, ingenuidad, buena fe. Cinismo e idealismo pueden alternarse y convivir aun en una misma persona.

Muchos han sido verdugos y víctimas, al mismo tiempo.

Otros, más bien víctimas de un sistema sin salida.

Que parece que no puede cambiarse desde abajo ni modificarse desde arriba.

Por ahora.

Yo estuve descubierto desde el principio. Estaba por un socialismo humanista, democrático y libertario.

Era un enemigo del partido cubano y de la Unión Soviética.

No aceptaba el militarismo ni el cesarismo caudillista.

Mi historia impedía que me acusaran de capitalista o de pro imperialista. De todo lo demás se me acusaba: libertario, intelectualista —la cultura en Cuba era el totí de todos los males—, antisoviético, pro chino, pro yugoeslavo, trotsquista, revisionista, benbellista. Defensor del arte degenerado, del obrerismo, del nacionalismo, civilismo, de los homosexuales, del blandenguerismo, por oponerme a fusilamientos, torturas, prisiones injustas, persecuciones, terror.

Y lo más grave: de querer dividir la Revolución desde dentro, de ser la cabeza pensante y la mano escondida de todas las protestas, líos, rollos, conspiraciones.

Y *Revolución*, su instrumento.

Nunca me sentí político. No estaba en mi naturaleza.

No me faltaba visión para ver venir las cosas.

Para comprenderlas y modificarlas.

No tenía el *feeling* ni el arte y ni la demagogia que necesita un político.

Ni la frialdad.

Los discursos me parecen un horror. No soporto las presidencias.

No me hago ilusiones de ser mejor que los otros.

Ni creo en la idea virginal de tanta gente buena:

Rehacer la historia.

El proyecto comunista. El socialismo.

Cambiando hombres. No el instrumento. El modelo.

Ni la realidad total. No una parte de la realidad económica.

No niego la importancia del poder.

No creo que el mundo se pueda cambiar desde arriba.

Lucha a paciencia de siglos para cambiarlo desde abajo.

En Cuba no veía un fidelismo sin Fidel.

Ni un comunismo sin la Unión Soviética.

Y como no aceptaba ni a Estados Unidos ni a su CIA ni a Miami ni a la contrarrevolución, me daban palos de todas las direcciones.

Me recordaba uno de mis poetas de cabecera: César Vallejo.

Ni me hice ilusiones nunca por estar cerca del poder.

El poder no se comparte.

Y el de Fidel menos.

Creía sólo en una gran revolución cultural, que intentara cambiar todo abajo, y sabía que era un casi imposible.

Pensaba sí que el periódico podía ser un gran agitador.

Creo que lo fue.

Pensaba: Si el pueblo, aun en su inconsciente colectivo, en su memoria, asocia la Revolución a la libertad, a lo colectivo, lo justo, algunas de las cosas de las que ha sido protagonista, como el caracol que la violencia de las aguas tira a la costa, su oído histórico hará inmortal esa memoria popular, y un día renacerá de la erosión ruso-castrista.

Confiaba en la resistencia del mundo negro, y cuando digo mundo negro, hablo del popular, de su cultura viva, sumergida y clandestina, que resistió la esclavitud, la Colonia, la República y que espero resista al ruso-castrismo.

Hablo de la cubanía. De su espíritu de libertad.

Por esta época, a principios del 63, yo sentía cerrarse un período histórico, y me parecía que *Revolución* debía morir con él.

Los comunistas más hábiles querían ensuciar, enmierdar el símbolo, convertirlo en un *Izvestia*.

Conservar su *Hoy*, la nueva *Pravda*.

A la cubana, yo quería que *Revolución* hiciera como Chacumbele: él mismito se mató.

Morir matando.

No quedaba periódico nuevo ni viejo. Ni títere con cabeza.

Habíamos acabado con todo.

Quedaba *Hoy*.

Hueso duro.

Y de guerrillero, cranquié a Fidel:

—Blas Roca quiere, Fidel, hacer dos periódicos, como en Moscú.

Sé que te gustaría hacer uno nuevo. (Fidel nunca quiso a *Revolución*, ni en la clandestinidad ni en el poder. Prefería ser su propio periódico.)

Y agregué:

—Por qué siempre imitar a los rusos, gastar tanto papel.

Entonces Fidel no me contestó, pero me oyó, y yo ya sabía que sólo esperaba el momento oportuno.

Entonces tenía en su cabeza una sola cosa: encontrarse con Kruschov.

La muerte de *Revolución* estaba decretada.

¿Cuándo?

Después de la Crisis del Caribe, *Revolución* era intocable por un tiempo.

Fidel no admitía renuncias. Y yo que siempre pensé en términos de eficacia, pensaba que la mía estaba en la palabra, en un tiempo, en que no veía la eficacia de la acción.

La prisión tenía ya su gran símbolo: Huber Matos.

En el exilio había otros cubanos que no se habían quemado en la otra erosión: la de la CIA y su contrarrevolución.

Raúl Chibás era uno de ellos.

Llevaba cuarenta años de rebeldía y dignidad.

Era el símbolo de la ortodoxia, del chibasismo, de la Carta de la Sierra, de la oposición permanente.

Vivía de modesto profesor y por su independencia no gustaba ni a unos ni a otros.

Era un símbolo. Una reserva histórica.

El conflicto del Che se agudizaba. Se veía venir.

El Che era latinoamericano, pensaba en estos términos.

Sólo de una revolución continental podría venir la solución. A la grande.

Una salida sola me quedaba: Europa.

Una vez más partí. No regresaría esta vez hasta ser sustituido.

Tenía dos buenos pretextos: el libro de Fidel, y otras publicaciones, y una exposición de fotografías en París, África, Asia y el mundo soviético.

Contaba con la ayuda de Ben Bella. La exposición de París pasaría a Argel.

Partí para París poco antes de que Fidel partiera para Moscú.

Era primavera y en una sala de Saint-Germain de Pres organicé una exposición de fotos, documentos y actividades.

Jean-Paul Sartre dio una conferencia.

Duclós, el dirigente comunista francés, habló por sugerencia de la Sociedad Francia-Cuba, que por mano del partido francés controlaba ya las cosas de la Isla.

Aún mis amigos y los de Cuba, de la izquierda y el mundo intelectual, eran muchos y de grande influencia.

Para clausurar la exposición organizamos una fiesta cubana. La gente del cine me echó una mano.

Alain Resnais pidió permiso para cerrar la plaza de Saint-Germain con el pretexto de una filmación.

Agnes Varda, Jacques Demy, Robert Klein, Chris Marker, Pic, Roman Polanski, Armand Gatti, Joris Ivens y otros, cámaras en mano, estaban allí.

La embajada me prometió una orquesta cubana, popular en Europa entonces: Los Matecocos.

La plaza se llenó de gente. Televisión, periodistas, policías. Curiosos. Una conga es cosa rara.

La conga debía partir, dar una vuelta, entrar en la sala, a son de gente, pasando por la iglesia y el viejo café existencialista y sartreano.

No se por qué pero Los Matecocos no aparecieron.

(La embajada no las tenía todas conmigo. Ben Bella había tenido que pagarme el catálogo y otros gastos.)

Improvisamos.

Óscar López puso pimienta tocando, cantando y bailando.

José Dolores Quiñones, el guitarrista, sonando la eléctrica, con un cordón que Armand Gatti puso en el café de Flore, que pasaba por la iglesia, daba vueltas a la plaza y que a cada movimiento se desconectaba.

Tuvimos una rumbera de excepción, húngara de nacimiento, caribe de ritmo y bongó, Edith Gombos, nuestra corresponsal. Como Yiannis Ritzos, el poeta griego, es de los europeos que rumbean de verdad, a la negra. Los franceses, buena gente, no muy fuertes en rumbas y fiestas caribes, se lo pasaron de lo mejor.

Decían.

Sudé la gota gorda y recordando mis *Papel y Tinta,* me sentía avergonzado.

Con amigos bravos y entusiasmo revolucionario, hasta una fiesta mala se vuelve buena.

La exposición, invitada por Ben Bella, fue para Argel.

Recorrería Londres, Edimburgo, Varsovia, Moscú, China, Vietnam, Corea.

Atendida por los Salas, fotógrafos de *Revolución.* En Corea,

444

Kim Il-sung ordenó cubrir las bikinis de las mulatas milicianas, símbolo de pachanga cubana.

Los meses pasaban, la salida de Margot y los niños, de La Habana, se retrasaba.

Una dificultad burocrática tras otra, hasta que un telegrama a Fidel resolvió la salida.

Fui a Milán, hablé con mi amigo Valerio Riva, director de la Feltrinelli y comencé a trabajar en el libro de Fidel y en el de los Doce.

Con los anticipos recibidos alquilé un apartamentico en Albisola Mare, donde vivía mi entonces amigo, el pintor cubano Wifredo Lam.

Ausencia quiere decir olvido, dice el bolero, pero la mía se notaba y comenzaba a inquietar a amigos y enemigos.

Esta vez no era como en el 61 y 62: entrevistas, reportajes.

Argelia, Europa, Picasso. Nasser, Nehru, Ben Bella.

Esta vez, nada. Silencio.

Fui dos veces a Argelia por la exposición.

La primera pasé por París y tuve allí un encuentro desagradable.

La delegación cubana, que acompañaba a Fidel en viaje por la Unión Soviética, al fin invitado, tratado a la grande, de héroe, aburrida del paraíso socialista vino a darse su paseíto por el infierno capitalista: París.

Aragonés y Serguera, a quienes decían los "nap" —napoleones—, porque sin disparar un tiro, sostuvieron en la Academia Militar, como si hubiesen sido Napoleón, hubieran evitado la derrota de Waterloo, vencido Wellington.

Osmani Cienfuegos, heredero del apellido de Camilo; Abrahantes, el heredero de su hermano el comandante muerto.

Ases del grupo de México, donde pasaron el exilio los tres.

Escalona, el comandante, Papito, socio de Raúl, y su asesor

del Segundo Frente.

La delegación cayó por la embajada una tarde mientras Gramatges y Gustavo Arcos, embajadores en Francia y Bélgica, por razones oficiales partían para el festival de Cannes.

La delegación quería fiestas. Francesitas. Más de un amigo francés rechazó indignado la búsqueda de la *dolce vita*, que los comandantes pedían.

Moscú los aburría.

Nos encontramos en la embajada de pura casualidad. No era de su banda y no me dijeron nada.

Hablé con Serguera, que me contó de las dificultades de Nikita Kruschov cuando quedó en minoría en el Buró Político, en los momentos duros de la crisis del Caribe. Con el bloqueo naval norteamericano a Cuba, y las ojivas nucleares en los barcos, que se aproximaban a la Isla, quedaron bloqueados.

Kruschov había contado la historia a Fidel, éste a su vez a Serguera y otros miembros de la delegación.

Serguera me habló entusiasmado del Convenio Azucarero que se preparaba y que salvaría la economía cubana.

La espada suspendida otra vez, como en la vieja historia con los norteamericanos.

Una amiga belga, que estaba en la embajada, no salía de su asombro.

Fascinada por Cuba y su Revolución, conmovida de ver estos supuestos héroes, ella no sabía que del grupo, el único que se había roto el pellejo en la lucha era Dermidio. Los otros la vivieron en el exilio.

No podía comprender el complejo machista de estos señores, que veían en cada mujer, más si europea o francesa, una horizontal.

Bien guiados por los agentes de la Seguridad cubana en París, la delegación consumió muchísimo whiski, coñac, champagne, en los cabarets. Hubo más de un escándalo. Y ciertas fotos de entonces haría caer en ocasional desgracia a los *dolce vita* de la delegación años después.

No nos cruzamos más de un seco saludo. Antipatía recíproca.

Después de la fiestecita parisina regresaron a Moscú.

Yo partí para Argel.

Ben Bella me recibió con su habitual simpatía, llevándome por los alrededores de Argel, casi sin escolta, con su sencillez de siempre.

Inauguró la exposición que patrocinaba.

Hablamos mucho.

La sombra militar del coronel Bumedián crecía.

Quería mi ayuda para organizar la prensa argelina.

Llamar *Revolución* al semanario que dirigía nuestro amigo Verges.

Le sugerí que me pidiese a La Habana.

Conocía mis dificultades.

En Argelia encontré al Che.

Comenzaba, como a principios del 59, en este 63, una serie de viajes.

Los viajes eran en Cuba signo de desgracia.

Fuga hacia adelante.

Hablamos de China. Che conocía mis posiciones contrarias a la Unión Soviética, de las que habíamos discutido tanto.

Evolucionaba mucho.

Era crítico.

Descubría muchas verdades del socialismo real.

Aun en su proverbial autonomía, era en esa época un simpatizante de la Revolución china.

Un duro crítico de las posiciones soviéticas, del burocratismo.

Partidario decidido de una revolución nueva en el tercer mundo.

Creía en la posibilidad de la lucha guerrillera en África.

Y soñaba con el: "Un, dos, tres Vietnam".

Me habló de la experiencia china: Caminar con los propios pies.

El hombre, capital del socialismo. El pueblo, no la industria pesada. La independencia de la Unión Soviética. Su no injerencia en los asuntos de otros países. No habían dejado tropas en Corea.

Objetaba yo que China, pese a su lucha, no había podido liberarse del modelo soviético. Para mí el socialismo real, y el problema esencial, de nuestras realidades.

El Che me contestó que el partido comunista chino no era como el soviético. Que no había allí las divisiones y pugnas de la URSS.

Mao no era Stalin, más bien Lenin. Un comunista extraordinario. Yo le respondía con mi natural desconfianza.

Aceptaba algunos principios chinos: contar con las propias fuerzas, sin esperar nada ni del capitalismo ni de la Unión Soviética y su poder hegemónico.

No el modelo chino: partido-estado propietario. Nacionalización.

Lo sentí mucho más próximo pese a su dureza.

Su evolución avanzaba y la desgracia humaniza.

El Che pasaba del dogma a la realidad.

Miraba a la realidad, y tenía el valor de mirarla como era. Críticamente.

Entonces, como si necesitase otro dogma, para combatir la realidad, recurría al nuevo dogma.

Ahora el chino.

El primer pro comunista en el 58, en la guerra.

El primer pro soviético del 59, 60 y 61.

En el 62, descubre muchas cosas. Le habían vendido a él que

lo creía todo, propio lo que no servía en sus países del socialismo real.

Sus teorías y prácticas de la centralización, planificación y nacionalización total, habían causado grave daño a la economía nacional.

Sus polémicas con Bettelheim y otros así lo prueban.

Si él fue el primer sectario, fue aun no el primero, pero sí el más fuerte antisectario.

El descubrimiento de aquellos desastres sufridos lo llevaron a posiciones críticas del modelo soviético, a mirar con simpatía a China, a descubrir la africanía y la negritud cubana.

Discutíamos.

Discutimos sobre Stalin, en el lejano 56, en la prisión de Miguel Schultz, de México. En la Sierra. En el 59, 60, 61.

Ahora discutíamos de China.

De la revolución africana. De América Latina. Cuba.

De Argelia.

Eramos los dos argelinos de la Revolución cubana.

Los dos amigos de Ben Bella.

Buscaba otros caminos. Consideraba muy difícil la situación cubana, a pesar de la aparente pausa del sectarismo y la Crisis del Caribe.

Fue uno de nuestros mejores encuentros.

Nada me dijo de mi larga ausencia. Nos entendíamos por encima de las palabras.

Argel era un punto de desgracia y coincidencia.

Era como si buscáramos, sin decirlo, un sitio para estar.

Una solución que no existía.

Ya sabíamos los dos que Cuba no era más nuestra casa.

"Con Fidel, ni matrimonio ni divorcio", tesis del Che, se desarrollaba.

El argentino era demasiado revolucionario para servir como

burócrata.

No creía en la posibilidad dentro de Cuba, de una lucha tipo: Stalin-Trotski.

Más bien se subestimaba.

Un cierto argentinismo le impedía comprender la enorme simpatía que le tenía el pueblo cubano.

Yo era un poco más viejo y socrático.

Creía en la lucha, no en el modelo del socialismo real, ni en la Unión Soviética ni en sus variantes.

Él creía en la historia, yo era más nihilista.

Si acaso la palabra.

Volví a Albisola a esperar.

Hart y Haydée, de paso por París, quisieron encontrarme.

Lisandro Otero debía darme de su parte el recado de ir a verles.

Molesto porque mi amigo Guillermo Cabrera Infante había ganado el Premio "Biblioteca Breve" en Seix Barral, con su extraordinaria novela *Tres Tristes Tigres*, sin que nadie se fijara en su pobre *Pasión de Urbino*, y aspirando secretamente a sustituirme en el libro de Fidel, con la Feltrinelli, no me avisó.

Creía hacerme un mal y me hacía un bien.

En octubre recibí en Albisola Mare, un cable de La Habana: Había sido sustituido en *Revolución*.

Respiré.

Qué descanso.

La sustitución fue con nocturnidad y sorpresa.

El cable llegó después de la noticia publicada por los periódicos.

No me extrañó.

La protesta del colectivo de *Revolución*, y la gestión del subdirector, ante el presidente Dorticós, hicieron que Fidel accediera a que donde decía secamente: "Carlos Franqui ha sido sustituido", se agregara: "el compañero Carlos Franqui ha sido sustituido como director de *Revolución*".

Y comencé a preparar mi regreso a La Habana.

LA NOCHE BRAVA

Por aquello de hacer lo que los otros no esperan, en diciembre regresé a La Habana, una vez más, pero solo. Mi familia quedaba en Albisola Mare.

Debíamos coincidir por vías diferentes Valerio Riva, Heberto Padilla, y yo, no sé por qué razón me retrasé. Valerio llamó a mi casa.

No había nadie y la voz de un guardián respondió despectivamente sobre mi persona, preocupando a Riva.

Llegué al otro día y era el final de diciembre.

El 2 de enero Celia Sánchez me invitó a la recepción del quinto aniversario en el Palacio de la Revolución.

Mi entrada produjo cierta sorpresa: algunos me miraban con desdén, otros, sorprendidos, me miraban irónicos. Me sabían solo. No más director de *Revolución*, en picada. Imaginaba lo que pensaban.

Los miraba fijamente. Nunca tomé muy en serio estos palaciegos de mierda. Perder así era mejor que ganar. Me sentía mucho más "libre".

La noche se puso mala.

Mi primer encuentro directo fue con Guillén, el malo —apodo de Neruda—, enemigo de *Revolución*.

—Tú por aquí, Franqui.

—Yo que te hacía por Moscú, Nicolás.

(Su único acto de embajador cultural era cobrar todos los meses el sueldo en el Minrex. Le decían el embajador más caro del mundo.)

De Guillén pasé a Olivares, embajador en la URSS, ex vice

de Relaciones Exteriores, cuando el sectarismo, que hizo carrera como secretario del ex Presidente Urrutia, a quien espiaba y que fue el autor de la intriga de que el Presidente iba a renunciar, en 1959, según contaban en las alturas.

Envuelto además en una historia, había sido yo el único que en un instante dije a su amigo Raúl Castro, los rumores que corrían y que era mejor parasen.

Olivares me dejó la mano extendida delante de todos y yo lo mandé, a la cubana a metérsela en aquel país.

Palacio y sus recepciones me ponían de mal humor.

Empujaderas, intrigas, codazos, carrerismo, guataquería.

Pocos eran discretos.

No he ido a muchas recepciones. He visto unas cuantas, en diferentes lugares del mundo: Fidel, en su primer viaje a Estados Unidos, algunas en países socialistas, a niveles altos y de vodka subida, alguna que otra en Europa.

La única que me pareció buen teatro fue una en Buckingham Palace, era más bien un colado. Amplios y lindos jardines; esa curiosidad patética y algo fúnebre de los ingleses por su reina, como si nadie escapase a su símbolo-corona, que compensa la grandeza perdida ver a los lores y a los izquierdosos correr al paso de su Majestad, tenía un aire irónico de buena película inglesa.

Las recepciones de La Habana no tenían ese aire.

En Cuba todo se salva con la gracia, la rumba y el cha-cha-chá.

Como cantaba la Aragón: "A la reina Isabel, le gusta el cha-cha-chá".

Gracia popular.

No palaciega.

A los cubanos nos queda bien la fiesta, no nos sienta el Palacio.

Me perdonen nuestros aristócratas: la marquesa, el caballero de París y Alejo García Retamar, caballeros de la Revolución.

El Che sobrio. Su ironía argentina. Algo apartado. Con el viejo uniforme raido y la pipa, su aire baudelairiano. Se defendía con su terrible lengua.

Criticaba la elegancia de Dorticós, los gastos alegres de Fidel.

Fidel y Dorticós —que le hacía coro— eran, según el protocolo de Roa, cambia la *o* por la *u*, los proletarios de la noche.

Daban la mano a miles de invitados. Algunos de los cuales apretaban a fondo, para que no escapase el toque mágico del gran jefe.

Más de uno, de una, pasaban días sin lavarse la mano tocada por el Comandante.

Fidel, cansado del aprieta-mano, él que cuando más la ponía, como corresponde a quien te hace el honor, decía, con su descomunal sentido de la desproporción, que era mejor un día tumbando caña, que una noche dando la mano en Palacio.

El Che me preguntó qué pensaba de una crónica suya, publicada en aquellos días, sobre la lucha clandestina.

—Tu problema, Che, es que viviste una sola experiencia, la Sierra.

—Allí me enteraba de lo que pasaba en la clandestinidad.

—No. No. No, Che.

—¿Cómo no, Franqui?

—Mira, por allí va Pedro Miret, que cuando llegué con el avión y las armas, me recomendó no decir que era del llano.

—¿Tú dirás de la dirección?

—Personalmente, comprobé cómo la Sierra consideraba a la ciudad responsable de todos los fracasos. El desprecio por la clandestinidad.

—El fracaso de la huelga de abril, ¿no fue un desastre que puso en peligro la Revolución, Franqui?

—Sí, Che, pero no la única vez: el desembarco del "Granma" fue un desastre. Alegría del Pío, una desbandada, ¿quién salvó entonces a la Revolución del peligro? Las milicias clandestinas de Santiago, dirigidas por Frank, que tomaron la ciudad, mientras nosotros poníamos bombas, casi con las manos.

—Por inexperiencia, pero nos reagrupamos el grupo del "Granma", con algunos campesinos escapamos del cerco, constituimos la primera guerrilla.

—No campesinos espontáneos, Che. Campesinos organizados por la clandestinidad, por Crescencio Pérez. Los Fajardos, García, Tejeda y Pérez, que con Celia y otros esperaban con camiones el desembarco, por orden de Frank. Los condujeron a lugares seguros. ¿Qué pasó a la mayoría de tus compañeros, que no encontraron los nuestros?: murieron, se dispersaron, fueron a prisión, ¿no?

—Sí —dijo Che—, pero ya en enero tomamos el cuartelito de La Plata.

—Olvidas que el Directorio ajustició al coronel Blanco Rico, jefe de Inteligencia de Batista. Que Salas Cañizares, el odiado asesino y jefe de la policía de la dictadura, fue muerto cuando entraba en la embajada de Haití, mientras sus esbirros asesinaban a los asaltantes del cuartel Goicuría, allí asilados.

—Pero la guerrilla se fogueó, creció, se movió, atacó.

—¿Sabías, Che, que a la muerte de Salas Cañizares hubo una fiesta en todo el país, tal era el odio por sus crímenes? ¿Que el 30 de noviembre la calle fue nuestra en Santiago, la segunda ciudad, que tomamos la estación marítima y quemamos la Policía? ¿Que millones de cubanos conocieron estas noticias?

—Pero, Franqui, la guerrilla ya en mayo tomó el importante cuartel del Uvero después de un furioso ataque y varios muertos. El Ejército en la Sierra recibió un duro golpe.

—La clandestinidad asaltó al Palacio presidencial de Batista. Un combate heroico del Directorio, que tomó dos pisos. Que llevó el terror al corazón de la tiranía. Que el asesinato de Pelayo Cuervo, en la capital, fue un error enorme, que dio otra dimensión a la lucha. La ortodoxia mayoritaria, la clase media y la generación mayor, se pusieron activamente contra Batista.

—Pero el Directorio perdió sus mejores cuadros en el ataque a Palacio, quedó desangrado, desorganizado. Si hubiera abierto un frente guerrillero en Las Villas, o Frank en el norte de Oriente, con esas mismas armas y hombres, los golpes al Ejército hubieran sido mayores.

—Tú olvidas, Che, la repercusión política, el impacto e influencia sobre la opinión pública y su conciencia del asalto a Palacio, del sabotaje de Suárez 222, en La Habana, que paralizó la capital y sus casi dos millones de habitantes tres días. Enormes pérdidas económicas. Impotencia de Columbia, sus veinte mil soldados.

—Sí, pero si no es por la guerrilla, todos ustedes hubiesen terminado muertos y liquidados, Franqui, no lo olvides. Cada uno de esos actos heroicos, que tú cuentas, terminaron con una derrota militar.

—Digamos, Che, que nuestra sangre creó conciencia, que esa conciencia repercutió sobre el aparato militar de la tiranía, su base económica. E hizo que un día el Ejército se rindiera aún intacto físicamente, Che.

—Después de sufrir la derrota de la ofensiva de mayo-agosto. Que tú bien conoces y viviste. La victoria del Jigüe, doscientos cincuenta guardias rendidos, los refuerzos derrotados. Y las otras derrotas: Santo Domingo, Las Vegas, Providencia, Las Mercedes.

"Y la fuga de la Sierra, y el avance de las columnas rebeldes en territorio enemigo, ¿te parece poco, Franqui?

—Yo afirmo, Che, no niego, la importancia de la Sierra. Eres tú quien desconoce la importancia de la lucha clandestina, su heroísmo y extensión y el papel que en la conciencia del pueblo protagonista de la victoria esa lucha ejerció.

—La guerrilla fue la generadora, motor de la Revolución.

—Ni la guerrilla ni la clandestinidad. El Movimiento 26 de Julio, del que ambas eran parte, y aun Resistencia Cívica y sus Instituciones Cívicas: profesionales y clase media, y el movimiento obrero y sus huelgas y las conspiraciones organizadas por nuestras secciones militares y cuadros: Cienfuegos y otros.

"Y no sólo el 26, en segundo lugar el Directorio, su influencia estudiantil. Sus acciones espectaculares. La compañía y apoyo que te dieron Chomón y Cubelas a ti en la campaña de Las Villas, en la toma de Santa Clara.

—No negarás el radicalismo de la guerrilla frente a las vacilaciones ideológicas de la ciudad. El Pacto de Miami, la poca atención a las columnas guerrilleras, el fracaso en la compra de armas en el extranjero.

—La guerrilla no era más radical que la clandestinidad. Y el avance operado en el 60 prueba que no se trataba de radicales o moderados. Era de comunistas o no, de influencia y modelo soviético, o de revolución autóctona y humanista.

—No negarás que la dirección de la Revolución estaba en la guerrilla.

—La clandestinidad siempre supo, aceptó y apoyó esa dirección de Fidel, que desde el Moncada era el jefe indiscutible del 26. No creo que se pueda ignorar la importancia de Frank País, de José Antonio, de Daniel y de tantos compañeros muertos.

—Tú subestimas la acción militar de la guerrilla y su influencia en la rendición del Ejército.

—Yo sé, Che, que sin la lucha y apoyo de la clandestinidad en el 57 la guerrilla hubiese sido liquidada: sin el apoyo organizado de los campesinos del 26. No de los otros campesinos, el núcleo del "Granma" no se reagrupa. Sin las armas enviadas desde Santiago y La Habana, como tus crónicas de la guerra, Che, reconocen —armas que salvaron la guerrilla, dejaron desarmadas nuestras milicias—, sin nuestras acciones en toda la Isla, que paralizaban el aparato militar y represivo de la tiranía, sin los refuerzos de hombres, medicinas, alimentos, sin la ayuda del exilio, la guerrilla sola no hubiese vencido.

—Me parece que otra subestimación tuya, Franqui, es sobre el apoyo campesino.

—Digo que es otro mito decir que fue una guerra campesina como la china.

—Qué me dices de los comandantes campesinos.

—Digo que Crescencio Pérez era el gran padre de la Sierra, que su familia era enorme, su clan muy fuerte, que su incorporación fue decisiva. Que no fue espontaneísmo. Fue organizado, desde antes por Frank y Celia, el 26. ¿Recuerdas, Che, el 29 de junio del 58?

—¡Hombre, Franqui!

—Sí lo sé, Che, no se me ha olvidado que estabas allí entre Mompié y Las Vegas, que habían caído, que los guardias, si no es por Sorí Marín, te hubiesen matado cuando entrabas de La Mina.

—Franqui, tú, que también estabas allí, te has olvidado de la victoria de Santo Domingo, que paró la ofensiva.

—No, Che, no lo he olvidado. Pero quizás has olvidado tú la orden que tuviste que dar y suspender.

—¿Qué orden?

—Impidiendo la salida de los campesinos y sus familias. Se te ha olvidado que allí quedó solo Mompié. Te recuerdas que todos los campesinos se fueron.

—Tú sobreestimas el papel de la ciudad. Subestimas la importancia de la lucha guerrillera, fuente y motor de la Revolución.

"A partir de la guerrilla y de la acción revolucionaria, como dice Fidel, se puede crear un movimiento revolucionario.

"Se puede, con el avance de la lucha, pasar de la guerrilla nómada, a una guerra de posiciones y territorios libres. Resistir allí al enemigo, desangrarlo. Crear allí escuelas, talleres, hospitales, radio, hornos, fabricar y reparar armas y bombas. Dar un salto de calidad a la guerra.

"Avanzar después con columnas a invadir el resto del territorio enemigo.

"Derrotar militarmente al Ejército.

"Sin la derrota militar del Ejército es imposible la victoria.

"Sin el apoyo campesino y la radicalización de las masas y con una política intransigente y reformas profundas.

"¿No te parece que ésa es nuestra historia, Franqui?

—No, no me parece tan simple y esquemática, Che.

—Por eso yo digo que cada uno tiene que escribir la historia que conoce.

—Es verdad, Che, pero además investigar las otras historias y si no la conoces, ¿cómo haces? Creo que la experiencia vivida cuenta mucho. Yo, Che, tuve la suerte o desgracia de vivir cuatro historias simultáneas: clandestinidad, prisión, exilio, Sierra.

"Tú viviste una sola, más profundamente que yo, pero las

otras te las "contaron" o las viste de un solo lado.

"No me negarás, con tu honradez, que eras un "saco de prejuicios contra nosotros", que pensabas que los revolucionarios eran los comunistas, y te encabronabas que no hicieran la Revolución.

"Que fueran unos revolucionarios sin revolución. Que tenías modelos entonces. Sí, ya sé, y me alegro, Che, que no son más tus modelos.

El Che sonreía socarronamente y se pasaba la mano por la barba.

(El Che comenzaba a descubrir con simpatía el mundo chino y a apartarse del soviético y del Este.)

—Tu evolución ideológica debía descubrirte los errores de tu enfoque histórico.

—El de Fidel, dirás, que no inventé yo, Franqui.

—No, tú inventaste muchas cosas, Che, que yo comparto. Fueron Hart y otros los que con su miopía política e histórica pensaron en la Sierra como un foco. No Frank, Daniel o yo. Tú conoces mis cartas a Frank, Che. Quizás porque mi familia era mambisa admiré siempre las guerras de Independencia; me parece que a diferencias de las bolivarianas, continentales y clásicas, las nuestras, por ocurrir en una isla, frente a un enemigo poderoso, fueron las primeras maestras de guerrilla en América.

"Cuando tú y Camilo, Che, invadían Santa Clara, repetían la historia de Gómez y Maceo, en el 68 y el 95.

—¿Entonces estás de acuerdo conmigo y con las tesis publicadas?

—Creo que el error fundamental de ese enfoque es considerar a la guerrilla, organizadora, fuente, madre, casa y victoria de la revolución. En China hubo un movimiento antes y una guerrilla después, en Yugoslavia y en Vietnam, el partido comunista. En Cuba, dos movimientos: el 26 y el Directorio.

—Sabes cómo pienso y sé la importancia del movimiento. Pero creo que la guerrilla lo puede crear sin esperar a la ciudad. Como dice Fidel.

—Como dice después, no como hizo antes, Che.

—¿Niegas el Moncada?

—El Moncada no es una causa. Es un efecto.

—¿Cómo, Franqui?

—Che, antes del Moncada, Fidel, que era dirigente ortodoxo y estudiantil, y el estudiantado y la juventud —la universidad y la ortodoxia— fueron la vanguardia de la Revolución, organizó núcleos clandestinos. Cerca de mil hombres. Recogió fondos. Compró armas. Entrenó y seleccionó con Abel y otros los ciento cincuenta atacantes del Moncada y Bayamo. Pero unos murieron y otros fueron hechos prisioneros. Y fueron necesarios tres años, Che —del 53 al 56—, para reorganizar al Movimiento, que ahora tenía una estrategia, la lucha armada; un líder, Fidel; una consigna, la libertad, el valor del ejemplo.

"En fin, éramos lo nuevo frente a lo viejo.

"No empezamos con el "Granma", Che.

"Empezamos en la universidad en el 52. De la universidad a la calle. De la manifestación a la acción y el sabotaje. De las milicias al sindicato y a las huelgas. De la ciudad a la Sierra, a la guerrilla vanguardia, y forma superior de la lucha, y su dirección política.

"A la insurrección total que tiene al pueblo como protagonista, al final, incluso con los sectores económicos contra Batista, con la importante clase media y obrera, sus huelgas generales, abstención de las elecciones del 3 de noviembre del 58.

"Sin la guerrilla no hubiéramos triunfado.

—Sin la ciudad, la guerrilla sola hubiera triunfado.

—No. No. No.

—Tú subestimas los fracasos de la ciudad. El gran fracaso de la huelga de abril, que puso en peligro la Revolución y la resistencia durante la ofensiva.

"Y la decisiva invasión de la Isla por las columnas rebeldes y la toma de grandes ciudades y cuarteles.

—Cierto, Che, la derrota de la huelga de abril fue una grave derrota. El Moncada fue también una derrota. Y el Goicuriá, y el asalto a Palacio, y la toma de Cienfuegos, y el 30 de noviembre, en Santiago y el desembarco del "Granma" y Alegría del Pío y su desbandada, y la debilidad numérica de la Sierra, durante todo el 57. No más de doscientos cincuenta guerrilleros —la mitad de las armas y hombres enviados por la ciudad—, menos de cien bajas en combates pequeños.

"Todas las acciones creaban mayor rebeldía y conciencia.

"Un pueblo frente a un ejército desmoralizado.

"Si lo militar fue importante e imprescindible, el pueblo fue lo decisivo.

"No se puede subestimar la parte ni menos el todo.

Y el Che me contestó, riéndose —hacía más de una hora que apartados en un rincón de Palacio, ante la mirada intrigada de los palaciegos, conversábamos y discutíamos, y ya se sentían ciertas bromitas peligrosas—:

—Escribe esa historia. Escríbela tu, Faustino y los otros. Escribe, como yo. Mi intención escribiendo es incitar a los otros a escribir.

—Me dicen que vas a trabajar en un libro que hará Fidel.

—Ojalá que lo haga. En cuanto a mí, escribiendo estoy, pero ¿cómo publico, Che?

—Ah, Ah, ah —y el Che se fue por una parte, yo por otra. (Pensaba: Desde el primer momento Fidel creó un clima anticlandestinidad en la Sierra, intervino el Movimiento, más tarde, *de facto*, lo disolvió.)

La enorme extensión y aislamiento del territorio montañoso, si era muy difícil para el Ejército de Batista, no era fácil para nosotros. La guerrilla veía la ciudad sólo como abastecimiento.

La lucha clandestina se hacía casi con las manos. Las pocas armas las enviábamos a la Sierra. La represión en la ciudad era total, permanente. Por cada guerrillero muerto en combate, caían cincuenta luchadores clandestinos asesinados.

Que la ciudad cometió errores grandes, era verdad; que perdió sus mejores dirigentes asesinados, o prisioneros, que la lucha era más dura, indiscutible.

Pero sin la lucha implacable, sin las decenas de miles de sabotajes, sin las grandes huelgas y combates sin la organización del pueblo y el apoyo y sostén a la guerrilla, la victoria no se hubiese alcanzado. Así, en la guerra como en la paz, Fidel que quería y creía sólo en su poder único, su popularidad y su Ejército, nos negó la sal y el agua. Hizo un mito de los Doce e impidió que cada uno contase su historia y la historia colectiva de la clandestinidad.

Poder y mentira son sinónimos.

DISCUSIÓN CON RAÚL

LA RECEPCIÓN duró horas.

Vodka, coñac, whiski, champaña, exquisitos manjares estaban por la libre.

Los tabacones llenaban de humo el Palacio.

Como a las once de la noche, Fidel se retiró. Tenía la mano hinchada del dale que dale. Los ojitos le brillaban. Sus íntimos contaban cómo el Comandante se las arreglaba para estar rodeado de gente y de aplauso. Era su orgasmo.

Ya se veía esa descomposición alcohólica y palaciega de la medianoche.

Un edecán del Presidente Dorticós me dice de pasar al despacho presidencial.

Me extrañó la cortesía.

Dorticós era muy cuidadoso de sus relaciones.

Era el termómetro de Fidel.

Si estabas bien con éste, te llamaba, te hablaba, te sonreía.

Si olía que estabas en desgracia, te ponía en sordina.

Era normal.

El poder es así. Los que están a su alrededor son muy cuidadosos.

Dorticós conocía bien a Fidel. No se hacía ilusiones.

De su maestro, Miró, ambos grandes abogados, conocía el arte de las alturas.

Recelé alguna trampa.

En guardia, me dirigí a su despacho.

Allí estaban con Dorticós, Raúl Castro, Che Guevara, Faure Chomón, Vilma Espín, Aleida March, otros comandantes.

Flavio Bravo, López y Alfredo Guevara —el grupo de Praga— y otros ministros y capitanes y doctores.

Raúl Castro, con el alcohol subido, me recibió así:

—Qué dice Accattone.

—Raúl, supongo que en tu casa hay espejos. ¿Te has visto tú, tu cara en el espejo? —contesté cortante.

Raúl se puso blanco.

El Che, para aligerar, pasó de Pasolini a Fellini.

Dorticós:

—Seguro que te gustan las películas italianas.

—Sí, la *Dolce Vita* —agregó Raúl.

Se discutía en aquellos días sobre el cine italiano.

—Sí, la *Dolce Vita*, de Fellini, me gusta. No me gusta la *dolce vita* de Palacio.

Cambiando:

—Ustedes no sólo quieren los héroes positivos del socialismo. Ahora quieren aun los héroes positivos del capitalismo —y agregué—:

—Qué clase de marxistas son ustedes.

—Tú trabajas con los chinos. Eres un pro chino. Tú diriges esa revista que los chinos pagan en París —dijo con violencia Raúl.

(No había leído la revista que dirigía Verges, abogado de la Reunión, militante franco-argelino, que conocí por Ben Bella, en mis viajes a Argelia, cuando el líder argelino, por simpatías a Cuba, a nuestro periódico, puso el mismo nombre a un semanario que dirigía Verges, que ahora en París, y con simpatías chinas, editaba una publicación en la que publicó un artículo mío sobre la lucha cubana. Hacía meses que no veía a Verges, de haberme pedido permiso para el artículo lo hubiese dado. No fue así y no sabía nada de la revista.)

—Mira, Raúl, por la Revolución china tengo simpatías, entre

otras, por su intento de separarse del modelo ruso.

—El Che también colabora en esa revista. Es un pro chino —agregó Raúl, interrupiéndome. Y ante mi asombro, por la acusación al Che—:

—Tú eres un antisoviético. Tú mismo lo dices. ¿Lo ven? —afirmó Raúl, acusándome.

(Tuve la sensación de que era un proceso. El odio de Raúl, de los soviéticos, de los viejos comunistas. Del grupo de Praga: Flavio Bravo, Alfredo Guevara, antiguos y permanentes enemigos. Lucha comenzada en la clandestinidad, exilio, Radio Rebelde. Continuada en el 59, cuando el sectarismo y la Crisis de Octubre, que ahora estallaba.)

No me sorprendía.

Me sorprendió la acusación de Raúl al Che de pro chino.

En la primera época eran muy amigos. Verdad que cuando el sectarismo, que Raúl siempre apoyó, el Che se unió a nosotros y comenzó a hacer críticas al modelo soviético, a Checoslovaquia, que como ministro de Industria, le vendió todo lo que no servía.

Verdad que el Che manifestaba simpatías por China, su esfuerzo de caminar con sus propios pies, de crear otro modelo, por su ayuda al tercer mundo. Por la retirada de las tropas chinas de Corea, que Guevara había visitado.

Me pareció grave esta acusación de Raúl al Che. Que se limitó a sonreír irónicamente, sin decir nada.

Me preguntaba: Por qué todo esto. No soy más director de *Revolución*. Acabo de regresar. Estimulo a Fidel para que escriba para la Feltrinelli un libro sobre la Revolución.

Entonces comprendí.

A esta gente le molesta mi presencia. Pensaban que me iba a quedar. Ah, ah, ah, están furiosos. No se conforman con la destitución.

Es mi desaparición lo que quieren. Ah, ah, ah.

—Eres un antisoviético —repitió Raúl.

—Mira, Raúl, si los rusos fueran soviéticos estaría con ellos. Con los obreros, campesinos e intelectuales socialistas que proclamaron los soviets. Pero el partido liquidó los soviets, que duraron poco.

"Tú confundes los soviets con la burocracia. Ése es tu problema. No el mío. —Y a voz bien alta—:

—Stalin es un enemigo del pueblo. El nuevo Zar. Asesino de millares de bolcheviques, de millones de hombres del pueblo.

—Delante de mí no se puede ofender a Stalin —gritó Raúl.

—Cuando estuve en Moscú, la primera vez, estaba allí todavía en el Mausoleo. Me cagué en su madre delante de los rusos. Ahora que lo tuvieron que expulsar del Mausoleo, y si puedes protesta con Kruschov, delante de ti, me cago en su madre, otra vez.

La cara blanca de Raúl se volvía más pálida. Echaba espuma por la boca, gesticulaba con violencia, gritaba.

Aquella noche no sentía el miedo, decidí contestar a Raúl y a los otros, decirles unas cuantas verdades cara a cara.

—Es un trotskista —agregó con astucia de viejo abogado Dorticós.

—No. No. No. Soy antiestalinista, porque soy socialista, lo seré mientras viva. No soy como alguno aquí que ocultaba lo que era. Yo siempre lo dije. Era enemigo y lo soy del Imperio y los imperios. De los poderosos y privilegiados. Estoy por un socialismo humano. El Che, aquí presente, es testigo que así lo expresé a Fidel en la prisión de Miguel Schultz.

"El estalinismo no es sólo Stalin y no es sólo ruso. Es el poder de la burocracia, la represión contra el pueblo. Las cárceles y los fusilamientos. Las invasiones y ocupaciones: Polonia, Budapest, Praga.

467

—Pues, te mandaremos al paredón —gritó Raúl—, y la historia nos absolverá.

—La historia nos absolvió, Raúl, a ti, a mí también, cuando estábamos contra un poder tiránico. Pero ahora eres poder, puedes matar como Batista, pero la historia no te va a absolver. Te va a condenar, como condenó a Batista. Así que no me amenaces, Raúl.

—¡Te fusilo!

Entonces, abriéndome la camisa, grité: "¡Tira aquí, si tienes con qué!".

(Con mi vieja capacidad de ver las cosas en dos planos, aquel en el que participaba, el otro arriba, espectador, me parecía estar en una escena de un *western* a la italiana.)

Absurdamente me estaba divirtiendo.

Tenía la sensación de que un balazo en la barriga no me iba a entrar en el duro pellejo, curtido pellejo, o no me iba a doler.

Raúl se calmó y me hizo otra pregunta más sorprendente aún:

—¿Qué piensas del ataque a Palacio?

(Allí estaba Faure Chomón, jefe de aquel heroico ataque, herido él mismo, con casi todos sus compañeros muertos, que habían llegado hasta aquel mismo despacho presidencial, donde ahora gritábamos Era una provocación contra Faure.)

—Un acto de valor extraordinario, Raúl —y mirando al hermético Faure:

—Me parece el acto más revolucionario de la historia de La Habana.

"Y para decirlo marxísticamente —con ironía—, el acto que creó una conciencia en las masas, en la capital, ciudad de dos millones de habitantes.

"El acto de más coraje de la historia de Cuba, que estremeció a la tiranía en su madriguera —y agregué—: ¿Sabes, Raúl?

—¿Qué cosa?

—Que aquel 13 de marzo yo estaba sufriendo torturas en el Buró de Investigaciones, y el asesino Faget me hizo la misma pregunta que tú, amenazando con matarme: "Qué piensas del ataque a Palacio. Tú lo sabías. Si hubieras hablado, cuánta sangre se hubiera ahorrado".

(No lo sabía. Era el Directorio, no el 26, quien hizo el ataque. No dije entonces lo que no sabía, pude esconder y resistir lo que sabía. Y debía mi vida al bravo Wangüemert, que, mientras combatía, levantó el teléfono del despacho de Batista y contestó: "Aquí Directorio Revolucionario. Hemos matado a Batista. Y el coronel que daba órdenes de matar a los prisioneros en el Buró, que era el que había llamado a Palacio, suspendió la orden.)

Miré al silencioso Faure Chomón, me pareció ridícula y grotesca la escena.

Aquel hombre, que había tenido el coraje de asaltar el Palacio de Batista, no decía ahora una palabra.

Era una provocación de Raúl y no iba a caer en ella.

Pero sentí un poco de pena por él, por los otros y por mí mismo.

Me sentía ahora ridículo. Ironía de la historia. Nunca me sentí héroe. Los héroes me parecen falsos, peligrosos.

Razón tenía Bertolt Brecht.

El Palacio de Raúl no era diferente del de Batista.

No ignoraba los peligros de la situación. Quizás sí sentía el deseo de terminar allí.

Aquella gente —Raúl, Dorticós, y los suyos— no eran la Revolución. No mi revolución.

Eran el poder.

Lo trágico era que yo estaba allí en su pésima compañía.

Qué mala conciencia necesitar compartir un largo camino con semejantes tipos, por la necesidad obligada de combatir otro imperio, otra tiranía y otras injusticias.

Ahora había que terminar con esta farsa, que como decía Pancho Villa: Se ha vuelto mierda de poder, hablando de otra revolución.

Aleida March de Guevara, con gesto desaprobatorio dijo:

—Me voy, no me gustan los ataques en grupo.

Dorticós volvió a insistir sobre el trotskismo, yo respondí:

—No es la primera vez que discuto violentamente con Raúl, pero no discuto con gente que no hizo la Revolución.

Las quijadas del carapálida Dorticós temblaron. Recordaba las risas de Camilo ante los tiemblaquijadas, como Dorticós y Augusto Martínez, cuando sentían el peligro. Camilo los apodó: comevacas de Palacio.

Dorticós, el abogado de los hacendados azucareros, que discutía con los sindicatos obreros en su nombre, el vice decano del Colegio de Abogados, el más burgués y respetado de Cuba, a quien la policía de Batista, único caso, mandó en un avión para México, pocos días antes de la caída del tirano.

—Usted está ofendiendo al Presidente —contestó, blanco y retórico, Dorticós.

—Aquí el único ofendido soy yo —contesté.

Habían pasado horas en este encuentro. Se habían dicho cosas terribles, de consecuencias incalculables. Pero me sentía tranquilo, calmado. El Che y Aleida se iban. Guevara, el otro y Bravo ni me miraban.

—Para terminar, si alguno quiere prestarme máquina y chofer, yo por suerte ya no tengo, me lo dice. Es tarde, no hay taxis. Pero no hay problemas. Puedo irme a pie, que una caminadita va bien. Adiós y buenas noches.

Bajé el ascensor de Palacio.

Vi un carro que se acercaba. Pensé: A lo mejor voy preso. Pero me dije, no. Fidel no estaba aquí y sin su aval no se atreverán a hacerme nada.

El carro palaciego me dejó en L y 23.

Preferí ir allí que a mi casa que estaba sola, encontrar amigos periodistas, escritores italianos y franceses, hospedados en el Habana Libre.

Estuve un rato con ellos.

Me sentía inquieto. Necesitaba caminar.

Pensar.

Pensar con los pies es mi forma de caminar.

Caminé.

Fui al mercado.

Ya no existía el viejo mercado tropical, donde noctámbulos, borrachos, los que terminaban de trabajar, tomaban una sopa china de tiburón. Sopa levantamuertos. Afrodisíacos: huevos de tortuga, ostiones, sal, tomate, limón; donde los pescadores fracasados, engañadores, encontraban un buen pargo, serrucho, langostas o camarones, que llevar a sus preocupadas mujeres.

La fruta desaparecida.

Las flores desaparecidas.

¿Dónde están?

El mercado socialista era una cosa vacía, burocrática y fea.

La ciudad se haitianizaba.

Era sorprendente ver gallinas, guanajos en los balcones.

Jardines cultivados, solares yermos sembrados de lechugas y tomates.

En otra época, menesteres de chinos. Ahora, oficio de todos.

La erosión del mar destruía las paredes de las casas que no se pintaban.

Comenzaban las primeras colas del día, largas filas de gente, buscando pan o el cafecito que no se encontraba.

El antiguo malecón parecía un cementerio.

Ni una luz ni un letrero lumínico.

Los automóviles desaparecían. Autobuses pocos. Taxis menos.

Mujeres con cubos de agua.

No dormí.

Amanecía.

Paseaba por el malecón, como en otros tiempos. A sentir el mar, ver la luz, los fulgores de la ciudad de mañana, caminando.

La fresca brisa.

Cuando el sol cortante me dio en la cara, fue como si despertase de una pesadilla.

Comprendí la enormidad de peligros que me acechaban.

Un condenado en espera de que se cumpliese la sentencia.

Aquéllos eran mis enemigos.

Ese poder no era la Revolución ni el socialismo.

Era sólo el poder ruso-castrista.

Me decía: Si siempre lo supe, de qué debo extrañarme. Pensaba. Veía en mi memoria, como en un viejo *film*, el tiempo proyectado, no descubría salidas. Sí quizás al comienzo de enero del 59.

Cuando bajaba a Santiago y me sentía extraño a todo aquello.

Cuando Fidel decía que sentiría nostalgia de la guerra.

Yo no.

Intuía que iba a sentir nostalgia del futuro.

Y aún antes, cuando se nos planteó el dilema Batista o Fidel.

La otra solución era no luchar.

Para mí imposible.

Sí. Sí. Sí.

Todo ha cambiado.

Pero ahora, a la luz del sol y de la mañana y la calle, redescubría a la gente, las guaguas, casas, el trabajo, las cosas, la ciudad.

No. No. No. No había cambiado nada.

Arriba sí. Abajo no.

El nuevo poder en los palacios y privilegios.

El pueblo a trabajar y obedecer.

ACUERDO AZUCARERO
MADE IN URSA

LOS RUMORES de la discusión corrieron rápidos.

Fidel partía para Moscú, días después Celia Sánchez me llamó para decirme que Fidel no estaba de acuerdo en la forma en que Raúl, Dorticós, me habían atacado en Palacio. Que no debí responder ni aceptar la discusión en ese tono. Que a su regreso me llamaría.

Raúl no quería que Fidel hiciese el libro con Feltrinelli, que era entonces editor de Pasternak, una bestia negra de los rusos.

Raúl, que por lo bajo controlaba todo, era muy celoso de la historia.

En el sectarismo hizo un decreto y recogió documentos para un Archivo, nombrando directora a Geisa, dirigente comunista, casada con Leonel Soto, del grupo de Praga. Incluso quitaron a Celia todos sus papeles.

El único que se negó a entregar su archivo serrano fui yo. Era el mejor: tenía toda Radio Rebelde, la clandestinidad de la que fui responsable, del periódico y propaganda, el archivo que al irse de la Sierra para la invasión me entregó Camilo, que contenía sus documentos, partes y cartas de Fidel, Che, Frank, Daniel y los otros.

Camilo, Che, me habían dicho: Pase lo que pase, tú eres responsable un día de publicar una historia de la Revolución, documental.

Camilo siempre decía a Fidel: "Hay que publicar la historia de la Revolución".

474

—Calma, calma. Es muy pronto, Camilo, no tenemos tiempo.
Respondía:

—Fidel, un día tú serás viejo, dirás muchas mentiras y ya no
estará Camilo para decirte "Vas mal, Fidel".

Fidel reía las gracias de Camilo. Sólo a él le permitía cosas, a
otros prohibidas, imposibles. Me recuerdo que al irse para la
invasión y darme los documentos, le robó una botella de coñac a Fidel, nos la bebimos juntos, y como yo me quedaba,
Camilo le escribió: "Fidel, te intervine la botella, te la de-
vuelvo en La Habana. C.".

Raúl aquella noche cometió un error que me salvó de muchos
peligros inmediatos.

Fidel no admitía que le impusieran cosas.

Me daba un respiro.

Pero liquidaba la posibilidad de publicar una historia importante de la Revolución avalada por Fidel.

Pensaba que era mi último deber, una manera guerrillera de
hacer comprender en América Latina cómo se había hecho la
Revolución cubana, cómo no era un foco mágico, una guerri-
lla-madre victoriosa.

Un movimiento autóctono, que organizó ciudad, montaña,
obreros, profesionales, clase media, estudiantes. Milicias y
Ejército Rebelde, huelgas, Resistencia Cívica.

Sentimiento libertario, nacionalista, radical, antiimperialista.

Cómo los comunistas no sólo no la apoyaron, la criticaron, se
le opusieron.

Los políticos gritaban: "Elecciones". Los comunistas: "Unidad". Nosotros: "Revolución. Revolución".

Detrás de Raúl, la larga mano soviética.

Su temor a una revolución nueva en América Latina, no controlada por ellos y sus comunistas moscovitas.

No me quedaba nada que hacer.

Enemistad total del poder.

Iba a comenzar la parte más dura de mi vida.

Pero me sentía contento.

Volvía al pueblo.

Caminaba.

Veía el interior de Cuba.

El último año estuve fuera.

En realidad, desde el 61, en que había pasado seis meses y el 62, otros seis, entre Europa, Egipto, India, Argelia, Berlín, sin muro y con muro, Budapest y sus heridas, todavía visibles, Varsovia, Praga y Moscú, donde por vía de Nazim Hikmet y los pintores había descubierto la cara del socialismo real.

No veía el interior.

Ni aun La Habana.

Eran muchos los problemas que encontraba en *Revolución* después de cada una de estas largas ausencias. Y con los compañeros de la clandestinidad y de la Sierra.

El 61, entre sectarismo y Girón.

El 62, entre sectarismo y su aparente derrota y Crisis del Caribe, sus secuelas.

Me había vuelto un extranjero.

Caminaba. Tomaba guaguas. Iba a lugares.

No tenía salario. Los amigos de *Revolución* me prestaban alguna plata.

Al menos me "liberaba" de los complejos y realidades de culpa de los administradores de bienes de la burguesía, en nombre del pueblo.

Mejor solo que mal acompañado.

Iba a estar mucho tiempo solo.

Llamaría a Italia. Diría a Margot de regresar con los niños.

Siempre compartíamos nuestro destino juntos.

Tomaba la ruta 30.

La gente iba callada, las caras serias, casi no se hablaba, sorprendía no sentír una guasa, una risa.

Ibas a un cine. Vacíos los de películas rusas. Llenos los de italianas.

Fellini y Pasolini, un escándalo. Colas gigantescas.

Antonioni, Rosi, Pontecorvo, Ferreri, Resnais, hacían discutir.

Alguna vieja película norteamericana enloquecía.

En los noticieros del ICAIC, silencio. Mínimos aplausos.

Aun a Fidel. ¿Cansancio, aburrimiento, abuso de los largos discursos, repetidos en TV, radio, periódicos y cines?

Comenté con algún compañero de confianza el fenómeno. Exploramos otros cines. No los llamados barrios ricos. Fuimos a Luyano, Regla, Guanabacoa, Jesús María, Habana Vieja.

Se contaban ya los aplausos.

Algo se rompía.

Aun los que iban a las concentraciones no atendían como antes.

Caminaban, caminaban.

No se paraban, no oían.

Fidel, arriba, notaba el fenómeno, azardaba una explicación sofística: "El entusiasmo se ha transformado en conciencia".

Aquellos mares de gentes con sus cantos y lemas estrepitosos, su alegría, pasión. Sus diálogos. Desaparecidos.

La caída se veía.

El Che hablaba de difícil recuperación. Del efecto de los errores sectarios.

El respiro terminaba. Seguridad, Comités de Defensa, en guardia.

El viaje a Moscú de Fidel alentaba el aparato.

Comenzaban otras persecuciones colectivas.

Campos de reeducación, depuraciones, persecuciones a intelectuales y artistas. Se hablaba de la UMAP.

Un agradable sol de invierno era lo único que reconocía.

De Almendares a Miramar, barrio rico, ya no rico, camino de mi casa, pasaba delante de la clínica Miramar, en la esquina, casi enfrente la residencia del comandante Manuel Piñeyro, el célebre y peligroso: Barbarroja, segundo jefe de la Seguridad, responsable de la revolución en América Latina. Se veían las escoltas vigilantes.

Una de esas enormes residencias que tanto gustaban a los ricos cubanos, jardines, varias hectáreas de terreno. Una finca en la ciudad.

Piñeyro tenía allí, a vista de pueblo, su propia granja: puercos, gallinas, guanajos, guineos, patos. De todo y atendido por personal militar.

Los jeeps del Ejército entraban y dejaban la comida.

Aire de poder, jactancia, inconsciencia.

Nueva clase.

Era increíble.

En una ciudad con todo racionado, que carecía de todo, prohibido por esa misma policía socialista, criar puercos o gallinas en las casas. El jefe de la policía socialista haciendo tal ostentación pública.

Me acordé de las denuncias de Fidel Castro, diciendo que los jefes del Ejército de Batista obligaban a trabajar a los soldados pagados por la República, en sus fincas particulares. Ahora los jefes del Ejército y la policía de Fidel hacían las mismas cosas.

Y ya.

Me dieron ganas de vomitar y de reír.

Ya no en el capitalismo.

En el socialismo.

Sí. Sí. Pensaba. Lo hemos cambiado todo.

Pero no hemos cambiado nada.

No tenía nostalgia del pasado injusto, que habíamos destruido.

Aquella farsa república. Aquel dominio norteamericano, aquella ostentación capitalista, aquel gangsterismo, robo, injusticias, desigualdades, miserias, que fueron causas de la dictadura de Batista.

Yo era entonces de los de abajo.

Me rebelé contra injusticia, tiranía, miseria, dependencia extraña.

Pero no envidié nunca a aquellos ricos cretinos ni aquel mundo de mierda.

Ni me interesaba subir. No por honestidad. No.

Me sentía bien con la gente simple. Anónimamente. Me interesan otras cosas. No la riqueza, el poder, la propiedad.

No se iba a volver al pasado.

Pero no se podía aceptar el presente.

Decir no era la única alternativa.

No olvidaba mi vida.

Mi pelea con los comunistas. Y me dejaron sin trabajo. Para obligarme a venderme al enemigo o unirme a los gangsters como Masferrer. Y dije que no.

Y no me daban trabajo en los sindicatos controlados por el partido.

Ni me daban trabajo en los periódicos burgueses porque no me había vuelto un anticomunista, como ordenaban aquéllos.

Pagué mi rebeldía viviendo en cuartuchos. Cortando caña. Rompiendo piedras. Marginado. Sin comprar libros. A veces de indigente.

Mejor, me decía, la miseria aun sí dura a la riqueza.

Si hubiese sido comunista no hubiera participado en la revolución que había destruido aquel mundo de mierda.

Si me hubiera aburguesado ahora estaría en Miami.

Y ahora esta Revolución se había vuelto comunista.

Y era esto el nuevo mundo.

El hombre nuevo.

No me gustó nunca la mentira. Ni la piadosa. Ni la revolucionaria.

Soy gramsciano en ese sentido: pues, si la verdad no es revolucionaria, qué cosa es la revolución.

Si se acepta la mentira, con qué voluntad se cambia la realidad.

Camino de mi casa saludaba a los trabajadores que entraban en una pequeña fábrica. Algunos, que me conocían, me miraban con cierta sorpresa.

Contestaban mi saludo:

—Aquí, con el ladrillo, mielmano, como toos los día.

Conocía bien La Habana. La Habana popular.

Ni las luces ni el trópico ni la rumba ni las fiestas ni la luz ni las mulatas ni la gracia y ritmo maravilloso de la gente me la mimetizaban.

Una realidad dentro de otra.

¿Para esta gente nacía un nuevo mundo?

¿Otro mundo?

¿Era esto el socialismo?

¿El reino del pueblo?

NO. NO. NO. NO. NO.

"Esto está igualito que antes."

No hay patrones. Hay administradores, que viven en las casas de los patrones, con privilegios de patrones. Nuevos patrones, que te hacen trabajar más y no te permiten protestar. Ni hacer sindicatos.

Son los patrones del pueblo.

No hay azules ni amarillos.

Pero hay una nueva seguridad siniestra. Comités de Defensa que chivatean y denuncian.

Sí. Sí. Es verdad.

Encontraba alguna casa burguesa llena de niños campesinos becados. Bien. Bien.

Al lado, por dondequiera, estaban las casas de los nuevos ricos.

Si gustan más de los revolucionarios.

Algunas tenían grandes piscinas, jardines, granjas. Otras eran más discretas y escondidas.

Por la libreta de racionamiento comía de verdad sólo el pueblo.

Entraba a mi casa, en la calle 22, una de aquellas horribles casas burguesas, a las que nos habían mudado en el 60, me sentía menos culpable aquella mañana.

Me sentía mejor por estar en desgracia, amenazado, sin salario.

Era como en mis mejores tiempos, otra vez un desempleado.

Todavía con una casa de lujo.

Alguna vez en Quinta Avenida y 22 veía pasar el maquinón de Régis Debray, que me hacía señas con la mano por si quería un pase.

Algún que otro comandante o ministro me saludaba.

Yo continuaba a esperar mi guagua.

Pero no era mi salvación individual lo que buscaba.

Prefería la perdición si aún se pudiese luchar.

A mí me interesa lo colectivo.

Si no, qué socialista se es.

Y ver con mis ojos la destrucción del proyecto socialista.

Su fracaso abajo.

Y la inteligencia que te decía que habíamos vivido uno de aquellos minutos que en el trópico cambia un siglo.

Y después esa inercia histórica que lo devora todo.

Otro siglo en espera de una nueva explosión.

Pensaba en el Quijote.

En la batalla contra los molinos.

Era ésa, para uno como yo, la única batalla.

"Hay algo en la vida, yo no sé."

Más fuerte que todo.

Me divertía mirar a los comandantes, perseguir a los becados que le robaban los mangos de sus residencias.

Mangos y otras cosas.

Sobre el muro clavado de vidrios de los viejos patrones, los muchachos que saltaban y escapaban.

Me parecía ver el pasado.

Veía el presente.

Y veía el futuro.

Aun los altos muros pueden saltarse.

Estos días no eran una casualidad caída desde las alturas.

Eran el resultado de mi vida.

Esta mañana comenzó el primero de enero del 59.

Había vivido entre la mierda. La rechazaba. La combatía.

Flecha disparada por el arco caía otra vez en tierra mía.

Los acontecimientos son más fuertes que la voluntad individual.

Mi resistencia tenía.

No era el norte mi rumbo. Ni era el poder. Ni era el este.

Volvía otra vez al pueblo. Comenzaba otra vez a ser como ellos.

A vivir como ellos.

EL CONVENIO DE MOSCÚ

A bombos y platillos, propaganda oficial anunciaba la firma
del Convenio azucarero de Moscú.
Abrazo-reconciliación entre Fidel y Kruschov.
Leía los periódicos.
Me parecía estar en los primeros días de la República.
Una frase de Kruschov a Fidel era clave: "Quién engaña a
quién".
Los rusos pagaban el azúcar a un precio más alto que el mer-
cado mundial.
Era la división del trabajo del mundo socialista.
Cuba sería la azucarera.
Kruschov inventaría una máquina para cortar la caña, que re-
galaría a Fidel.
La liberadora de Kruschov llamarían a esa máquina fantas-
mal y moscovita.
Que nunca llegó.
Diferencial se llamaba el precio mayor que Estados Unidos
pagaba a Cuba por su azúcar, garantía de su mercado.
En la división del trabajo capitalista, Cuba era la azucarera.
Así aseguraban el abasto, la tenían controlada.
El monocultivo azucarero, el monomercado, mal estructural
de la economía cubana, de su dependencia extranjera, del feu-
dalismo, caudillismo, militarismo interno.
Como en los tiempos de Humboldt:
"Isla de azúcar y esclavitud".
Decían que estos rusos eran brutos.
El nuevo Convenio era una copia de la historia de Cuba.
Sólo poner URSS donde antes era USA.
URSA.

"Aquí como toos los día, mielmano".

Aquella mañana era, como decía mi amigo Guillermo Cabrera Infante, "Vista de un amanecer en el trópico".

APÉNDICE *

* En los documentos de este apéndice, se utilizan las siguientes abreviaturas: *DRC* (*Diario de la Revolución cubana*, Ediciones R. Torres, Barcelona, 1976); *R* (periódico *Revolución*).

1. — COMUNISMO

A) *Documentos públicos*

Los documentos aparecieron en la prensa en la misma fecha en que fueron redactados. De mayo de 1957 a marzo de 1962.

Entrevista de Jules Dubois a Fidel Castro (Caracas, mayo, 1958)

Comunismo o Nacionalización. Estados Unidos

Pregunta. Debido a que usted estuvo en Bogotá en 1948 en un Congreso Estudiantil Antiimperialista y participó en los sucesos del 9 de abril de ese año en la capital colombiana, califican a usted como comunista o simpatizante comunista. ¿Es usted o ha sido alguna vez comunista?

Colombia

Respuesta. No veo ninguna relación entre la premisa que usted señala y la conclusión de que por ello se me califica a mí de comunista o simpatizante del comunismo. Yo fui uno de los organizadores de ese Congreso y tenía como uno de los objetivos esenciales luchar contra la dictadura en América. El 9 de abril me uní a una muchedumbre que avanzaba sobre una estación de policía. Aquella muchedumbre no era comunista. Eran los seguidores de Jorge Eliecer Gaitán, jefe del Partido Liberal de Oposición, asesinado aquella tarde por móviles políticos. Hice lo que hicieron todos los estudiantes de Colombia: unirme al pueblo. En lo que estuvo en mis manos, realicé todo lo posible por evitar los incendios y desórdenes

487

que llevaron al fracaso aquella rebelión, pero yo no era más que una gota de agua en medio de la tempestad. Hubiera podido morir allí, como cayeron muchos luchadores anónimos, y tal vez nadie más hubiera tenido noticias de mi existencia. No podía ser más desinteresada y altruista mi conducta y no me arrepiento de haber obrado así, porque ello me honra. ¿Es esto acaso motivo para que se me pueda considerar sospechoso de comunismo? No he sido nunca ni soy comunista. Si lo fuese, tendría valor suficiente para proclamarlo. No reconozco a ningún juez del mundo, ante el cual tenga uno que estar dando cuentas de sus ideas. Cada hombre tiene derecho a pensar con absoluta libertad. Reiteradamente he dicho cómo pienso, pero comprendo que ésa sea la pregunta obligada de todo periodista norteamericano.

Pregunta. Acusan al movimiento que usted encabeza de ser un movimiento comunista. ¿Cuál es la ideología política de ese movimiento?

Respuesta. El único interesado en acusar de comunista nuestro Movimiento es el dictador Batista, para continuar obteniendo las armas de los Estados Unidos, que de este modo se están manchando con la sangre de los cubanos asesinados y están ganando la antipatía y la hostilidad de uno de los pueblos de América más amantes de la libertad y de los derechos humanos.

Movimiento democrático

Que nuestro movimiento es democrático lo demuestra, por sí solo, su lucha heroica contra la tiranía. Lo vergonzoso es que un gobierno que se proclama ante el mundo defensor de la democracia esté ayudando con armas a una de las dictaduras más sangrientas del mundo, y lo peor para el dictador es que ni siquiera con la ayuda de los Estados Unidos, de Somoza y de Trujillo podrá derrotarnos. Antes tendrá que exterminar a la nación entera para implantar sobre las cenizas de un pueblo que lucha por sus derechos de democracia que Trujillo, Somoza, Batista y el Departamento de Estado pueden entender. El pueblo de los Estados Unidos debe ser informado hacia qué caminos de descrédito para su patria lo está llevando esa política errónea. ¿Se quiere otra explicación de la hostilidad creciente de toda la América latina?

Pregunta. Acusan a usted de propiciar la socialización o nacionalización de industrias de propiedad privada en Cuba, especialmente las propiedades norteamericanas. ¿Cuál es su posición frente a la libre empresa y garantías para el capital norteamericano invertido en Cuba?

Nunca hemos hablado de nacionalizar industrias

Respuesta. Nunca ha hablado el Movimiento 26 de Julio de socializar o nacionalizar las industrias. Ése es sencillamente un temor estúpido hacia nuestra revolución.

Vigencia de la constitución

Hemos proclamado desde el primer día que luchamos por la plena vigencia de la Constitución de 1940, cuyas normas establecen garantías, derechos y obligaciones para todos los sectores que intervienen en la producción. En ella la libre empresa y el capital invertido, igual que otros muchos derechos económicos, civiles y políticos, están comprendidos. A ciertos intereses les preocupa mucho que no se viole un derecho económico, pero no les preocupa en absoluto que se violen todos los demás derechos del ciudadano y del pueblo. Para ello, si el dictador garantiza sus inversiones lo respaldan sin importarles que asesine todos los días docenas de ciudadanos. El 26 lucha por el derecho y la Constitución y considera que la libertad y la vida y no la riqueza son los valores supremos del hombre [...] Pero no renunciamos a nuestra tesis civilista. La dictadura debe ser sustituida por un gobierno provisional de carácter enteramente civil que normalice el país y celebre elecciones generales en plazo no mayor de un año (*DRC*, pp. 443-445).

Entrevista Dubois — Raúl Castro (Segundo frente, julio)

Pregunto a Raúl Castro acerca de su viaje a Viena para asistir a un Congreso de la Juventud Comunista y de su gira posterior detrás de la Cortina de Hierro cuando era estudiante en la Universidad de La Habana.

—Los comunistas me pidieron una contribución para enviar a un delegado al Congreso Mundial de la Juventud en Viena, en 1953 —dijo—. Yo deseaba viajar y pensé que aquélla era una buena oportunidad. Ofrecí pagar mi pasaje entero si me permitían ir, y ellos aceptaron. Así pues, fui. En el Congreso tuve una discusión con el delegado rumano, lo que hizo que el jefe de esa delegación me invitara a visitar su país. También visité Budapest en aquella gira. Viajaría a la China si tuviera la oportunidad, porque me gusta y deseo ver el mundo, pero eso no quiere decir que sea comunista.

Aquella noche Raúl Castro durmió en una cama frente a la mía en el hospital. Antes que partiera le presenté una lista de preguntas y sus respuestas escritas a máquina para entregármelas. (Después de mi conversación con él, mandó órdenes escritas para que fuese puesto en libertad inmediatamente el resto de los marineros cautivos y despachó un mensajero a Puriales con las órdenes. El viaje en el jeep duró trece horas y media.)

Pregunta. ¿Por qué secuestró la Columna Frank País, Segundo Frente, a los norteamericanos y llevó algunos equipos de la Moa y Nicaro?

Respuesta: Nos vimos obligados a detener a los ciudadanos norteamericanos:

A) Para atraer la atención mundial en general, y específicamente la de los Estados Unidos de Norteamérica, sobre el crimen que se estaba cometiendo contra nuestro pueblo con las armas que el gobierno de los Estados Unidos de Norteamérica suministraba a Batista para la defensa continental, que, al pactarse, en una de sus cláusulas se expresa la prohibición de usar dichas armas en cuestiones internas de los respectivos países. Y así estos ciudadanos nos servirían como testigos internacionales.

B) Para detener los criminales bombardeos, con bombas incendiarias, cohetes y hasta bombas napalm, que en aquellos momentos estaban llevando a cabo contra nuestras fuerzas y sobre todo contra los indefensos campesinos, sin tener en cuenta siquiera que carecían de objetivos militares (*DRC*, p. 532).

CAMILO CIENFUEGOS: En todas las tropas rebeldes conocí solamente a tres soldados con ideología comunista (en Columbia, 10 enero 1959, *R*).

FIDEL CASTRO: Yo considero que éste es uno de los pueblos de mayor riqueza natural.

Lo que sucede con los centrales azucareros es que ahora tienen ventajas y tácticas. Dentro de cinco meses las ventajas serán nuestras.

Creen que nosotros somos un pueblo pequeño y quizás cobarde.

Creen que ante el poderío enorme del país de donde proceden tendremos que doblegarnos ante sus caprichos e insolencias, creen que somos brutos y que vamos a caer en medidas que en estos momentos no convengan.

Unos pocos disfrutan de todos los privilegios. Otros, la inmensa mayoría, toda la miseria.

El obrero es el principal creador de la riqueza. No el capitalista que se sienta en un cómodo despacho de Wall Street.

Con eso acabará la revolución.

Nuestra revolución tiene raíces cubanas. Hay quien no quiere reconocerlo y busca comparaciones imposibles. Nuestra revolución es de nuestra patria y figurará entre los grandes acontecimientos de la humanidad. Pretende la justicia dentro de la libertad ("La zafra vital para la Revolución", reunión de la CTC, 10 febrero 1959, *R*, p. 2).

491

Frente a ideologías que se disputan la hegemonía, surge la Revolución cubana, con sus ideas nuevas y acontecimientos nuevos. No van a confundir al pueblo llamándonos comunistas (Comparecencia ante las Instituciones Cívicas, La Habana, R, 17 marzo 1959).

Nuestra Revolución es verde olivo como las montañas de Oriente (23 mayo).
"Agitadores extremistas." ¿Son comunistas? (Fidel a Raúl Quintana, Radio Rebelde: "Quizá haya mucha coincidencia", 23 mayo).

FIDEL CASTRO (Parque Central de Nueva York)

Es la doctrina de nuestra revolución, es una revolución de mayoría, opinión pública lo primero que hizo fue unir a toda la opinión en un gran anhelo nacional y desea que también los pueblos de América se reúnan en un gran anhelo americano, nuestra revolución practica el principio democrático, por una democracia humanista. Humanismo quiere decir que para satisfacer las necesidades materiales del hombre no hay que sacrificar los anhelos más caros del hombre que son sus libertades y que las libertades más esenciales del hombre nada significan si no son satisfechas también las necesidades materiales de los hombres. Humanismo significa justicia social con libertad y derechos humanos, humanismo significa lo que por democracia se entiende pero no democracia teórica, sino democracia real, derechos humanos con satisfacción de las necesidades del hombre, porque sólo con hambre y miseria se podrá eregir una oligarquía, pero jamás una verdadera democracia, sólo con el hambre y la miseria se podrá erigir una tiranía, pero jamás una verdadera democracia. Somos demócratas[...], derecho del hombre al trabajo, al pan, demócratas sinceros porque la democracia que habla sólo de derechos teóricos y olvida las necesidades del hombre, no es una democracia sincera; no es una democracia verdadera, ni pan sin libertad, ni libertades sin pan; ni dictaduras del hombre ni dictaduras de clases ni dictaduras de grupos, ni dictaduras de casta, ni dictaduras de clases, ni oligarquía de clase; Gobierno de pueblo sin dictaduras y sin oligarquía; libertad con pan, pan sin terror, eso es humanismo (*R*, 25 abril 1959).

Fidel Castro. Congreso de la CTC

I

Yo estaba invitado esta noche a la clausura del Congreso Obrero. Cuando se aproximaba la hora en la cual teníamos que asistir a este acto de clausura, noticias un poco desalentadoras llegaron a nosotros, de que las tareas estaban retrasadas, de que una atmósfera de tensión reinaba en el Congreso. Eso está mal, me decían todos los compañeros que me hablaban. Me dijeron más todavía, me dijeron que no debía venir al Congreso; se referían al riesgo de una asamblea convulsionada, se referían a un riesgo real, al riesgo de este espectáculo vergonzoso que están dando ustedes aquí esta noche (gritos y aplausos). Yo no he venido aquí, compañeros, a hacer demagogia.

Era difícil aceptar siquiera la idea de que fuese una situación dura, asistir a un congreso de trabajadores a quienes han hecho lo que hemos hecho nosotros por los trabajadores. 26: ese nombre está muy vinculado a nosotros y si había en este Congreso una mayoría vinculada también a ese nombre ¿cómo explicarse, qué sentido darle a ese temor por la presencia del Primer Ministro en el Congreso Obrero, donde los vinculados a este nombre, formaban mayoría? [...], las asambleas en los sindicatos en que me parece que la gente se ha vuelto loca [...] y hasta un momento hubo en que creía en que no iba a seguir hablando, porque oía unos gritos por allá y otros gritos por acá de grupos divididos? Yo tuve la impre-

493

sión de que ustedes estaban jugando con una Revolución en sus
manos; tuve la sensación, esa sensación dura y desagradable, como
de una masa de hombres, nada menos que de líderes y que no actúa
responsablemente [...] si es que sabe la clase obrera si es que saben
los representantes de la clase obrera dónde están parados.

No puedo sino sentirme verdaderamente insatisfecho cuando veo
que se está invalidando a la clase obrera para poder defenderse, y
defender a la Revolución, porque esto que yo vi esta noche aquí,
este espectáculo de esta noche aquí, no es el espectáculo de una
clase obrera a la que se le puedan entregar fusiles.

Dijimos: La Revolución requería virtualmente organizar a los trabajadores como un Ejército [...]. Tuviese el Gobierno Revolucionario, que crearse una situación de minoría dentro del Congreso.
Un ejecutivo y una CTC contrarrevolucionaria. Que no se crea que
va a hacer temblar la Revolución.

II

Yo reitero aquí: no voy a permitir que se sitúe al Gobierno Revolucionario, como consecuencia de la maniobra de la reacción, que
presenten mañana al Gobierno Revolucionario con toda la mala fe
del mundo, defendiendo posiciones.

Que se acepten las proposiciones que haga quien decida la asamblea. (Aplausos.) (Gritos: ¡David, David!)

Los que estén de acuerdo con que sea el compañero David Salvador... (Gritos de aprobación.)

Yo quisiera que se comprobara si es por unanimidad el acuerdo o si
es por mayoría...

(Se aprueba por unanimidad el voto de confianza.)

Abstención de los comunistas

Después de la presentación de candidatura por el máximo líder David Salvador Manso, el dirigente obrero de PSP, Faustino Calcines, leyó unas declaraciones a nombre de los delegados de ese partido expresando que se abstenían de votar.

El Comité Ejecutivo

El ejecutivo de la Central Sindical electo está integrado por los siguientes líderes:

Secretario General: David Salvador.
Primer vicesecretario general: Noelio Morell.
Segundo vicesecretario general: Armando Cordero.
Secretario de Organización: Jesús Soto Díaz.
Vice: Héctor Carbonell.
Secretario de Finanzas: José Pellón.
Vice: José Gómez.
Secretario de Actas y Correspondencia: Alfredo Díaz.
Vice: Gerardo Núñez Miranda.
Secretario de Relaciones Públicas: Eladio Carranza.
Vice: Migdilio Machado.
Secretario de Relaciones Exteriores: Odón Álvarez de la Campa.
Vice: Rogelio Iglesias.
Secretario de Propaganda: José María de la Aguilera.
Vice: Manuel Guerrero.
Sec. de Cultura y Educación Sindical: Rafael Montea y Jorge Estévanez.
Secretario de Asuntos Agrarios: Pedro Perdomo.
Vice: Raimundo Anal Pérez.
Sec. de Juventudes y Deportes: Luis Felipe Guerra.

Vice: Felipe Ayala Cano.

Sec. de Estadística y Asuntos Económicos: Constantino Hermida.

Vice: Alberto Suárez.

Sec. de Asistencia y S. Sociales: Nicomedes Cárdenas.

Vice: José García García.

Delegado ante los Organismos Oficiales y Patronales: Octavio Louit.

Vice: Alberto Vera.

Rechazada moción de aumento de sueldo a un mínimo de $ 100

El plénum del Décimo Congreso Nacional de la CTC Revolucionaria rechazó una proposición de aumentar los sueldos de los obreros a un mínimo de 100 pesos mensuales por no corresponder la misma política económica del Gobierno Revolucionario cuya fórmula es más empleo para los desocupados y no más sueldo para los ya empleados a no ser en casos realmente justificados (*R*, 23 noviembre 1959).

Fidel Castro: "Soy marxista-leninista" (Universidad Popular)

[...] en primer lugar, no nos tomaran en consideración; en segundo lugar, mucha gente pensaba que éramos gente romántica, que íbamos a morir allí; en tercer lugar, que creyeran que éramos unos ambiciosos; en cuarto lugar, porque pensaran que el grupo de dirigentes revolucionarios era un grupo de dirigentes de ideas conservadoras o de ideas no radicales.

Es indiscutible que ni nosotros, cuando empezamos a tener fuerza, hubiésemos sido conocidos por gente de ideas muy radicales, es indiscutible que la clase social que hoy nos hace la guerra nos la hubiera hecho desde entonces, no nos la hubiera hecho desde el poder. [...] en la Universidad, empezamos nosotros a tener contactos con el Manifiesto Comunista, con las obras de Marx, de Engels, de Lenin, y todo eso marcó un proceso. Yo sí puedo decir, para confesar honradamente, que muchas de las cosas que hemos hecho en la Revolución, no son cosas inventadas por nosotros, ni mucho menos.

A mí me han preguntado algunas personas si yo pensaba cuando lo del Moncada como pienso hoy. Yo les he dicho: "Pensaba muy parecido a como pienso hoy". Ésa es la verdad. Ése era el camino que tenía que seguir la Revolución: el camino de la lucha antiimperialista y el camino del socialismo, es decir, de la nacionalización de todas las grandes industrias, de los grandes comercios; la nacionalización y la propiedad social de los medios fundamentales de producción, y el desarrollo planificado de nuestra economía a todo el ritmo que nos permitan.

Del socialismo ¿cuál es el socialismo que debíamos aplicar? ¿El socialismo utópico? Teníamos, sencillamente, que aplicar el socialismo científico. Por eso les empecé diciendo con toda franqueza que creíamos en el marxismo, que creíamos que es la teoría más correcta, más científica, la única teoría verdadera, la única teoría revolucionaria verdadera. Lo digo aquí con entera satisfacción, y con entera confianza: soy marxista-leninista, y seré marxista-leninista hasta el último día de mi vida. (*R*, 1 diciembre 1961).

Sectarismo (Comparecencia de Fidel Castro en la televisión y la radio nacional, el 26 de marzo de 1962)

La tendencia a desconfiar de todo el mundo, de todo aquel que no tuviera una vieja militancia revolucionaria, el que no tuviera una vieja militancia marxista.

[...] masas obreras, campesinas, estudiantiles, las masas humildes, las capas menos acomodadas de nuestro país, partes importantes de las capas medias, sectores de la pequeña burguesía, trabajadores intelectuales, hicieron suyas las ideas del marxismo-leninismo, hicieron suya la lucha contra el imperialismo, hicieron suya la batalla por la Revolución Socialista.

[...] una serie de leyes de beneficio popular; todas las leyes de reducción de las tarifas telefónicas, la anulación de los contratos leoninos que habían obtenido bajo el amparo de la tiranía; las leyes sobre la Reforma Urbana, sobre alquileres, con la rebaja de alquileres primero, la de los solares, después la reforma urbana, después las leyes de reforma agraria, después las leyes de nacionalización de las empresas extranjeras y después las leyes de nacionalización de las grandes empresas fueron pilares, piedras que fueron señalando el camino de la Revolución, el avance de la Revolución, el avance del pueblo.

¿Qué sectarismo? Bueno, el sectarismo de creer que los únicos revolucionarios, que los únicos compañeros que podían ser de confianza, que los únicos que podían ir a un cargo en una Granja, en una Cooperativa, en el Estado, en donde quiera, tenía que ser un viejo militante marxista.

[...] ¿dónde está la raíz de ese espíritu sectario, implacable, incansable, sistemático, que se encuentra en todas partes, que se encuentra en todos los niveles, que se encuentra en todos los sitios?, ¿dónde están las causas, las raíces de ese espíritu sectario? Porque costaba trabajo comprender que ese espíritu se engendrara fatalistamente sólo en una serie de circunstancias.

A veces se podía pensar: bueno, esto es una política de grupo, esto es una política de partido, esto parece que tiene muchos responsables. Desde luego, que responsables hemos sido todos, en un mayor o menor grado.

[...] Esta Revolución se estaba saliendo de su vía principal y estaba marchando por un ramal. [...] Fabricando una camisa de fuerza, un yugo, compañeros; nosotros no estábamos promoviendo una asociación libre de revolucionarios, sino un ejército de revolucionarios domesticados y amaestrados.

A veces se reúnen una serie de coincidencias que permiten a algunos individuos tergiversar la función de una organización, hipertrofiar sus funciones, malbaratar las mejores oportunidades, destruirlas, utilizarlas de la peor forma. Y eso era, sencillamente, lo que estaba ocurriendo. [...]

Cuando vinimos a ver todo era una reverenda basura. Perdónenme la irreverencia. [...]

Aníbal Escalante, comunista, incurrió en graves errores. ¡Es que los comunistas yerran también, es que los comunistas son hombres! [...]

Aníbal Escalante, abusando de la confianza que se le concedió, desde el cargo de Secretario de Organización siguió una política no marxista, siguió una política que se apartaba de las normas leninistas de organización de un partido de vanguardia de la clase obrera, y trató de crear un instrumento, un aparato para perseguir fines de tipo personal.

Nosotros consideramos que Aníbal Escalante con estos actos no actuó de una manera equivocada e inconsciente, sino actuó de una manera deliberada y consciente. Se dejó arrastrar por la ambición personal, sencillamente. Y, como consecuencia, introdujo una serie de problemas, introdujo —en dos palabras— un verdadero caos en el país. [...]

Era muy fácil, ante esas condiciones de aceptación de todo el pueblo, era muy fácil convertir ese aparato ya aceptado por todo el pueblo en un instrumento para fines de tipo personal. El prestigio de la ORI era inmenso.

[...] utilizaba toda esa circunstancia para ir creando un sistema de controles que estuviera totalmente en sus manos. [...] Una política de privilegio, estaba creando condiciones y dándole instrucciones que tendían a la conversión de ese aparato, no en un aparato de vanguardia de la clase obrera, sino en un nido de privilegios, de tolerancia, de beneficios, en un sistema de mercedes y de favores de todos tipos. Fue tergiversado por completo el papel del aparato.

Claro, es lógico que esto creara un espantoso sectarismo; esto explica por qué ese sectarismo era promovido; por qué ese sectarismo implacable, insaciable, incesante, que aparecía por todas partes, que aparecía por todos los rincones del país, de un extremo a otro del país, desde la Punta de Maisí hasta el Cabo San Antonio.

[...] los comunistas habían sido unos cuantos miles, los viejos comunistas; el pueblo que había abrazado la causa del marxismo-leninismo, estaba integrado por millones de ciudadanos.

[...] designados miembros de la Dirección Nacional, con una mentalidad de "gauleiter" nazi y no de marxista, porque había señores que estaban adquiriendo aires de "gauleiters" y no de militantes marxistas [...] ¿no conocía a nadie? Sencillamente porque cuando aquí la gente estaba combatiendo él estaba debajo de la cama.

Este señor merodeaba por allí por el río Cauto, a sólo una jornada de la Sierra Maestra; no le costaba nada agarrar una mochila, cuando Cowley estaba asesinando a los obreros, y a los campesinos; cuando Cowley asesinó a Loynaz Echevarría y a tantos otros militantes revolucionarios, cobarde y cruelmente ultimados en una noche; cuando los obreros, los campesinos, los estudiantes, eran asesinados por militares y no tenía más que caminar una jornada para engrosar las filas de las fuerzas revolucionarias.

También se podía decir entonces por ese camino, que el Manifiesto de Montecristi era un documento reaccionario, que la Declaración de Derechos del Hombre del año 79, era un documento reaccionario. ¿Qué materia, qué aserrín se le habrá introducido en la cabeza al que así piense?

Y otro que decía que el Moncada fue un error, que el Granma fue un error.

[...] lo que se discute en el Moncada y en el Granma no es el hecho sino la línea, la línea acertada, la línea revolucionaria, la línea de la lucha armada; no la línea politiquera, la línea electoral, sino la línea de la lucha armada contra la tiranía de Batista, línea que la Historia ha consagrado por su acierto.

[...] Un día vamos a un sitio y nos encontramos más de cien oficiales que los vimos luchar en muchos combates. ¿Qué hacen ustedes? ¿No están al mando de tropas? —No. ¿Qué pasó con estos compañeros? —Bueno, por bajo nivel político no se les puso al mando de la tropa. [...] ¿Quitar el mando de tropas por bajo nivel político, y van a poner a un bachiller cualquiera, capaz de recitar de memoria un catecismo de marxismo aunque no lo aplique? ¡Entonces un bachiller cualquiera, que no peleó ni sintió ninguna inclinación por combatir, ese bachiller tiene más alto nivel político y debe mandar una tropa! ¿Eso, es marxismo? ¿Eso es leninismo?

Las masas no estaban integradas. Aquí se habla de Organizaciones Revolucionarias Integradas, pero ¿qué eran las Organizaciones? Era una organización hecha por militancia al Partido Socialista Popular.

¿Las demás organizaciones, el Directorio, el 26 de Julio, qué eran? ¿Eran organizaciones con una vieja militancia vertebrada? No. Eran organizaciones con grandes simpatías de masa, era un torrente desbordado de masas.

[...] ¿Cómo se hicieron los núcleos? Lo voy a decir. En todas las Provincias el Secretario General del PSP lo hicieron Secretario General de la ORI, en todos los Municipios el Secretario General del PSP lo hicieron Secretario General de la ORI; en todos los núcleos el Secretario General del núcleo... el miembro del PSP lo hicieron Secretario General del núcleo. ¿Eso es integración? De esa política es responsable el compañero Aníbal.

[...] empiezan veinte gentes a preguntarse: "¿pero esto es comunismo, esto es marxismo, esto es socialismo?; ¿esta arbitrariedad, este abuso, este privilegio, toda esta cosa, esto es comunismo?" Si esto es comunismo dirán como el Indio Hatuey entonces: cuando al Indio Hatuey lo estaban quemando vivo se acercó un sacerdote a decirle si quería ir al Cielo. Y dijo: "no, yo no quiero ir al cielo si el cielo es esto".

Sacaron a los viejos militantes y los hicieron miembros de la dirección —los que quedaban, porque otros habían pasado a otros cargos—; los hicieron miembros de la administración —Jefe de Personal, Administrador. [...].

Desde luego, la masa no va a elegir el núcleo; el Partido no es un Partido de elección: es una selección que se organiza mediante el principio del centralismo democrático (R, 27 marzo 1962).

CHE GUEVARA

Sectarismo

[...] ¿digo que ustedes tienen su parte? Los Comités de Defensa,
una institución que surgió al calor de la vigilancia popular que re-
presentaba el ansia del pueblo de defender su revolución se fue convirtiendo en un hazlo-todo, en la imposición, en la madriguera del
oportunismo. Se fue convirtiendo en una organización antipática al
pueblo. [...] llenos de garrucho, llenos de gente de ese tipo, oportunistas de toda laya que no se pararon en ningún momento a pensar
en el daño que les estaban haciendo a la revolución [...]. Todo eso
establece una lección que tenemos que aprender y establece además
una gran verdad, y es que los cuerpos de seguridad de cualquier
tipo que sean, tienen que estar bajo el control del pueblo. [...] en
Matanzas, los jefes de la revolución salían con unas sogas por el
pueblo diciendo que el INRA ponía la soga, que el pueblo pusiera
el ahorcado y no hubo ningún informe, por lo menos yo no leí de
que sucediera eso, no se supo cumplir con el deber y ni siquiera
supo enterarse el cuerpo de seguridad de que sucedían cosas como
esas. Eso es como el ejemplo del llamado terror rojo que se quiso
imponer en Matanzas contra el terror blanco, sin darse cuenta que
el terror blanco no existía nada más que en la mente de algunos ex-
traviados; el terror blanco lo desatamos nosotros con nuestras medidas absurdas y después metimos el terror rojo. [...] Contrarrevolucionario es aquel que lucha contra la revolución, pero también es
contrarrevolucionario el señor que valido de su influencia consigue
una casa, que después consigue dos carros, que después viola el racionamiento, que después tiene todo lo que no tiene el pueblo
("Conferencias en el Ministerio del Interior", *Obras completas*, Ediciones Revolucionarias).

B) *Archivo de la Revolución Cubana*

Documentos internos del Movimiento 26 de Julio, en la clandestinidad, la prisión y la guerra. De 1952 a 1958. Publicados por primera vez en 1976, en *Diario de la Revolución Cubana*, Ediciones Du Seuil y Ruedo Ibérico-R. Torres, París, Barcelona (las páginas remiten a la edición española de R. Torres).

MELBA HERNÁNDEZ: Recuerdo bien cuando él empezó a leer el material marxista, que fue por orientación del propio Fidel. No sé exactamente cómo, pero sí recuerdo que un día después de leer Maquiavelo, leer sobre historia de Cuba —porque sentía un amor enorme por Cuba— un día apareció Abel leyendo otro tipo de literatura (p. 65).

JESÚS MONTANÉ: Raúl participó de una manera un poco improvisada en la cosa del movimiento inicialmente. Él había ido a un viaje a los países socialistas y, cuando regresa, él se incorpora al Movimiento. Lo detuvieron al regreso, le ocuparon un diario. Yo lo fui a ver al vivac, entonces él me hizo el cuento de todas las experiencias que traía de su viaje por allá, venía muy entusiasmado.

MELBA HERNÁNDEZ: Antolín Falcón, el jefe del Buró, para convencerme de que todo eso era una locura, se refería a la locura de Raúl en su diario, decía: "Pero, ¿ustedes pueden creer eso? Mire lo que este diario dice, describe el mundo socialista, es el paraíso, y hasta ahora yo no he visto paraíso en la tierra" [...].

JESÚS MONTANÉ: La consigna específica que gritábamos era: ¡Revolución! ¡Revolución! Los comunistas gritaban: ¡Unidad! ¡Unidad! (p. 68).

ALMEIDA: Fue mi primer contacto con Fidel. Andaba con un libro de Lenin en relieve. Ése fue el que apareció en el Moncada (p. 71).

1953. Fidel y el fiscal (Juicio del Moncada)

Un abogado. ¿Quién fue el autor intelectual de esta insurrección?
Acusado. El autor intelectual fue José Martí.
Otro abogado. ¿A Abel Santamaría se le ocupó alguna obra de Lenin?
Acusado. Es posible. Nosotros leíamos a Lenin y a otros escritores socialistas. Quien no lo haga así es un ignorante (p. 77).

Fidel Castro (Cartas de la prisión)

18 diciembre 1953

Los últimos días he leído varias obras de algún interés: *La feria de vanidades* de William Thackeray, *Nido de hidalgos* de Iván Turguenev, *Vida de Luis Carlos Prestes*, *El caballero de la Esperanza* por Jorge Amado, *El secreto de la fortaleza soviética* por el deán de Canterbury, *Fugitivos del amor* por Eric Knight, *Así se templó el acero* por Nikolai Ostrovski (novela rusa moderna, conmovedora autobiografía del autor, joven que participó en la Revolución), *La ciudadela* de J. Cronin. Desde *La vida de Prestes* hasta la última mencionada no me arrepentiré nunca de haberlas leído: son todas de un enorme valor social (p. 87).

27 enero 1954

Me preguntas si Rolland hubiera sido igualmente grande de haber nacido en el siglo XVII. El pensamiento humano está indefectiblemente condicionado por las circunstancias de la época. Si se trata de un genio político, me atrevo a afirmar que depende exclusivamente de ella. Lenin en época de Catalina, cuando la aristocracia era la clase dominante, habría podido ser un esforzado defensor de

la burguesía, que era entonces la clase revolucionaria, o pasar simplemente ignorado por la historia; Martí, de haber vivido cuando la toma de La Habana por los ingleses, hubiera defendido junto a su padre el pabellón de España; Napoleón, Mirabeau, Danton y Robespierre, ¿que habrían sido en los tiempos de Carlo Magno sino siervos humildes de la gleba o moradores ignorados de algún castillo feudal? El cruce del Rubicón por Julio César jamás habría tenido lugar en los primeros años de la República antes de que se agudizara la intensa pugna de clases que conmovió a Roma y se desarrollara el gran partido plebeyo cuya situación hizo necesario y posible su acceso al poder. Julio César fue un verdadero revolucionario, como lo fue también Catalina, al par que Cicerón, tan reverenciado por la historia, encarnaba el genuino aristócrata de Roma. Eso no fue óbice para que los revolucionarios franceses anatematizaran a César y endosaran a Bruto que clavó en el corazón de aquél el puñal de la aristocracia, suficiente para comprender que la República en Roma era la Monarquía en Francia; [...].
Y todas las ideas, aun de hombres geniales, están condicionadas por la época. La filosofía de Aristóteles en Grecia es la culminación de la obra de los filósofos que le precedieron (Parménides, Sócrates, Platón) sin la cual no habría sido posible; del mismo modo que las doctrinas de Marx culminan en el campo social el esfuerzo de los socialistas utópicos y sintetizan en el campo filosófico el idealismo y el materialismo alemán, aunque Marx, además de filósofo, cae en la categoría del genio político y como tal su papel dependió por entero de la época y el escenario en que vivió. [...]
El genio literario, filosófico o artístico tiene un campo considerablemente más amplio en el tiempo y en la historia que el mundo de la realidad y de la acción que es el único escenario donde surgen los genios políticos (pp. 90-91).

Marzo

[...] Víctor Hugo me entusiasmó lo indecible con *Los miserables*; sin embargo, a medida que pasa el tiempo me voy cansando un poco de su romanticismo excesivo, su ampulosidad y de la carga, a veces tediosa y exagerada, de erudición. Sobre el mismo tema de Napoleón III, Carlos Marx escribió un trabajo formidable titulado *El 18 Brumario de Luis Bonaparte*. Poniendo estas dos obras, una al lado de la otra, es como puede apreciarse la enorme diferencia entre una concepción científica, realista de la historia y una interpretación puramente romántica. Donde Hugo no ve más que un aventurero con suerte, Marx ve el resultado inevitable de las contradicciones sociales y la pugna de intereses prevalecientes en aquel instante. Para uno la historia es el azar, para otro un proceso regido por leyes. Las frases de Hugo, por cierto que me recuerdan nuestros propios discursos, llenos de fe poética en la libertad, la santa indignación contra los ultrajes que reciba y confiada esperanza en su retorno milagroso (p. 92).

4 abril

Son las 11 de la noche. Desde las 6 de la tarde he estado leyendo seguido una obra de Lenin, *El Estado y la revolución*, después de terminar *El 18 Brumario de Luis Bonaparte* y *Las guerras civiles en Francia*, ambos de Marx, muy relacionados entre sí los tres trabajos y de un incalculable valor.
[...] Después de haberme roto un buen poco la cabeza con Kant, el mismo Marx me parece más fácil que el padrenuestro. Tanto él como Lenin poseían un terrible espíritu polémico y yo aquí me divierto, me río y gozo leyéndolos. Eran implacables y temibles con el enemigo. Dos verdaderos prototipos de revolucionarios.
Me voy a cenar: spaghetti con calamares, bombones italianos de postre, café acabadito de colar y después un H Upmann 4. ¿No

me envidias? Me cuidan, me cuidan un poquito entre todos... No le hacen caso a uno, siempre estoy peleando para que no manden nada. Cuando cojo sol por la mañana en shorts y siento el aire de mar, me parece que estoy en una playa, luego un pequeño restaurant aquí. ¡Me van a hacer creer que estoy de vacaciones! ¿Qué diría Carlos Marx de semejante revolucionario? (p. 97).

15 abril

Es curioso el gran parecido que tienen las grandes reformas sociales desde la antigüedad hasta hoy. Muchas medidas que realizó la Comuna de París en 1870 las encontramos parecidas entre las leyes de Julio César. Los problemas de la tierra, la vivienda, las deudas y el desempleo se han presentado hasta ahora en todas las formaciones sociales desde tiempos remotos. A mí me apasiona el espectáculo grandioso que brindan las grandes revoluciones de la historia, porque siempre han significado el triunfo de propósitos que encarnaban el bienestar y la felicidad de una inmensa mayoría frente a un grupito reducido de intereses. [...] ¡Qué poca importancia se le da al hecho de que esclavos africanos sublevados hayan constituido una República libre derrotando a los mejores generales de Bonaparte! Es cierto que Haití no ha progresado mucho desde entonces, pero, ¿ha sido mejor la suerte de otras repúblicas latinoamericanas? Siempre ando pensando en estas cosas, porque, sinceramente, ¡con cuánto gusto revolucionaría a este país de punta a cabo! Estoy seguro que pudiera hacerse la felicidad de todos sus habitantes. Estaría dispuesto a ganarme el odio y la mala voluntad de unos cuantos miles, entre ellos algunos parientes, la mitad de mis conocidos, las dos terceras partes de mis compañeros de profesión y las cuatro quintas partes de mis ex compañeros de colegio (pp. 98-99).

17 abril (Carta a Melba Hernández y Haydée Santamaría)

3.º Mucha mano izquierda y sonrisa con todo el mundo. Seguir la misma táctica que se siguió en el juicio: defender nuestros puntos de vista sin levantar ronchas. Habrá tiempo de sobra para aplastar a todas las cucarachas juntas (pp. 99-100).

CARLOS FRANQUI (Prisión del Príncipe. Carta a Frank País)

Abril 1957

Los comunistas no creen en la insurrección. Critican el sabotaje y la guerrilla. Dicen que hacemos el juego de los terroristas del régimen. Dicen que el 26 es putschista, aventurerista y pequeño burgués. Siguen aferrados a su hipotética "movilización de masas" y a su clásica "unidad, unidad". Las mismas tesis de la *Carta Semanal*. En las discusiones aquí intervienen Ursinio Rojas, del Comité central, y Villalonga y Armas, dirigentes obreros comunistas. De parte nuestra, Armando, Enrique, Faustino y yo. No comprenden la naturaleza de la tiranía y no creen en la posibilidad de la revolución, de la que se dicen únicos representantes. Confían los comunistas evidentemente en un retorno de Batista a la legalidad y a las elecciones; como ocurrió en el 39. Son los mismos comunistas que Batista asesinaba en el 35 y que pactaban y votaban Batista en el 40. Son un partido burocratizado, reformista y politiquero que no superará sus limitaciones (p. 240).

FIDEL CASTRO (Sierra. Carta a Frank País)

Julio 1957. "Verdadera revolución."

Frank: Me alegro mucho y te felicito de que hayas visto con claridad la necesidad de elaborar los planes de trabajos nacionales y sistemáticos, sin importar para nada el tiempo que requieren. Nosotros no tenemos el menor apuro. Nosotros lucharemos aquí el tiempo que sea necesario. Nosotros concluimos esta lucha con la muerte o con el triunfo de la *verdadera revolución.* Esa palabra ya puede pronunciarse. Viejos temores se disipan (p. 266).

CHE GUEVARA (Sierra. Carta a Daniel)

14 diciembre 1957. "Polémica ideológica."

Pertenezco por mi preparación ideológica a los que creen que la solución de los problemas del mundo está detrás de la llamada cortina de hierro y tomo este movimiento como uno de los tantos provocados por el afán de la burguesía de liberarse de las cadenas económicas del imperialismo. Consideré siempre a Fidel como un auténtico líder de la burguesía de izquierda, aunque su figura está realzada por cualidades personales de extraordinaria brillantez que lo colocan muy por arriba de su clase. Con ese espíritu inicié la lucha: honradamente sin esperanza de ir más allá de la liberación del país, dispuesto a irme cuando las condiciones de la lucha posterior giraran hacia la derecha (hacia lo que ustedes representan) toda la acción del Movimiento. Lo que nunca pensé es el cambio tan radical que dio Fidel en sus planteamientos con el Manifiesto de Miami. Pareciéndome imposible lo que después supe, es decir, que se tergiversaba así la voluntad de quien es auténtico líder y motor único del Movimiento, pensé lo que me avergüenzo de haber pensado.

Afortunadamente, llegó la carta de Fidel, en el intermedio en que esperábamos las balas y se aclaró que se ha producido lo que puede llamarse una traición. Además me dice Fidel, que él no ha recibido algún dinero, unas balas en mal estado y hombres deficientemente armados. Si las cosas están así, ¿cómo renunciar a contactos que me brindan la oportunidad de tener algo para llevar adelante esto, en honor a una pretendida unidad que se trunca por la base, al traicionar la DN los acuerdos de quien reconozco como jefe máximo? Piferrer podrá ser un bandolero, pero el que maquinó el plan de Miami es un criminal; y yo me siento capacitado para tener tratos con él porque nunca sacrifico nada aunque reciba poco. En Miami, en cambio se ha sacrificado todo sin recibir nada: se ha entregado el culo en el más detestable acto de mariconería que probablemente recuerde la historia cubana. Mi nombre histórico (siento a ganarlo con mi conducta) no puede estar unido a ese crimen y lo hago constar aquí.

Esto naturalmente, lo hago para tener un día el testimonio que acredita mi limpieza pero la tarea común que nos une y el sentido del deber que tengo ha hecho que no trascienda esta carta de nuestras respectivas personas y esté dispuesto a colaborar en lo que se pueda para poder llegar de alguna forma a la consecución del fin común. Si te duele esta carta por considerarla injusta o considerarte inocente del crimen y me lo quieres decir, magnífico, si te duele como para cerrar vínculos con esta parte de las fuerzas revolucionarias, tanto peor: en alguna forma saldremos adelante, pues el pueblo no puede ser derrotado (p. 362).

DANIEL (Santiago. Carta al Che)

18 diciembre. "Polémica: Washington-Moscú."

[...] si te doy una respuesta, lo hago por el respeto, la admiración y el criterio que sobre tu persona siempre he mantenido y que no ha variado en lo más mínimo a pesar de tus palabras; pero fundamentalmente para, al igual que tú, dejar constancia escrita de esta respuesta con el fin de que ese mismo día del cual tú me hablas, un servidor cualquiera de la humanidad, como tú y como yo, tenga también presente el "testimonio que acredite mi limpieza" y mi pureza revolucionarias que no tienen nada que envidiar a la tuya, la de Fidel o la de cualquiera de los que hemos coincidido con verdadero espíritu de sacrificio, en esta cruenta lucha por liberar a un pueblo y encauzarlo por senderos que aceleren su progreso evolutivo y aseguren su superior destino.

Deseo que sepas también, que lo que a nosotros llega se considera dirigido a la Dirección nacional del Movimiento, integrada por un número reducido de compañeros que nos empeñamos por estar integrados y unidos a fin de no tomar decisiones unipersonales. Por ese motivo tu carta ha sido leída por los demás miembros de la Dirección y mi respuesta es la de todos.

En cuanto a la forma despectiva con la cual se acusa recibo del material que enviamos, debemos decirte, que todo lo que ahí llega es producto del esfuerzo de un gran número de cubanos que trabajan con entusiasmo y arrostrando los peores riesgos, por obtener primero dinero, adquirir más tarde los artículos y trasladarlos finalmente a la Sierra, burlando la vigilancia de cientos y cientos de soldados y a sabiendas de que al ser sorprendidos van a ser vilmente asesinados, pues aquí no se tiene la dicha de caer en combate, heroicamente, ya que no contamos con las armas necesarias para dar a los que realizan esas labores. Es lástima que muchos compañeros se hayan desprendido de las balas de sus pistolas y revólveres, que para ellos sí son fundamentales, ya que al menos les sirven para morir peleando. Y es doloroso despojar de sus armas a compañeros que son tan revolucionarios y tan militantes del Movimiento 26 de Julio, como los que luchan bravamente ahí arriba, que fueron adquiriendo esas armas a costa de sacrificios y que nos las entregan por un extraordinario sentido de disciplina y con tal desprendimiento, como es el caso de los compañeros de Mayarí, que después de superar mil obstáculos lograron hacerse de 14 o 15 rifles (algunos producto del asalto a un cuartel de Guardas jurados, y otros de los que perdieron los expedicionarios del *Corynthia* asesinados) y que lo entregaron todo para la Sierra para verse ahora obligados a quemar caña totalmente desarmados, enfrentándose a un Ejército que se sabe aquí abajo dueño total de la situación y sin riesgos resultando así mucho más efectivo y sus balas más certeras. Pero eso no importa, pues esto no llega más allá de nosotros, que permanecemos aquí por considerarlo necesario y en contra de nuestros deseos. [...]

"Dónde está la salvación del mundo"

Supe desde que te conocí de tu preparación ideológica y jamás hube de referirme a ello. No es ahora el momento de discutir "dónde está la salvación del mundo". Quiero sólo dejar constancia de nuestra opinión, que por supuesto es enteramente distinta de la tuya. Considero que no hay en la Dirección nacional del Movimiento ningún representante de la "derecha" y sí un grupo de hombres que aspiran a llevar adelante con la liberación de Cuba, la Revolución que iniciada en el pensamiento político de José Martí, luego de su peregrinar por las tierras americanas, se vio frustrada por la intervención del gobierno de los Estados Unidos en el proceso revolucionario.

Nuestras diferencias fundamentales consisten en que a nosotros nos preocupa poner en manos de los pueblos tiranizados de "nuestra América" los gobiernos, que respondiendo a sus ansias de Libertad y Progreso, sepan mantenerse estrechamente unidos para garantizar sus derechos como naciones libres y hacerlos respetar por las grandes potencias.

Dominio yanki y dominio soviético

Nosotros queremos una América fuerte, dueña de su propio destino, una América que se enfrente altiva a los Estados Unidos, Rusia, China o cualquier potencia que trate de atentar contra su independencia económica y política. En cambio los que tienen tu preparación ideológica piensan que la solución a nuestros males está en liberarnos del nocivo dominio "yanki" por medio del no menos nocivo dominio "soviético".

Creemos que con el derrocamiento de la Dictadura de Fulgencio Batista, *por medio de la acción del pueblo*, estaremos dando un paso de avance en la ruta que nos hemos trazado.

En cuanto a mí, puedo decirte que me considero un obrero; como obrero trabajé hasta que renuncié a mi salario por incorporarme a las Fuerzas Revolucionarias de la Sierra, abandonando al mismo tiempo mis estudios de Ciencias sociales y Derecho político que había emprendido con la esperanza de prepararme debidamente para servir mejor a mi pueblo. Soy obrero, pero no de los que militan en el Partido Comunista y se preocupan grandemente por los problemas de Hungría o de Egipto que no pueden resolver, y no son capaces de renunciar a sus puestos e incorporarse al proceso revolucionario que tiene, como fin inmediato, el derrocamiento de una oprobiosa Dictadura.

Caudillo al fin

Y hablemos ahora de la *unidad*. Nunca antes de que surgiera el Movimiento 26 de Julio milité en partido u organización política alguna. Repudié a los gobiernos auténticos por inmorales y desestimé a la Ortodoxia como organismo capaz de llevar adelante y plasmar en realidad los anhelos y aspiraciones del pueblo de Cuba; vi sólo en ella a un grupo de hombres alrededor de un caudillo más o menos bien intencionado, pero caudillo al fin, carente de un programa definido y una doctrina cierta.

Considero que el funesto golpe del 10 de marzo, tuvo como único saldo positivo, la eliminación de la vida pública cubana de los politiqueros que integraban esos partidos.

El pacto de Fidel con Prío

Enraizado en mí ese criterio nunca vi con simpatía el Pacto de Fidel con Prío, antes del 30 de noviembre y mucho menos el que ahora ha intentado hacer Felipe Pazos, mucho más negativo porque pretende cristalizar en los momentos en que el Movimiento 26 de Julio, después de un año de lucha durante el cual hemos dejado en el camino muchos de nuestros más sólidos valores revolucionarios ha logrado aglutinar a la mayoría del pueblo y se ha consolidado como eje de todas las soluciones posibles. Y sobre todo en los momentos en que el gobierno de Batista, debido al incremento de la acción revolucionaria, se ha visto precisado a poner en práctica las medidas más bárbaras y suspender por tres veces consecutivas las garantías —no para los derechos humanos que nunca fueron respetados por la Tiranía— sino para la implantación de la más férrea censura de prensa que recuerda la historia de Cuba y que no son más que pruebas evidentes de la debilidad del régimen y su inevitable fin (pp. 365-367).

FIDEL CASTRO (Sierra. Carta a Celia Sánchez)

5 junio 1958. "Una guerra mucho más grande, la que voy a hacer contra los norteamericanos."

[...] Al ver los cohetes que tiraron en casa de Mario, me he jurado que los americanos van a pagar bien caro lo que están haciendo. Cuando esta guerra se acabe empezará para mí una guerra mucho más larga y grande: la guerra que voy a echar contra ellos.
Me doy cuenta que ése va a ser mi destino verdadero. Fidel (pp. 471-473).

2. – TERROR

Fidel Castro (Carta a Nati Revuelta)

23 marzo 1954

[...] Robespierre fue idealista y honrado hasta su muerte. La revolución en peligro, las fronteras rodeadas de enemigos por todas partes, los traidores con el puñal levantado a la espalda, los vacilantes obstruyendo la marcha; era necesario ser duro, inflexible, severo; pecar por exceso, jamás por defecto cuando en él pueda estar la perdición. Eran necesarios unos meses de terror para acabar con un terror que había durado siglos. En Cuba hacen falta muchos Robespierres (*DRC*, p. 94).

Fusilamientos

Junio 1957

Fidel. Nosotros fusilamos muy poca gente, pero muy poca, en toda la guerra; no pasaron de 10 tipos los que nosotros fusilamos, en 25 meses. Allá en el Escambray, Carreras fusiló 33 él solo, y no hizo ninguna guerra; porque para nosotros sí es verdad que tenían que ser cosas de traición o un delito muy grave, un espía; los de Carreras no eran fusilamientos, eran asesinatos.

Nosotros fusilábamos simplemente traidores, alguna vez un caso de alguna gente que cometió en la zona un delito muy grande de violación, un señor que le quitó la mujer a un campesino, el maestro. Entonces el maestro se va para la zona del Jigüe, y haciéndose pasar por el Che, como médico, empieza a reconocer a las mujeres que llegaban allí. Entonces el Che había estado con nosotros en esos días, y se iba para allá y me dice: "Ahí te mando al maestro". En ese momento se había desatado, había habido un brote de bandolerismo, alguna gente que había exigido dinero, había hecho toda una serie de cosas, 30 que habían topado con unas prostitutas por un lugar por allá, y los 30 habían estado con las prostitutas, a la fuerza...

Entonces llegó el maestro en el mismo momento en que estaba fusilando a los demás. Llegó allí, yo dije: "Sigue". Fue directo, no se le hizo ni el juicio, porque él estaba en una situación en que había sido perdonado de un delito de muerte, estaba indultado (*DRC*, p. 245).

OFICIALES DETENIDOS Y CONDENADOS CON HUBER MATOS

Capitanes Miguel Ruiz Maceiras, Rosendo Lugo, Napoleón Bécquer, Roberto Cruz Zamora, Carlos Cabrera, José López Lago, Edgardo Bonet Rosell, José Martí Ballester, Vicente Rodríguez Camejo, Alberto Covas Álvarez, Miguel Crespo García, Rodosbaldo Llaurado Ramos, Elvio Rivera Limonta, Jesús A. Calunga, José Pérez Álamo, William Lobaina Galdós, Carlos Álvarez Ramírez, Dionisio Suárez Esquivel, M. Esquivel Ramos, Manuel Nieto y Nieto, Mario Santana Basulto, E. Cossío y Barandela.

JEAN-PAUL SARTRE

Encendidas en ese instante, las luces arrancaron a las tinieblas medio millón de rostros. [...] En plena noche, bajo las luces de la compañía yanqui de electricidad, cuando Castro se dirigió a los yanquis, los hizo responsables del sabotaje y les lanzó su reto:

—No nos reduciréis ni por el hambre ni por la guerra. Y si nos atacáis, sabed bien que seremos los vencedores.

[...] Aquel día, algo apareció a plena luz: el odio.

Cuando estalló "La Coubre", descubrí el rostro oculto de todas las revoluciones, su rostro de sombra; la amenaza extranjera sentida *en la angustia*. Y descubrí la angustia cubana porque, de pronto, la compartí.

Hay que haber visto la alegría siempre despierta de construir y la angustia, el temor permanente de que una violencia estúpida lo aplaste todo; hay que haber vivido en la isla y haberla amado, para comprender que cada cubano siente a cada minuto las dos pasiones *juntas* y que en él una se exalta por la otra.[...]

Después del sabotaje, fueron suprimidas las fiestas del Carnaval que estaba celebrándose y se llevó a cabo una colecta nacional para comprar armas y aviones.

Algunos días antes, los aplausos y los gritos de la muchedumbre me habían descubierto en todos los asistentes la alegría revolucionaria de renovar los fastos de una fiesta nacional. Después del siniestro, los grandes automóviles conservaban sus adornos chillones, su alegría exterior, pero cruzaban las calles oscuras con la lentitud de cortejos fúnebres y su música resonante estallaba por accesos en medio de un silencio ansioso ("Huracán sobre el azúcar", La Habana, 1960).

3. – MOVIMIENTO 26 DE JULIO

Fidel Castro (Carta a Luis Conte Agüero)

14 agosto 1954. "Personalismo y ambición."

Uno de los mayores obstáculos para la integración de semejante movimiento es el exceso de personalismo y ambiciones de grupos y caudillos; la dificultad de hacer que cada hombre de valor y prestigio ponga su persona al servicio de una causa, un vehículo, una ideología y una disciplina, despojándose de toda vanidad o aspiración. En primer término yo debo organizar a los hombres del 26 de Julio y unir en irrompible haz a todos los combatientes, los del exilio, la prisión y la calle, que suman más de ochenta jóvenes envueltos en el mismo girón de historia y sacrificio. La importancia de tal núcleo humano perfectamente disciplinado, constituye un valor incalculable a los efectos de la formación de cuadros de lucha para la organización insurreccional o cívica. Desde luego que un gran movimiento cívico-político debe contar con la fuerza necesaria para conquistar el poder, lo mismo por vía pacífica como por vía revolucionaria, o corre de lo contrario el riesgo de que se lo arrebaten, como a la ortodoxia, a sólo dos meses de las elecciones. [...] Condiciones que son indispensables para la integración de un verdadero movimiento cívico: ideología, disciplina y jefatura. Las tres son esenciales, pero la jefatura es básica. No sé si fue Napoleón quien dijo que un mal general en batalla vale más que veinte generales buenos (*DRC*, pp. 106-107).

Fidel Castro (Sierra. Carta a Celia Sánchez)

Agosto 1957. "Todo para la Sierra."

Una consigna debe ser ahora la más correcta: *¡todos los fusiles, to-das las balas y todos los recursos* para la Sierra!
Cuando después de Uvero, en presencia tuya, sugerí a David que era el momento oportuno para abrir el Segundo Frente, el proceso no había alcanzado en este frente la tremenda evolución que tiene hoy. Entonces parecía dudoso que pudieran sostenerse aquí fuerzas mayores; hoy se abren perspectivas enormes. Hay que llenar la brecha que ya hemos abierto antes que pensar en otras perspectivas. Tal vez más adelante se presente de nuevo la oportunidad para otros frentes (*DRC*, p. 298).

Fidel Castro

26 mayo 1958. "Un comandante rebelde a La Habana."

No obstante contar el Movimiento con numerosos valores revolucionarios probados en la acción, la designación de un Comandante de nuestras fuerzas, que significa para nosotros un sacrificio desde el punto de vista militar, obedece al propósito de utilizar la experiencia de nuestras campañas militares en el desarrollo de una estrategia nueva de lucha en todo el territorio nacional. Se persigue también el fin de lograr una absoluta identificación entre los compañeros de las Fuerzas de Milicias y las Fuerzas en Operaciones del Movimiento 26 de Julio, coincidiendo con el establecimiento de un estado mayor común para planear y dirigir la acción de todas nuestras fuerzas militares. Fidel.
[Fidel designó al comandante Delio Gómez Ochoa, jefe principal del 26, y le ordenó reorganizar el Movimiento y suspender las acciones de la clandestinidad. En realidad la intervención militar liquidó la autonomía del Movimiento. C. Franqui.] (*DRC*, p. 446.)

4. – DIRECTORIO

ORDEN DE FIDEL AL CHE (Maffo, 26 diciembre):
"Avancen sólo con fuerzas del 26 de Julio."

Che: No tengo tiempo en este momento de hacerte una larga carta ni tengo facilidades para hacerlo, por no contar con otra luz que la de una linterna.

Ganada la guerra

La guerra está ganada, el enemigo se desploma estrepitosamente, en Oriente tenemos encerrados diez mil soldados. Los de Camagüey no tienen escapatoria. Todo eso consecuencia de una sola cosa: nuestro esfuerzo.

Es necesario que consideres este aspecto político de la lucha en Las Villas como cuestión fundamental.

Por lo pronto, es de suma importancia que el avance hacia Matanzas y La Habana sea efectuado exclusivamente por fuerzas del Movimiento 26 de Julio. La columna de Camilo debe constituir la vanguardia y apoderarse de La Habana cuando la dictadura caiga si no queremos que las armas de Columbia se las repartan entre todos los grupos y tengamos en el futuro un problema muy grave.

En este momento la situación de Las Villas constituye mi principal preocupación. No comprendo por qué vamos a caer en el mal que motivó precisamente el envío tuyo y de Camilo a esa provincia. Ahora resulta que cuando podíamos haberlo superado definitivamente, lo agravamos. Fidel Castro R. (*DRC*, p. 667).

FIDEL CASTRO (Santiago de Cuba)

2 enero 1959. "El Movimiento 26 de Julio es mayoritario."

Hay además otra cuestión. El Movimiento 26 de Julio es un movimiento mayoritario. ¿No es verdad? ¿Y cómo terminó la lucha? Al caerse la tiranía teníamos tomada todo Oriente, Camagüey, casi toda Las Villas, Matanzas y Pinar del Río. Terminó la lucha con las fuerzas que habían llegado a Las Villas, porque los rebeldes teníamos al comandante Camilo Cienfuegos y a nuestro comandante Guevara en Las Villas, el día 1.º de enero a raíz de la traición de Cantillo. Camilo Cienfuegos tenía la orden de avanzar sobre la Capital y atacar Columbia, tenía al comandante Ernesto Guevara en Las Villas, también con la orden de avanzar sobre la Capital y apoderarse de La Cabaña, y toda fortaleza militar de importancia quedaba en poder de los rebeldes. Y por último, porque fue nuestro esfuerzo, experiencia y organización lo que nos hizo ganar. ¿Quiere decir que los otros no hayan luchado? ¡No! ¿Quiere decir que los otros no tengan méritos? ¡No! Porque todos hemos luchado, como ha luchado el pueblo. En La Habana no había ninguna Sierra, y, sin embargo, la huelga general fue factor decisivo para que el triunfo de la Revolución fuera completo. Esta es la única revolución en el mundo donde no ha salido un solo general. Ni uno, porque el grado que me puse yo, que me pusieron mis compañeros, fue el de comandante, y no me lo he cambiado; a pesar de que hemos ganado muchas batallas, sigo queriendo ser comandante. Lo primero que tenemos que preguntarnos los que hemos hecho la Revolución es con qué intenciones la hicimos; si en algunos de nosotros se ocultaba una ambición, un propósito innoble.
Cuando yo oigo hablar de columnas, de frente de combate, de tropas, siempre pienso. Porque aquí nuestra más firme columna, nuestra mejor tropa, la única tropa que es capaz de ganar sola la guerra, esa tropa es el pueblo.

El pueblo ganó la guerra

Más que el pueblo no puede un general. Más que el pueblo no puede el ejército. Se me preguntaba en qué tropa prefiero mandar y yo he contestado: prefiero mandar en el pueblo. Porque el pueblo es invencible y el pueblo fue quien ganó esta guerra. Porque nosotros no teníamos ejército.

Nos subestimaron

La historia de estos dos años de lucha es la historia de una serie de errores por parte de nuestros enemigos, de subestimar al adversario. Ellos creían que le iban a tomar el pelo al pueblo, y se encontraron que salió mucho más fortalecida la Revolución con la traición que sin la traición. No sé si este hombre pensó que nosotros nos íbamos a cruzar de brazos; apenas se tomaron las disposiciones necesarias para superar aquella situación, y antes de las diez horas estaba dominada por completo; se ha producido un hecho extraordinario en Cuba (*DRC*, pp. 697, 709).

ENTREVISTA A FIDEL CASTRO (CMQ. TV)

La entrevista la inicia Luis Gómez Wangüemert: Anoche dijo usted en Columbia que habían sustraído 500 fusiles de un Cuartel. ¿Cree que el problema se resolvió con las declaraciones del Directorio?

Responde Fidel: Yo no creo que el problema sea de tan fácil solución, porque la cuestión aquí no es de declaraciones más o menos. Conozco muchos combatientes del Directorio que han combatido muy duro a la dictadura. Las declaraciones de hoy resultan ambiguas y mal intencionadas. Yo no le atribuyo esa actitud al Directorio; yo le atribuyo esa actitud al señor Faure Chomón, quien siente una profunda hostilidad hacia el Movimiento "26 de Julio".

Eduardo Alonso, le pregunta a Fidel: ¿Estas fricciones entre grupos o estas diferencias no se deberán a una mala interpretación de los pactos convenidos?

Fidel: "Somos renuentes a los pactos para evitar ciertos problemas. Siempre pensé que la Revolución la debía hacer un solo Movimiento.

Si se habla ahora de partido único, ¿por qué no se habló antes de ejército único? ¿No es cierto que en la guerra se necesita más la unidad que en la paz? (R, 10 enero 1959).

Camilo Cienfuegos

El capitán Chinea va a entrevistarse sólo con los comandantes del Directorio Chomón y Cubelas, sobre las armas de San Antonio, existe una mala interpretación, ningún tipo de rozamiento (Camilo Cienfuegos, Columbia, R, 10 de enero).

5. – GUERRILLA

Ernesto (Che) Guevara

"Qué es un Guerrillero"

[...] Porque la guerra de guerrillas no es como se piensa, una guerra minúscula, una guerra de un grupo minoritario contra un ejército poderoso, no; la guerra de guerrillas es la guerra del pueblo entero contra la opresión dominante. El Guerrillero es su vanguardia armada: el ejército lo constituyen todos los habitantes de una región o de un país. Ésa es la razón de su fuerza y de su triunfo, a la larga o a la corta, sobre cualquier poder que trate de oprimirlo; es decir, la base y el substratum de la guerrilla está en el pueblo.
No se puede concebir que pequeños grupos armados, por más movilidad y conocimiento del terreno que tengan, puedan sobrevivir a la persecución organizada de un ejército bien pertrechado sin ese auxiliar poderoso (*R*, 19 febrero 1959).

6. – ECONOMÍA

FIDEL CASTRO

Hemos demostrado que eran falsas una serie de historias acerca de que era imposible una revolución contra un ejército moderno si no había una crisis económica total (*R*, 23 enero 1959, p. 13).

CHE GUEVARA

La falta de industrias en un país es una premisa para calificarlo como subdesarrollo y no cabe duda que Cuba ha cumplido cabalmente esa premisa.

Ahora bien, cabe preguntarnos que cómo siendo Cuba un país subdesarrollado ha disfrutado de épocas pasadas de una floreciente situación, por lo menos aparentemente.

Esto se debe a las favorables condiciones climáticas del país, y además, al desarrollo alcanzado en una sola industria: la azucarera. Con ambos factores nos ha sido permisible disfrutar de cierta bonanza.

La industria azucarera alcanzó tanto desarrollo en Cuba debido al impulso que le dieron los capitales norteamericanos, y en eso violaron las Leyes que ellos mismos dieron al país (*R*, 3 marzo 1959).

Personas, compañías o grupos	Área controlada (Caballerías)*
1. Cía. Atlántica del Golfo	19.251,6
2. Julio Lobo	14.894,4
3. Cuban Trading Co.	12.499,2
4. Cuban American Sugar Mill	10.822,2
5. Central Cunagua, S. A.	10.174,7
6. Sucesión Falla Gutiérrez	6.988,8
7. Nueva Cía. Azucarera Gómez Mena	6.950,3
8. Compañía Cubana	5.020,2
9. Miranda Sugar States	3.976,0
10. García Díaz y Cía.	3.976,0
11. Central Violeta Sugar Co.	3.679,5
12. Punta Alegre Sales Co.	3.470,4
13. Cía. Central Altagracia, S. A.	3.238,5
14. Santa Lucía Co., S. A.	3.062,3
15. Fernando de la Riva y Domínguez	2.962,4
16. Compañía Central Cuba, S. A.	2.926,9
17. Central Senado, S. A.	2.832,1
18. Agroindustrial de Quemados de Güines . . .	2.548,0
19. Manuel Aspuru	2.489,2
20. Mamerto Luzárraga	2.096,3
21. Belona Sugar Co.	2.090,8
22. Central Australia (Bandes)	1.987,0
23. Compañía Azucarera Central Ramona	1.848,0
24. Central La Francia, S. A.	1.088,0
25. Los demás ingenios (70) con menos de 1.000 caballerías	57.288,5
TOTAL	187.992,4

* Una caballería 13,42 hectáreas.

FIDEL CASTRO

Conferencia de los 21, Buenos Aires

El desarrollo económico de América Latina, necesita un financiamiento de treinta mil millones de dólares, en un plazo de diez años.
Podemos obtener esa cifra sólo de los Estados Unidos, y sólo mediante financiamiento público.
La inestabilidad política —las tiranías— no son causa del subdesarrollo, son la consecuencia del subdesarrollo.
La raíz de nuestros males es de carácter económico (R, 2 mayo).

Discurso de Montevideo

Quedó demostrado en Cuba que sí se podía hacer una revolución
no inspirada en el hambre, sin el Ejército y contra el Ejército (R, 6
mayo).

Cuba importa de USA más de cien millones en productos alimenticios: grasas, 26 millones; carnes curadas, 8,5; lácteos, 5; frutas secas, 8; resto: pescado, huevos, arroz, trigo, chocolate, harina.
INRA: importar menos artículos alimenticios y de consumo y más
bienes de producción: tractores, fábricas (Oscar Pino Santos).
Cuba pierde mil millones de dólares exp.-imp. con USA (Fidel, R,
15 mayo).

1958: Cuba exportó a USA 528 millones. Importó de USA, 546
millones.
América Latina: exportación a USA: 3.768 millones dólares.
Importación de USA: 4.467 millones. Déficit incluidos 57 y 58,
450 millones dólares.

Núñez Jiménez (INRA): "Ganadería ocupa 70 por ciento tierras superficie territorio nacional. 300.000 caballerías. Más de cinco millones cabezas ganado. Sólo cinco mil caballerías, cultivo intensivo. Criadores: pequeños ganaderos una o dos caballerías, unos 70.000. Además mejoradores, cebadores, encomenderos y expendedores. Paralizada la compra de ganado de dos meses. Más reses en potreros y menos pastos, y sequía. Venden la mitad de reses de antes (*R*, 23 septiembre 1959).

URSS DISPUESTA A ADQUIRIR 2.700.000 TONELADAS DE AZÚCAR

Ambas partes trataron sobre los problemas creados a la economía cubana por las agresiones económicas de los Estados Unidos. La Unión Soviética acordó tomar las medidas posibles para asegurar el suministro de mercancías de importancia vital para la economía cubana, que no pueden ser obtenidas en otros países, y también expresó su disposición para adquirir dos millones setecientas mil toneladas de azúcar cubano, en caso de que los Estados Unidos de América lleven a cabo su amenaza de no comprar más azúcar de Cuba. Si los Estados Unidos de América compran alguna cantidad de azúcar cubano, la Unión Soviética habrá de reducir sus compras en igual cantidad, teniendo en cuenta el acuerdo existente que obliga a la Unión Soviética a comprar un millón de toneladas de azúcar cubano anualmente y que las entregas de ciertos productos de exportación de la Unión Soviética, como petróleo (*R*, 20 diciembre 1960).

DECLARACIÓN DEL MINISTERIO DEL COMERCIO DEL GOBIERNO DE CUBA

I

La información ofrecida por la Embajada de los Estados Unidos sobre el Convenio de Intercambio Cubano-Soviético mueve a las siguientes observaciones:

Primera: Es natural que el precio que pague la Unión Soviética por el azúcar cubano sea el que rija en el mercado mundial y no en los Estados Unidos, porque la URSS forma parte del mercado mundial y no del mercado de los Estados Unidos. Todos los países compradores de azúcar cubano pagan el precio mundial, excepto los Estados Unidos que constituyen un mercado aparte, con precio distinto, no por disposiciones de convenios internacionales, sino por mandato de una ley propia.

Segunda: Es cierto que Cuba en varias oportunidades ha vendido azúcar a la URSS a un precio más bajo que el mundial. Pero estos descuentos, no son privilegios concedidos a la URSS, sino a los países que han comprado de una sola vez un volumen grande de azúcar. [...]

Cuarta: Es cierto que Cuba obtiene más ingresos por sus exportaciones de azúcar a los Estados Unidos que al mercado mundial. Si los Estados Unidos hubieran comprado al precio mundial, "Cuba hubiera recibido —como dice la Embajada norteamericana— 150 millones de dólares menos en 1959". Pero la Embajada también debió apuntar cuál sería el efecto, tanto para los productores domésticos norteamericanos, como para la industria azucarera cubana, si el Gobierno de los Estados Unidos rompe el régimen de cuotas y paga por el azúcar el precio mundial. La libre concurrencia y competencia de azúcares de todas partes del mundo en el mercado de los Estados Unidos, eliminaría a los productores internos, que hoy reciben un subsidio con el precio elevado, y Cuba estaría vendiendo en Estados Unidos, no 3 millones de toneladas, sino 7 millones de toneladas, y el precio mundial no sería el actual, de 3 centavos, sino uno más alto, por haber disminuido la oferta mundial de azúcar con la eliminación de productores ineficientes y caros. [...]

Sexta: Tiene razón la Embajada de los Estados Unidos cuando afirma que "bajo el Convenio Cubano-Soviético la mayor parte de los ingresos procedentes de las ventas a la Unión Soviética deberán invertirse en la compra de productos soviéticos". Cuba dispondrá de un saldo favorable de dólares en el balance de pagos con la URSS del 20 por ciento del valor total de sus exportaciones a ese país. Sin embargo, la Embajada omitió este dato importantísimo. Cuba, no sólo invierte la totalidad, sino un 20 por ciento más de los ingresos procedentes de las ventas a los Estados Unidos en las compras de productos norteamericanos. En los últimos diez años, el balance de pagos con los Estados Unidos arroja un saldo negativo a Cuba de 1.000 millones de dólares. El saldo del balance de pagos con la URSS no será deficitario. El de los Estados Unidos lo es.

Cuba vende en los Estados Unidos alrededor del 50 por ciento de su producción anual de azúcar. Las ventas de azúcar cubano a Estados Unidos están limitadas por una cuota que cada cierto tiempo se reduce. Si Cuba quiere hacer zafras mayores a 2 millones 800 mil toneladas (monto de la cuota de los Estados Unidos) necesita buscarse otros mercados. Nuestras ventas al mercado mundial también sufren las limitaciones de los programas de autoabastecimiento que siguen los países compradores.

¿Cómo lamentarse de que Cuba logre abrirse un mercado permanente de un millón de toneladas de azúcar a la Unión Soviética? Ese millón de toneladas no se quitan de la cuota de los Estados Unidos, sino que se toman de la producción que por encima de la cuota americana debe hacerse todos los años, porque Cuba no produce exclusivamente para los Estados Unidos (R, 15 febrero 1960).

CONVENIO AZÚCAR

Fidel ante la TV soviética

Kruschov:

Acuerdo sobre el precio del azúcar

El gobierno soviético y el gobierno de la República de Cuba han llegado al acuerdo de concluir un convenio comercial a largo plazo. Dicho acuerdo garantiza con seguridad a la economía de Cuba de las consecuencias desfavorables de las oscilaciones coyunturales del precio del azúcar en el Mercado Mundial y del sabotaje económico por parte de los monopolios de los Estados Unidos, y amplía la posibilidad para una planificación a largo plazo del fomento de la economía nacional de la República de Cuba y para la elevación constante del bienestar material del pueblo cubano (*R*, 22 enero 1964).

7. – COHETES

COHETES RUSOS

Nikita Kruschov: "Los imperialistas se equivocan seriamente cuando piensan que los países que toman el camino de lucha por su independencia están solos... el gobierno de la URSS expresa su disposición de adquirir adicionalmente en Cuba para su entrega en 1960, las 700.000 toneladas de azúcar que los Estados Unidos se han negado a adquirir".

Ésta fue la primera declaración de adhesión en el curso de una semana dedicada a un vigoroso ofrecimiento de amistad.

Anteriormente Kruschov había afirmado que si Estados Unidos intentaba intervenir en Cuba tendría que vérselas con la cohetería soviética. Afirmó que no le interesaba tener bases en Cuba, como se decía en Estados Unidos, porque los cohetes soviéticos pueden dar con exactitud en un blanco a 13.000 kilómetros de distancia (*R*, 18 julio 1960).

8. – RACIONAMIENTO

Carlos Rafael Rodríguez:

Pero para que estas cosas puedan realizarse la economía nacional en su conjunto tiene que ser rentable, tiene que dar ganancias, porque si las ramas fundamentales de la economía no son costeables, y las ramas dependen de la costeabilidad de la rentabilidad de cada empresa, entonces la economía nacional no puede no sólo financiar aquellas ramas incosteables sino que no puede crecer, no puede desarrollarse, no puede avanzar.

Che Guevara:

Vamos ahora a pasar revista rápidamente a la labor del Ministerio de Industrias, sobre todo a sus partes débiles.
Tenemos que hacer hincapié en los errores, descubrirlos y mostrarlos a la luz pública, para corregirlos lo más rápidamente posible. Y, naturalmente, hay errores y hay debilidades grandes en la producción; puede ser que algunos sean justificados, pero lo importante no es justificar el error, sino impedir que el error se repita.
En Industrias se han cometido errores que han dado por resultado el que hubiera fallas considerables en el abastecimiento a la población.
[...] Pero hay empresas, y hay muchos compañeros, y el Ministerio ha sido débil en eso, que identifica la calidad con la contrarrevolu-

ción, y que consideran que la calidad es un vicio capitalista, y que en esta época socialista no hay que ocuparse de la calidad; que si la marquilla de cigarro sale mal, que si es un mal papel, que si el dibujo es feo, que si el papel de cigarro interior no es tan bueno, que si la mezcla no se hace en tal o cual forma, que si en otro lado el tejido no es de la misma calidad, que si el estampado es mejor o peor. [...]

Pero es verdad que al pueblo no le gustan algunas cosas, que desgraciadamente suceden, y para eso nos hemos reunido: para que no sucedan más. No es bueno, por ejemplo, que haya jabón en La Habana si no hay jabón en el campo, no debe haber jabón en La Habana si no hay jabón en el campo: si no hay jabón en el campo, no debe haber jabón en La Habana [...] porque los compañeros a veces consideran que al pueblo hay que darle cualquier cosa; que si se le da algo malo o no lo suficientemente bueno, y en la no suficiente cantidad, y además, que no se cuida bien el abastecimiento de eso que se da, y el pueblo protesta, entonces el pueblo es contrarrevolucionario. Y eso es falso, de toda falsedad, (aplausos).

Fidel :

...se puede decir que en el orden nacional, en general los aciertos son mucho mayores que los errores.

[...] tenemos problemas de abastecimientos; ello se origina, fundamentalmente, en el hecho de que nuestro pueblo tiene una capacidad de consumo de quinientos millones de pesos más todos los años... [...]

¡Se ha olvidado la malanga!, a pesar de las veces que hemos dicho que si no hay nada que comer comeremos malanga.

[...] la falta de malanga ocasionaba una presión inmediata sobre, el boniato y se acababa el boniato. Y, entonces, al faltar la malanga y el boniato, existiendo un stock de papas para el abastecimiento normal, pues entonces comenzaba a faltar la papa también [...].

Tenemos en nuestras manos, prácticamente la totalidad o la casi totalidad de los recursos de la nación.

Che:

Nosotros decíamos que no hay que echarle toda la culpa al aumento del consumo. Nosotros hemos tenido problemas en los lugares donde ha habido falta de producción, baja en la producción, en industrias, ha sido ésa la experiencia, de modo que no ha habido... el aumento del consumo no ha sido de tal magnitud que pudiera por sí solo distorsionar totalmente la producción. Ha habido naturalmente presiones más grandes por el aumento del consumo, pero lo fundamental es que ha habido bajas considerables y bruscas en la producción.

Santos Río (jefe de producción del INRA):

Es bueno destacar que consideramos que estamos muy cerca de duplicar los ingresos de los trabajadores agrícolas de la caña enrolados en las cooperativas. Antes el estimado era de 300,00 dólares de ingresos en el año. [...]
Pero en la carne ha ido a límites violentos para nosotros. Nos vemos obligados a entregar todos los días diez mil toros cebados para el consumo de nuestro pueblo, en los primeros veinticinco mataderos. [...]
Si el consumo de reses de Cuba es de un millón, y nosotros no disponemos más que de 781 mil, nosotros podemos caminar hacia la ruina, y a comérnoslo en siete u ocho años, o en menos, porque cada día la gente come más, acaban con nuestra masa ganadera.

9. – DEL LADO CHINO

Che Guevara

¿Quiere decir eso de revisionismo hasta trotskismo pasando por el medio? Bueno, cuando empezamos nosotros a plantearnos estas cosas, no sé si aquí queda algún sobreviviente de aquella época. Pues decían: (está revisando), (esto hay que preguntárselo al Partido), (porque esto está feo). Ahí es donde se empezó a plantear, claro, era una cosa violenta. La Biblia, que es el Manual, porque desgraciadamente la Biblia no es el Capital aquí, sino, es el Manual [...] Entonces me pregunta: ¿Ud. conoce ese sistema? Realmente yo ya estaba un poquito, es decir, les dije: "Yo ese sistema no lo conozco aquí en la Unión Soviética, pero yo lo conozco muy bien. En Cuba había mucho de eso y en el capitalismo hay mucho de eso, y eso es capitalismo puro. [...] Y en toda una serie de aspectos yo he expresado opiniones que pueden estar más cerca del lado chino; en la Guerra de Guerrillas, en la Guerra del Pueblo, en el desarrollo de todas esas cosas, el Trabajo Voluntario, el estar contra el estímulo material directo como palanca, toda esa serie de cosas que también las plantean los chinos y como a mí me identifican con el Sistema Presupuestario también lo del trotskismo surge mezclado. Dicen que los chinos también son nacionalistas y trotskistas y a mí también me meten el sambenito.
(Mira, yo tuve allí en Moscú varias broncas, broncas de tipo científico, ...) (*Obras revolucionarias*).

ÍNDICE ONOMÁSTICO

ÍNDICE

1

Impreso en el mes de marzo de 1981
en I. G. Seix y Barral Hnos., S. A.
Carretera de Cornellà, 134-138
Esplugues de Llobregat
(Barcelona)